Technical Drawing for Fashion Design

Volume 1

Basic Course Book

Dessin Technique pour la Création de Mode

Tome 1

Guide de Référence des Fondamentaux

Dibujo Plano para Diseño de Moda

Volumen 1

Guía Básica

Alexandra Suhner Isenberg

The Pepin Press
Amsterdam & Singapore

Table of contents

ISBN 978-90-5496-160-4

The Pepin Press BV
P.O. Box 10349
1001 EH Amsterdam, The Netherlands
mail@pepinpress.com

www.pepinpress.com

10 9 8 7 6 5 4 3 2 1
2018 17 16 15 14 13 12

Manufactured in Singapore

Direction & cover design: Pepin van Roojen
Layout: Pepin van Roojen, Femke van Eijk and Alisa van Spronsen
Editorial & translation co-ordination: Femke van Eijk
Translations French & Spanish: LocTeam, Barcelona
Text & drawings*: Alexandra Suhner Isenberg
* all drawings by Alexandra Suhner Isenberg, except pages 87, 149 (2Som Studio); 110, 117 (Gary Kaye); 157, 181 (Leonie King); 19-23 (illustration) 55, 73, 101, 109, 123 (Sandra Koenekoop); 88,95 (Kati Ann Treble).
* all vectorized templates and step-by-step drawings by The Pepin Press B.V. (Inge Stevens)
Photos on pages 40, 56, 63, 66, 74, 102, 118, 124, 132, 141, 158 and 170 by Leigh Keily; 96,150 by Chris Moore
Pages 66, 102, 118: hair by Seema Chopra, makeup by Charlotte Cromer, model Francesca Frame from Premier.

Sommaire

Índice

Introduction

Technical drawing is an essential skill in the fashion industry. Designers, buyers, machinists, pattern cutters and production teams, among others, all depend on technical drawings as an essential form of communication.

This book (the ***Basic Course Book***, volume one in a two-volume set) teaches you the basics of a technical drawing. First, it explains the use of these drawings and the tools needed. This is followed by step-by-step instructions on how to draw several types of garments. It also looks at how to render textiles for technical drawings and how to develop your own style.

Volume 2 (the ***Garment Source Book***) contains an extensive selection of technical drawings of womenswear and includes a CD with digital versions of the drawings.

Introduction

Le dessin technique est une compétence incontournable pour les professionnels de la mode. Les créateurs, les acheteurs, les machinistes, les patronniers ou encore les équipes de production par exemple dépendent tous des dessins techniques, qui constituent un moyen de communication crucial.

Cet ouvrage (le ***Guide de Référence des Fondamentaux***, premier tome d'un ensemble en comprenant deux) vous enseigne les bases du dessin technique. Il expose d'abord l'utilisation de ces dessins et les outils nécessaires ; suivent ensuite des explications pas à pas sur la manière de dessiner plusieurs types de vêtements. Il se penche également sur la façon d'obtenir le rendu des tissus dans les dessins techniques et de développer votre propre style.

Le tome 2 (le ***Guide de Référence des Vêtements***) contient une large sélection de dessins techniques de vêtements féminins et il inclut un CD avec les versions numériques de ces dessins.

Introducción

El dibujo plano es uno de los pilares de la industria de la moda. Los diseñadores, clientes, maquinistas, patronistas y equipos de producción, entre otros, dependen de este tipo de ilustración como método básico de comunicación.

Este título (*Guía Básica*, el primero de una obra de dos volúmenes) aborda los principios generales del dibujo plano. Comienza con una presentación de las técnicas básicas y continúa con una serie de instrucciones detalladas para dibujar distintos tipos de prendas. Además, explica cómo representar los tejidos y crear un estilo propio.

El segundo volumen (*Guía de Prendas de Vestir*) ofrece una amplia selección de dibujos planos de prendas femeninas e incluye un CD con la versión digital de las ilustraciones.

The use of technical drawings in the fashion industry

A designer will create a technical drawing from a photo, real garment, illustration or directly from research. The drawing's purpose is to indicate the correct proportions, seam placement and detailing of the garment. The drawing then is passed on to a pattern cutter, machinist or factory to make a first prototype.

When a designer has a pattern cutter in-house, the technical drawing does not need to be as precise as it would be if it were being sent out to a factory. The technical drawing is a source of communication; ideally, a designer will have a pattern cutter who is familiar with the designer's style and taste, and can therefore translate a rough sketch into a garment quite easily. This sort of relationship, where the pattern cutter understands and knows the style and feeling of the designer, is quite rare and is usually restricted to luxury brands who can create samples in-house. In these situations, if a drawing is not completely precise or clear, the cutter or machinist can simply discuss the garment with the designer so that the sample is correct.

When this is not the case, a precise technical drawing is essential. If a manufacturer is in another country, which may make communication more difficult due to language barriers or time differences, the technical drawing needs to be perfect. The drawing that the designer sends to the pattern cutter needs to be so clear that the garment can be made correctly within one or two prototypes. As each sample is very costly and time consuming, it is important that the instructions and drawing be as accurate as possible. Leaving room for interpretation can be risky and expensive.

Front, back, side and even inside drawings can be used. The drawing may be accompanied by research, photos, illustrations or even garments to avoid any misinterpretations. Swatches of fabrics and finishings can also be included as this can affect the pattern and garment construction. Fabric or print rendering can also be indicated on the drawing. In the case of knitwear, intarsia and jacquards, stitch or weaving details should be included, either rendered on the illustration or noted in the specifications. Cable knits, chunky knits, ribbed stitches, etc. can also be shown on the drawing but also need to be explained in instructions that specify gauge, yarn size, etc. Appliqués, embroidery and other detailing should always be shown in a technical drawing, unless they are part of a fabric's repetition. Most of these details should be included in a garment sheet.

Garment sheets or specification sheets

A garment sheet, specification sheet (or spec sheet) is what the designer will send to the manufacturer or pattern cutter. The garment sheet will include a technical drawing and written information about the garment. The garment sheet will include all the measurements and material references for the garment, again leaving no room for interpretation.

Normally a garment will have a name and a reference code. A coding system can be created so that a number can identify the garment immediately. For example, if a reference code is SS17-123-22, the 22 can represent a certain fabric, 123 can represent a certain style of top, where all tops are classed in the 100s, and SS17 signifies the season, Spring Summer 2017. Coding for colours and sizes can also be added.

The garment sheet will also need to have a fabric swatch and particulars on linings and any fabric finishings, prints, embroidery or other details. Other important information includes measurements, quantities, placement and styles of the following: buttons, belt loops, topstitching and binding. It should also include measurements and placements of parts of the garment, as these can be helpful to the pattern cutter or the machinist. Key measurements could be length, shoulder, outside sleeve, cuff, waist, hip, outside leg, crotch, hem circle, belt, button stand, wrap, back neck, front neck, armholes and buttonholes.

Information on knits and jerseys should also be included, as well as any other information that is not obvious in the drawing. The spec sheet may be altered after the first prototypes. Production fittings, which occur after the collection has been shown and sold to buyers, take place to ensure that every single detail of the garment is perfect for production. Although you may not notice the depth of a pocket bag, or the number of belt loops on a pair of trousers on the catwalk, these things will be important for the consumer. The production fitting ensures that the garment is ready to be duplicated into hundreds or thousands of pieces.

Specification sheet

Company logo *here*

Shirt specification sheet	Date: *01/08/2016*	Desription: *Short sleeve two-tone top with back button opening*

Reference No.	Designer	Season	Department	Size	Fabric 1.	Fabric 2.	Block No.
SS17-123-22	*Alex*	*SS17*	*Denim Casual*	*Small*	*cotton shirting Dusty Rose*	*Cotton Shirting Burgundy*	*Basic Top A*

Measurements	**cm.**
Front length	*57*
Back length	*63*
Across back > 13 cm	*38*
Across front	*50*
Shoulder	*6.5*
Sleeve length – outside arm	*26*
Sleeve length – underarm	*14.5*
Sleeve bicep – u/arm to u/arm	*62*
Centre front neck drop	*9*
Centre back neck drop	*2.5*
Collar stand height	*n/a*
Collear tand circumference	*n/a*
Depth of collar fall	*n/a*
Neck opening	*n/a*
Armhole	*49*
Bust/ chest> a/hole to a/hole	*50*
Depth of centre back yoke	*31.5*
Length of back yoke seam	*50.5*
No. of pleats/tucks at centre back	*n/a*
No. of buttons	*5 + 2*
Button spacing	*6.5*
Width of front stand	*n/a*
Placket width	*3*
Cuff depth	*5.8*
Cuff length	*34*
Length of sleeve	*26*
No. & depth of sleeve tucks	
Other	

Sketch

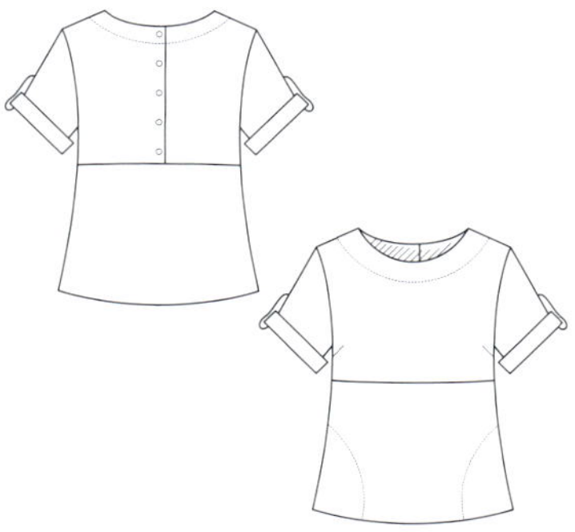

-Dusty Rose: top half of body,s leeves and sleeve cuff

-Burgundy: bottom half of body,sleeve straps, and buttons

Seam allowance	*1 cm*
Fusible type	*lightweight*
Button type & size	*covered, 16 mm*
Thread colour	*Dusty rose & burgundy*
Zip type & length	*n/a*
Gather ratio	
Other	

Designers note

	O/L	T/S	Pip/Bind	C/S	F/S	Other
S/Seam	*yes*	*no*				
Collar						
Armhole	*yes*	*no*				
Sleeve hem	*yes*	*no*				
Yoke	*yes*	*no*				
Pockets	*no*	*yes*				
Fly						
Neck	*no*	*3 cm*				
Hem	*no*	*no*				

Notes

- Top half of the top is in the dusty rose, bottom half in the burgundy fabric
- Back buttons are covered buttons (covered with burgundy fabric)
- Sleeve straps are in burgundy fabric, with matching buttons

Labels		**Trimmings**
Back	*Denim casual Label & size label on CB*	Back Front
		none
Front	*n/a*	

This is a typical garment or specification sheet, which includes a drawing of the garment, a fabric swatch and important information such as reference number, name, measurements and garment details.

Un designer crée un dessin technique à partir d'une photo, d'un vêtement existant, d'une illustration ou directement à partir de documents de recherche. L'objectif du dessin est d'indiquer les bonnes proportions, l'emplacement des coutures et les détails du vêtement. Le dessin est ensuite passé à un patronnier, à un machiniste ou à l'usine pour réaliser le premier prototype.

Lorsque le designer dispose sur place d'un patronnier, le dessin technique n'a pas besoin d'être aussi précis que s'il doit être envoyé dans une usine. Le dessin technique est une source de communication ; dans l'idéal, le designer disposera d'un patronnier familiarisé avec le style et les goûts du designer et qui sera donc capable de traduire facilement une esquisse en un vêtement. Ce type de relation, dans laquelle le patronnier comprend et connaît le style et les souhaits du designer, est plutôt rare et généralement réservé aux marques de luxe capables de créer des échantillons en interne. Dans ce cas, si le dessin n'est pas suffisamment précis ou clair, le patronnier ou le machiniste peuvent simplement discuter du vêtement avec le designer pour que l'échantillon soit correct.

Dans tous les autres cas, un dessin technique précis est indispensable. Si le fabricant se trouve dans un autre pays et que la communication s'en trouve compliquée en raison des barrières linguistiques ou du décalage horaire, le dessin technique doit être parfait. Le dessin que le designer envoie au patronnier doit être suffisamment clair pour garantir que le vêtement puisse être réalisé correctement au bout d'un ou deux prototypes. Chaque échantillon représentant un investissement en temps et en argent, il est donc important que les instructions et les dessins soient aussi précis que possible. Leur laisser une part d'interprétation peut s'avérer risqué et coûteux.

Des dessins de l'avant, du dos, des côtés et même de l'intérieur peuvent être utilisés, et les dessins peuvent s'accompagner de documents de recherche, de photos, d'illustrations voire de vêtements pour éviter tout malentendu. Des échantillons de tissus et de finitions peuvent également être inclus dans la mesure où ils influencent la coupe et le montage du vêtement. Le rendu du tissu ou de l'imprimé peut aussi être indiqué sur le dessin. Dans le cas des tricots et du jacquard (traditionnel ou intarsia), le détail des points ou des mailles doit être indiqué, soit sur l'illustration, soit au moyen de notes dans les spécifications. Les mailles torsadées, en grosse laine, côtelées, etc. peuvent également apparaître sur le dessin, mais elles doivent aussi être détaillées dans les instructions pour spécifier la jauge, la grosseur du fil, etc. Les appliqués, les broderies et autres détails doivent toujours apparaître dans le dessin technique, sauf s'ils font partie d'une répétition du tissu. La plupart de ces informations doivent être incluses dans la fiche technique.

Les fiches techniques ou fiches de spécifications

La fiche technique ou fiche de spécifications est ce que le designer doit envoyer au fabricant ou au patronnier. La fiche technique doit inclure un dessin technique et des informations par écrit concernant le vêtement. La fiche technique doit inclure toutes les mesures et les références des matières du vêtement en ne laissant là non plus aucune place possible à l'interprétation.

Un vêtement a en général un nom et un code de référence. Un système de codage peut être créé afin qu'un numéro permette d'identifier immédiatement le vêtement. Par exemple, si le code de référence est PE17-123-22, le 22 peut représenter un certain tissu, 123 un certain style de haut si tous les hauts ont un numéro compris entre 100 et 199, et PE17 indiquer la saison, ici printemps-été 2017. Un code de couleur et de taille peut aussi être ajouté.

La fiche technique devra également inclure des échantillons de tissu et indiquer les particularités des doublures et des finitions, des impressions, des broderies ou autres détails. Les autres informations importantes sont celles concernant les mesures, les quantités, l'emplacement et le style des éléments suivants : boutons, passants de ceinture, surpiqûres et attaches. Les mesures et les emplacements des différentes pièces du vêtement doivent aussi être précisés car cela peut être utile au patronnier ou au machiniste. Les mesures principales sont notamment la longueur, la largeur d'épaules, l'extérieur de la manche, le revers, la taille, les hanches, l'extérieur de la jambe, l'entrejambe, la ligne d'ourlet, la ceinture, la patte de boutonnage, l'encolure dos, l'encolure de devant, les emmanchures et les boutonnières.

Les informations concernant les tricots et les jerseys doivent aussi figurer ainsi que tout autre détail qui manquerait de clareté sur le dessin. La fiche de spécifications peut être modifiée au terme des premiers prototypes. Les essayages de production, qui ont lieu une fois la collection présentée et vendue aux acheteurs, permettent de vérifier les vêtements dans les moindres détails avant la production. Même si vous ne remarquez pas la profondeur d'un sac à main ou le nombre de passants d'un pantalon lors d'un défilé de mode, ces détails ont leur importance pour le client. Les essayages de production garantissent que le vêtement est prêt à être dupliqué en centaines ou milliers de pièces.

Fiche de spécifications

Logo de la société *ici*

Fiche technique chemise	Date : 01/08/2016	Description : Haut manches courtes bicolore & patte de boutonnage dans le dos

Nº de réf.	Designer	Saison	Rayon	Taille	Tissu 1	Tissu 2	Nº de bloc
SS17-123-22	Alex	SS17	Denim Casual	S	Coton pour chemises rose	Coton pour chemises bordeaux	Haut basique A

Mesures	cm.
Longueur devant	57
Longueur dos	63
Milieu du dos > 13 cm du bas	38
Milieu devant	50
Épaule	6,5
Longueur manche - extérieur	26
Longueur manche – sous le bras	14,5
Tour de manche	62
Base encolure, milieu devant	9
Base encolure, milieu dos	2,5
Hauteur pied de col	n/a
Tour pied de col	n/a
Profondeur tombée du col	n/a
Ouverture encolure	n/a
Emmanchure	49
Buste/poitrine	50
Profondeur empiècement milieu dos	31,5
Longueur coutures empiècement dos	50,5
Nb de plis/fronces milieu dos	n/a
Nb de boutons	5 + 2
Écartement boutons	6,5
Largeur patte de boutonnage devant	n/a
Largeur patte de boutonnage	3
Profondeur revers	5,8
Longueur revers	34
Longueur de manche	26
Nb et profondeur des fronces manches	
Autre	

Croquis

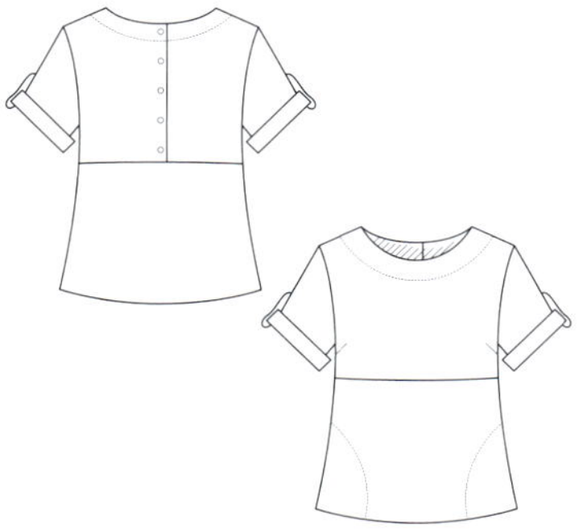

-Rose sable :
partie supérieure, manches et poignets
-Bordeaux :
partie supérieure, brides d'attache et boutons

Marge de couture	1 cm
T. de thermocollant	léger
Type de boutons	recouverts, 16 mm
Couleur fil	Rose sable & Bordeaux
Termeture à glissière	n/a
Degré de fronçage	
Autre	

Remarques du designer

	Surjet	S	Biais	C/S	C/A	Autre
Couture latérale	oui	non				
Col						
Emmanchure	oui	non				
Ourlet manche	oui	non				
Empiècement	oui	non				
Poches	non	oui				
Fermeture						
Cou	non	3 cm				
Ourlet	non	non				

Notes

- La partie supérieure du haut est en tissu rose sable et la partie inférieure en bordeaux.
- Les boutons du dos sont recouverts (en tissu bordeaux).
- Les brides d'attache des manches sont en tissu bordeaux, avec boutons assortis.

Étiquettes		**Finitions**
Dos	étiquette Denim casual	Dos Devant
		aucune
Devant	n/a	

Voici une fiche technique/fiche de spécifications typique, avec le dessin du vêtement, les échantillons de tissu et des informations importantes telles que le numéro de référence, le nom, les mesures et les détails du vêtement.

El diseñador crea un dibujo plano a partir de una fotografía, una prenda, una ilustración o sus fuentes de inspiración. La finalidad del dibujo es indicar las proporciones correctas, la posición de las costuras y los detalles de la prenda. A continuación, el dibujo se envía a un patronista, un maquinista o una fábrica para que confeccionen un primer prototipo de la prenda.

Si el diseñador y el patronista trabajan en la misma empresa, no hace falta que el dibujo sea tan preciso como si tuviera que mandarse fuera. El dibujo plano es una forma de comunicación, y lo ideal es que el diseñador trabaje con un patronista que esté familiarizado con su estilo y sus preferencias para poder transformar un boceto en una prenda con relativa facilidad. Este tipo de relación en la que el patronista conoce al dedillo la filosofía del diseñador es poco habitual y, en general, solo pueden permitírsela las marcas de alta costura que crean prototipos dentro de la misma empresa. En ese caso, si el dibujo no es lo bastante preciso o claro, el patronista o el maquinista solo tienen que exponer sus dudas al diseñador para asegurarse de que confeccionan la prenda correctamente.

En caso contrario, es imprescindible que el dibujo plano sea lo más preciso posible. Si el fabricante vive en otro país, lo que dificulta la comunicación debido a las barreras lingüísticas y la diferencia horaria, tiene que quedar perfecto. El dibujo que el diseñador envíe al patronista ha de ser lo bastante definido como para que la prenda quede bien con un par de prototipos como máximo. Teniendo en cuenta que los prototipos implican una considerable inversión de tiempo y dinero, las instrucciones y el dibujo deben ser lo más precisos posible. Siempre es arriesgado dejar las cosas al azar pero en este caso, además, puede salir muy caro.

Los dibujos pueden realizarse desde una perspectiva anterior, posterior, lateral e incluso interior, y acompañarse de documentos, fotografías, ilustraciones y hasta prendas para que no haya malentendidos. Tampoco está de más incluir retales de tejidos y acabados, puesto que podrían afectar al patrón y la confección de la prenda. Otra opción consiste en representar gráficamente el tejido o el estampado en el dibujo. Si se trata de prendas de punto, tejido de intarsia y jacquard, hay que incluir detalles sobre la forma de coserlas o tejerlas, ya sea en el mismo dibujo o a modo de anotación en la ficha técnica. El punto trenzado, el punto grueso o el canalé también pueden representarse en el dibujo, pero además hay que explicarlos en las instrucciones para indicar detalles como el número de vueltas o el grosor del hilo o la lana. Las aplicaciones, los bordados y otros detalles también deben plasmarse en el dibujo, siempre y cuando no formen parte del motivo del tejido. Todos estos detalles deberían incluirse en las fichas de todas las prendas.

Ficha de la prenda o ficha técnica

El diseñador cumplimenta la ficha de la prenda, o ficha técnica, y se la envía al fabricante o al patronista. Consta de un dibujo plano e información escrita acerca de la prenda. La ficha incluye todas las medidas y los detalles de los materiales, sin dejar nada a la improvisación.

En general, la prenda recibe un nombre y un número de referencia. Lo más práctico es crear un sistema de codificación para identificar las prendas enseguida. Por ejemplo, en el número de referencia PV17-123-22, el 22 podría indicar un determinado tejido, el 123 un determinado tipo de blusa (codificadas con los números 100 a 199) y PV17 la temporada, en este caso Primavera/Verano 2017. Asimismo, pueden incluirse códigos de colores y tallas.

Lo ideal es que la ficha técnica se complemente con una muestra del tejido y detalles sobre el forro, los acabados, el estampado o los bordados. Otros datos importantes son las medidas, las cantidades, la ubicación y el estilo de elementos como botones, trabillas, pespuntes y ribetes. También contemplará las medidas y la ubicación de los distintos componentes de la prenda para facilitar la tarea al patronista o maquinista. Estas son las medidas principales: largo, hombro, exterior de la manga, puño, cintura, cadera, exterior de la pierna, tiro, dobladillo, cinturón, botonadura, vuelta, nuca, cuello, sisas y ojales.

La ficha puede completarse con información sobre los tejidos de punto y tricotados, así como otros datos que puedan resultar confusos en el dibujo. La ficha técnica puede modificarse tras confeccionar los primeros prototipos. Después de mostrar y vender al cliente una colección, se lleva a cabo una prueba de producción para garantizar que todos los detalles hayan quedado perfectos y que la prenda esté lista para entrar en la cadena de producción. Aunque a simple vista no se perciba la profundidad de un bolsillo o la cantidad de trabillas de la cinturilla de un pantalón sobre la pasarela, estos detalles son importantes para el cliente. La prueba de producción garantiza que la prenda está lista para multiplicarse en cientos o miles de unidades.

Ficha técnica

Logotipo de la empresa

Ficha técnica de la blusa	Fecha: 01/08/2016	Descripción: Blusa de manga corta de dos tonos con botonadura a la espalda

Referencia	Diseñador	Temporada	Departamento	Talla	Tejido 1	Tejido 2	Bloque
SS17-123-22	Alex	SS17	Denim Casual	S	Algodón rosa palo	Algodón burdeos	Blusa básica A

Medidas	cm.
Largo anterior	57
Largo posterior	63
Ancho espalda >13 cm	38
Ancho delantero	50
Hombro	6,5
Largo mangas exterior	26
Largo mangas interior	14,5
Largo de axila a axila	62
Caída anterior cuello	9
Caída posterior cuello	2,5
Altura del cuello	n/d
Circunferencia del cuello	n/d
Profundidad caída cuello	n/d
Abertura cuello	n/d
Sisa	49
Busto/pecho > de sisa a sisa	50
Ancho canesú posterior	31,5
Largo costura canesú posterior	50,5
N.º pliegues/jaretas posteriores	n/d
N.º de botones	5 + 2
Separación entre botones	6,5
Ancho cuello	n/d
Ancho tapeta	3
Ancho puños	5,8
Largo puños	34
Largo manga	26
Cantidad y profundidad de jaretas manga	
Otros	

Boceto

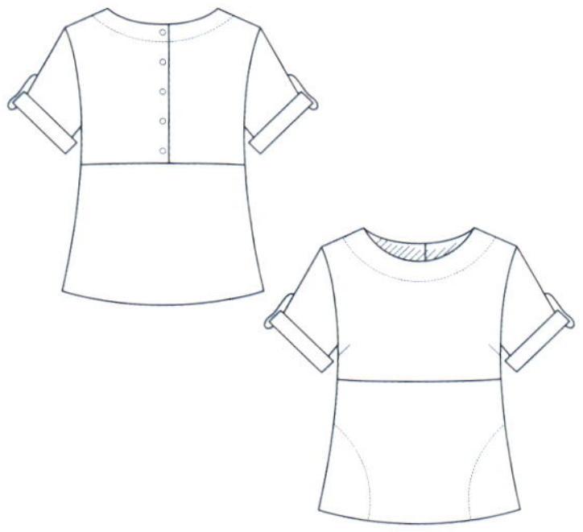

-Rosa palo: parte superior, mangas y puño de la blusa

-Burdeos: parte inferior, presillas de las mangas y botones

Margen costura	1 cm
Caída tejido	ligera
Tipo botones	forrados, 16 mm
Color hilo	Rosa palo y burdeos
Tipo de la cremallera	n/d
Fruncidos	

Notas del diseñador

	S	P	Ribetes	C/B	C/F	Otros
Costura lateral	sí	no				
Cuello						
Sisa	sí	no				
Mangas	sí	no				
Canesú	sí	no				
Bolsillos	no	sí				
Vuelo						
Escote	no	3 cm				
Dobladillo	no	no				

Notas

- Parte superior de la blusa en rosa palo y parte inferior en burdeos.
- Botonadura posterior con botones forrados en tejido de color burdeos.
- Presillas de las mangas en tejido de color burdeos con botones a juego.

Etiquetas		Complementos
Espalda	Etiqueta Denim Casual	Espalda
		ninguno
Parte anterior	n/d	Parte anterior
		ninguno
Otros		

Prototipo de ficha de la prenda o ficha técnica, que incluye un dibujo de la prenda, una muestra del tejido e información importante como el número de referencia, el nombre, las medidas y los detalles.

Sales Books

Technical drawings are sometimes used in sales books and catalogues. A sales book is what designers show to buyers when selling their collections. They will include technical drawings, fabric swatches and, in some cases, photos. The sales book is used alongside samples of the collection and allows the buyer to see the collection by theme and by fabric. The buyer often takes away a line sheet, which is a 'spread' of all the garments in a collection. The line sheet can be used as a reference, later on, when finalising or reviewing an order. Each garment has a name or numerical code for reference.

The book is normally divided by fabric, with every garment available in a certain fabric shown next to swatches of the available colourways. This means that some garments may be represented several times in a book if they are available in many fabrics.

The drawings for the sales book need to be representative of the garment but do not need to be as precise as those the pattern cutter or manufacturer will see. Since it is important that the drawings help sell the collection, they can be personalised or given some character. Movement can be incorporated into the drawing or different mediums can be used to make the illustration more interesting. In the ***Step-by-step*** chapter (pages 37-181), we will show you some examples how to achieve this.

Les planches de collection

Les dessins techniques sont parfois utilisés dans les planches de collection et les catalogues. La planche de collection est ce que les designers montrent aux acheteurs lors de la vente de leur collection. Il doit inclure les dessins techniques, des échantillons de tissu, et parfois des photos. La planche de collection est utilisée avec des échantillons de la collection et permet à l'acheteur de voir la collection par thème et par tissu. L'acheteur emporte souvent la liste de produits qui est une sorte de tableau indiquant tous les vêtements d'une collection. La liste de produits peut servir de référence plus tard, lors de la finalisation ou de la modification d'une commande. À chaque vêtement dessiné est attribué un nom ou un numéro de référence.

Les planches de collection sont généralement réparties par tissu et tous les vêtements disponibles dans un certain tissu sont présentés à côté des échantillons de la gamme de coloris. Cela signifie que certains vêtements peuvent apparaître plusieurs fois s'ils sont disponibles en plusieurs tissus.

Les dessins de la planche de collection doivent être représentatifs du vêtement, mais n'ont pas besoin d'être aussi précis que ceux destinés au patronnier ou au fabricant. Mais comme il est important que les dessins aident à vendre la collection, ils peuvent être personnalisés ou avoir un style particulier. Le dessin peut incorporer du mouvement ou être réalisé à l'aide de différentes techniques pour rendre l'illustration plus attrayante. Dans le chapitre *Pas à pas* (pages 37-181), nous vous indiquons des exemples permettant d'y parvenir.

Catálogos

Los dibujos planos suelen formar parte del catálogo de la colección que el diseñador muestra a sus clientes. Además de los dibujos, incluye retales de tejidos y, en algunos casos, fotografías. El catálogo se complementa con muestras de la colección y permite al comprador analizarla por temas y tejidos. El cliente suele llevarse un documento en el que aparecen todas las prendas de la colección y que más adelante puede utilizar como referencia para confirmar o revisar un pedido. Cada una de las prendas se indica con un número de referencia.

El catálogo suele dividirse por tejidos. Así, las distintas prendas se muestran en un tejido determinado y, al lado, se añade una muestra de las variaciones cromáticas. Esto significa que las prendas disponibles en varios tejidos pueden aparecer varias veces en un mismo catálogo.

Los dibujos del catálogo deben dar una idea precisa de la prenda pero sin ser tan detallados como los que se envían al patronista o al fabricante. Teniendo en cuenta que las ilustraciones ayudan a vender una colección, no es mala idea personalizarlas, como por ejemplo darles movimiento o complementarlas de algún modo para que ganen interés. En el capítulo «Paso a paso» (páginas 37-181) encontrará ejemplos al respecto.

This sales book example shows a range of plain and printed cotton pieces. This is the sort of information a brand would give to buyers when showing and selling a sample collection: name of the garment, brief description, reference number, materials, size range and a front and back drawing.

Fashion Brand X
Spring Summer 2017
Printed Cotton Twill Range
Available in sizes: XS, S, M, L and XL

Printed cotton Twill
100% Cotton

Pink Cotton Twill
100% Cotton

Rose Top
Sleeveless printed top with pink ruffle hem
SS17-104-39

Anne Top
Sleeveless printed baby doll top with gathered base
SS17-107-39

Clare Skirt
Printed skirt with ruffled base
SS17-311-40

Emma Dress
Printed cap sleeve dress with full skirt
SS17-522-40

Hannah Dress
Printed sleeveless dress with ruffled skirt
SS17-518-40

Cette planche de collection expose une gamme de pièces en coton uni et imprimé. C'est le type d'informations qu'une marque donnerait aux acheteurs lors de la présentation et de la vente d'une collection d'échantillons : nom du vêtement, brève description, numéro de référence, matières, gamme de tailles, dessin du devant et du dos.

Marque de mode X
Printemps Eté 2017
Gamme en coton sergé imprimé
Disponible en tailles : XS, S, M, L et XL

Coton sergé imprimé
100 % Coton

Coton sergé rose
100 % Coton

Haut Rose
Haut sans manches imprimé, ourlet volanté rose
PE17-104-39

Haut Anne
Haut sans manches imprimé babydoll, base froncée
PE17-107-39

Jupe Clare
Jupe imprimée, base froncée
PE17-311-40

Robe Emma
Robe à mancherons imprimée, jupe corolle
PE17-522-40

Robe Hannah
Robe sans manches imprimée, jupe froncée
PE17-518-40

El catálogo de la página siguiente muestra una serie de prendas de algodón lisas y estampadas. Cuando una marca enseña y vende una colección de muestra al cliente, debe incluir siempre estos datos: nombre de la prenda, breve descripción, número de referencia, materiales, tallas disponibles y perspectiva anterior y posterior.

Firma de moda X
Primavera/Verano 2017
Sarga de algodón
Tallas disponibles: XS, S, M, L y XL

Sarga de algodón estampada
Algodón 100 %

Sarga de algodón rosa
Algodón 100 %

Top Rose
Blusa estampada sin mangas rematada con volante rosa
PV17-104-39

Top Anne
Blusa sin mangas estilo babydoll con corte bajo el pecho
PV17-107-39

Falda Clare
Falda estampada rematada con volante
PV17-311-40

Vestido Emma
Vestido estampado con mangas farol y falda acampanada
PV17-522-40

Vestido Hannah
Vestido estampado sin mangas con falda de volantes
PV17-518-40

Fashion Brand X
Spring Summer 2017

Printed Cotton Twill Range
Sizes : Extra Small, Small, Medium, Large and Extra Large

Printed Cotton Twill
100% Cotton

Pink Cotton Twill
100% Cotton

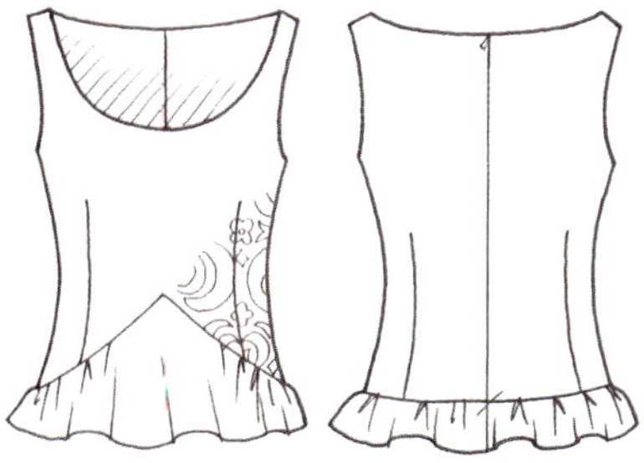

Rose Top
Sleeveless printed top
with pink ruffle hem
SS17-104-39

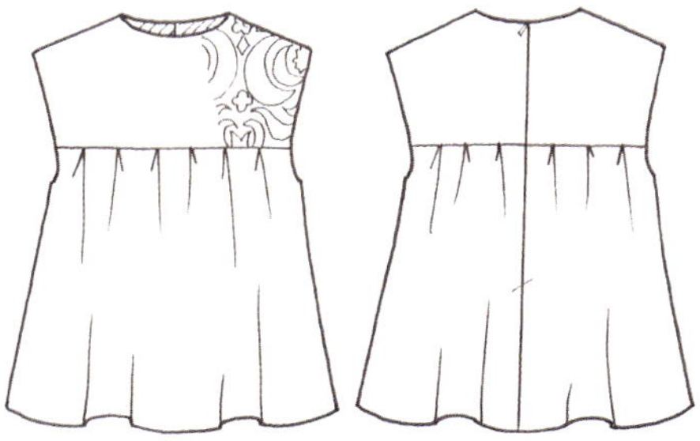

Anne Top
Sleeveless printed babydoll top
with gathered base
SS17-107-39

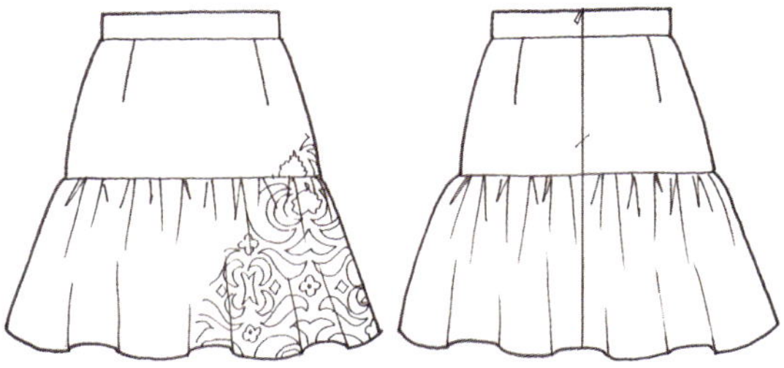

Clare Skirt
Printed skirt with ruffled base
SS17-311-40

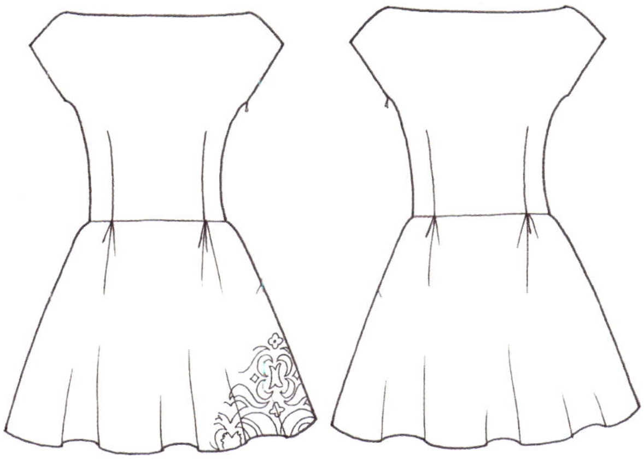

Emma Dress
Printed cap sleeve dress with full skirt
SS17-522-40

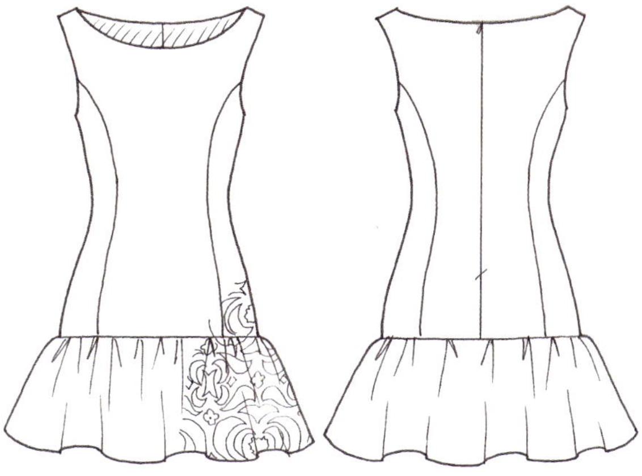

Hannah Dress
Printed sleeveless dress with ruffled skirt
SS17-518-40

Portfolios

Technical drawings are often used in portfolios. Not only do they demonstrate the designer's ability to illustrate a garment, but they also show the details of a garment that may not be clear in its illustration or photo. The traditional layout of a portfolio will have pages with a fashion illustration, and along the side of the page there will be a fabric swatch and the technical drawing (see page 19). If the illustration is clear, it may only be necessary to include the back of the technical drawing.

Technical drawings can also be the primary form of illustration in a portfolio. This is when developing a personal style of technical drawing can be extremely useful. Different mediums can affect the look of a drawing and using movement can add originality. The technical drawing can still clearly demonstrate the silhouette and details of a drawing but will be more interesting to look at.

In the current fashion industry, students and designers looking for work should know that most employers value a potential employee more if they have strong technical drawing skills. There are very few design roles in the industry today where some degree of knowledge of technical drawings will not be essential.

In the next section (pages 18-23), we will look at different presentation skill techniques.

Les dossiers de présentation

Les dessins techniques sont souvent utilisés dans les dossiers de présentation. Ils montrent non seulement la capacité du designer à illustrer un vêtement, mais aussi les détails du vêtement qui ne sont pas suffisamment clairs dans les illustrations ou les photos. La mise en page habituelle d'un dossier de présentation est un ensemble de pages comprenant chacune une illustration de mode accompagnée d'échantillons de tissu et du dessin technique (voir page 19). Si l'illustration est claire, le dos du dessin technique peut suffire.

Les dessins techniques peuvent être la principale forme d'illustration d'un dossier de présentation. La capacité à développer un style personnel dans ce domaine est donc essentielle. La maîtrise de différentes techniques et l'ajout de mouvement sont preuve d'originalité. L'objectif étant de réaliser un dessin technique agréable à regarder tout en conservant la clarté nécessaire dans la silhouette et les détails.

Dans le secteur de la mode tel qu'il est aujourd'hui, les étudiants et les designers qui cherchent du travail doivent savoir que la plupart des employeurs préfèrent les candidats qui disposent de solides compétences en dessin technique. Il reste actuellement très peu de postes en design pour lesquels les compétences en dessin technique ne sont pas indispensables.

Dans la partie suivante (pages 18-23), nous étudierons les différentes techniques de présentation.

Carpeta de diseños

Los dibujos planos suelen archivarse en forma de carpetas. No solo demuestran la habilidad del diseñador como ilustrador de moda, sino que también revelan los detalles de una prenda que no quedan claros en una ilustración o una fotografía. Una carpeta de diseño de moda suele contar con distintas ilustraciones, junto a las cuales se añaden una muestra del tejido y el dibujo plano (véase la página 19). Si la ilustración revela todos los detalles con precisión, solo hará falta incluir la perspectiva posterior del dibujo plano.

El dibujo plano también puede ser la forma de ilustración principal de la carpeta de diseños. En ese caso, puede resultar tremendamente útil adoptar una técnica de dibujo personalizada. Un dibujo cambia mucho en función del material utilizado y el movimiento aporta originalidad. De este modo el dibujo plano no solo revelará la silueta y los detalles del boceto con todo lujo de detalles, sino que ganará interés a ojos del cliente.

Los estudiantes y diseñadores que busquen trabajo en la industria de la moda deben saber que se valora mucho que el candidato domine la técnica del dibujo plano. Hoy en día quedan muy pocos puestos de trabajo del sector en los que no se requieran amplios conocimientos de esta disciplina.

En el apartado siguiente (páginas 18-23) veremos distintas técnicas de presentación.

This is a traditional fashion portfolio page layout. Although not always the most attractive way to present a design, it is extremely effective, showing the illustration, the fabric swatch, a front and back technical drawing and text describing the season and the garment.

Spring Summer 2017
Leopard print
Shirt dress

Voici une page tirée d'un dossier de présentation de mode traditionnel. Bien qu'il ne s'agisse pas forcément de la présentation la plus attrayante qui soit pour une création, elle est très fonctionnelle, avec l'illustration, l'échantillon de tissu, un dessin technique du dos et du devant, et une description de la saison et du vêtement.

Printemps Eté 2017
Imprimé léopard
Robe chemiser

Carpeta de diseños con formato de página tradicional. Aunque no siempre es la forma más atractiva de presentar un diseño, es del todo efectiva puesto que recoge la ilustración, la muestra de tejido, dibujos planos desde una perspectiva anterior y posterior, y el texto que indica la temporada y describe brevemente la prenda.

Primavera/Verano 2017
Estampado leopardo
Vestido camisero

Spring Summer 2017
leopard print
shirt dress

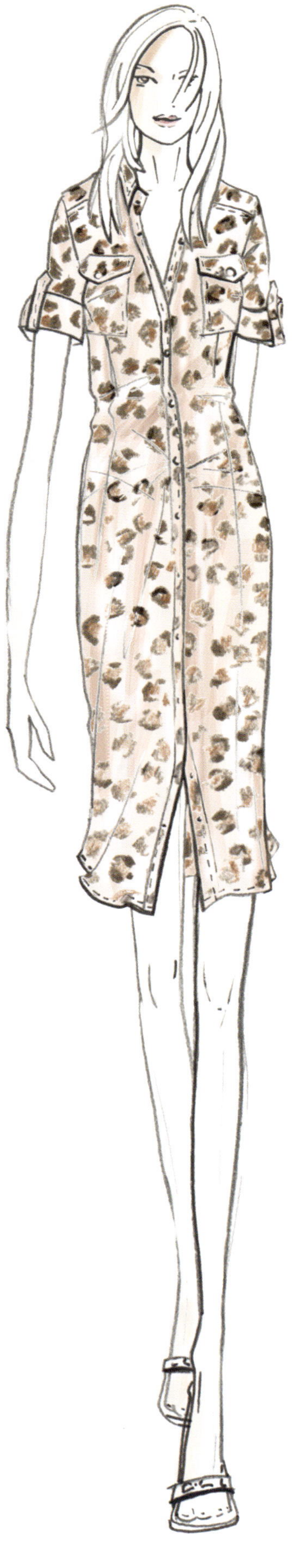

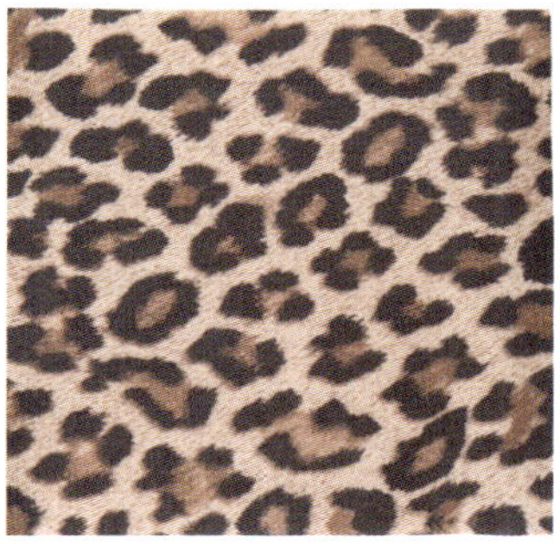

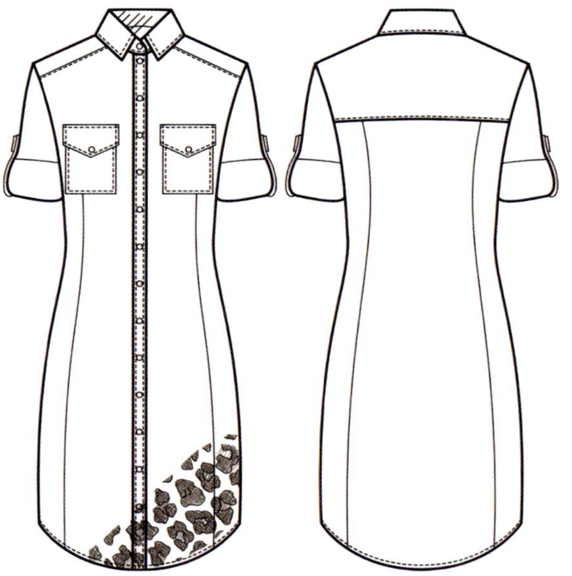

Presentation skills

As you saw previously on page 19, the traditional fashion portfolio layout involves a large illustration, small technical drawings, fabric swatch and descriptive text. This sort of layout is fine, but it can become extremely repetitive if there are many garments. The following pages demonstrate how presentation techniques can be varied, even using the most basic of elements. The layouts show different ways of presenting your fashion portfolio elements: fashion illustration, technical drawings, text and fabric swatch. If you have more elements, such as research or photos, then the layouts can become even more interesting. Try to vary your layouts by changing the placement of the elements and by varying the scale to create interest.

Les techniques de présentation

Comme nous l'avons vu page 19, la mise en page traditionnelle d'un dossier de présentation comprend une illustration en grand format, des petits dessins techniques, des échantillons de tissus et un texte descriptif. Ce type de mise en page est correct mais peut devenir très répétitif s'il y a beaucoup de vêtements. Les pages suivantes expliquent comment varier les techniques de présentation, même en utilisant des éléments très simples. Vous trouverez différentes mises en page pour les éléments de votre dossier de présentation : illustration de mode, dessins techniques, texte et échantillons de tissus. Si vous disposez d'éléments complémentaires (documents ou photos par exemple), la mise en page peut devenir encore plus attrayante. Essayez de varier vos mises en page en modifiant l'emplacement des éléments et l'échelle pour toujours retenir l'attention.

Layout A
This layout uses a lot of white space, and features very large text.

Mise en page A
Cette mise en page contient beaucoup d'espace vide et du texte en grandes lettres.

Formato A
Mucho espacio en blanco en el que destaca el texto de gran tamaño.

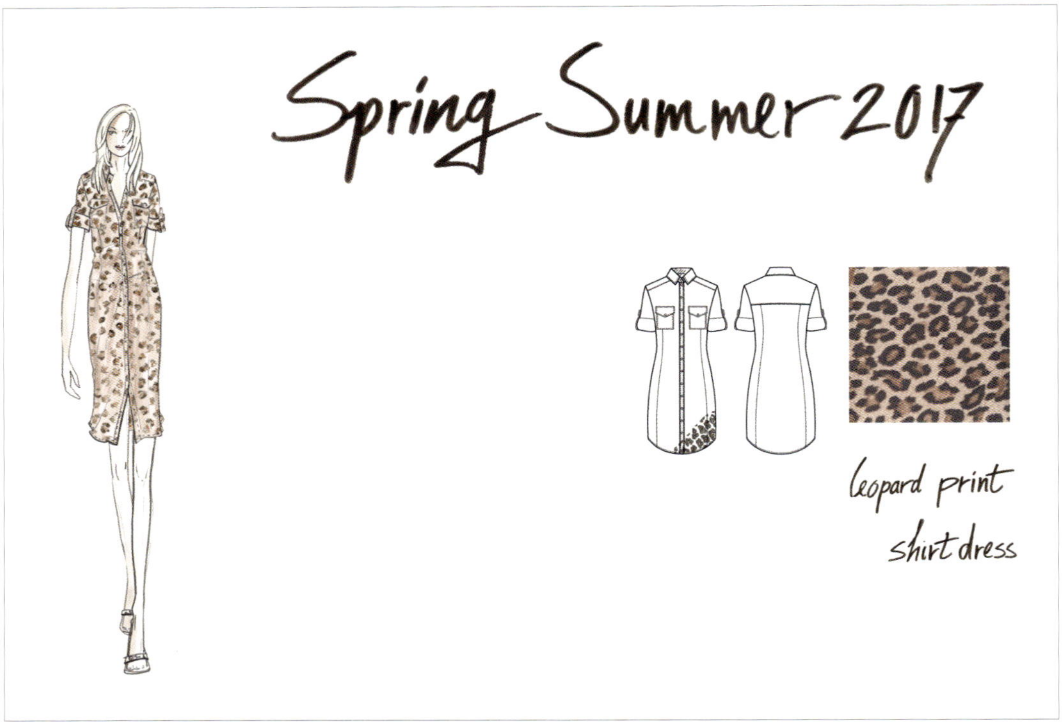

Layout B
This layout has very large technical drawings, positioned at an angle, and a thick black frame.

Mise en page B
Cette mise en page contient de grands dessins techniques, disposés en travers, et un encadrement noir épais.

Formato B
Dibujos planos de gran tamaño dispuestos al bies y encerrados en un grueso marco negro.

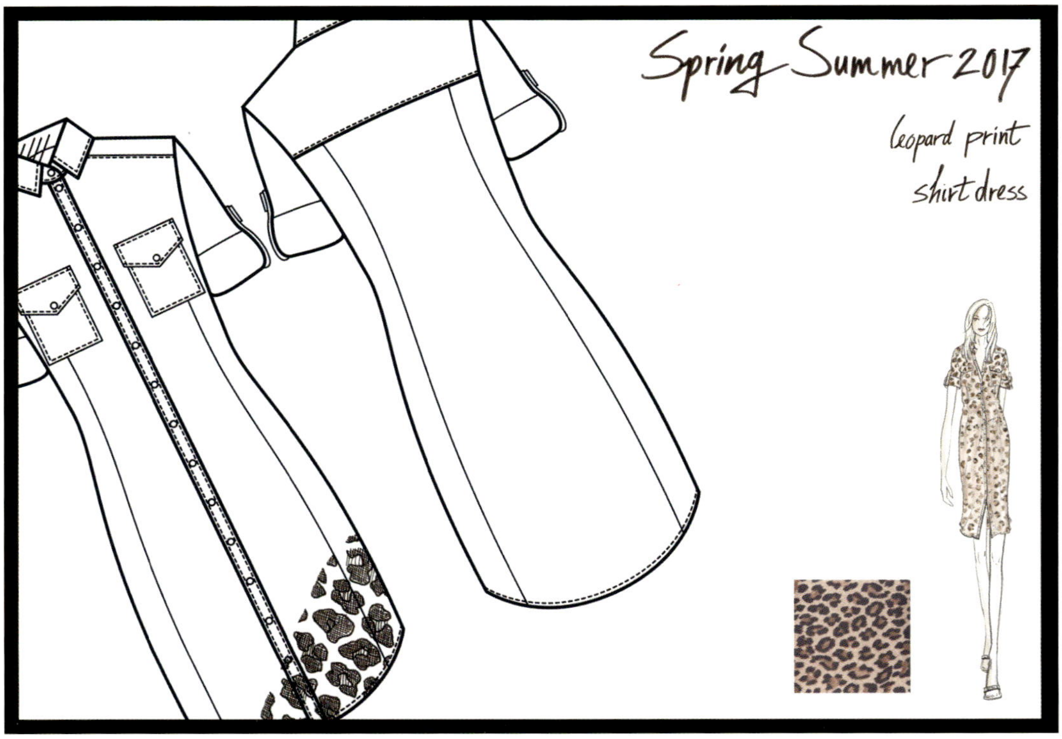

Técnicas de presentación

Como hemos visto en la página 19, el formato tradicional de la carpeta de diseños consta de una ilustración de gran tamaño, dibujos planos pequeños, una muestra del tejido y texto descriptivo. Se trata de un formato muy correcto pero que puede llegar a ser muy repetitivo cuando hay numerosas prendas. Estas páginas muestran la variedad de técnicas de presentación que existen incluso con los elementos más básicos. Los ejemplos muestran distintos métodos para plasmar los elementos de la carpeta de diseño: ilustración de moda, dibujo plano, texto y muestra del tejido. Si dispone de más elementos, como documentos o fotografías, la presentación resulta aún más interesante. Para aportar variedad a sus presentaciones, cambie la distribución de los elementos y modifique la escala.

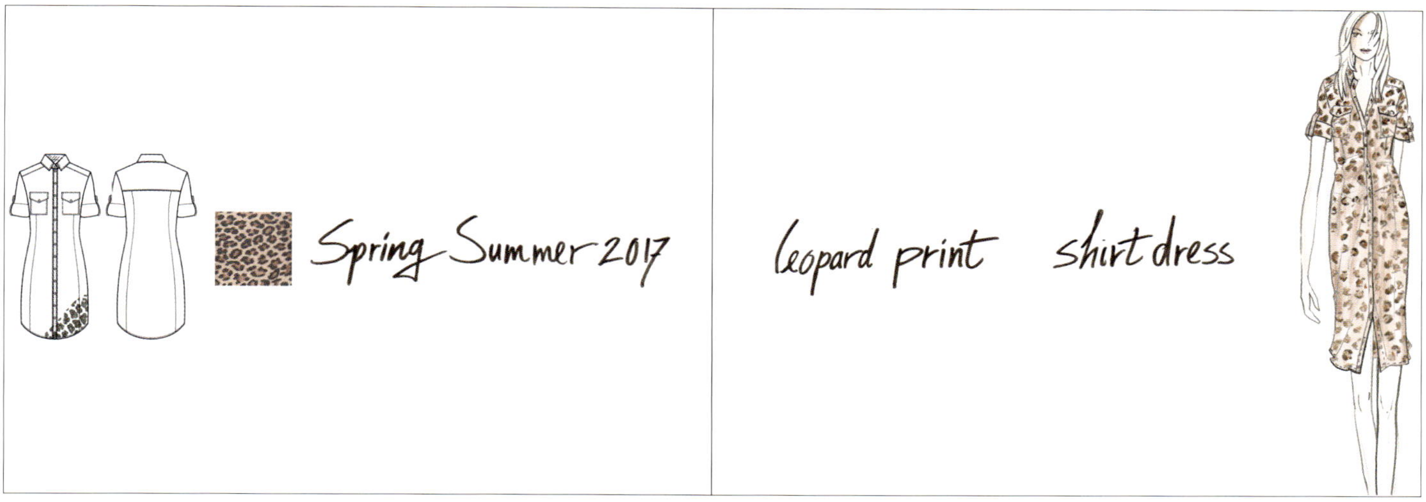

Layout C
This layout is over two pages, and draws the eye horizontally. There is a lot of white space.

Mise en page C
Cette présentation sur deux pages suit un axe horizontal et se caractérise par son aspect aéré.

Formato C
Ocupa dos páginas y guía la vista en sentido horizontal. Hay mucho espacio en blanco.

Layout D
The focus on this layout is the leopard print swatch, which covers half the page.

Mise en page D
La mise en page met l'accent sur l'imprimé léopard, qui couvre la moitié de la page.

Formato D
El estampado de leopardo, que ocupa media página, constituye el centro de atención.

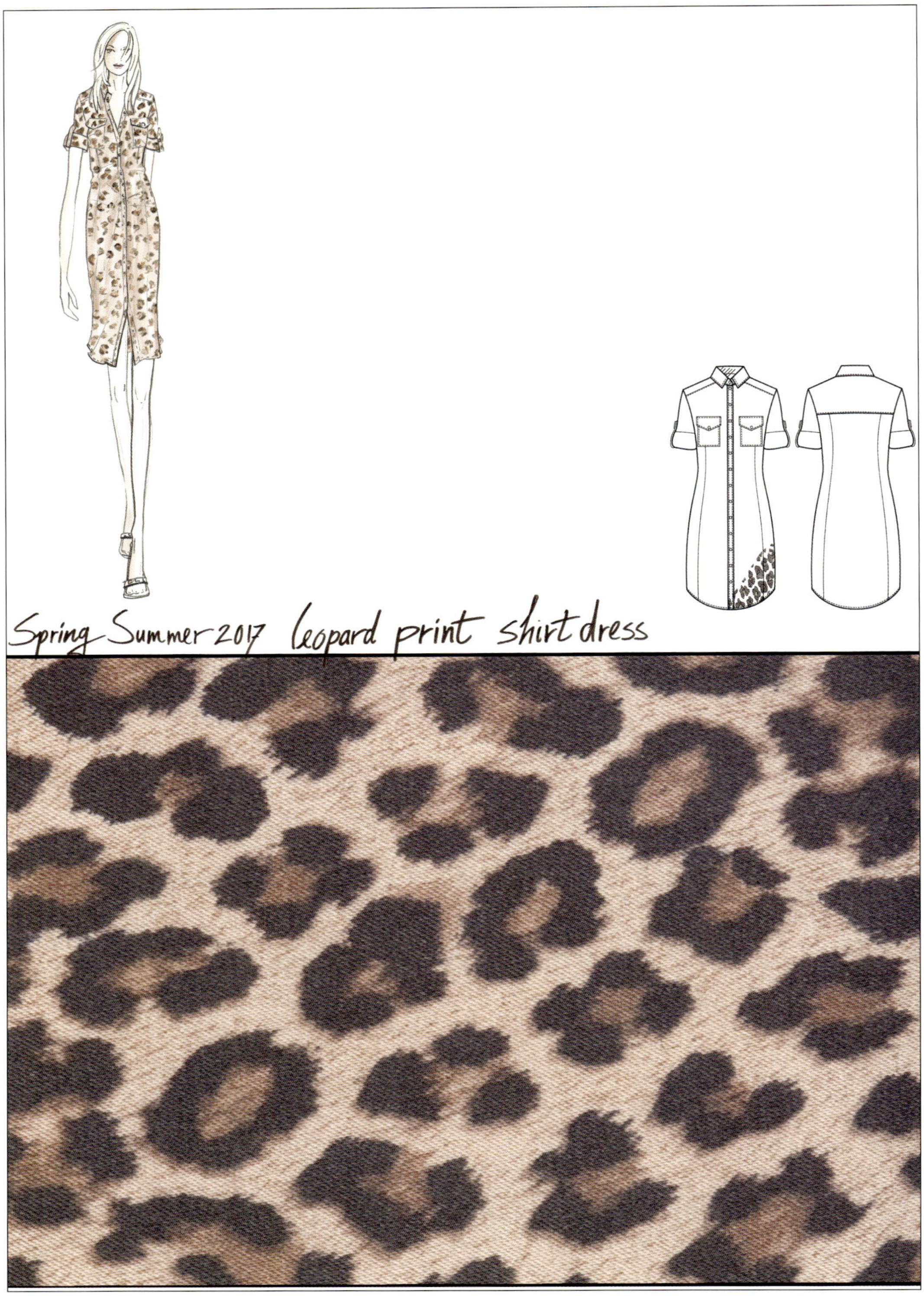

Layout E
This layout's main image is the illustration, and the fabric swatch has been faded and sits underneath the illustration and the technical drawing.

Mise en page E
Cette mise en page fait ressortir l'illustration et place l'échantillon de tissu en arrière-plan, sous l'illustration et le dessin technique.

Formato E
La ilustración es la imagen principal, mientras que la muestra de tejido se ha difuminado y ocupa la franja inferior de la ilustración y los dibujos planos.

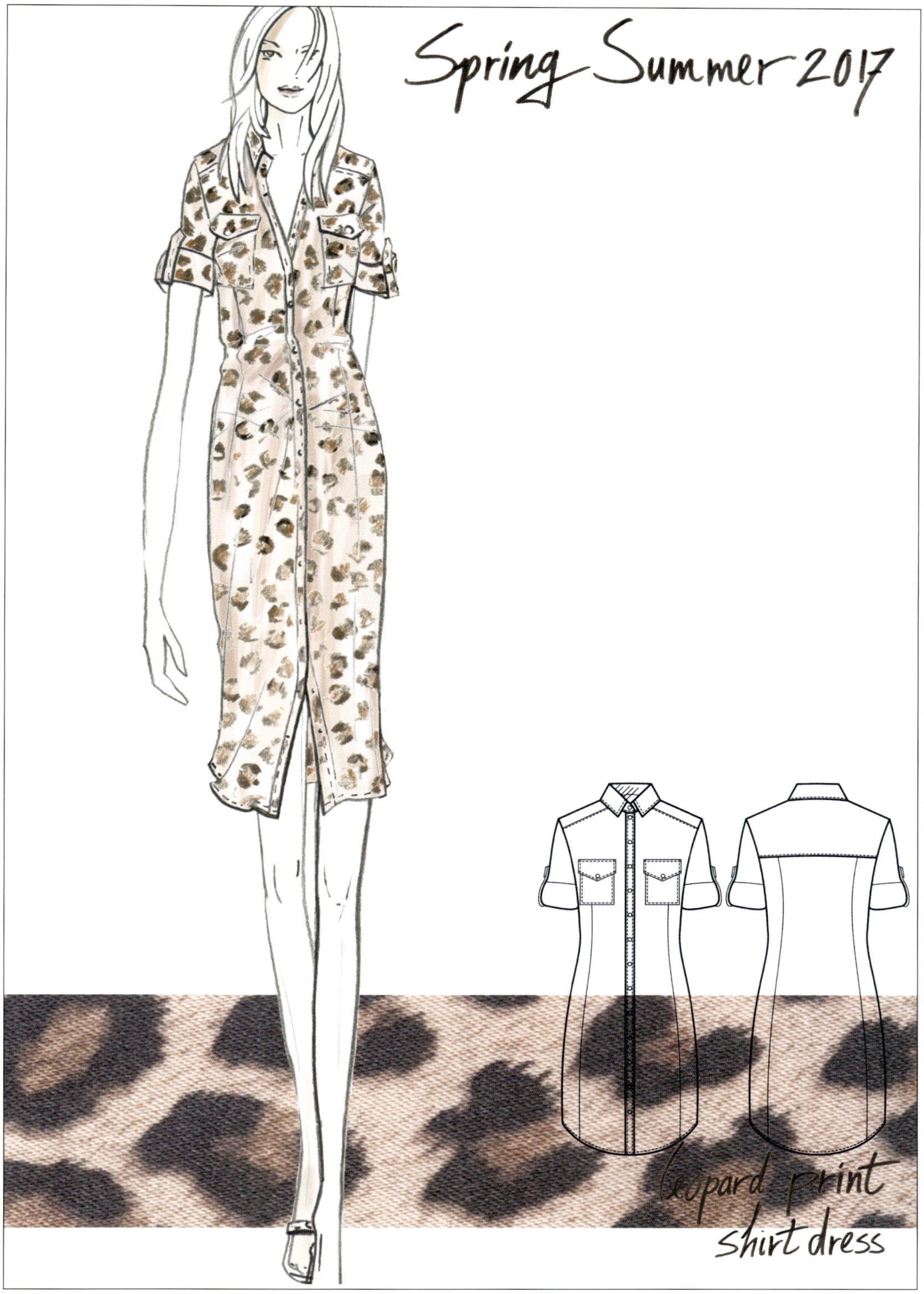

How to make a technical drawing

Getting started

In order to make a technical drawing, some illustration skills are required, as well as a basic understanding of pattern cutting or garment construction. Although a clear demonstration of proportion and detailing are essential in a technical drawing, the garment itself must be able to be constructed and worn using the details given. In most cases, the cost of the garment is of great importance, so cost-effective construction and fabric use is important. Without the knowledge of pattern cutting and construction, these elements are more difficult to incorporate. Beginners with little or no illustration skills and garment knowledge will be able to do basic drawings, but may find the more advanced ones quite challenging.

A mechanical pencil is the best tool for the drawings, but a normal pencil can also be used. It should be kept sharp at all times. Other tools are an eraser, a ruler, Tipp-Ex or any other correction fluid and a selection of black fineliner pens in different nib widths. These are used for the finished illustrations, as different widths of line are needed to demonstrate certain parts of the garment. The width variety can vary by brand, so I will not specify what thicknesses to buy, however the drawings in this book have used 0.7, 0.5 and 0.4 nib widths.

Templates

A template is necessary when making a collection of technical drawings. First, it is difficult to draw symmetrically so the template is used as a guide to ensure that the drawing is not lopsided. When doing a collection of drawings, these need to be drawn on the same body to ensure that they have the same proportions. A template forces you to draw everything on the same body shape.

The template you use depends on the style of the garments. All the drawings in this book are done on a basic template with lines indicating the centre front, bust line, waistline and hip line (the exception being the bikini and lingerie set in the ***Step-by-step*** chapter). When drawing tighter garments, the lines are drawn smaller than the template. When doing larger pieces, the shoulders have been made bigger. When working on a collection, it can be helpful to design a template suited to the garments or styles you are working on. On pages 30-31 are two examples of personalised templates; both are drawn from the basic template. All templates shown in this book are based on the female body, to be used for womenswear.

All templates can be downloaded for free at
www.pepinpress.com/TDFD1

La réalisation d'un dessin technique

La préparation

Des compétences en illustration sont nécessaires pour réaliser un dessin technique ainsi qu'une compréhension minimum du patronage ou du montage des vêtements. Les proportions et les détails doivent clairement apparaître dans le dessin technique, le vêtement lui-même devant pouvoir être monté et porté en suivant les consignes indiquées. Dans la plupart des cas, le coût du vêtement est un élément fondamental : un montage et une consommation en tissu qui soient rentables sont donc importants. L'absence de connaissances en patronage et en montage rend l'incorporation de ces éléments plus difficile. Les débutants ayant peu ou pas de compétences en illustration et en couture pourront réaliser les dessins de base, mais risquent d'éprouver des difficultés avec les plus élaborés.

Un portemine est l'outil le plus adapté pour les dessins mais un crayon à papier normal peut suffire. Il doit être toujours bien taillé. Les autres outils nécessaires sont une gomme, une règle, du Tipp-Ex ou autre correcteur liquide et des stylos-feutres noirs à pointe fine de différentes épaisseurs. Ceux-ci servent à achever les illustrations, les différentes épaisseurs permettant de mettre en relief certaines parties du vêtement. Les tailles disponibles varient en fonction des marques, je ne peux donc pas vous indiquer quelle épaisseur acheter, mais les dessins de cet ouvrage ont été réalisés avec des pointes 0.7, 0.5 et 0.4.

Les modèles

Un modèle est nécessaire lorsqu'on réalise une série de dessins techniques. Tout d'abord, il est difficile de dessiner de manière symétrique et le modèle sert donc de guide pour que le dessin ne soit pas de travers. Dans une série de dessins, ceux-ci doivent être dessinés sur le même corps pour garantir l'obtention des mêmes proportions. Un modèle vous force donc à tout dessiner en suivant la même silhouette.

Le modèle que vous utilisez dépend du style des vêtements. Tous les dessins de cet ouvrage sont faits à partir d'un modèle basique dont les lignes indiquent le milieu du devant, la ligne de la poitrine, la taille et les hanches (sauf pour le bikini et la lingerie qui apparaissent dans la partie *Pas à pas*). Lorsqu'il s'agit de vêtements plus serrés, les traits dessinés restent à l'intérieur des lignes du modèle, tandis que dans le cas de pièces plus amples, la carrure est élargie. Lorsque vous réalisez une collection, il peut s'avérer utile de créer un modèle adapté aux vêtements ou aux styles sur lesquels vous travaillez. Vous trouverez pages 30-31 deux exemples de modèles personnalisés : chacun a été dessiné à partir du modèle basique. Tous les modèles présentés dans cet ouvrage correspondent au corps féminin et ont été conçus pour des vêtements pour femmes.

Tous les modèles peuvent être téléchargés gratuitement sur
www.pepinpress.com/TDFD1

Cómo realizar un dibujo plano

Nociones básicas

Para realizar un dibujo plano se requieren conocimientos de ilustración, así como nociones básicas de corte y confección. Si bien las proporciones y los detalles son elementos básicos, la prenda en sí debe poder confeccionarse y llevarse con los detalles indicados. Muchas veces, el coste de la prenda es decisivo, de ahí la necesidad de que la confección y el tejido ofrezcan una buena relación calidad/precio. Sin conocimientos de corte y confección, resulta mucho más complejo incorporar estos elementos. Los principiantes con pocos o ningún conocimiento de ilustración y confección de prendas podrán relizar bocetos básicos, pero tendrán serias dificultades cuando tengan que acometer ilustraciones más complejas.

Un portaminas es la mejor herramienta para dibujar, aunque también puede utilizarse un lápiz de grafito bien afilado. Otras herramientas son una goma de borrar, una regla, Tipp-Ex u otro líquido corrector y rotuladores de punta fina negros de varios calibres. Los rotuladores se utilizan en las ilustraciones una vez terminadas, puesto que para apreciar determinadas partes de una prenda es necesario trazar líneas de distintos grosores. El grosor del trazo dependerá de la marca, de ahí que no estimemos oportuno especificar el calibre. Sin embargo, a modo orientativo, los dibujos de este libro se han realizado con rotuladores del 0,7, el 0,5 y el 0,4.

Plantillas

Cuando se crea una colección con dibujos planos, se impone utilizar una plantilla. A quien más quien menos le cuesta dibujar respetando la simetría, por lo que la plantilla constituye una buena guía para asegurarnos de que el dibujo no quedará torcido. Además, todos los dibujos de una colección deben realizarse sobre el mismo cuerpo para que presenten las mismas proporciones, y las plantillas obligan a dibujarlo todo en la misma silueta.

La plantilla utilizada dependerá del estilo de las prendas. Todos los dibujos de este libro se han realizado con una plantilla estándar con líneas que indican la perspectiva anterior central, el busto, la cintura y el contorno de cadera (a excepción del biquini y el conjunto de lencería del capítulo «Paso a paso»). Para dibujar prendas más ajustadas, las líneas se trazan más pequeñas que en la plantilla y, para dibujarlas más amplias, hay que ensanchar los hombros. Cuando se trabaja en una colección va muy bien crear una plantilla para las prendas o estilos correspondientes. En las páginas 30-31 encontrará dos ejemplos de plantillas personalizadas creadas a partir de la estándar. Todas las plantillas de este libro están basadas en la figura femenina y sirven para crear prendas de mujer.

Todas las plantillas de este libro pueden descargarse gratuitamente en www.pepinpress.com/TDFD1

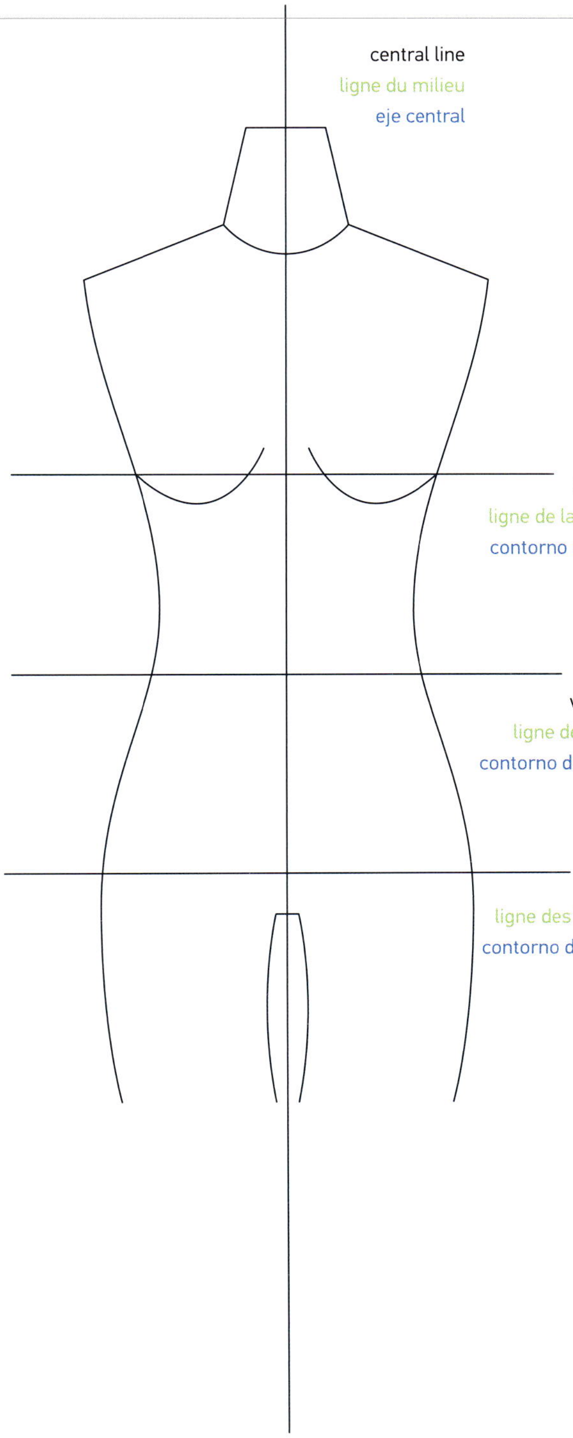

The basic template includes bust, waist, hip and central lines.

Le modèle basique marque les lignes de la poitrine, de la taille, des hanches et la ligne du milieu.

La plantilla estándar abarca el contorno del busto, la cintura y la cadera, y el eje central.

Lingerie template

This template can be used for lingerie, swimwear, tight-fitting clothes or evening wear. The breast shape is more defined to help when drawing bra cups or corsets. The body itself is slimmer, as tight clothes or undergarments are cut to fit closer to the body. The body is also curvier; this may not be necessary when designing sporty swimwear, but in the case of evening gowns or 'romantic' lingerie, it helps to draw the garments in a curvier shape to represent how they will fit. A wider space between the top of the legs has also been allowed to facilitate drawing the crotch of intimate wear or swimwear.

Modèle de lingerie

Ce modèle peut servir à la lingerie, aux maillots de bain, aux vêtements près du corps ou aux tenues de soirée. La forme de la poitrine est davantage définie pour faciliter le dessin des bonnets de soutien-gorge ou de corsages. Le corps lui-même est plus mince puisque les vêtements près du corps et la lingerie sont coupés pour coller à la peau. Le corps a aussi plus de formes ; ce n'est pas forcément indispensable pour représenter des maillots de bain sportifs, mais cela aide à donner plus de formes aux robes de soirée ou à la lingerie romantique et à mieux représenter leur tombé. Un espace plus large a également été prévu en haut de l'entre-jambe pour faciliter le dessin des culottes ou des slips de bain.

Plantilla para lencería

Esta plantilla está indicada para dibujar conjuntos de lencería, ropa de baño, prendas ajustadas o trajes de noche. La forma del pecho se ha definido para facilitar la representación de sujetadores y corsés. La silueta se ha estilizado, puesto que las prendas ajustadas y la ropa interior se cortan de manera que queden pegadas al cuerpo. Además, se ha hecho más curvilínea, algo que no es necesario para representar un bañador deportivo pero que en el caso de un vestido de noche o lencería «romántica» permite dar más forma a las prendas para representar cómo quedarán en el cuerpo real. Otra diferencia es la separación de la parte superior de las piernas, que se ha ensanchado para dibujar sin estrecheces la entrepierna de la ropa íntima o de baño.

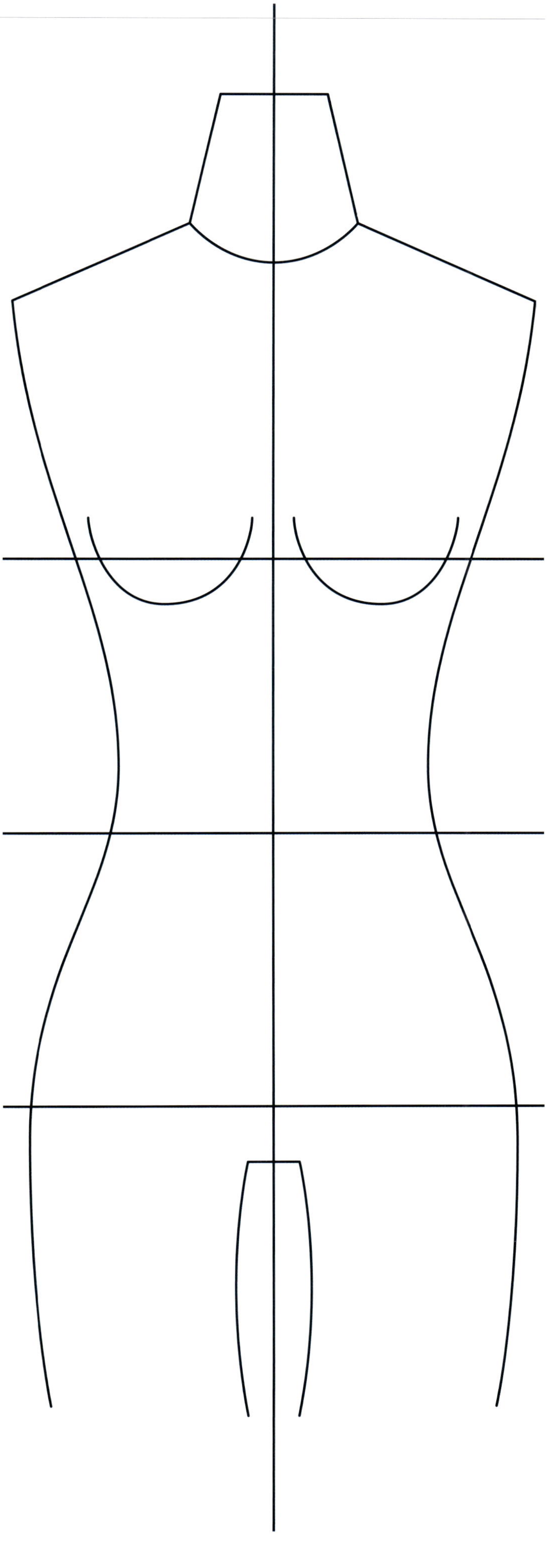

Arms and legs template

This template is useful when drawing a collection with a lot of trousers or sleeve details. The arms are stuck out so sleeves can be drawn away from the body. Usually, only one sleeve needs to be away from the body if the sleeves are symmetrical. The curve from the wrist to the body helps to ensure that your sleeves are both the same length, if one is out and one hangs next to the body. The legs are useful for drawing trousers; they can be wider or farther apart according to the style of the trouser. A knee line has been indicated on the legs and the ankle line can be used to ensure consistency in hem lengths.

Modèles de bras et de jambes

Ce modèle est utile pour le dessin de collections comportant de nombreux détails de pantalons ou de manches. Les bras sont ouverts pour pouvoir dessiner les manches séparément du corps. Si les manches sont symétriques, il suffit de dessiner ainsi une seule manche. La courbe allant du poignet au corps aide à vérifier que les manches sont toutes deux de la même longueur, si l'une est ouverte et l'autre près du corps. Les jambes sont utiles pour dessiner les pantalons ; elles peuvent être plus moins rapprochées selon le style de pantalon. La ligne des genoux a été indiquée sur les jambes, les chevilles peuvent aussi être indiquées pour une parfaite cohérence de la longueur des ourlets.

1	central line	1	ligne du milieu	1	eje central
2	bust line	2	ligne de la poitrine	2	contorno de busto
3	waistline	3	ligne de la taille	3	contorno de cintura
4	hip line	4	ligne des hanches	4	contorno de cadera
5	knee length	5	longueur genou	5	rodilla
6	ankle length	6	longueur cheville	6	tobillo

Plantilla de las extremidades

Esta plantilla está indicada para dibujar una colección con numerosos pantalones o mangas con detalles. Los brazos se han separado a modo de guía para dibujar mangas despegadas del cuerpo. En general, si las mangas son simétricas basta despegar solo un brazo. La curva que va hasta el cuerpo a partir de las muñecas permite comprobar que las mangas sean de la misma longitud, en el caso de que una quede separada y la otra pegada al cuerpo. Las piernas resultan útiles para dibujar pantalones, y podrán ser más anchas o estar más separadas en función de la prenda. En la plantilla se ha indicado la línea de la rodilla y también puede añadirse la del tobillo para representar coherentemente el largo del dobladillo.

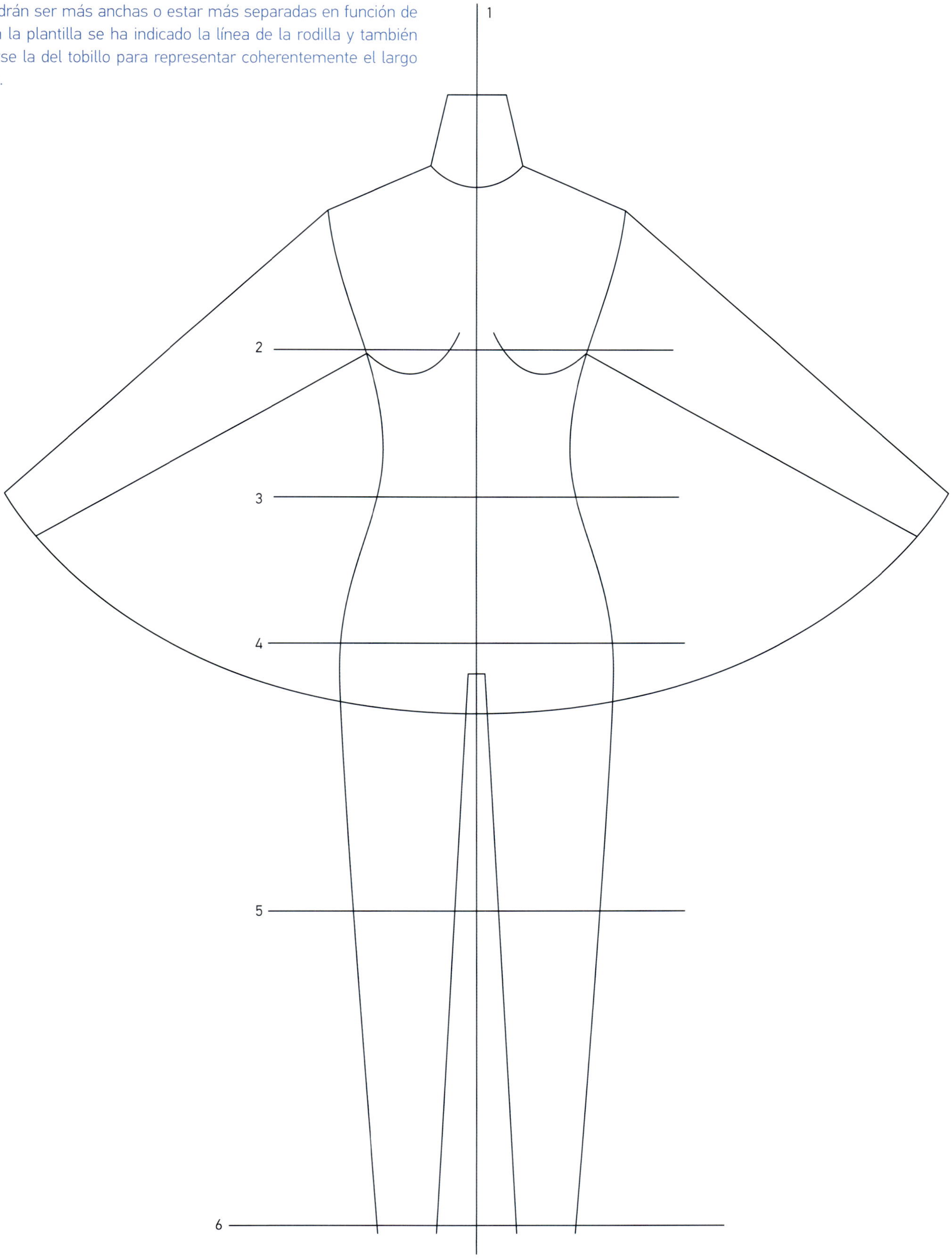

Tailoring template
The tailoring template has higher shoulders. The waist is nipped in as tailored clothes tend to be structured rather than curvy.

The customised template
When working on a collection that has reoccurring shapes, drawing these shapes directly onto the template ensures that they are always drawn identically.

Imagine that the top and skirt from the *Step-by-step* chapter (pages 40 and 56) were both part of a collection that had many repeated details and silhouettes. Here is a template that includes the key lines from both of these garments: the top's neckline, the horizontal bust seam, the skirt's waistline and hem length and the yoke shape. It also includes the pocket shape. This template could now be used to draw the rest of the collection, which would feature some of the same silhouettes and shapes.

Other customised template details could include necklines and straps, arms with sleeve lengths indicated, skirt shapes and lengths, seams such as darts, waistline placement, trouser or leg shapes and shoulder or arm-hole shapes.

Modèle tailleur
Le modèle tailleur a des épaules plus hautes. La taille est resserrée, car les vêtements de type tailleur ont tendance à être structurés plutôt que vagues.

Modèle personnalisé
Lorsqu'on travaille sur une collection comportant des formes récurrentes, dessiner directement ces formes sur le modèle permet de garantir que les pièces soient toujours reproduites de manière identique.

Imaginez que le haut et la jupe de la partie *Pas à pas* (pages 40 et 56) fassent tous deux partie d'une collection comportant de multiples détails et silhouettes qui se répètent. Voici un modèle qui comprend les lignes principales de ces deux vêtements : l'encolure du haut, la ligne horizontale de la poitrine, la ligne de la taille et la longueur de la jupe, ainsi que la forme de l'empiècement. La forme de la poche est également incluse. Ce modèle peut maintenant être utilisé pour dessiner le reste de la collection, qui contient en partie des silhouettes et des formes identiques.

D'autres détails personnalisés peuvent concerner les encolures et les bretelles, les bras avec l'indication de la longueur des manches, les formes et les longueurs de jupes, les coutures telles que les pinces, l'emplacement de la ligne de la taille, la forme des pantalons ou des jambes, ou la forme de la carrure et des emmanchures.

1 central line

2 bust line

3 waistline

4 hip line

1 ligne du milieu

2 ligne de la poitrine

3 ligne de la taille

4 ligne des hanches

1 eje central

2 contorno de busto

3 contorno de cintura

4 contorno de cadera

tailoring template
modèle tailleur
plantilla maniquí

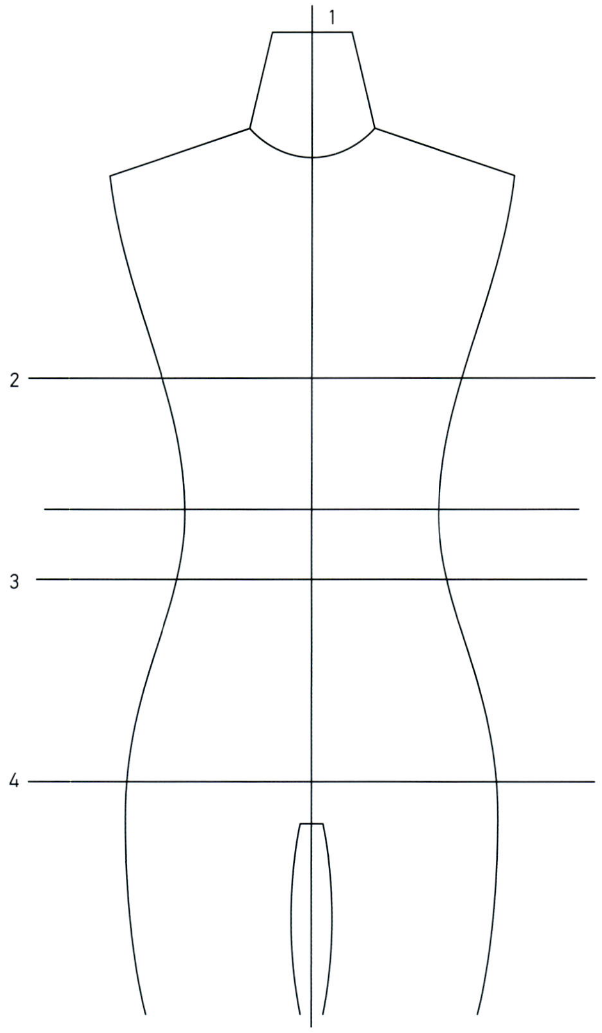

Plantilla maniquí
Esta plantilla presenta los hombros más altos. La cintura se ha afinado, puesto que las prendas hechas a medida suelen ser estructuradas en lugar de curvilíneas.

Plantilla personalizada
Cuando se diseña una colección con formas recurrentes, lo más conveniente es dibujarlas directamente en la plantilla para garantizar resultados coherentes.

Imagine que la blusa y la falda del capítulo «Paso a paso» (páginas 40 y56) forman parte de una colección con detalles y siluetas repetitivos. Esta plantilla incluye las líneas clave de ambas prendas: el escote, la costura horizontal del busto, el talle y el largo de la falda, y la forma del canesú. Incluso representa la forma del bolsillo. La plantilla podría utilizarse perfectamente para dibujar el resto de la colección, en la que se repitirían las mismas siluetas y formas.

Otros detalles de la plantilla personalizada serían escotes y tirantes, brazos que indicaran el largo de la manga, siluetas y largos de falda, pinzas, posición del talle, formas de pantalón o pierna, y formas de hombro o sisa.

1 central line
2 neckline
3 bust line
4 bust seam
5 waistline
6 yoke shape
7 pocket shape
8 hip line
9 hem lenght

1 ligne du milieu
2 encolure
3 ligne de la poitrine
4 couture poitrine
5 ligne de la taille
6 forme de l'empiècement
7 forme de la poche
8 ligne des hanches
9 longueur ourlet

1 eje central
2 escote
3 contorno de busto
4 costura del busto
5 contorno de cintura
6 forma del canesú
7 forma del bolsillo
8 contorno de cadera
9 largo del dobladillo

customised template
modèle personnalisé
p.antilla personalizada

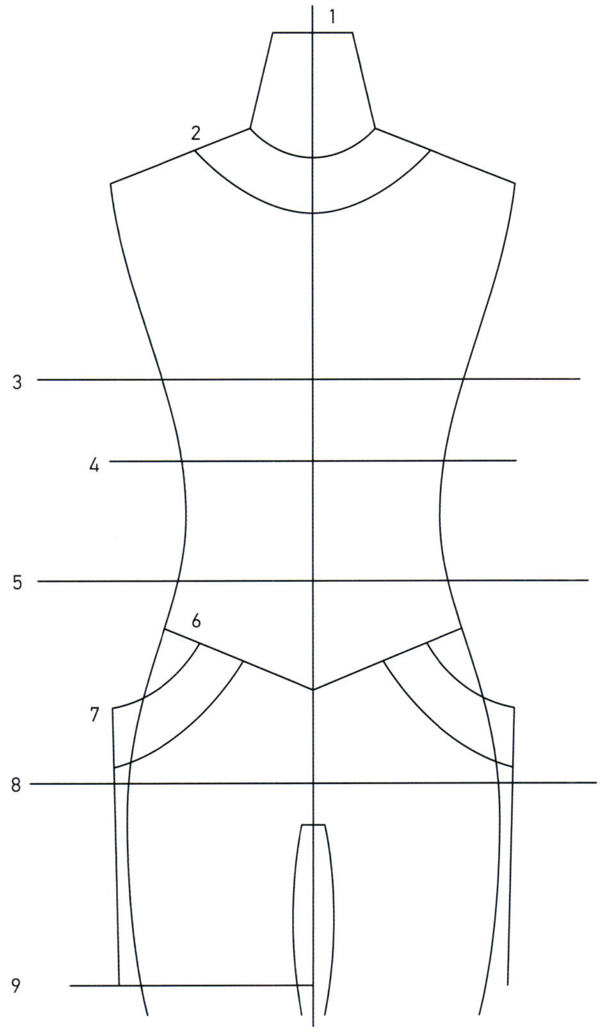

Basic measurements and placement

The arms and legs template can also be used to indicate the length of the sleeves and the length of a skirt, dress, coat or trousers. The lines in these two templates indicate where the hem of the sleeves or garment must be drawn. The lines on the neck and shoulder show some variations on necklines and armholes.

Les mesures de base et les repères

Les modèles de bras et de jambes peuvent aussi servir à indiquer la longueur des manches ainsi que la longueur d'une robe, d'un manteau ou d'un pantalon. Les lignes de ces deux modèles indiquent l'endroit où l'ourlet des manches ou du vêtement doit être dessiné. Les lignes du cou et de l'épaule montrent certaines variations d'encolures et d'emmanchures.

1	polo neck	1	col polo	1	cuello polo
2	funnel neck	2	col cheminée	2	cuello cisne
3	round neck	3	col rond	3	escote a caja
4	V-neck	4	col en V	4	escote en pico
5	halter neckline	5	col dos nu	5	cuello halter
6	tank top	6	top à bretelles	6	entrada
7	sleeveless	7	sans manches	7	sin mangas
8	straight armhole	8	emmanchure droite	8	recta
9	cap sleeve	9	mancheron	9	manga farol
10	short sleeve	10	manche courte	10	manga corta
11	elbow length	11	demi-manche	11	manga al codo
12	three-quarter length	12	manche trois-quarts	12	manga tres cuartos
13	long sleeve/cuff length	13	manche longue	13	manga larga/largo del puño
14	high waist	14	taille haute	14	talle alto
15	on the waist	15	à la taille	15	cintura
16	high hip	16	taille semi-basse	16	encima de la cadera
17	hipster	17	taille basse	17	cadera
18	micro mini	18	ultra-mini	18	microminifalda
19	mini	19	mini	19	minifalda
20	above the knee	20	au dessus du genou	20	encima de la rodilla
21	knee length	21	longueur genou	21	rodilla
22	below the knee	22	sous le genou	22	debajo de la rodilla
23	mid-calf	23	longueur mi-mollet	23	media pierna
24	ankle length	24	longueur cheville	24	tobillo
25	floor length	25	longueur sol	25	pies

Medidas básicas y ubicación

La plantilla de las extremidades también permite indicar el largo de las mangas o de una falda, un vestido, un abrigo o un pantalón. Las líneas de estas dos plantillas indican dónde dibujar el dobladillo de las mangas o la prenda. Las líneas del cuello y el hombro muestran algunas variaciones del escote y las sisas.

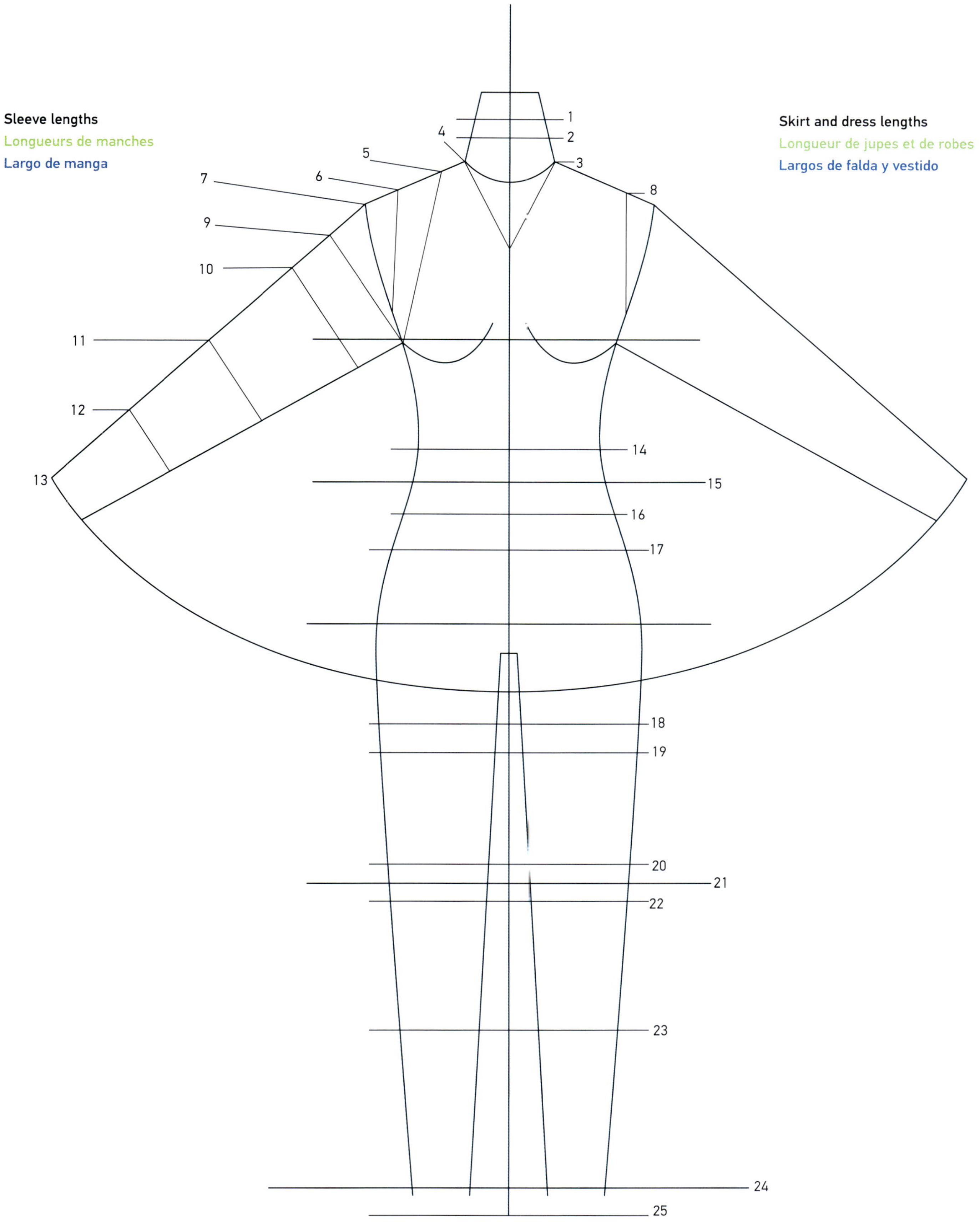

1	high waist	1	taille haute	1	alle alto
2	on the waist	2	à la taille	2	cintura
3	high hip	3	taille semi-basse	3	encima de la cadera
4	hipster	4	taille basse	4	cadera
5	shorts	5	shorts	5	corto
6	mid thigh	6	mi-cuisse	6	medio muslo
7	Bermuda shorts	7	bermuda	7	bermudas
8	Capri pants	8	corsaire	8	capri
9	pedal pusher	9	cycliste	9	pirata
10	ankle length	10	longueur cheville	10	tobillo
11	floor length	11	longueur sol	11	pies
12	three quarter	12	trois-quarts	12	tres cuartos
13	seven eighths	13	sept-huitième	13	muslo
14	knee length	14	longueur genou	14	rodilla
15	mid calf length	15	longueur mi-mollet	15	media pierna
16	ankle length	16	longueur cheville	16	tobillo
17	floor length	17	longueur sol	17	pies

Trouser lengths
Longueur de pantalons
Largo de pantalón

Coat lengths
Longueur de manteaux
Largo de abrigo

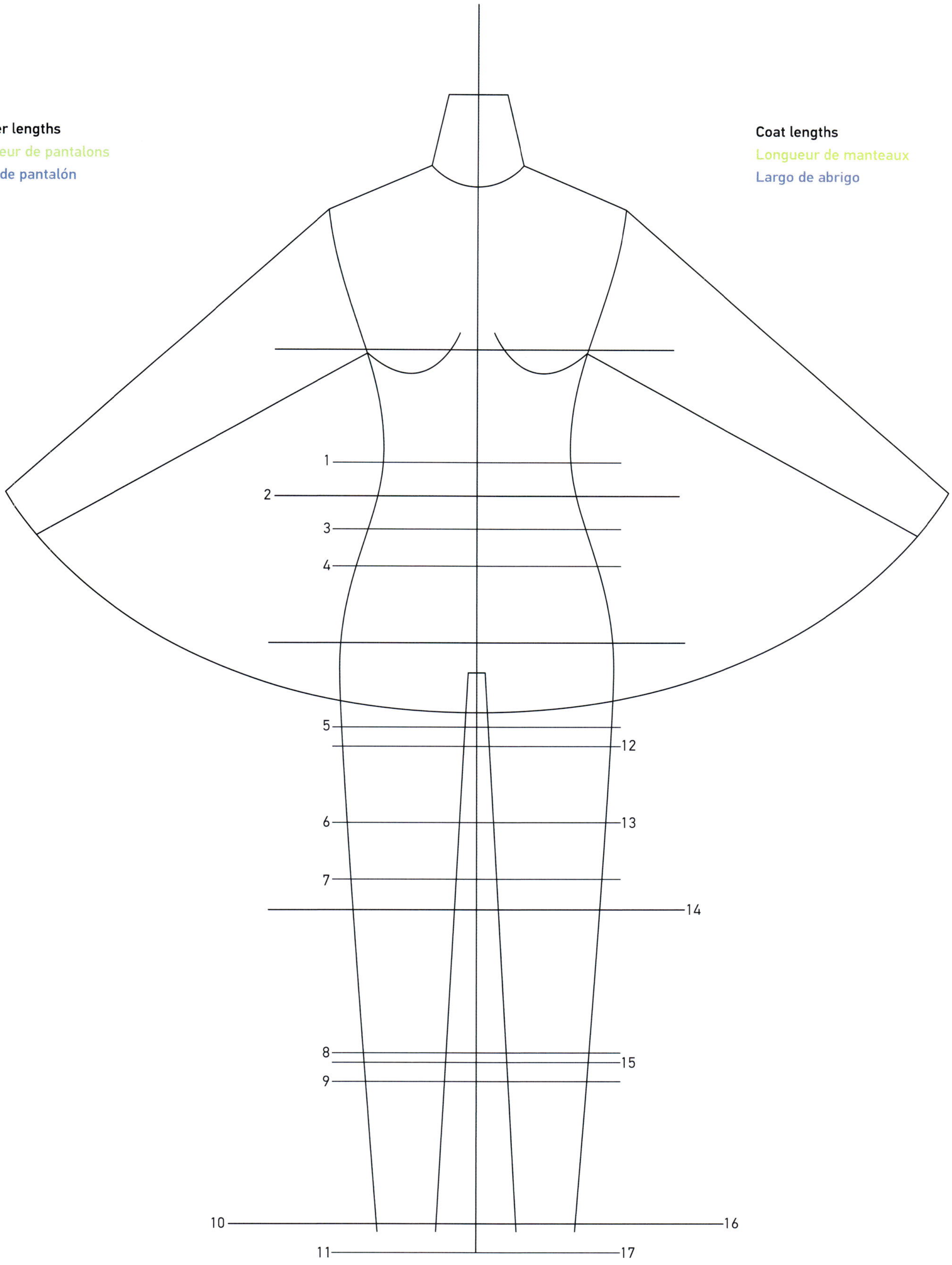

Step-by-step

Pas à pas

Paso a paso

Step-by-step

Pas à pas

How to make a technical drawing

This chapter will guide you through the steps necessary to create a technical drawing. Start with paper, a pencil and your template. Analyse the source (a photograph or illustration) and carefully sketch the basic shape of the garment. Refer constantly to your source to check proportion. Add on the rest of the garment details in pencil and then redraw the garment in fineliner pen.

The final version of the drawing can be drawn over the pencil lines (which will be erased afterwards) or drawn on a new page, using the pencil version as a template. Use three nib widths of fineliner pen for your final drawing (see the *Getting started* section, page 24. Use the thickest nib fineliner pen for the outline shape of the garment and the key structural parts. The medium nib fineliner pen is used for any further garment seams or details. Gathers and pleats are often drawn in this pen width. The finest nib fineliner pen is used for topstitching, embellishments and shading.

Information accompanying drawings

Sometimes you can't include all of the necessary information in a technical drawing and it is very important that a designer be aware of this. In this chapter, the garments are quite easy to transform into a technical drawing, but that might not always be the case. There are times where some details or qualities of a garment cannot be represented in a drawing. This is when it becomes very important to include the right information with the drawings. As we saw in the example of the garment sheet, measurements and details of materials are often indicated for production purposes.

There are also instances where additional information is needed. For example, if the design is a velvet jacket, you may want to indicate the direction of the pile. If there is very detailed topstitching that cannot be represented in a drawing, then this too could be represented separately. Removable garment parts, such as a hood, or garments with many layers are sometimes not completely clear in a drawing. In these instances they need to be expressed with text, or additional drawings.

Volume and shape are also sometimes hard to translate in a flat drawing. This is when accompanying research or images can be useful. For example, if your sleeve shape was inspired by a building, then include an image of your inspiration with notes on how this affected your design. Knitwear needs details about the yarn, the gauge and the type of stitch, as this is very difficult to represent accurately in a drawing.

Keep in mind that when you give a technical drawing to a pattern cutter or a machinist, they might interpret the drawing in a different way. It never hurts to include additional information, such as measurements, an illustration, research images, text, photographs or even garments (or parts of garments) that have inspired your design. This can help ensure that your design is interpreted correctly and your sample will resemble your original idea.

Adding style and colour to technical drawings

Although technical drawings are primarily used to convey technical information about garments, they do not always have to be flat and without colour. This chapter contains examples of different styles of technical drawings. Once you have the basic technical drawing skills, you can explore digitalisation, adding colour, movement, creases and style.

La réalisation d'un dessin technique

Cette partie vous guidera au fil des différentes étapes nécessaires à la création d'un dessin technique. Commencez par prendre du papier, un crayon et votre modèle. Analysez la source (une photo ou une illustration) et esquissez soigneusement la forme générale du vêtement. Référez-vous en permanence à la source pour vérifier les proportions. Ajoutez le reste des détails du vêtement au crayon, puis redessinez au stylo-feutre à pointe fine. La version définitive du dessin peut se tracer par-dessus les traits au crayon (qui seront ensuite effacés) ou sur une nouvelle page, en utilisant comme modèle la version au crayon. Utilisez trois épaisseurs de pointe différentes pour votre dessin définitif (voir la partie *Pour commencer*, page 24). Utilisez le stylo le plus épais pour tracer le contour du vêtement et les principaux éléments de structure. La pointe moyenne sert à ajouter les autres coutures ou détails du vêtement. Les fronces et les plis sont souvent dessinés avec cette plume aussi. Enfin, le stylo le plus fin sert aux surpiqûres, aux ornements et aux ombres.

L'information accompagnant les dessins

Il n'est parfois pas possible d'inclure toutes les informations utiles sur un dessin technique, et il est très important qu'un designer en soit conscient. Dans ce chapitre, les vêtements sont assez faciles à transformer en dessin technique, mais ce n'est pas toujours le cas. Il arrive que certains détails ou caractéristiques du vêtement ne puissent pas être représentés dans le dessin. Il est alors essentiel d'accompagner le dessin de toutes les informations nécessaires. Comme nous l'avons vu dans l'exemple de fiche technique, les mesures et les détails concernant les matériaux sont souvent indiqués en vue de la production.

Il existe aussi des cas où des informations supplémentaires sont nécessaires. Si la création concerne par exemple une veste en velours, il convient d'indiquer le sens des côtes. Si une surpiqûre complexe ne peut pas apparaître dans le dessin, elle peut également être représentée à part. Les pièces amovibles d'un vêtement, comme les capuches, ou les vêtements comportant plusieurs épaisseurs ne sont pas toujours assez clairs sur un dessin et certains points peuvent nécessiter des explications textuelles ou des dessins complémentaires.

Le volume et la forme peuvent également être parfois difficiles à transmettre dans un aplat mais on pourra éventuellement les accompagner de documents ou d'images. Par exemple, si la forme de votre manche s'inspire d'un bâtiment, incluez une image de cette source d'inspiration accompagnée de notes expliquant son influence sur votre création. Pour les tricots, des détails concernant le fil, la jauge et le type de point sont nécessaires puisque ces éléments sont très difficiles à représenter avec précision dans un dessin.

N'oubliez pas que lorsque vous donnez un dessin technique à un patronnier ou à un machiniste, ceux-ci en feront leur propre interprétation. Ajouter des informations complémentaires ne coûte rien, qu'il s'agisse de mesures, d'illustrations, d'images de documentation, de texte, de photographies, voire de vêtements (ou parties de vêtements) ayant inspiré votre création. Cela garantira une interprétation correcte de votre création et permettra d'obtenir un échantillon conforme à votre idée de départ.

Ajouter du style et de la couleur aux dessins techniques

Bien que les dessins techniques servent avant tout à transmettre des informations techniques sur les vêtements, ils ne doivent pas pour autant être toujours plats et en noir et en blanc. Ce chapitre rassemble des exemples de différents styles de dessins techniques. Une fois acquises les compétences de base du dessin technique, vous pouvez explorer la numérisation, ajouter de la couleur, du mouvement, des plis et du style.

Cómo realizar un dibujo plano

En este capítulo descubrirá cómo realizar un dibujo plano paso a paso. Para empezar necesitará papel, un lápiz y la plantilla. Estudie la fuente de inspiración (una fotografía o una ilustración) y esboce las líneas básicas de la prenda. Consulte en todo momento la imagen de referencia para mantener las proporciones. Añada el resto de los detalles a lápiz y repase el dibujo con rotuladores de punta fina.

La versión final puede dibujarse sobre las líneas a lápiz (que borrará más adelante) o en una nueva hoja de papel usando la versión a lápiz a modo de plantilla. Repase el dibujo final con rotuladores de tres calibres (véase el apartado «**Nociones básicas**» en la página 25). Con el más grueso, realce el contorno y las partes estructurales principales de la prenda. Con el medio, las costuras y otros detalles como, por ejemplo, frunces y pliegues. Por último, utilice el rotulador más fino para realzar los pespuntes, los adornos y el sombreado.

Información complementaria para el dibujo

Un diseñador debe ser consciente de que a veces no es posible incluir toda la información necesaria en un dibujo plano. En este capítulo, las prendas se transforman fácilmente en un dibujo plano, pero no siempre es así. En ocasiones no hay forma de ilustrar ciertos detalles o cualidades de una prenda, de ahí la necesidad de adjuntar al dibujo todos los datos al respecto. Como hemos visto en la ficha técnica de la prenda, a menudo se indican las medidas y los detalles para facilitar la tarea de producción.

Asimismo, en algunos casos se requiere información adicional. Por ejemplo, si el diseño consiste en una chaqueta de terciopelo, es probable que desee indicar la dirección en la que se peinará el pelo. Si los pespuntes son tan minuciosos que no pueden representarse en un dibujo, lo mejor es dibujarlos por separado. Los componentes de quita y pon de las prendas, como una capucha, o las prendas con varias capas no suelen quedar del todo precisas, por lo que en estos casos también se recomienda definirlos con un texto o dibujos adicionales.

Otros aspectos difíciles de plasmar en un dibujo plano son el volumen y la forma, por lo que en estos casos resulta útil acompañarlos de información complementaria. Por ejemplo, si la forma de la manga está inspirada en un edificio, incluya una imagen con notas acerca de esta influencia. La ropa de punto requiere detalles sobre el hilo o la lana, el grosor y el tipo de punto, puesto que es muy difícil representar estos detalles con precisión en un dibujo.

Recuerde que cuando entregue un dibujo plano a un patronista o un maquinista, puede que interpreten el dibujo de formas distintas. Nunca está de más incluir información adicional, como las medidas, una ilustración, fotografías de los motivos de inspiración, texto o incluso prendas (o componentes de las mismas) en los que se base el diseño. De esta forma se asegurará de que el dibujo se interpreta correctamente y que la prenda de muestra plasma con exactitud la idea original.

Cómo colorear y personalizar los dibujos planos

Si bien los dibujos planos se utilizan sobre todo para detallar la información técnica de las prendas, esto no significa que no puedan tener movimiento o presentar color. En este capítulo encontrará dibujos planos de distintos estilos. Cuando domine las técnicas de dibujo básicas podrá digitalizar sus diseños, colorearlos, aportarles movimiento, añadirles pliegues y darles un toque personal.

#1: Top - Un haut - Blusa

front devant perspectiva anterior

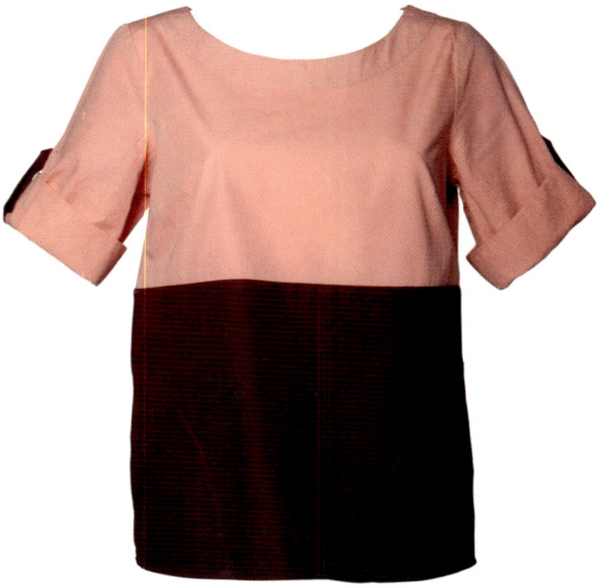

back dos perspectiva posterior

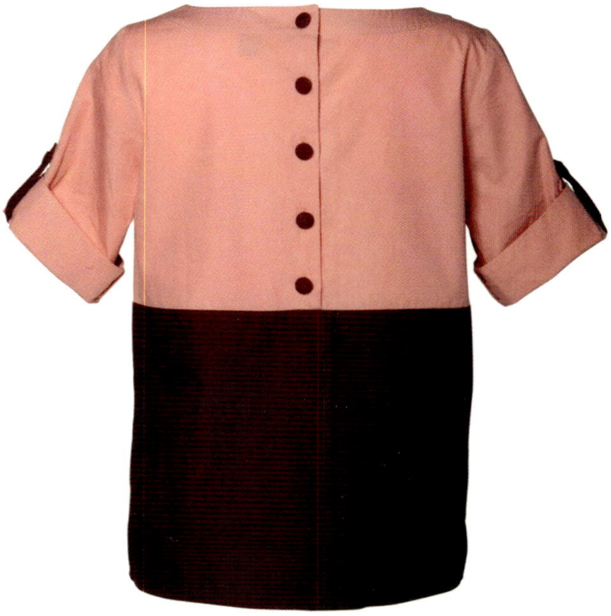

1.

Top front

Start by placing a sheet of tracing or layout paper over your template. For all the Step-by-step garments in this book (except the lingerie set and the bikini), we will be using the basic template. All drawings should begin with the general shape of the garment. For this top, start by drawing the shape of the body in pencil. Don't forget the horizontal seam, as this is a key design feature. It is important to note that the seam sits exactly in the middle of the garment. It is very important to keep referring back to the photograph.

Devant du haut

Commencez par placer une feuille de papier calque ou à dessin sur votre modèle. Pour tous les exemples pas à pas de cet ouvrage (sauf la lingerie et le bikini), nous nous servirons du modèle basique. Tracez tout d'abord la forme générale du vêtement. Pour ce haut, commencez par tracer le contour au crayon, sans oublier la couture horizontale puisqu'il s'agit d'une caractéristique essentielle de la création. Il est important de noter (diagramme) que la couture se situe exactement au milieu du vêtement. Il est très important de toujours se référer à la photographie.

Perspectiva anterior de la blusa

Coloque una hoja de papel de calco o papel cebolla sobre la plantilla. En todas las secciones de este capítulo (excepto para el conjunto de lencería y el biquini) se ha utilizado la plantilla estándar. El punto de partida de todos los dibujos es la línea general de la prenda. Para esta blusa, trace la silueta del cuerpo a lápiz, así como la costura horizontal puesto que es un elemento clave del diseño. Nótese (diagrama) que la costura ocupa exactamente la parte central de la prenda. Hay que cotejar en todo momento el dibujo con la fotografía.

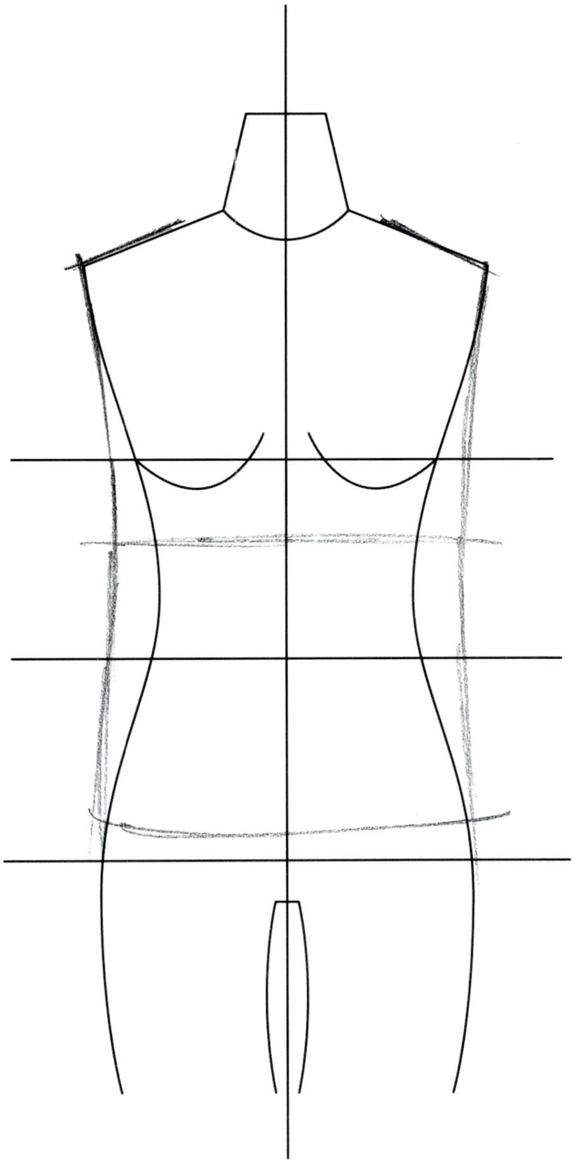

2.

Now draw in the rough shape of the sleeve and neckline. Remember to include the shape of the turned-up cuff. The shape of the neckline is wider than an average round neck. Then draw in the bust darts.

Esquissez maintenant la forme de la manche et de l'encolure, sans oublier d'inclure la forme du poignet retourné. La forme de l'encolure est plus large que celle d'un col rond standard. Puis, dessinez les pinces de la poitrine.

Esboce las mangas y el escote, sin olvidar los puños vueltos. La forma del escote es más ancha que el cuello a caja estándar. A continuación, dibuje las pinzas del busto.

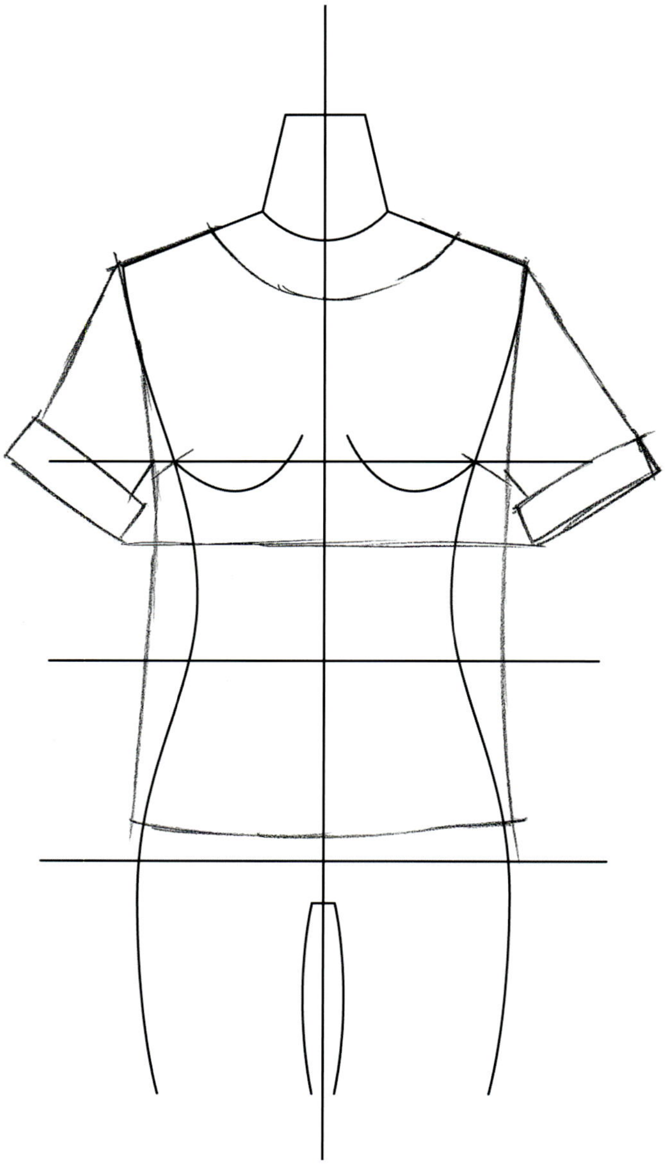

3.

Add the sleeve strap (and note that the button is not visible on the front). Also sketch where the pocket and neckline topstitching will be placed. Clean up your lines as you go along.

Ajoutez la bride de la manche (et remarquez que le bouton n'est pas visible de devant). Faites aussi le croquis de l'emplacement de la surpiqûre de la poche et de l'encolure. Affirmez vos traits à mesure que vous avancez.

Añada las presillas de las mangas (teniendo en cuenta que el botón no se aprecia desde esta perspectiva). Asimismo, indique la posición de los pespuntes de los bolsillos y el escote. A medida que defina el dibujo, borre las líneas.

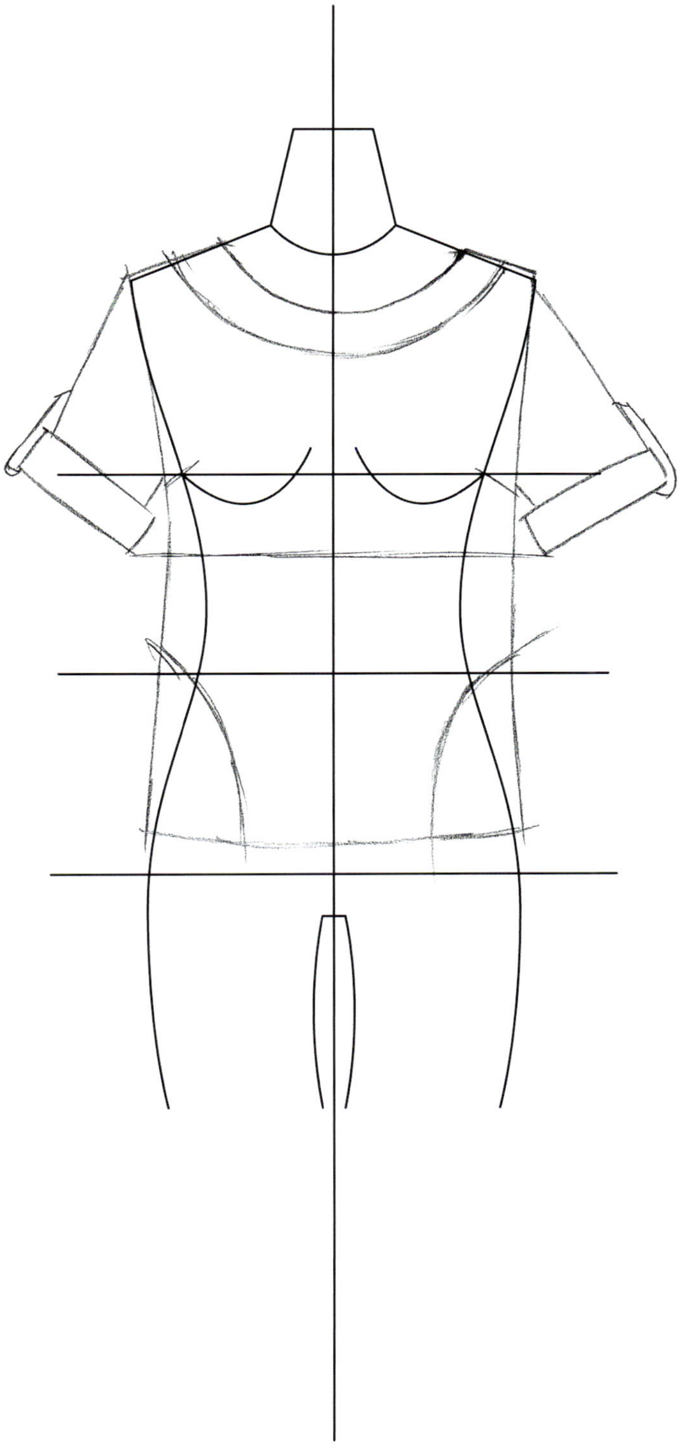

4.

Referring to the back image of the garment, now add in the top of the back and the opening. Use shading to show which parts of the garment are the inside and which are the back. Don't show any back details in this drawing, just the shape.

Toujours en regardant l'image du vêtement, ajoutez maintenant la partie supérieure du dos et l'ouverture. Utilisez des ombres pour indiquer les parties correspondant à l'intérieur du vêtement et celle formant le dos. Ne montrez aucun détail du dos dans ce dessin, uniquement la forme.

Tomando de referencia la fotografía de la perspectiva posterior de la blusa, dibuje la parte superior de la espalda y la abertura. Sombree las partes de la prenda interiores de la espalda. En este dibujo solo deberá indicar la forma, no los detalles.

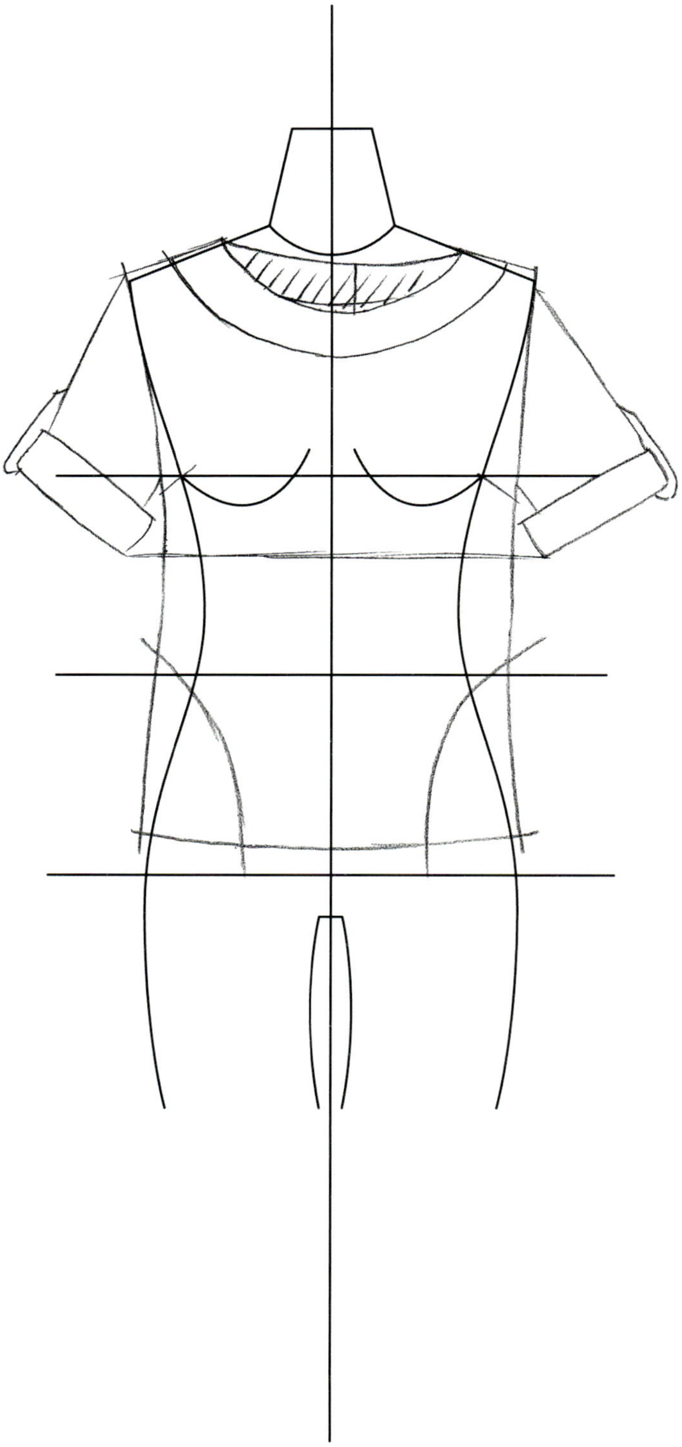

5.

Now trace your pencil drawing in pen and clean it up. Use the thickest nib fineliner pen for the shape of the body and the main seams.

Tracez maintenant votre dessin au crayon avec les stylos-feutres, et affirmez-le. Utilisez le stylo-feutre à la pointe la plus épaisse pour les contours du corps et les principales coutures.

Repase el dibujo con rotulador y borre los trazos a lápiz. Realce los contornos del cuerpo y las costuras principales con el rotulador más grueso.

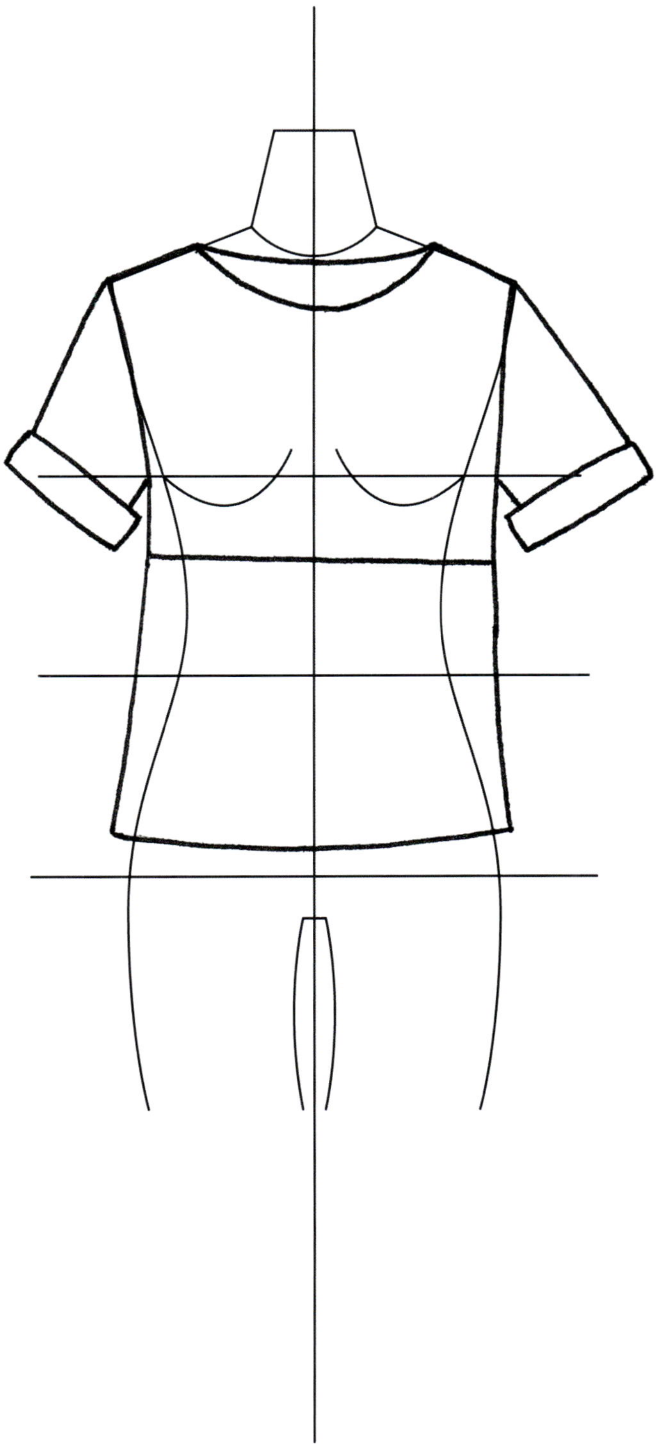

6.

Use the medium nib pen for any other elements of the garment. As this top has few seams, the medium nib pen will be used for the darts and the epaulettes.

Utilisez le stylo à pointe moyenne pour tous les autres éléments du vêtement. Ce haut ayant peu de coutures, le stylo à pointe moyenne servira aux pinces et aux brides des manches.

Realce el resto de los componentes de la prenda con el rotulador medio. Puesto que esta blusa tiene pocas costuras, marque las pinzas y las hombreras con este mismo rotulador.

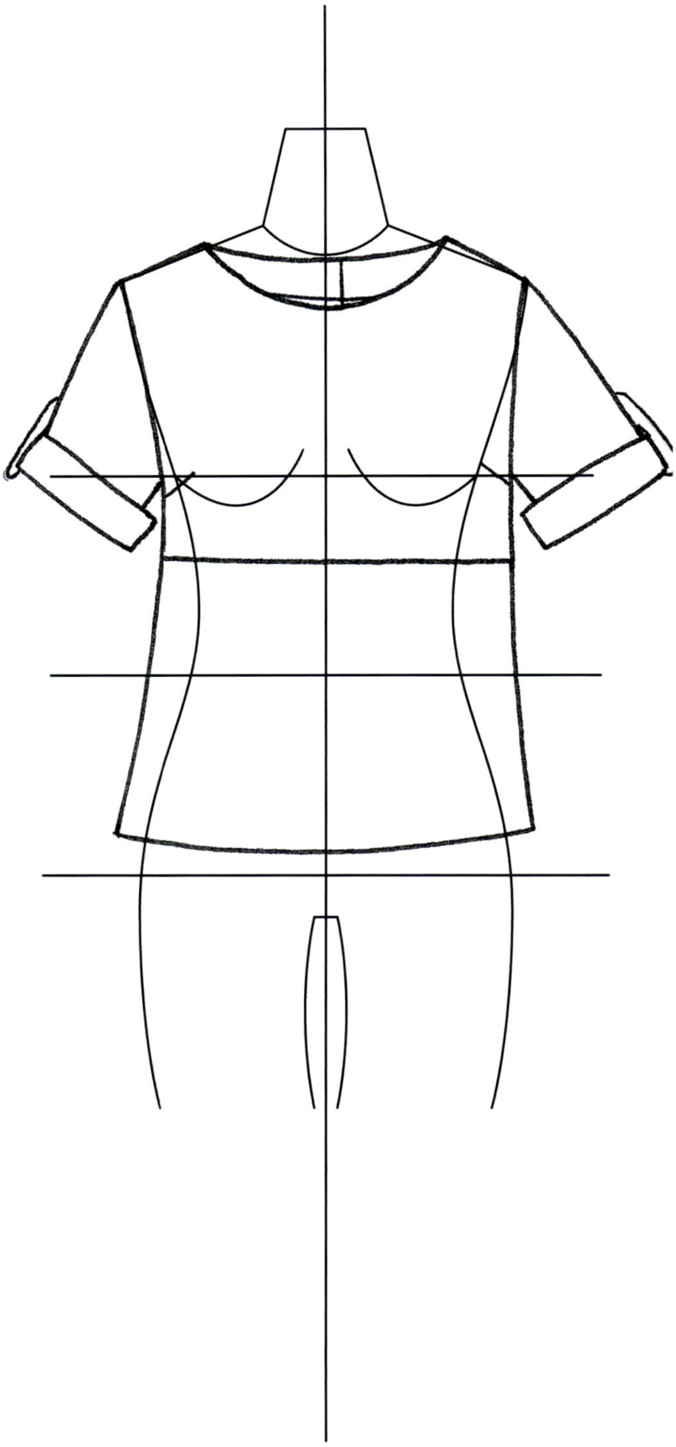

7.

Now use the finest nib pen for the stitching and the shading of the back. The front is now complete.

Servez-vous ensuite du stylo le plus fin pour la piqûre et l'ombrage du dos. Le devant est maintenant terminé.

Realce los pespuntes y el sombreado de la espalda con el rotulador más fino. La perspectiva anterior de la blusa ya está terminada.

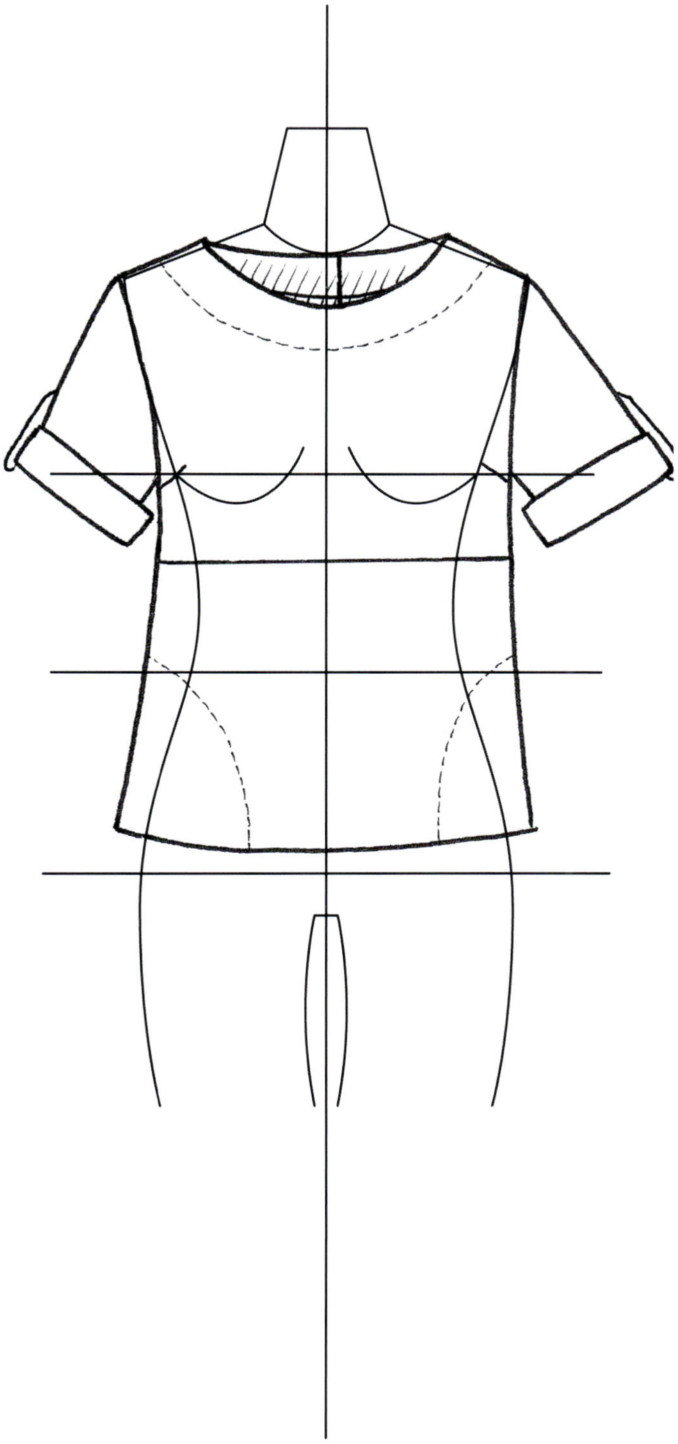

8.

To create a vector drawing (optional), scan the final hand drawing and import the resulting file into a computer program such as Adobe Illustrator® or Corel Draw®. A common method is to create an empty layer on top of the scanned image and trace it using the drawing tools available in the software program. The further use of layers allows for experimenting with shapes, fits, details and fills (colours, fabrics) without affecting the main drawing (consult the software manual for more information how to do this).

Pour créer un dessin vectoriel (optionnel), scannez le résultat définitif du dessin fait à la main et importez le fichier dans un logiciel tel qu'Adobe Illustrator® ou Corel Draw®. Une méthode courante consiste à créer un calque vide au-dessus de l'image scannée et de la tracer à l'aide des outils de dessin disponibles dans le logiciel. L'utilisation d'autres calques permet ensuite d'expérimenter les formes, les coupes, les détails et les remplissages (couleurs, tissus) sans affecter le dessin principal (consultez le guide d'utilisation du logiciel pour savoir comment procéder).

Para crear un dibujo vectorial (opcional), escanee el dibujo hecho a mano e importe el archivo a un programa informático como Adobe Illustrator® o Corel Draw®. Lo más habitual es crear una capa vacía en la imagen escaneada y trazarla con las herramientas de dibujo que incorpora el programa. A medida que añada capas, podrá probar distintas formas, ceñiduras, detalles y rellenos (colores, tejidos) sin que el dibujo principal se vea afectado (consulte el manual del programa para obtener más información al respecto).

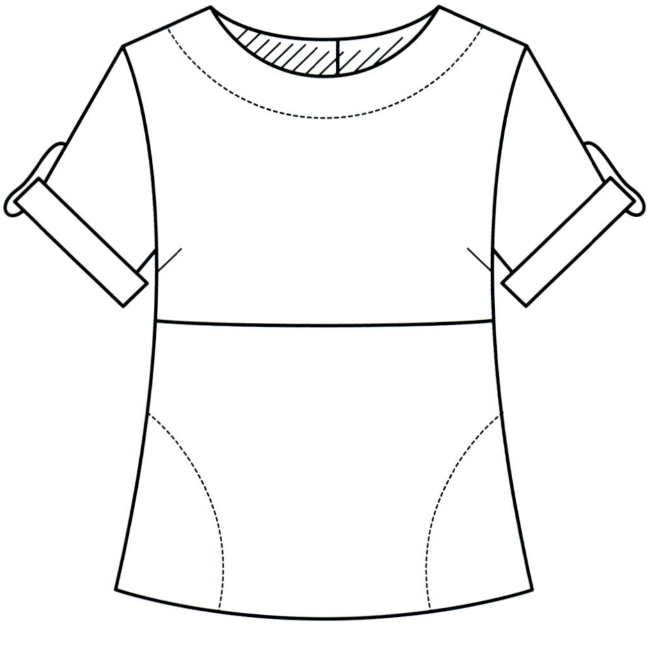

9.

Top back
For the back of the garment, initially use the front drawing as a template. This means you already have the shape of the body and sleeves.

HINT: if a garment is asymmetrical, make sure you show a mirror image of the front drawing as a template. Trace out the basic body and sleeve shape, as well as the epaulette shape.

Dos du haut
Pour le dos du vêtement, commencez par utiliser le dessin du devant comme modèle. Cela veut dire que vous avez déjà la forme du corps et des manches.

ASTUCE : si un vêtement est asymétrique, assurez-vous d'utiliser comme modèle une image inversée du devant. Tracez le contour du corps et des manches ainsi que la forme des brides des manches.

Perspectiva posterior de la blusa
Para dibujar la perspectiva posterior de la prenda, utilice la anterior a modo de plantilla. De esta forma tendrá definida la forma del cuerpo y las mangas.

NOTA: si una prenda es asimétrica, incluya una imagen especular de la perspectiva anterior a modo de plantilla. Trace la línea básica del cuerpo y las mangas, así como la forma de las hombreras.

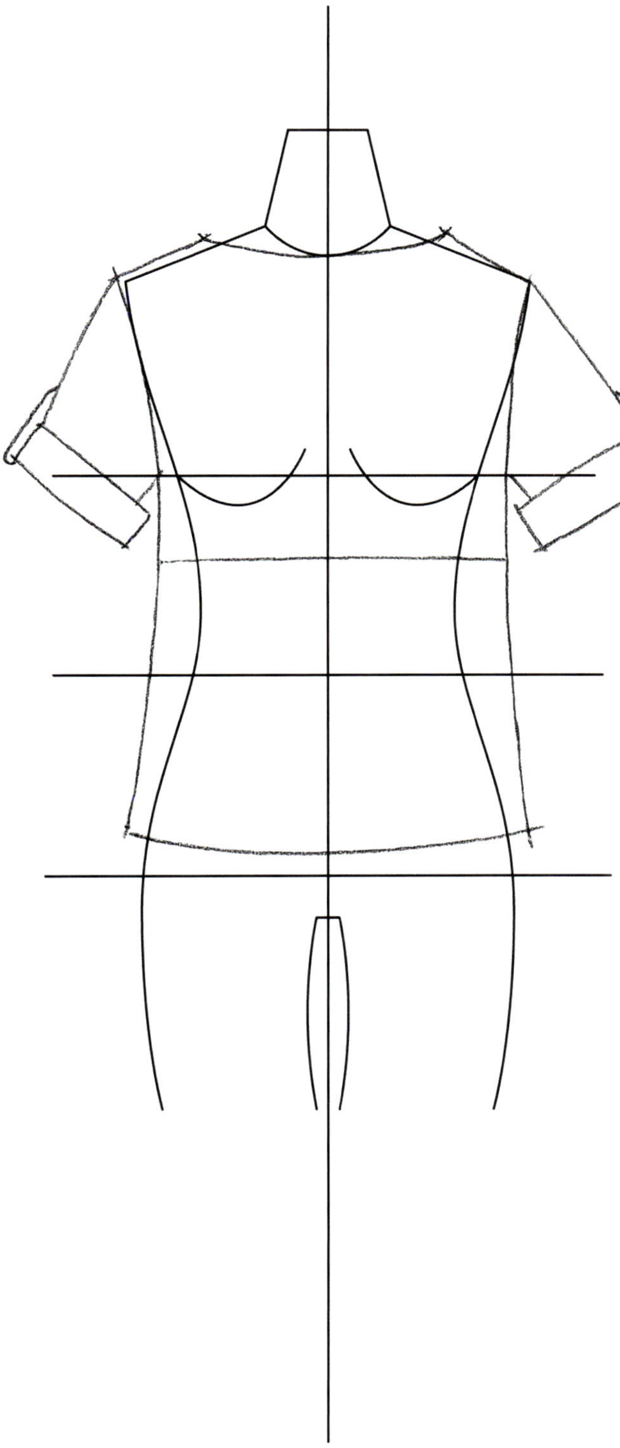

10.

Now add in details that are unique to the back. Draw in the neckline top-stitching line and add a centre back line to the top of the garment, so that you can place the buttons (use a ruler for this line, as it is important that it is completely straight). Also mark where the buttons need to be placed.

Ajoutez maintenant les détails qui sont spécifiques au dos. Dessinez la ligne de surpiqûre de l'encolure et ajoutez une ligne centrale dans la partie supérieure du vêtement, afin de placer les boutons (utilisez une règle pour ce trait car il est important qu'il soit bien droit). Indiquez aussi l'endroit où les boutons doivent être placés.

Añada los detalles exclusivos de la perspectiva posterior. Dibuje el pespunte del escote y una línea vertical desde la costura central a la parte superior de la prenda para incluir los botones (realice esta operación con la regla para que la línea quede completamente recta). Indique la posición en la que se coserán los botones.

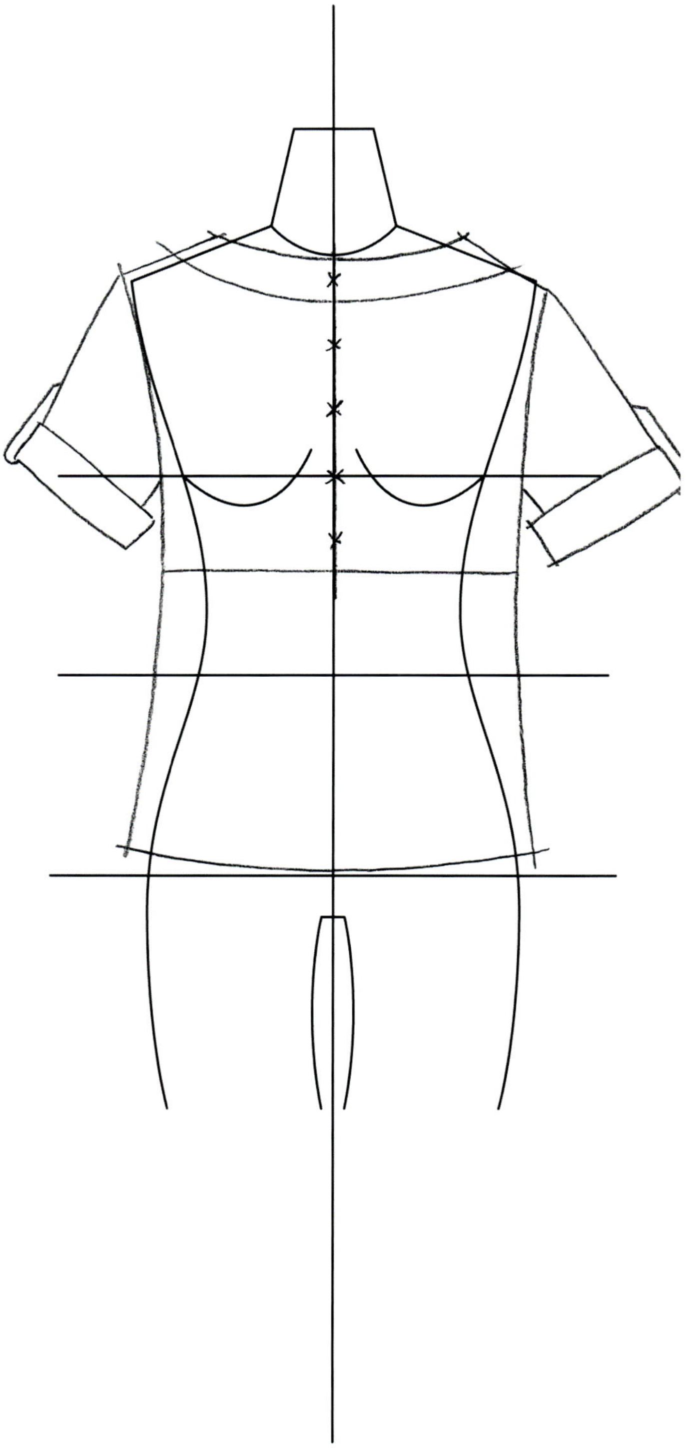

11.

Now draw the buttons and the opening of the back. Use a ruler for this line as well (back opening).

Dessinez les boutons et l'ouverture du dos. Utilisez également une règle pour ce trait (l'ouverture du dos).

Dibuje los botones y la abertura de la espalda. Para dibujar la abertura de la espalda también deberá utilizar una regla.

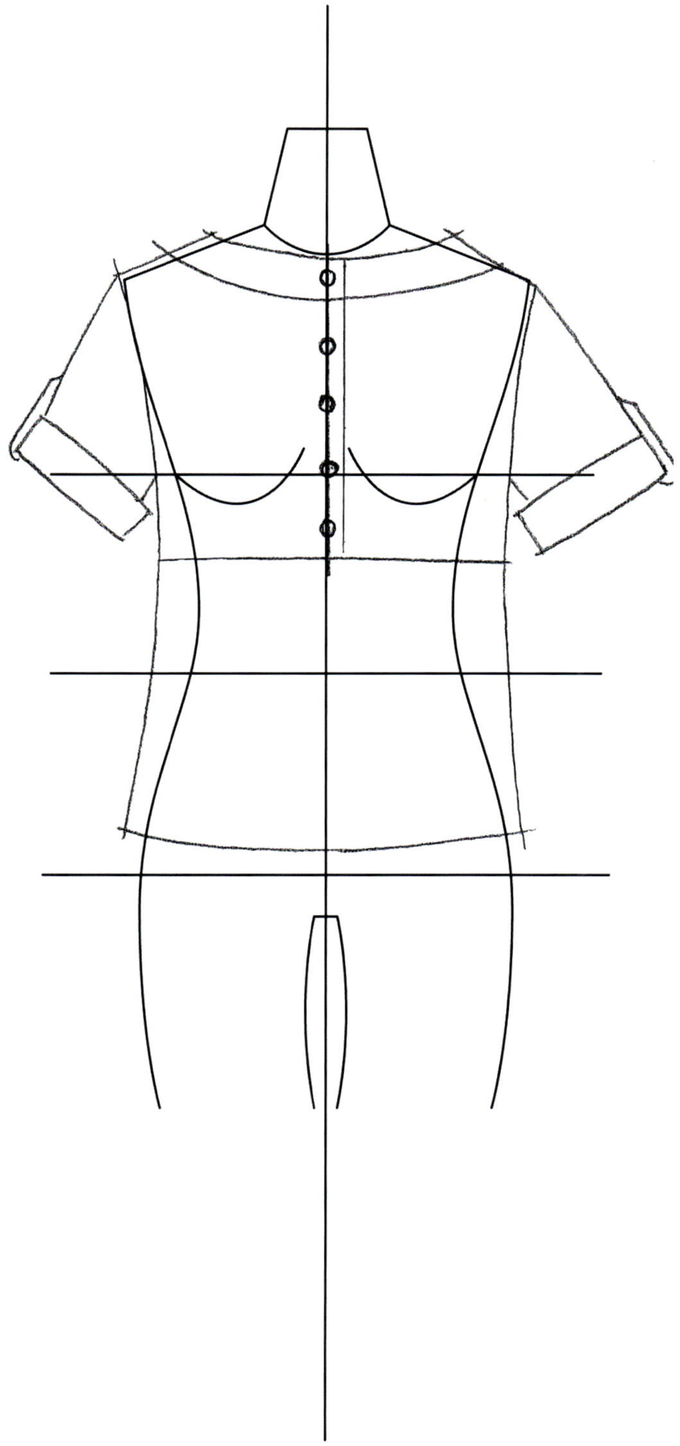

12.

Now draw the final version of the top in pen. Use the thickest nib pen for the shape of the body, the horizontal seam, the back opening, the sleeves and the cuffs.

Dessinez maintenant la version définitive du haut au stylo-feutre. Utilisez la pointe la plus épaisse pour le contour du corps, la couture horizontale, l'ouverture du dos, les manches et les poignets.

Repase la versión definitiva de la blusa con los rotuladores. Con el más grueso, realce el contorno del cuerpo, la costura horizontal, la abertura posterior, las mangas y los puños.

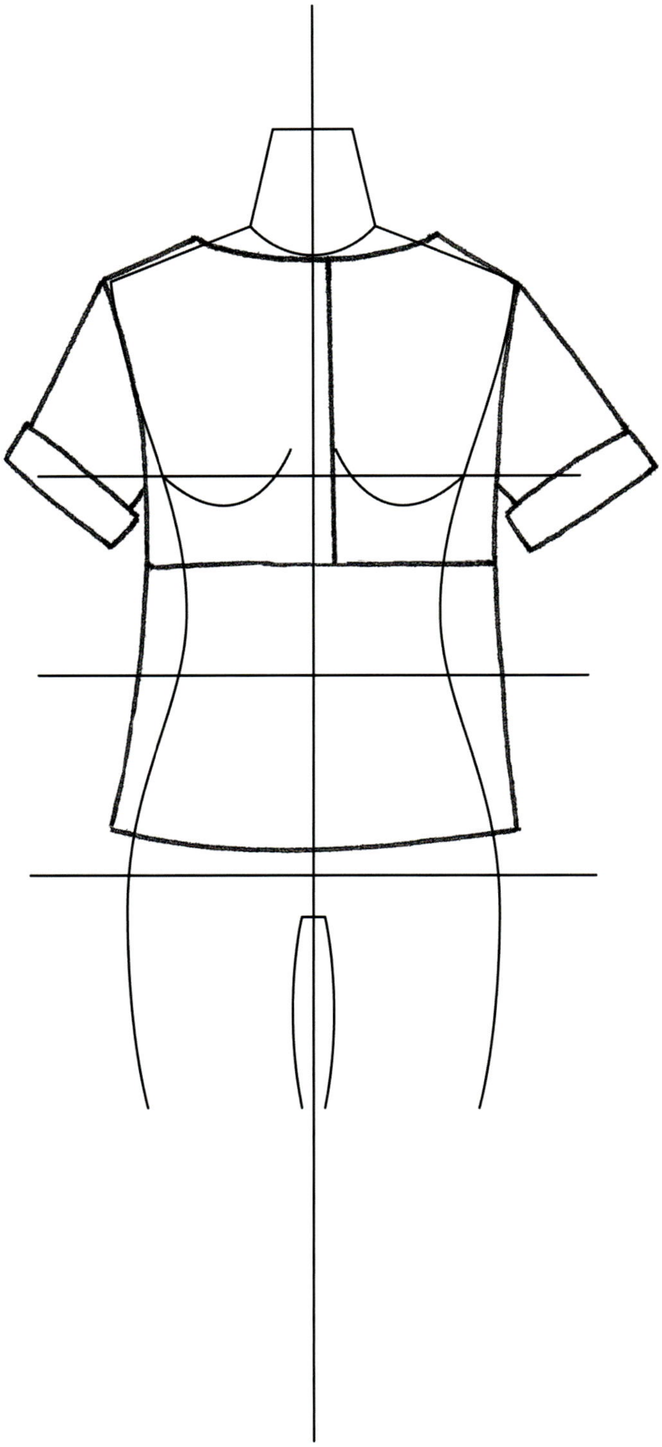

13.

Now draw the buttons and epaulettes in the medium nib pen and finish off the drawing with the topstitching in the finest nib pen.

This step shows the top presented in the specification sheet (see page 7), which includes front and back technical drawings, fabric colour swatches and all of the measurements and construction details needed to make this garment.

Puis, dessinez les boutons et les brides des manches au stylo à pointe moyenne et achevez le dessin avec la surpiqûre à l'aide du stylo à pointe fine.

Cette étape montre le haut présenté dans la fiche technique (voir page 9), avec les dessins techniques du devant et du dos, les échantillons de couleur du tissu et toutes les mesures et les consignes de montage nécessaires à la confection du vêtement.

Realce los botones y las hombreras con el rotulador medio, y el contorno de los pespuntes con el más fino.

En este punto, la prenda se muestra como en la ficha técnica (véase la página 11), que incluye dibujos planos de la perspectiva anterior y posterior, muestras de la tela y los colores. y todas las medidas y detalles de montaje necesarios para confeccionar esta prenda.

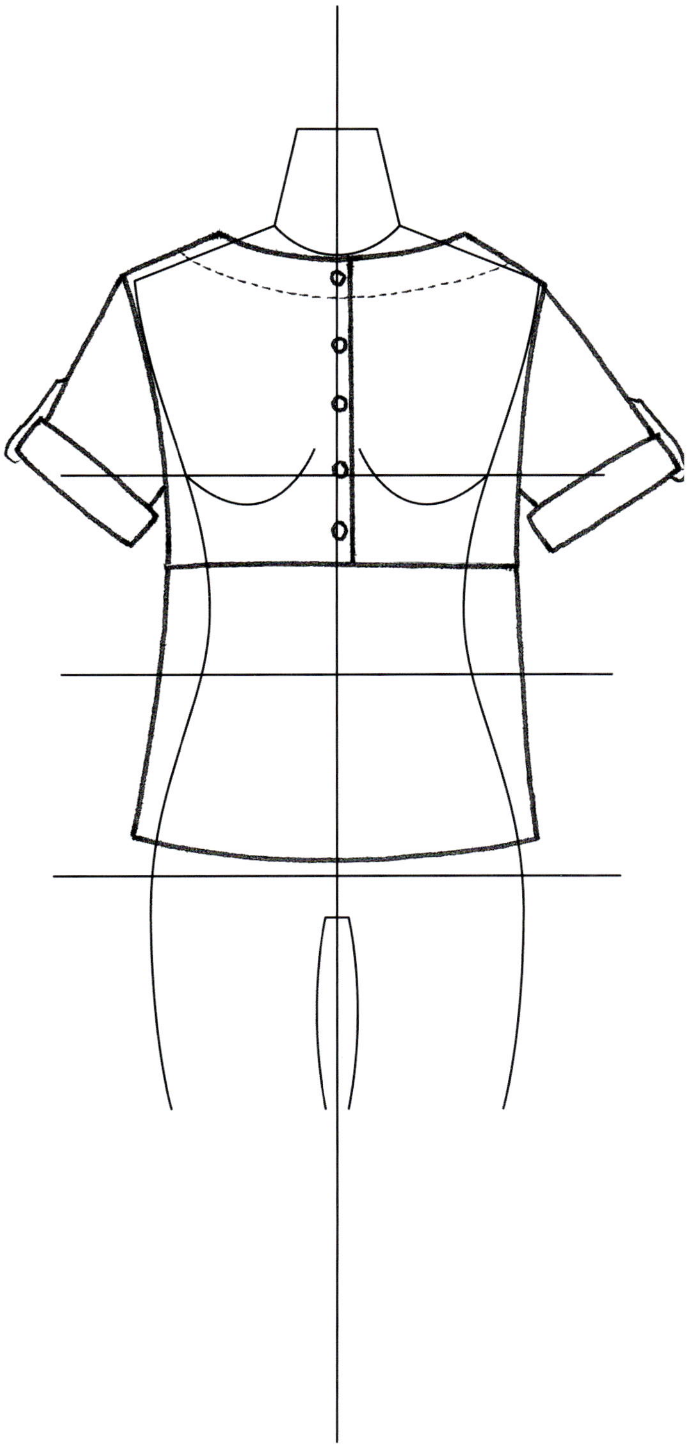

14.

This final step shows the top back as a digital vector drawing. For more information on how to draw a digital vector drawing, see page 48 step 8.

La dernière étape montre le dos du vêtement sous forme de dessin vectoriel. Pour plus d'information sur la manière de dessiner un vecteur numérique, voir page 48, étape 8.

Este último paso muestra la perspectiva posterior de la blusa en formato de dibujo vectorial. Para obtener más información de cómo realizar este tipo de dibujos, consulte el paso 8 de la página 48.

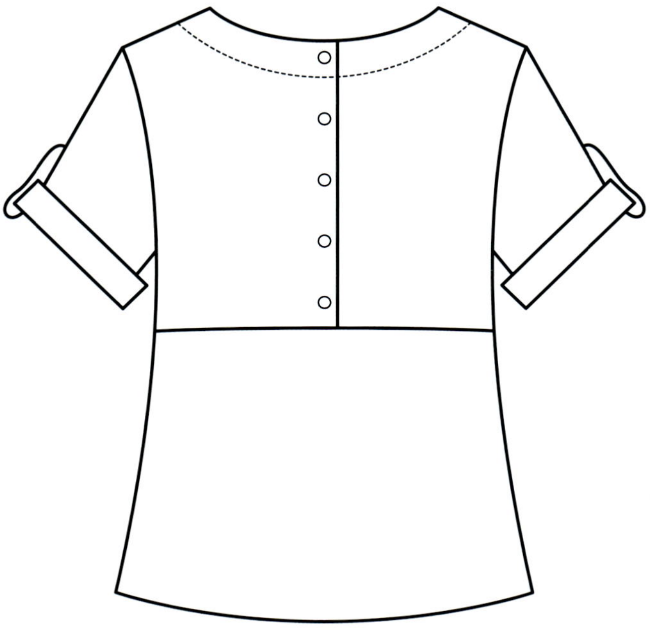

15.

Adding style and colour to technical drawings

This drawing has been created digitally. Simple lines show the directions of the arms and legs. The fabrics have been rendered and creases and movement have been added.

Ajouter du style et de la couleur aux dessins techniques

Ce dessin a été créé numériquement. De simples traits montrent la direction des bras et des jambes. Les tissus ont été rendus et des plis et du mouvement ont été ajoutés.

Cómo colorear y personalizar los dibujos planos

Este dibujo se ha creado por ordenador. La dirección de los brazos y las piernas se plasma con líneas sencillas. Se han representado los tejidos y se han añadido pliegues y movimiento.

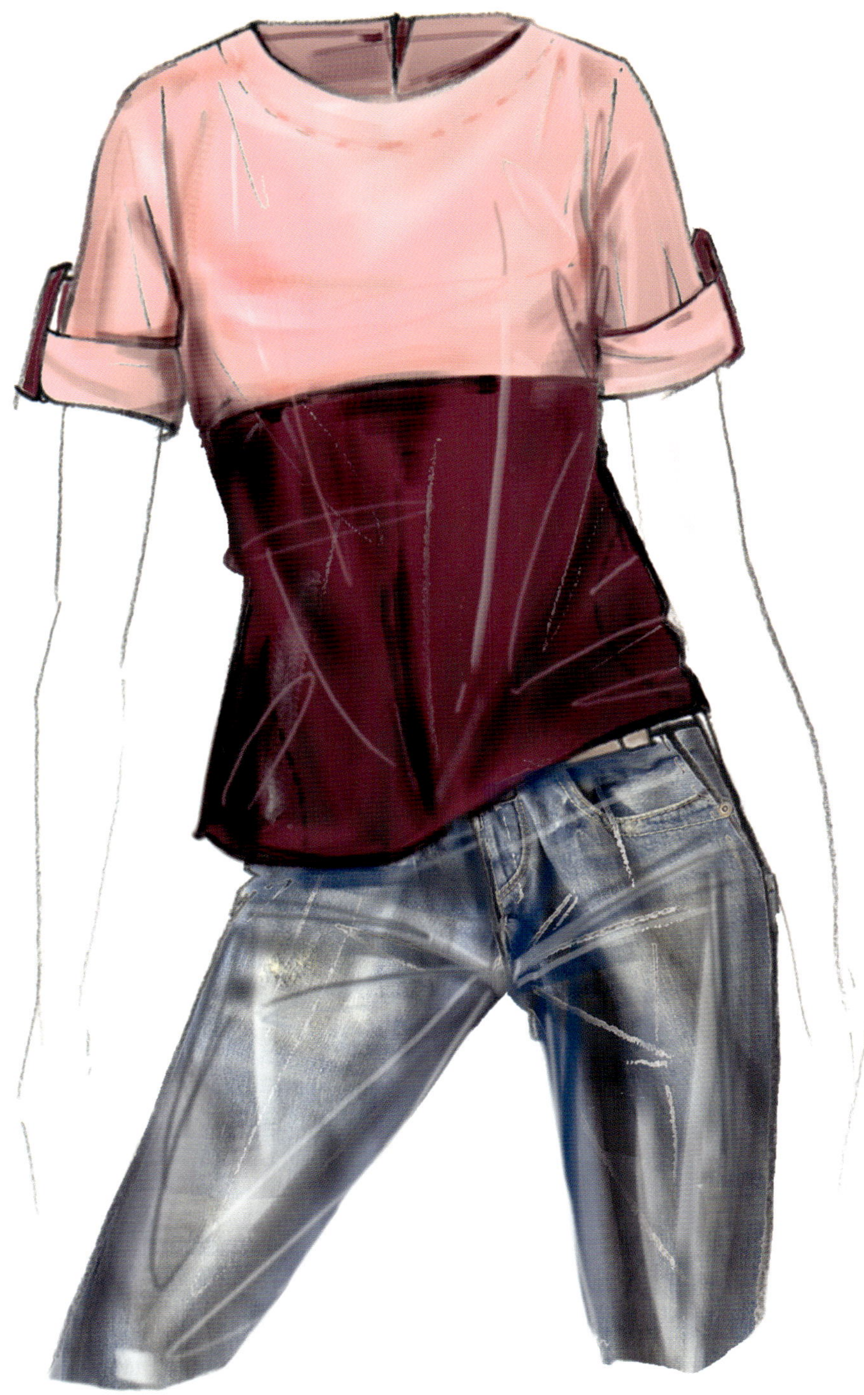

#2: Skirt - Une jupe - Falda

front devant perspectiva anterior

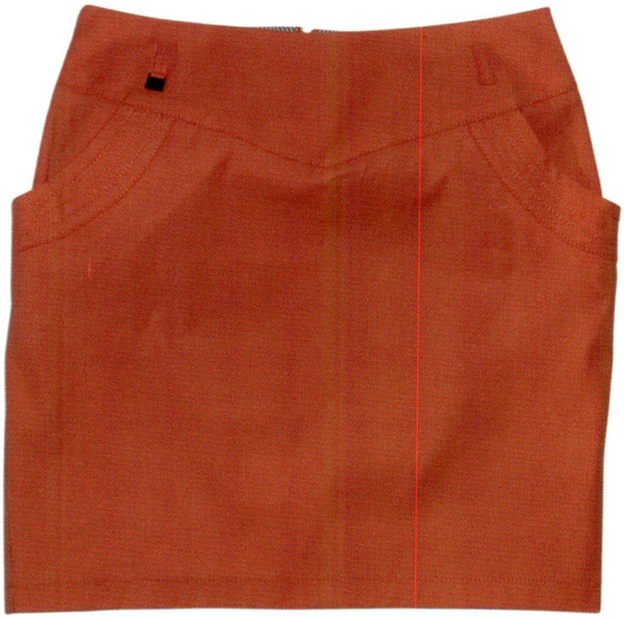

1.

Skirt front

Use the basic template and draw the basic shape of the skirt in pencil. Sketch in the shape of the yoke and the pockets. This skirt appears to sit at the natural waistline, so draw the waistline on the waist of the template.

Devant de la jupe

Utilisez le modèle basique pour dessiner les contours de la jupe au crayon. Faites le croquis de l'empiècement et des poches. Puisque la jupe doit s'ajuster à la ligne naturelle de la taille, dessinez la ligne de la taille sur celle du modèle.

Perspectiva anterior de la falda

Esboce a lápiz la línea básica de la falda con la plantilla estándar a modo de guía. Dibuje la forma del canesú y los bolsillos. Esta falda parece caer a la altura de la cintura, por lo que tendrá que dibujar la cinturilla en la cintura de la plantilla.

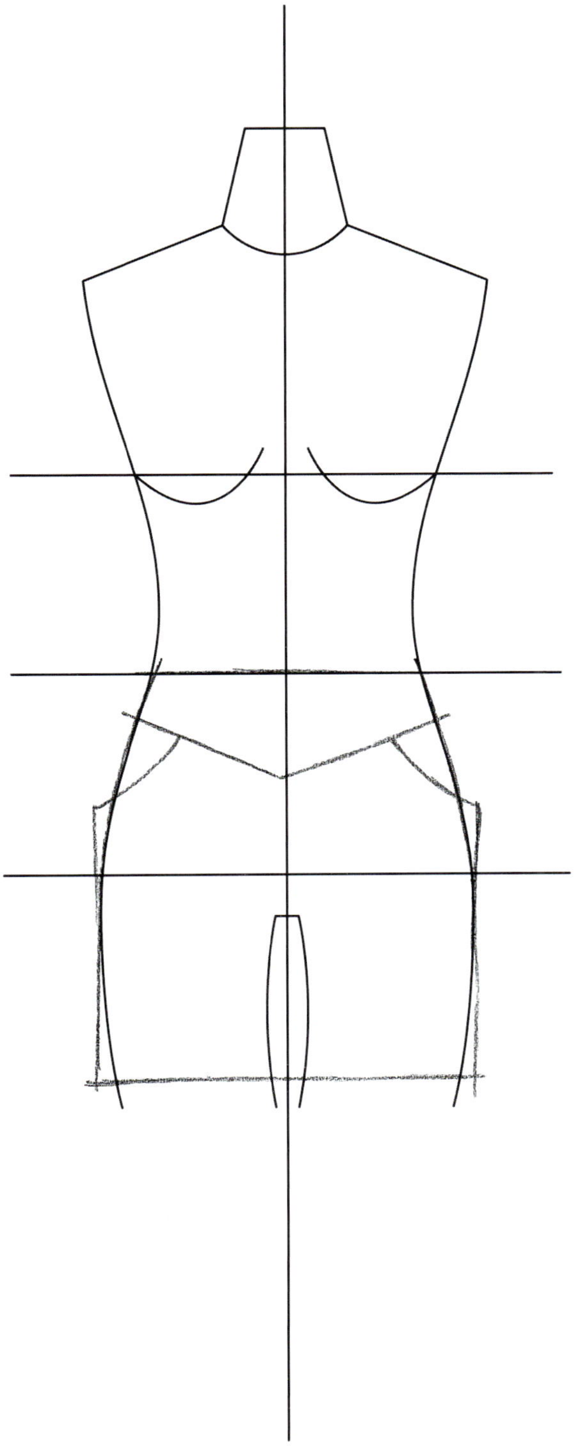

2.

Now draw in the facing of the pockets and the belt loops. Also draw the topstitching lines, which are along the hem, on the yoke, on the belt loops and as a design feature on the pocket facing. Do not forget to draw in the black tag hanging from the belt loop.

Dessinez maintenant les revers des poches et les passants de la ceinture. Dessinez aussi les lignes de surpiqûre situées le long de l'ourlet, sur l'empiècement, sur les passants de la ceinture et en décoration sur les revers des poches. N'oubliez pas de dessiner l'étiquette noire qui pend du passant de ceinture.

Dibuje la vuelta de los bolsillos y las presillas. Asimismo, trace los pespuntes del dobladillo, el canesú, las presillas y los bolsillos, que los incorporan como caracterísica del diseño. No olvide dibujar la pieza negra que pende de la presilla.

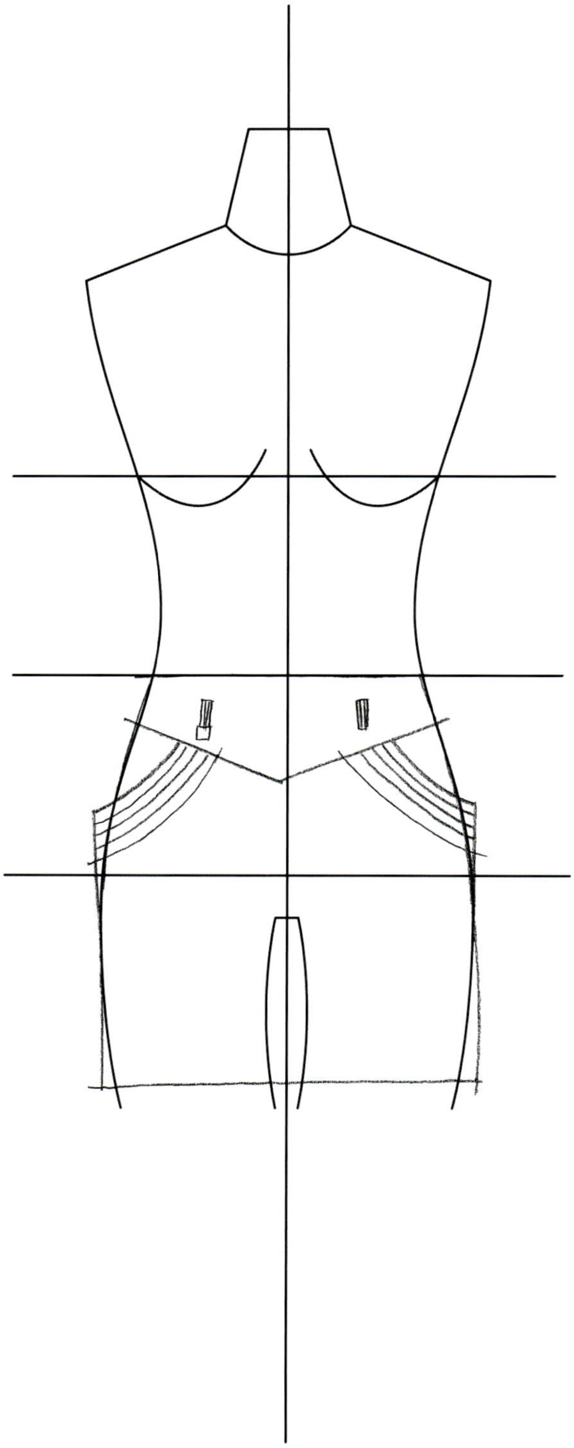

3.

Now draw your skirt in pen. Trace over the initial version, start with the thickest nib pen and draw the basic shape of the skirt and the pocket opening.

Tracez maintenant votre jupe au stylo-feutre. En repassant sur la version d'origine, utilisez d'abord le stylo à la pointe la plus épaisse pour les contours de la jupe et l'ouverture des poches.

Repase el dibujo con los rotuladores. Para empezar, realce el contorno de la falda y la abertura de los bolsillos con el más grueso.

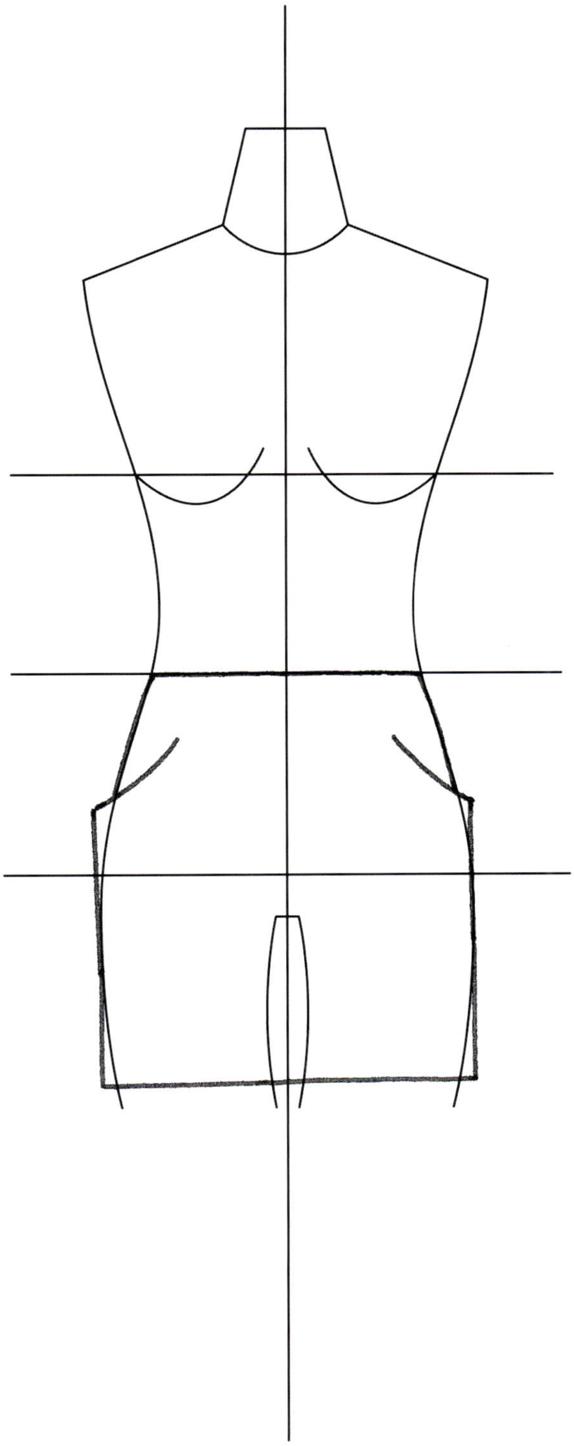

4.

Use the medium nib pen to draw the yoke, the belt loops and the pocket facing. Keep tracing from your step 2 drawing to make sure your lines are all in the right place.

Utilisez le stylo à pointe moyenne pour dessiner l'empiècement, les passants de la ceinture et le revers des poches. Continuez de tracer à partir du dessin de l'étape n° 2 pour vérifier que les traits sont bien tous au bon endroit.

Realce el canesú, las presillas y la vuelta de los bolsillos con el medio. Dibuje el contorno del dibujo del paso 2 para asegurarse de que las líneas están en la posición correcta.

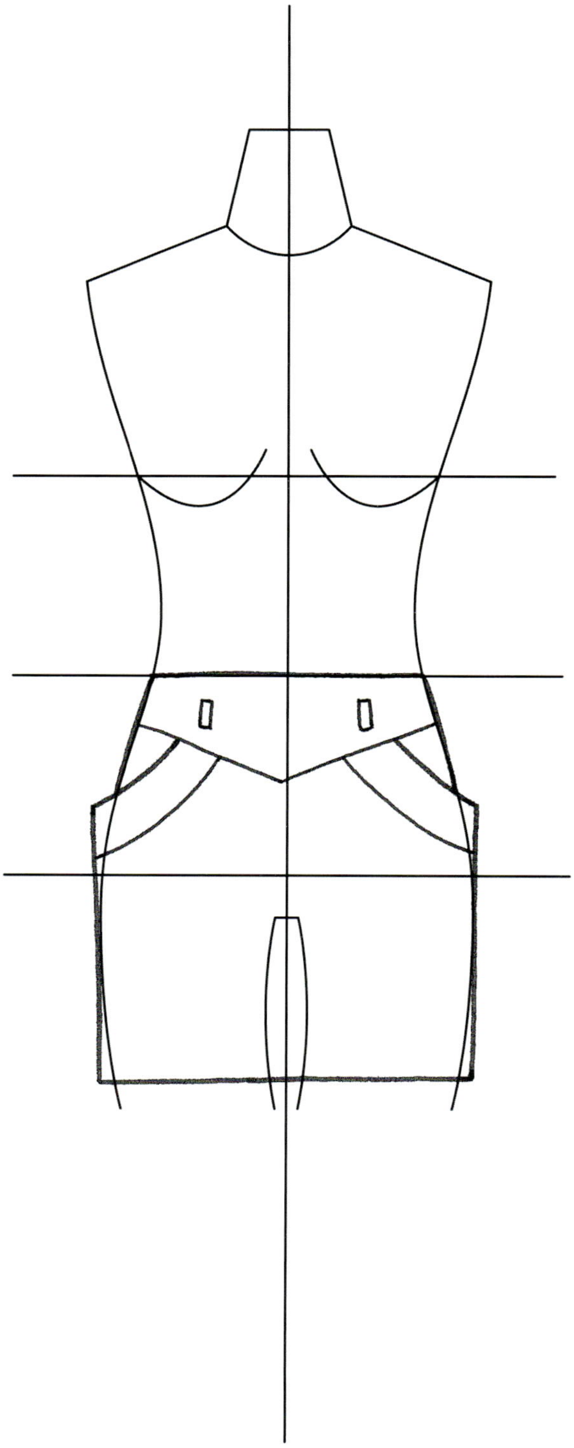

5.

Now draw in the topstitching along the yoke, hem and pocket facing and to draw in the tag hanging off the belt loop. Don't forget the topstitching on the yoke.

Dessinez maintenant la surpiqûre le long de l'empiècement, de l'ourlet et du revers des poches ainsi que le dessin de l'étiquette accrochée au passant de ceinture. N'oubliez pas la surpiqûre située sur l'empiècement.

A continuación, realce los pespuntes del canesú, el dobladillo y la vuelta de los bolsillos, así como la pieza que cuelga de la presilla. No olvide el pespunte del canesú.

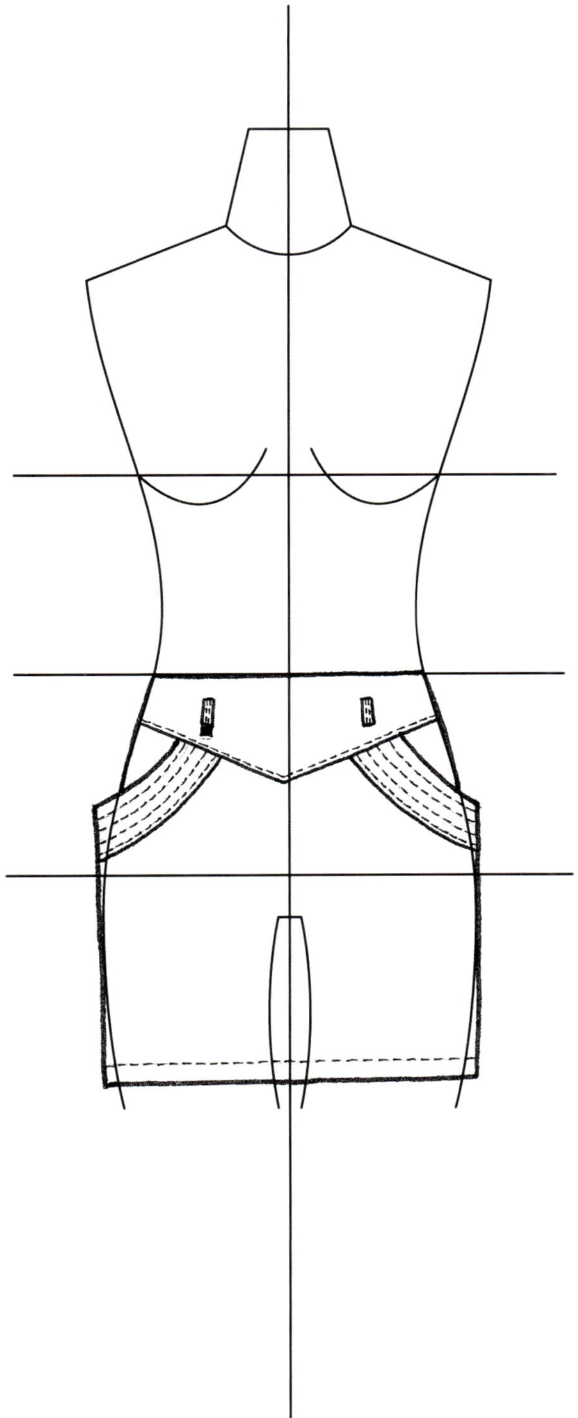

6.

This final step shows the skirt front as a digital vector drawing. For more information on how to draw a digital vector drawing, see page 48, step 8.

Cette dernière étape montre le devant de la jupe sous la forme d'un dessin vectoriel. Pour plus d'information sur la manière de dessiner un vecteur numérique, voir page 48, étape 8.

Este último paso muestra la perspectiva anterior de la falda en formato de dibujo vectorial. Para obtener más información de cómo realizar este tipo de dibujos, consulte el paso 8 de la página 48.

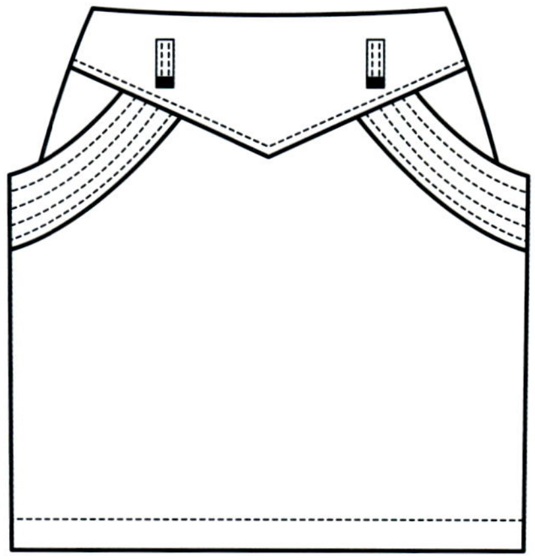

back dos perspectiva posterior

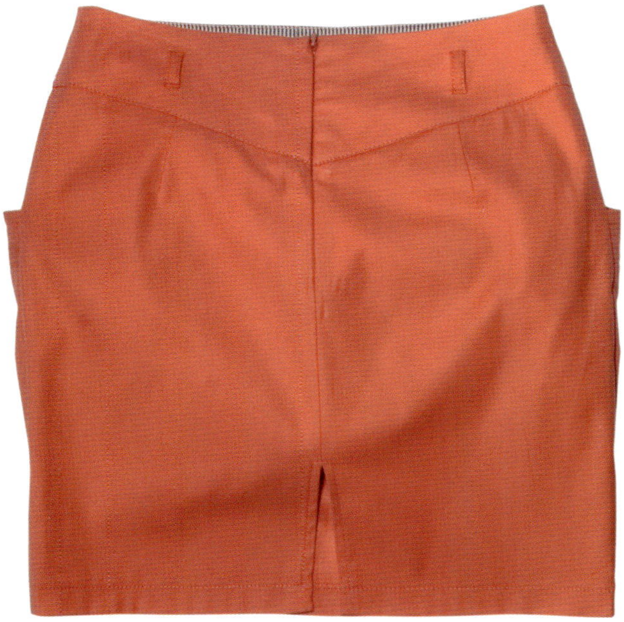

7.

Skirt back

For the back, use step 5 as a template. Start by drawing in the basic shape of the skirt, the centre back seam (use a ruler) and the yoke.

Dos de la jupe

Pour le dos, utilisez le dessin de l'étape nº 5 comme modèle. Commencez par dessiner la forme générale de la jupe, la couture du milieu du dos (utilisez une règle) et l'empiècement.

Perspectiva posterior de la falda

Utilice el dibujo del paso 5 a modo de plantilla. Esboce la línea básica de la falda, la costura vertical posterior (utilice una regla) y el canesú.

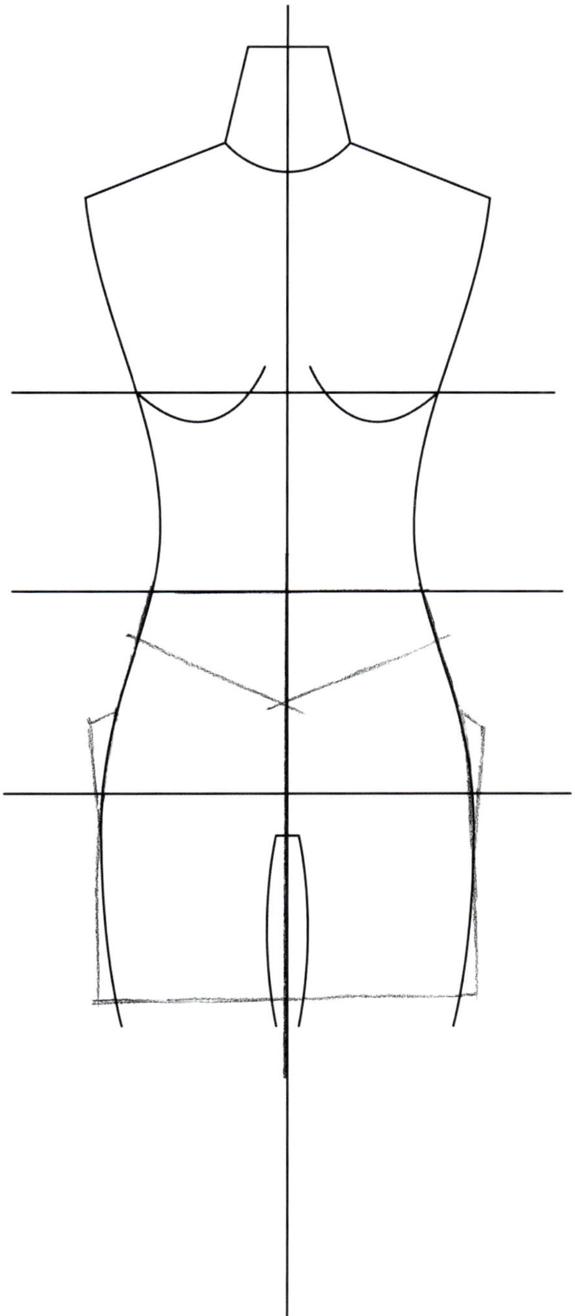

8.

Now draw in the back details, including the belt loops, the darts and the vent. Also draw a diagonal slash on the centre back seam to indicate where the invisible zip ends. In technical drawing, invisible zips are drawn simply by indicating where they would end. Sketch in where the topstitching of the hem would lie.

Dessinez maintenant les détails du dos, y compris les passants de ceinture, les pinces et la fente. Ajoutez un petit trait oblique sur la couture du milieu du dos pour indiquer l'extrémité de la fermeture à glissière invisible. Dans les dessins techniques, les braguettes et fermetures à glissière invisibles sont simplement représentées en indiquant l'endroit jusqu'où ils descendent. Tracez aussi la ligne de surpiqûre de l'ourlet.

Dibuje los detalles posteriores, incluidas las presillas, las pinzas y la abertura. Asimismo, dibuje una pequeña marca al bies en la costura central para indicar dónde acaba la cremallera oculta. En los dibujos planos, este tipo de cremalleras se indican así. Dibuje el pespunte del dobladillo.

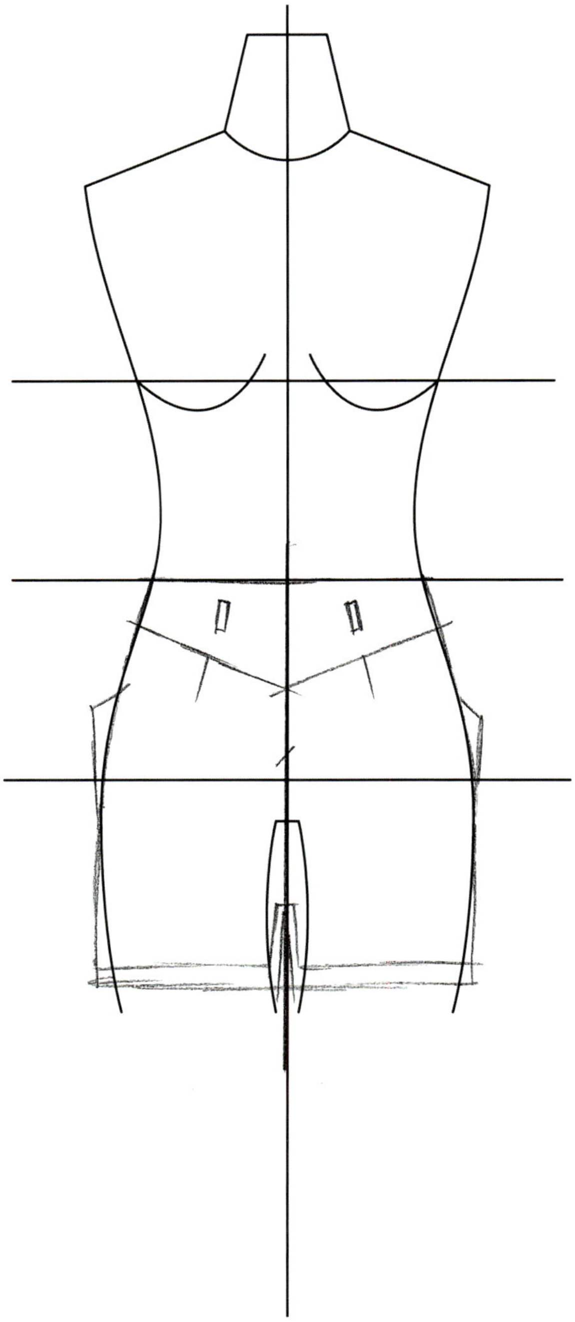

9.

Now finish up your back by drawing it in fineliner pen. Start by drawing the outline of the skirt in the thickest nib pen. Use the medium nib pen for the centre back seam, the yoke, the darts and the belt loops. Use a ruler for the centre back seam, as this needs to be straight.

Achevez maintenant le dos au stylo-feutre. Commencez par dessiner le contour de la jupe avec la pointe la plus épaisse, puis servez-vous de la pointe moyenne pour la couture du milieu du dos, l'empiècement, les pinces et les passants de ceinture. Utilisez une règle pour la couture du milieu du dos, qui doit être bien droite.

Repase el dibujo con rotuladores. Realce el contorno de la falda con el más grueso, y la costura central, el canesú, las pinzas y las presillas con el medio. Defina la costura central con la ayuda de una regla para que quede recta.

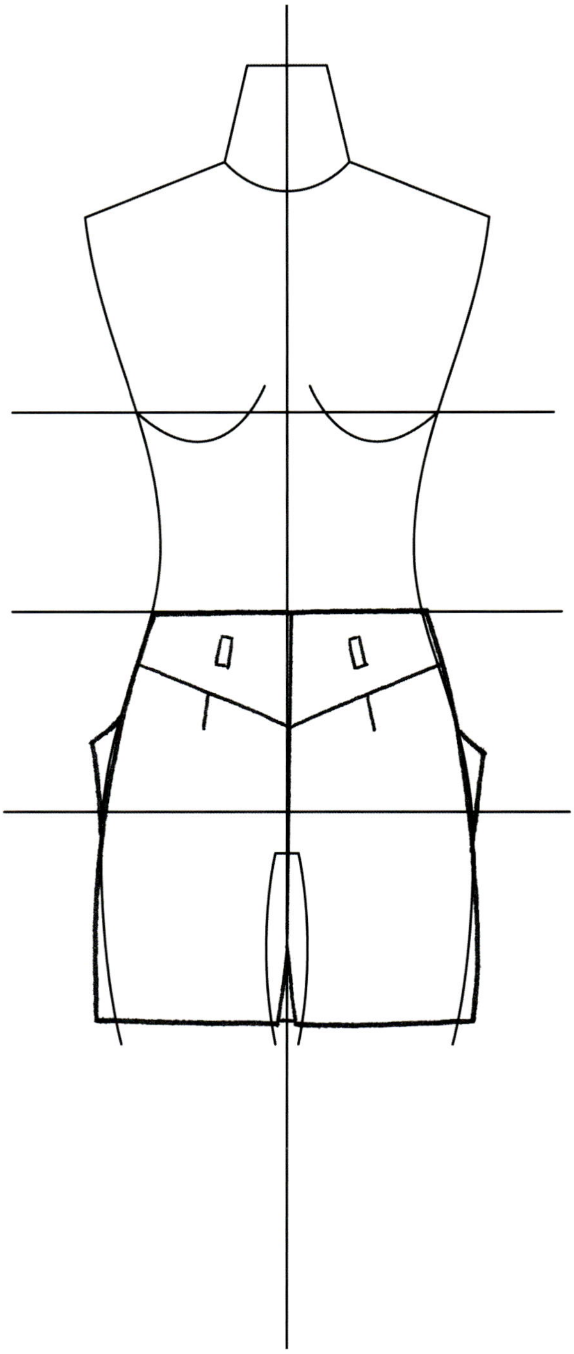

10.

In order to complete the drawing, draw all of the topstitching with the finest nib pen. Indicate the front of the skirt through the vent and shade that area. The shading indicates that that section is the inside of the garment, not part of the back.

Pour terminer le dessin, tracez toutes les surpiqûres à l'aide du stylo à pointe fine ; faites apparaître le devant de la jupe à travers la fente et ombrez cette zone. L'ombrage indique que cette partie se trouve à l'intérieur du vêtement et ne fait pas partie du dos.

Para completar el dibujo, realce los pespuntes con el rotulador más fino y sombree la perspectiva anterior que se ve a través de la abertura. El sombreado indica que esta zona corresponde al interior de la prenda, no a la perspectiva posterior.

11.

This final step shows the skirt back as a digital vector drawing. For more information on how to draw a digital vector drawing, see page 48, step 8.

La dernière étape montre le dos de la jupe sous forme de dessin vectoriel. Pour plus d'information sur la manière de dessiner un vecteur numérique, voir page 48, étape 8.

Este último paso muestra la perspectiva posterior de la falda en formato de dibujo vectorial. Para obtener más información de cómo realizar este tipo de dibujos, consulte el paso 8 de la página 48.

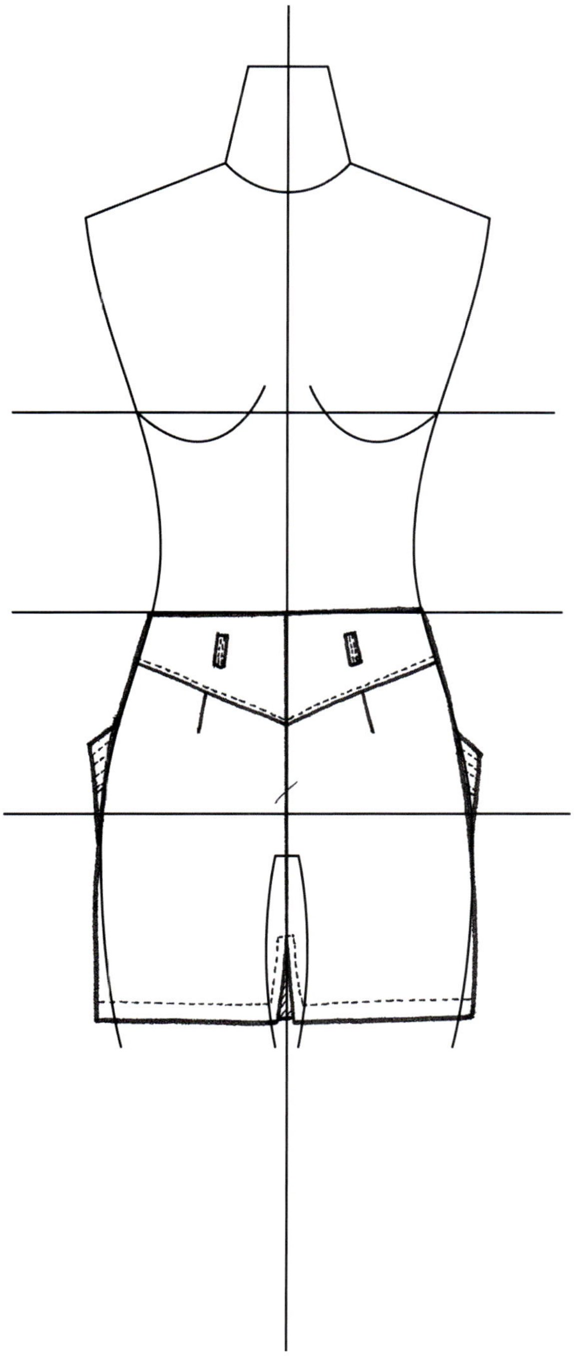

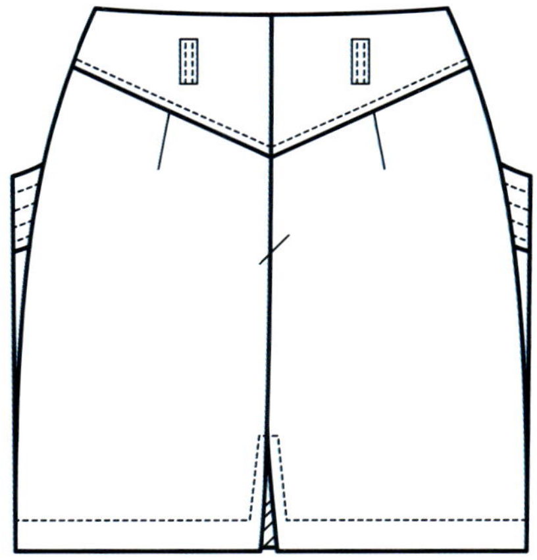

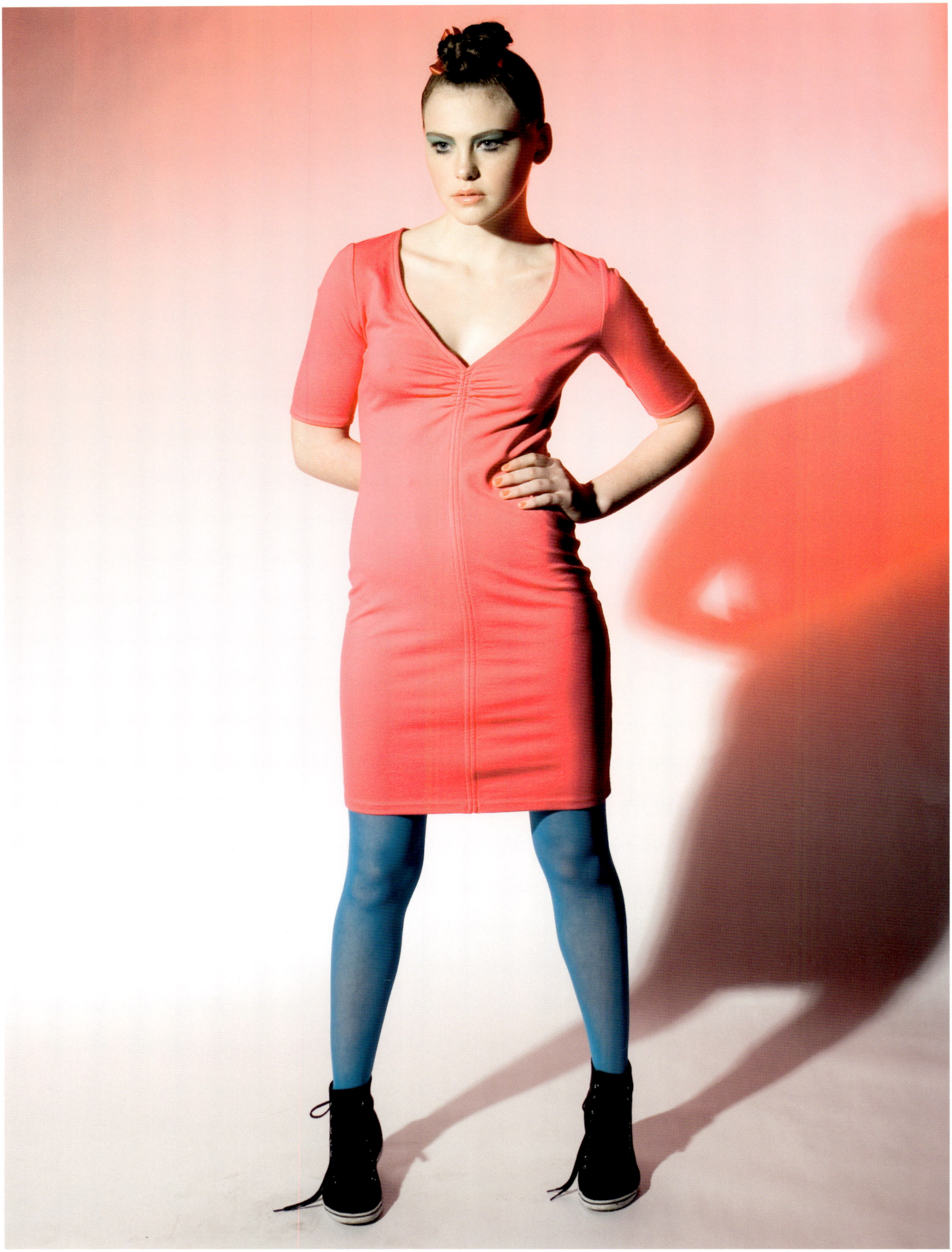

1.

Jersey dress front

Use the basic template and start with the shape of the dress. The lines of this dress will sit on the lines of the body on the template. As this is a jersey garment, it will fit very close to the body. Also draw in the sleeves and the neckline.

Devant de la robe jersey

Utilisez le modèle basique et commencez par tracer le contour de la robe. Les lignes de cette robe se superposeront avec les lignes du corps du modèle. Etant donné qu'il s'agit d'un vêtement en maille, il se porte très près du corps. Dessinez aussi les manches et l'encolure.

Perspectiva anterior del vestido de punto

Esboce la línea básica del vestido con la plantilla estándar a modo de guía. Las líneas de esta prenda coinciden con las de la plantilla. Puesto que se trata de un vestido de punto, debe quedar muy ceñido al cuerpo. Dibuje también las mangas y el escote.

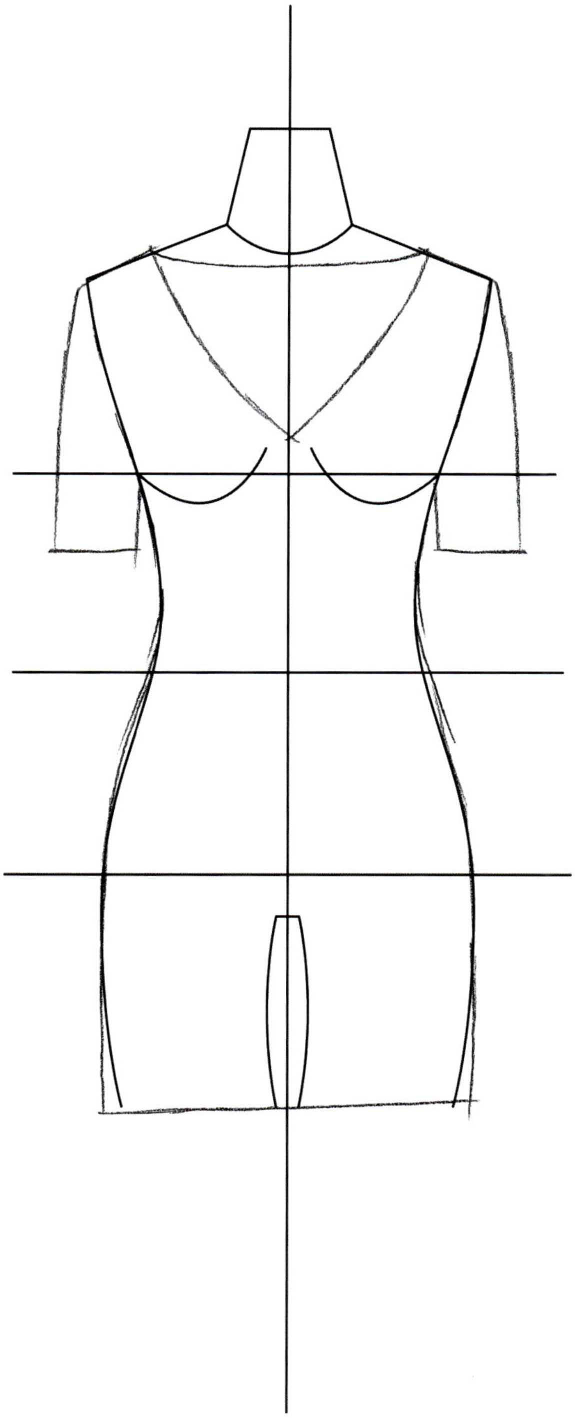

2.

Now draw in the centre front line (use a ruler), the topstitching lines along the centre front, the neckline and the hems. Then draw in the bust gathers, make sure to draw them loosely. Gather lines should always be fairly loose, compared with the main lines of the garment. When drawing from a photograph, ignore all of the creases made by the pose and the body; only indicate creases that are a design feature of the garment.

Dessinez maintenant le milieu du devant, à l'aide d'une règle, et les lignes de surpiqûre le long de la ligne du milieu du devant, de l'encolure et des ourlets. Puis dessinez les pinces du buste, en faisant attention à les tracer assez librement. Les lignes de fronces doivent toujours être assez souples par rapport aux lignes principales du vêtement. Lorsque vous dessinez à partir d'une photographie, ignorez tous les plis liés à la pose et au corps ; n'indiquez que ceux qui correspondent à une caractéristique du vêtement.

Trace la línea central con una regla, y los pespuntes de la parte central, el escote y los dobladillos. Dibuje el frunce del busto con trazos suaves. Los fruncidos siempre deben dibujarse con trazos suaves en comparación con la línea básica de la prenda. Cuando dibuje a partir de una fotografía, ignore los pliegues que se forman por la pose y el cuerpo e indique solo los que constituyan un detalle de diseño de la prenda.

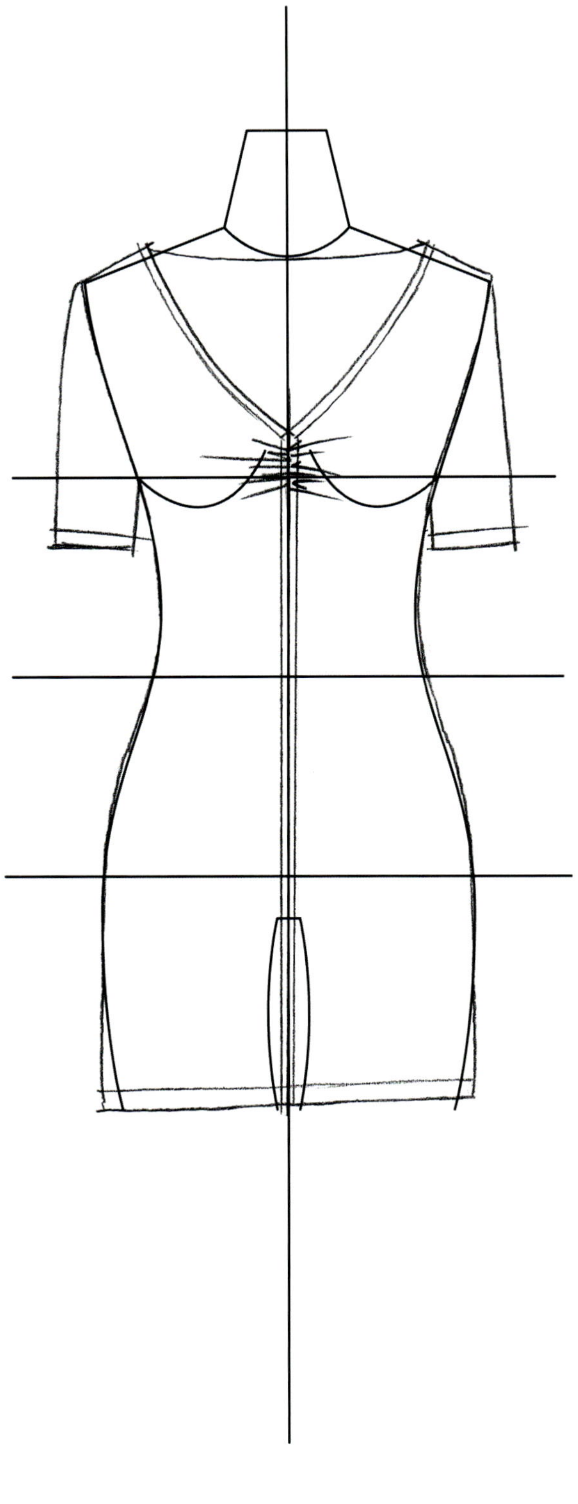

3.

Now draw the garment in pen. Start by drawing the outline in the thickest nib pen, including the sleeves. Use the medium nib pen for the centre front line and the gathers.

Dessinez maintenant le vêtement au stylo. Commencez par le contour avec la pointe la plus épaisse, puis les manches. Continuez avec le stylo à pointe moyenne pour le milieu du devant et les fronces.

Repase el contorno del dibujo con rotuladores. Realce el contorno con el más fino, mangas incluidas. Defina la línea central y el frunce con el rotulador medio.

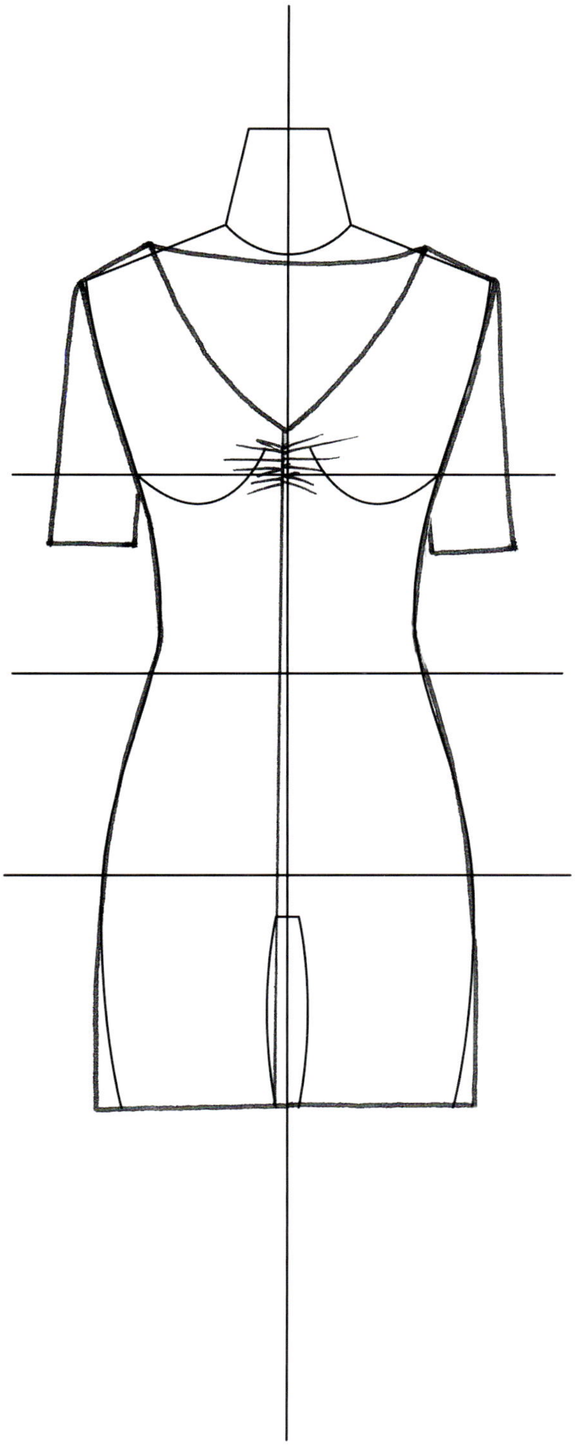

4.

To complete the drawing, use the finest nib pen to draw in the topstitching and the shading of the back neck. Also draw in the binding of the back neck. Although you can't see the back neck, you can assume, based on the stitching, that there is some sort of binding or facing on the inside of the neck. There is no photograph of the back of the dress, so we are only drawing the front. If this dress would be sent to a factory for production, you would need to include a technical drawing of the back of the dress.

Pour achever le dessin, utilisez le stylo à pointe fine pour tracer la surpiqûre et l'ombrage de l'encolure du dos. Dessinez aussi l'encolure du dos. Bien que vous ne puissiez pas la voir, vous pouvez supposer d'après la couture qu'il y a une bordure ou une parementure à l'encolure. Aucune photo du dos de la robe n'étant disponible, nous ne dessinons que le devant. Si cette robe devait être envoyée pour une production en usine, il faudrait inclure un dessin technique du dos de la robe.

Para terminar el dibujo, realce los pespuntes y sombree la perspectiva posterior del escote. Marque asimismo los ribetes de la espalda. Aunque la perspectiva posterior del escote queda oculta, los pespuntes indican que hay algún tipo de ribete o vuelta en el interior del cuello. Como no disponemos de una fotografía de la perspectiva posterior del vestido, dibujaremos solo la anterior. Sin embargo, si hubiera que enviar el diseño a una fábrica habría que incluir también el dibujo plano correspondiente.

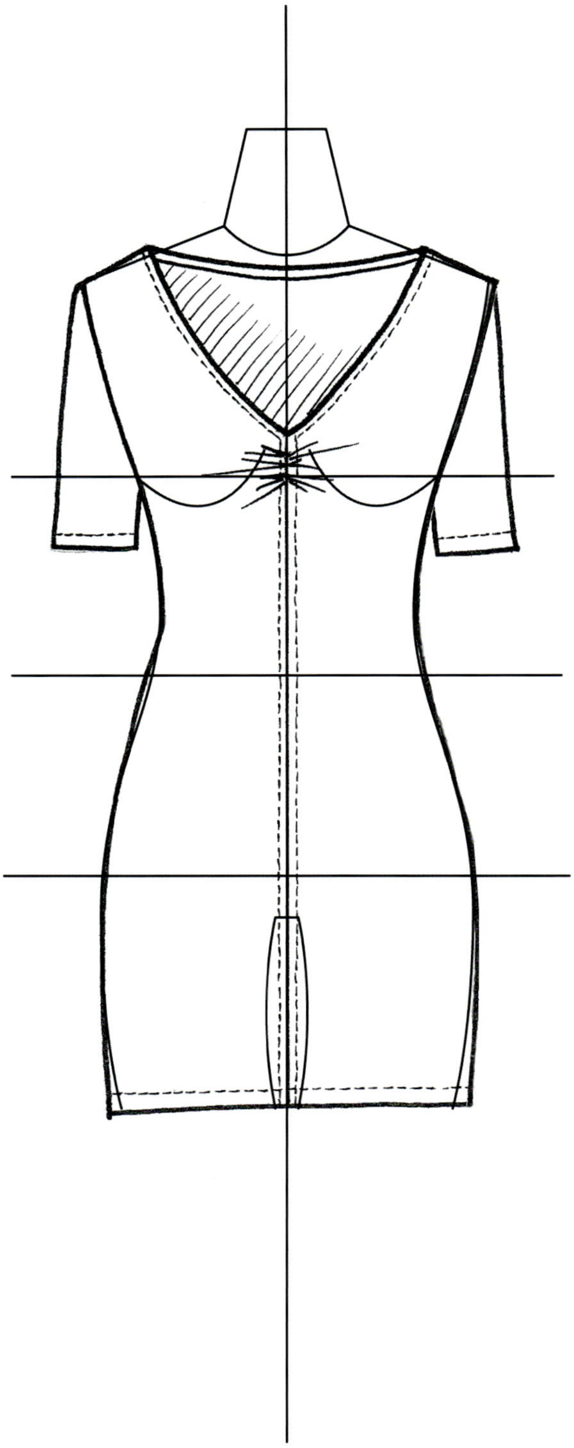

5.

This final step shows the front of the jersey dress as a digital vector drawing. For more information on how to draw a digital vector drawing, see page 48, step 8.

Cette dernière étape montre le devant de la robe en jersey sous la forme d'un dessin vectoriel. Pour plus d'informations sur la manière de dessiner un vecteur numérique, voir page 48, étape 8.

Este último paso muestra la perspectiva anterior del vestido de punto en formato de dibujo vectorial. Para obtener más información de cómo realizar este tipo de dibujos, consulte el paso 8 de la página 48.

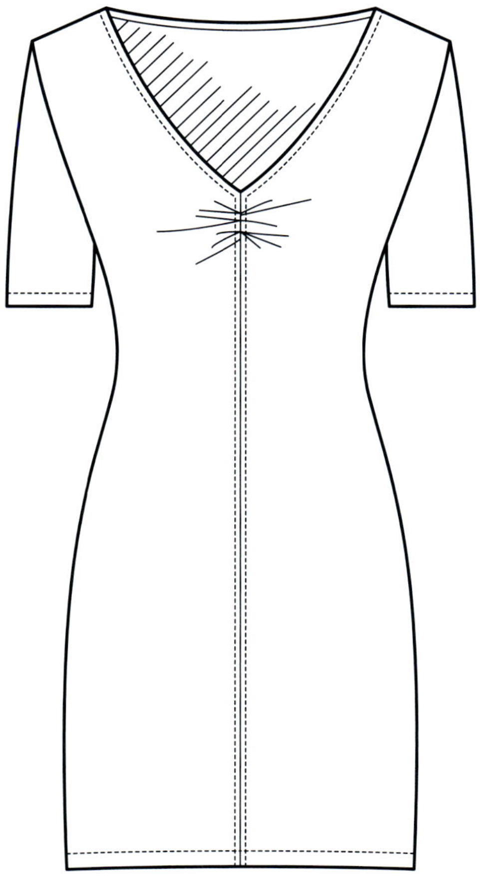

6.

Adding style to technical drawings
This jersey dress has been playfully drawn with a very thick outline, and made to look as if it is floating. There are creases at the waist.

Ajouter du style aux dessins techniques
Cette robe en jersey a été dessinée de manière enjouée en traçant un contour très épais pour donner l'impression qu'elle voltige. Des plis ont été ajoutés à la taille.

Cómo personalizar los dibujos planos
Este vestido de punto se ha dibujado con un contorno grueso y parece flotar, lo que le da un aire divertido. Además, se han añadido algunos pliegues en la cintura.

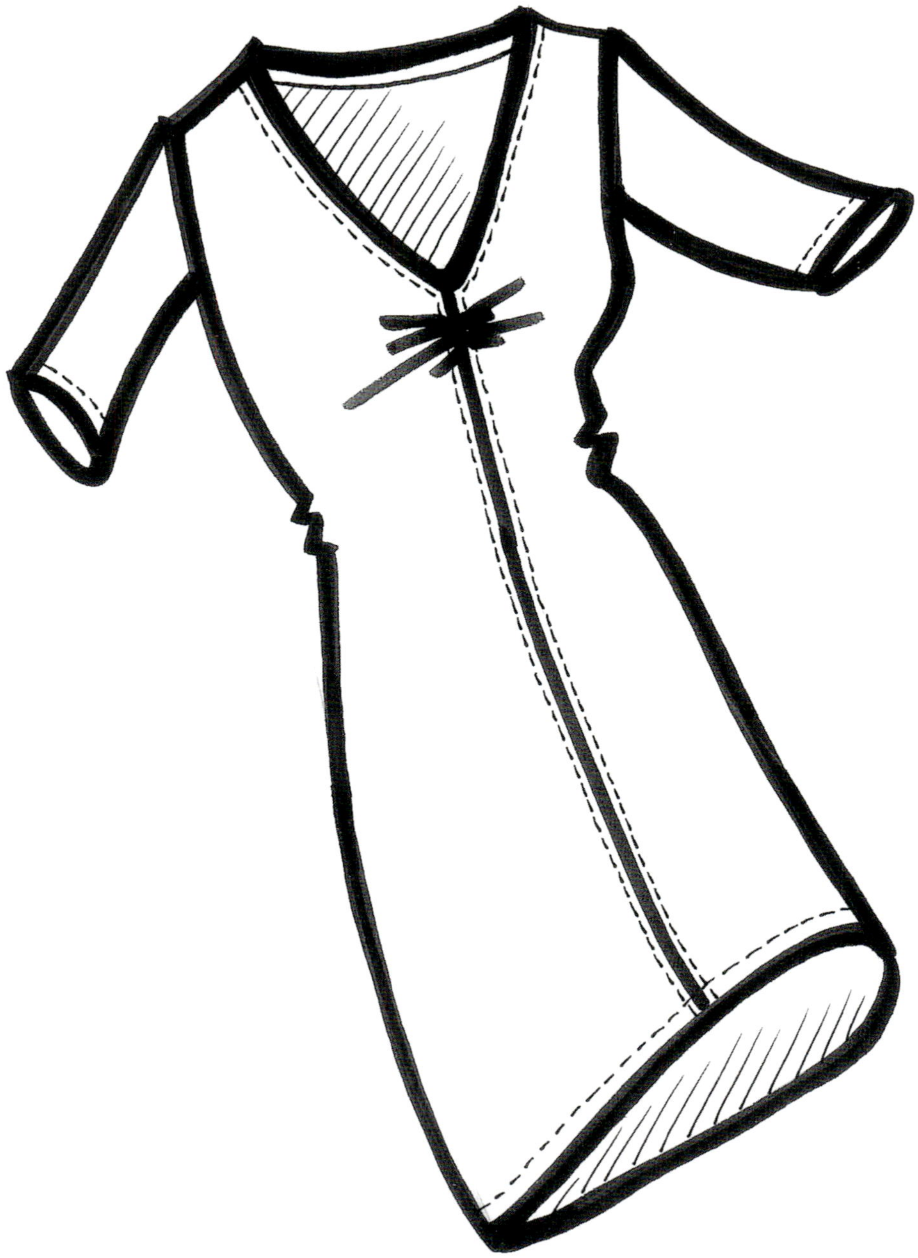

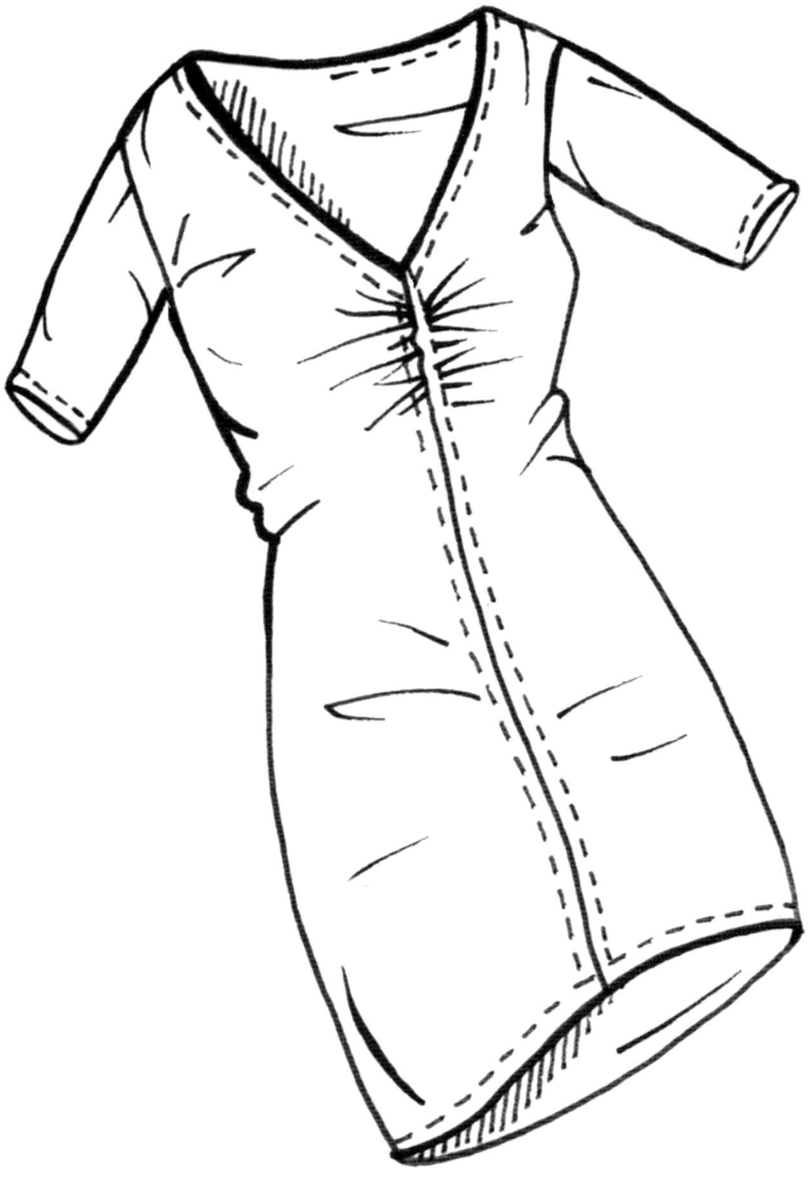

#4: Jeans - Un jeans - Vaqueros

The waist dips a great deal in the front, so make sure you indicate this. The front of the leg is also significantly smaller than the back, which means we can see the side seams when the garment is lying flat. There are two options in this scenario; you can either draw the front with the side seams visible, as it is in the photograph, or you can just draw the front without visible side seams. Considering the shape of these jeans when they are worn, the side seams would not be visible from the front. It is preferable to make technical drawings with the garment representing its appearance when there is a body inside it, so don't show the side seam in your front drawing, but make a very clear note of this in the spec sheet, if you are sending this drawing on. Also keep in mind that these jeans have obviously been worn quite a lot, so a good deal of the creases should be ignored. Rather than have the inside leg lines form a point at the crotch, draw a diagonal slash to indicate where the crotch of the jeans is.

La ceinture descend de façon marquée sur le devant, assurez-vous de bien l'indiquer. Le devant des jambes est également sensiblement moins large que l'arrière, ce qui veut dire que les coutures latérales sont visibles quand le vêtement est posé à plat. Deux possibilités s'offrent à vous dans cette situation ; vous pouvez soit dessiner l'avant avec les coutures latérales visibles, comme sur la photographie, soit uniquement dessiner le devant sans coutures latérales visibles. Étant donnée la forme de ce jeans une fois porté, les coutures latérales ne seront pas visibles de face. Il est préférable de réaliser des dessins techniques dans lesquels l'apparence du vêtement est celle une fois porté : ne montrez donc pas la couture latérale dans votre dessin du devant, mais insérez une note très claire concernant ce point dans la fiche technique si vous devez envoyer ce dessin. Tenez également compte du fait que ce jeans semble avoir été porté de nombreuses fois et qu'une bonne part des plis peut être ignorée. Au lieu de laisser les lignes internes des jambes former un point à l'entrejambe, dessinez une barre oblique au niveau de l'entrejambe du jeans.

front devant perspectiva anterior

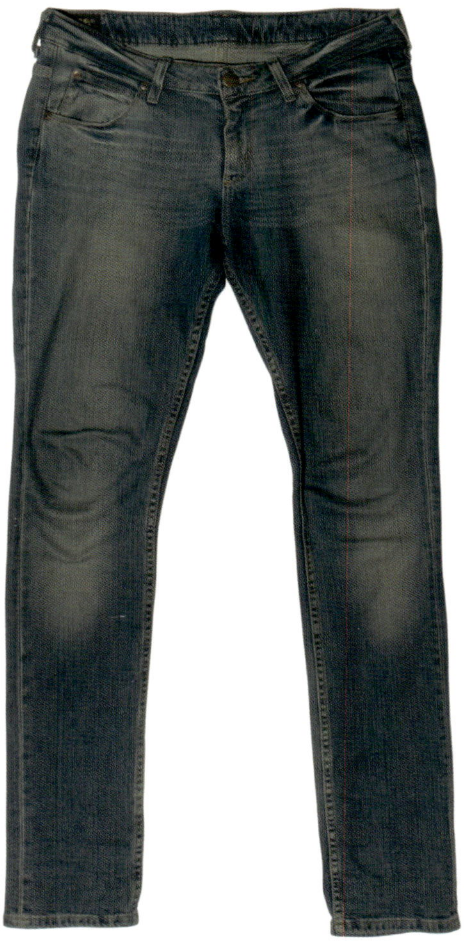

back dos perspectiva posterior

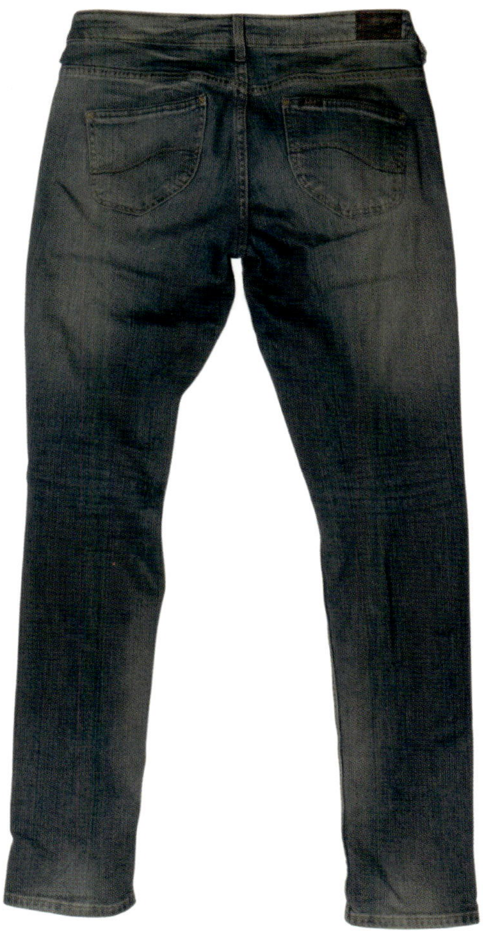

En la perspectiva anterior, la cintura es muy baja, un detalle que deberá indicarse en el dibujo. La perspectiva anterior de la pernera también es bastante menor que la posterior, lo que significa que las costuras laterales se aprecian cuando la prenda se deja caer sobre una superficie plana. Para indicar este detalle existen dos posibilidades: dibujar la perspectiva anterior con las costuras visibles, como en la fotografía, o dibujarla sin que se vean. Teniendo en cuenta la forma que adoptan estos vaqueros en el cuerpo, desde esta perspectiva no se apreciarían las costuras laterales. Se aconseja realizar los dibujos planos como si alguien llevara las prendas, de modo que es preferible que no dibuje las costuras laterales pero sí que especifique claramente en las notas de la ficha técnica esta característica del diseño. Recuerde también que estos vaqueros están muy desgastados por el uso, por lo que habrá que ignorar buena parte de los pliegues. En lugar de marcar la entrepierna, trace una pequeña línea al bies para indicar su situación.

1.

Jeans front
Start by drawing the basic shape of the jeans using the basic template as your base.

Devant du jeans
Commencez par dessiner le contour du jeans en vous servant du modèle basique comme base.

Perspectiva anterior de los vaqueros
Esboce la línea básica de los vaqueros a partir de la plantilla estándar.

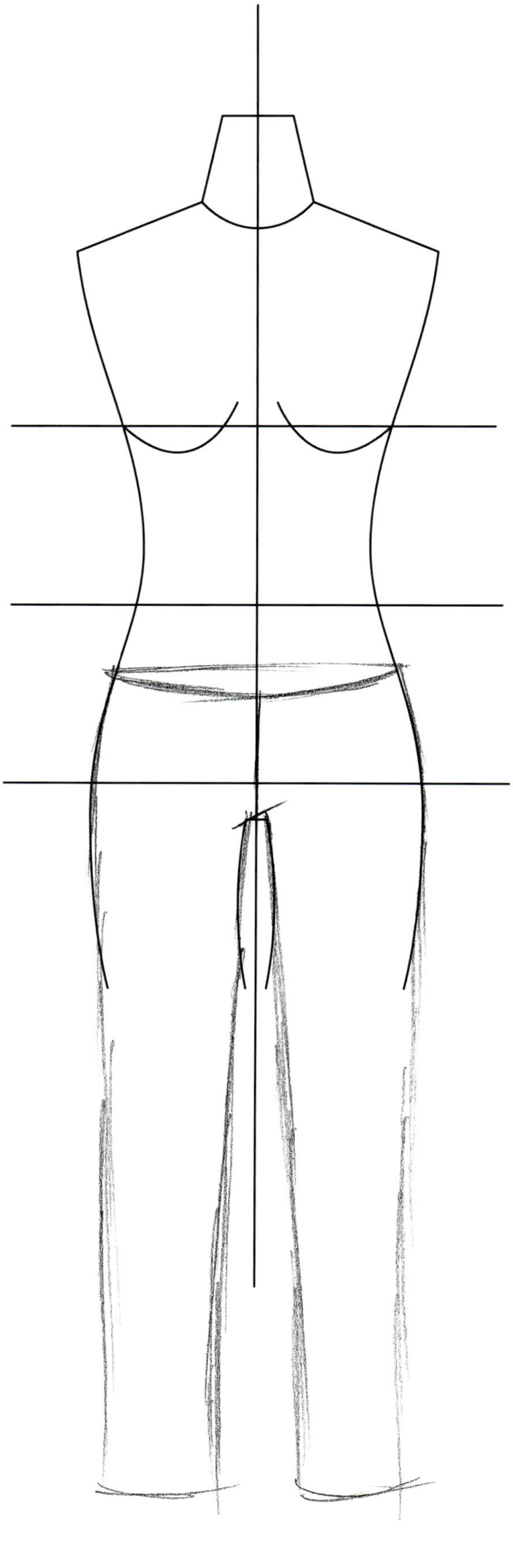

2.

Now draw in the rest of the jeans: the waistband, pocket shape, ticket pocket and belt loops.

Dessinez maintenant le reste du jeans : la ceinture montée, la forme des poches, la poche-ticket et les passants de la ceinture.

Dibuje el resto de los vaqueros: la cinturilla, la forma de los bolsillos, el bolsillo interior y las presillas.

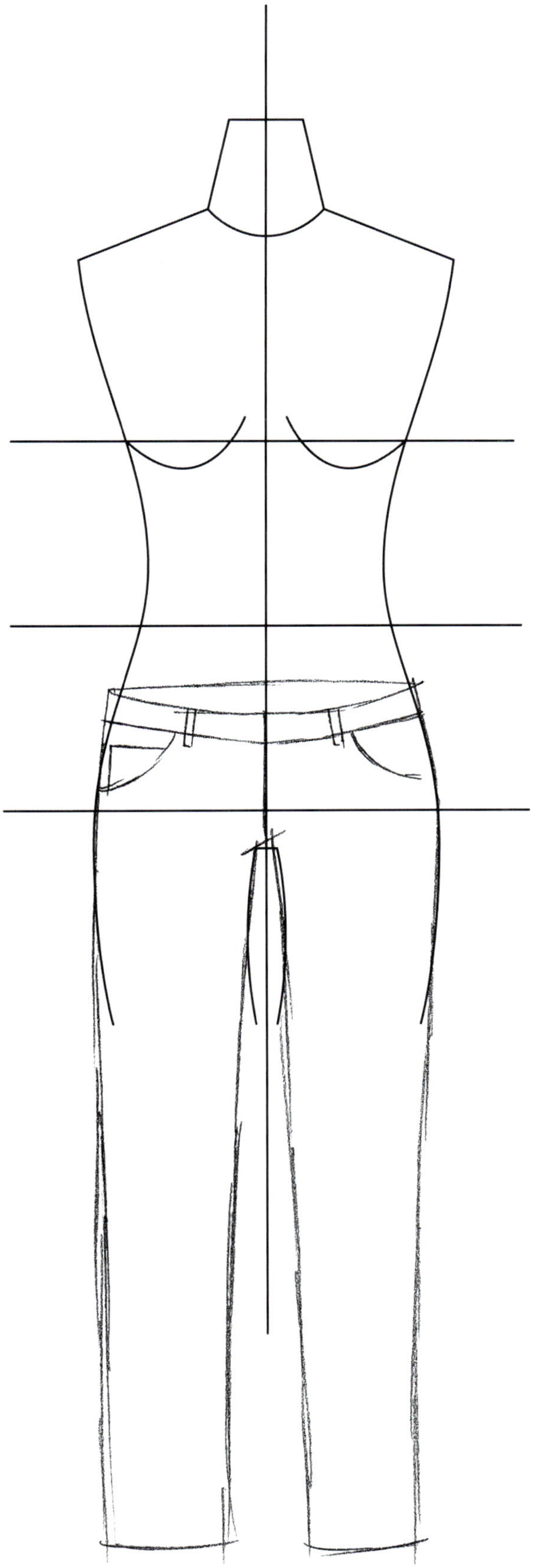

3.

The last step in pencil will be to draw the topstitching lines, the studs, the back waistband and the button.

La dernière étape au crayon concerne le tracé des lignes de surpiqûre, les clous décoratifs en métal, la ceinture montée du dos et le bouton.

El último paso a lápiz consiste en trazar las líneas de los pespuntes, los remaches, la cinturilla posterior y el botón.

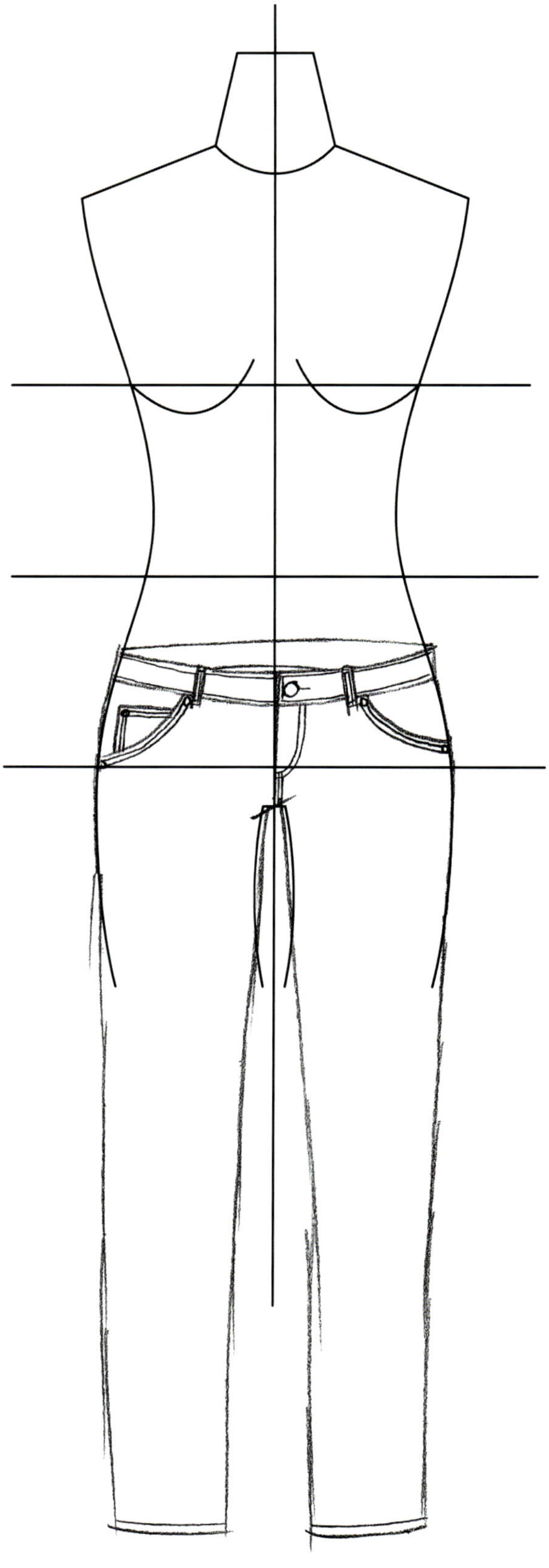

4.

To draw the final version, start with the outline for the jeans in the thickest nib pen, and draw in the waistband, pockets and belt loops in the medium nib pen.

Pour obtenir la version définitive, tracez le contour du jeans au stylo-feutre à pointe épaisse puis la ceinture montée, les poches et les passants de ceinture avec le stylo à pointe moyenne.

Para dibujar la versión definitiva, realce el contorno de los vaqueros con el rotulador más grueso, y el de la cinturilla, los bolsillos y las presillas, con el medio.

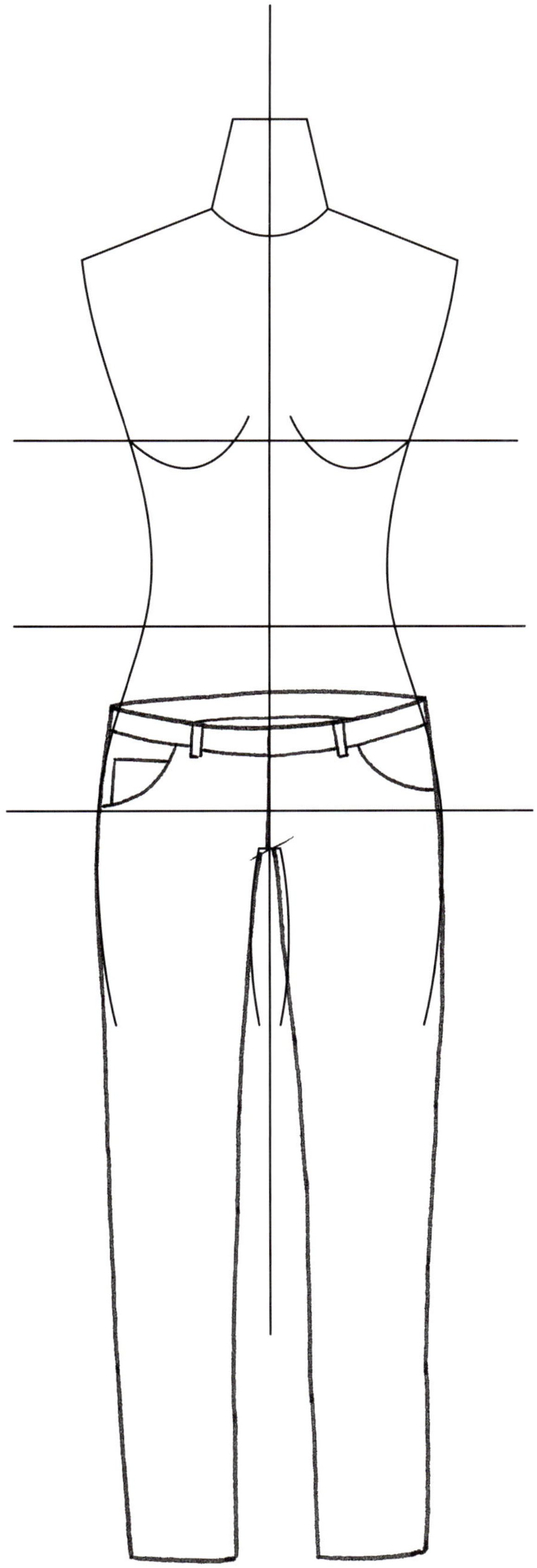

5.

Use the finest nib pen to draw the topstitching, the button and the studs.

Utilisez la pointe la plus fine pour dessiner les surpiqûres, le bouton et les clous décoratifs en métal.

Realce los pespuntes, el botón y los remaches con el rotulador más fino.

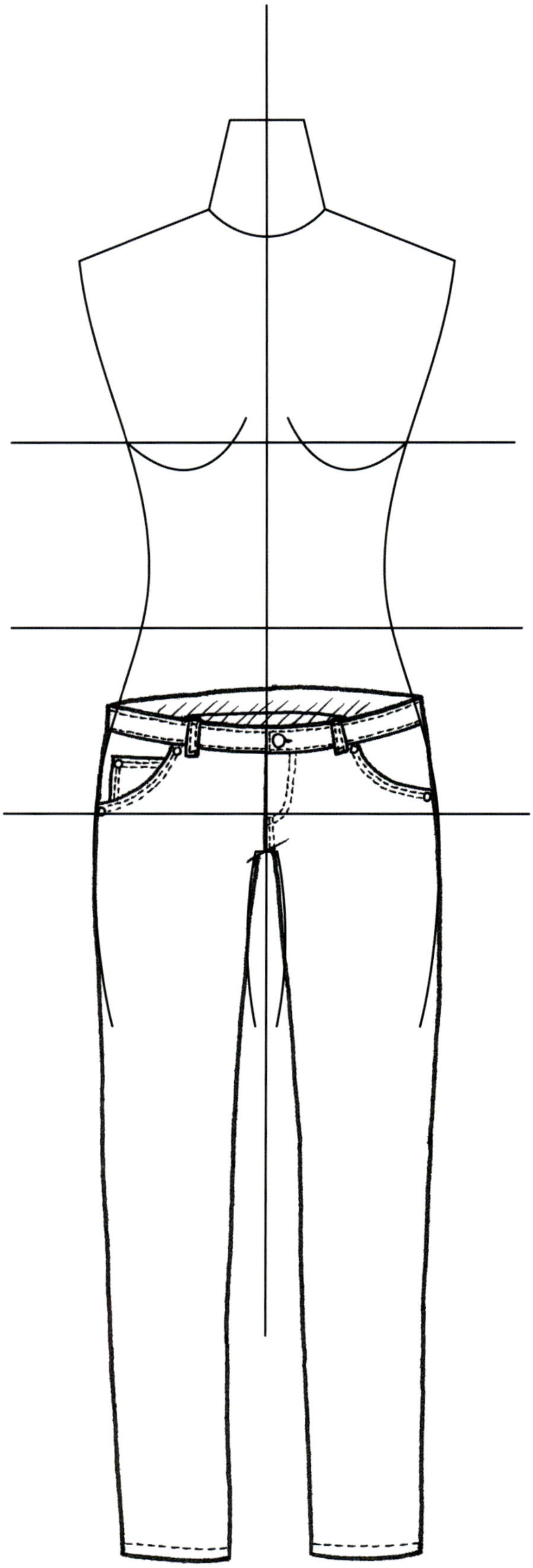

6.

This final step shows the jeans front as a digital vector drawing. For more information on how to draw a digital vector drawing, see page 48, step 8.

Cette dernière étape montre le devant du jeans sous la forme d'un dessin vectoriel. Pour plus d'informations sur la manière de dessiner un vecteur numérique, voir page 48, étape 8.

Este último paso muestra la perspectiva anterior de los vaqueros en formato de dibujo vectorial. Para obtener más información de cómo realizar este tipo de dibujos, consulte el paso 8 de la página 48.

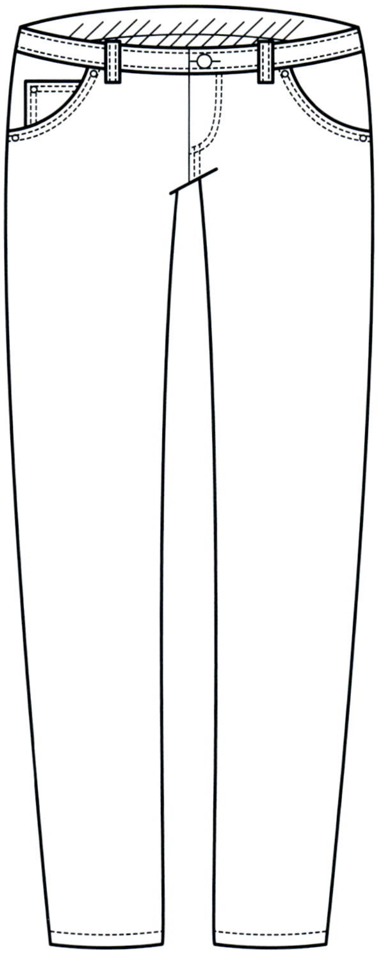

7.

Jeans back
Use the front drawing as a template to draw the back. Start with the basic outline and the shape of the yoke, waistband and belt loops.

Dos du jeans
Utilisez le dessin du devant comme modèle pour dessiner le dos. Commencez par le contour basique et la forme de l'empiècement, de la ceinture montée et des passants de ceinture.

Perspectiva posterior de los vaqueros
Realice el dibujo de la perspectiva posterior con el de la anterior a modo de plantilla. Esboce el contorno y la forma básicos del canesú, la cinturilla y las presillas.

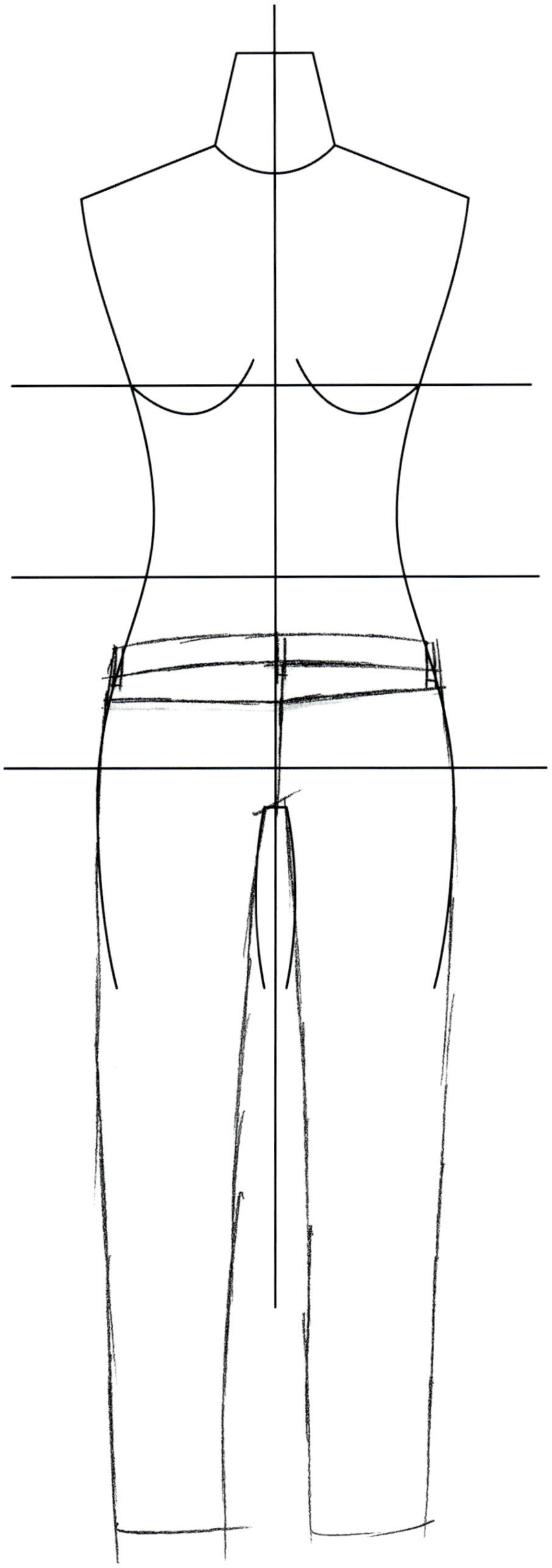

8.

Now draw in the pockets and the topstitching lines. Include the label on the waistband and the right pocket.

HINT: use a template for the pockets (mirrored left and right) so that they are both the same shape and placed correctly.

Dessinez maintenant les poches et les lignes de surpiqûre. Ajoutez l'étiquette sur la ceinture montée et la poche droite.

ASTUCE : utilisez un modèle pour les poches (droite et gauche inversées) pour qu'elles aient toutes les deux la même forme et soient placées correctement.

Dibuje los bolsillos y los pespuntes. Incluya la etiqueta de la cinturilla a la altura del bolsillo derecho.

NOTA: utilice una plantilla para los bolsillos (una imagen especular del derecho y el izquierdo) para que ambos tengan la misma forma y ocupen el lugar correcto.

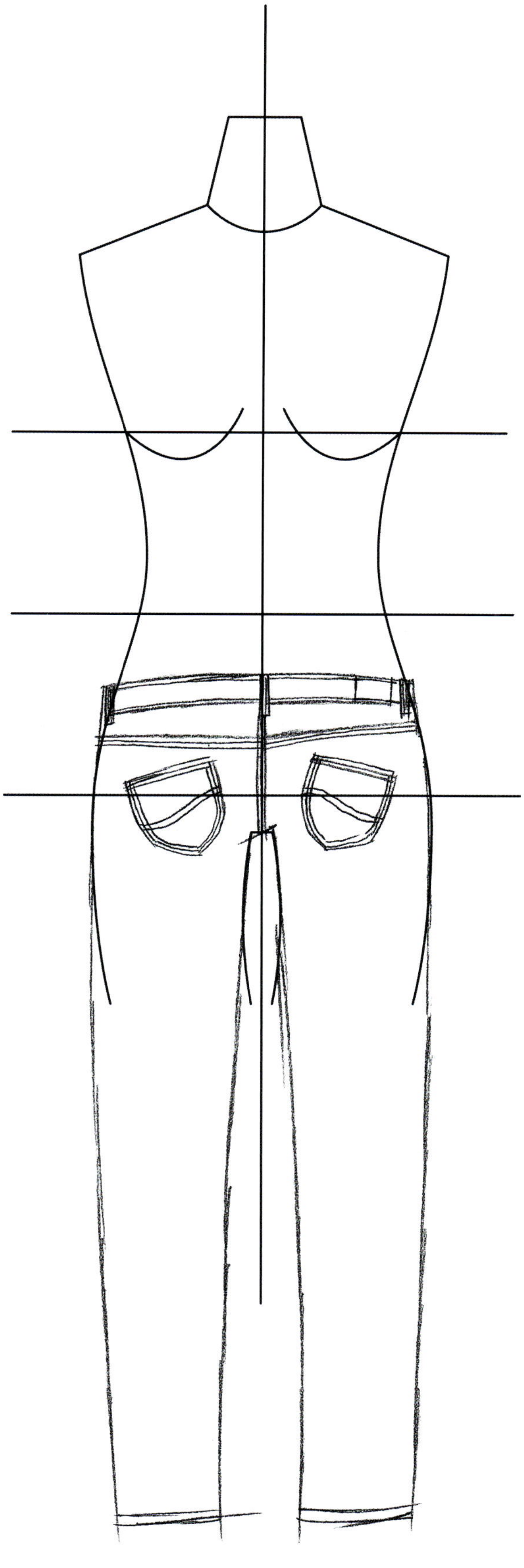

9.

For the final version of the back, start with the thickest nib pen to draw the outline of the jeans. Use the medium nib pen for the waistband, yoke, belt loops and shape of the pockets.

Pour tracer la version définitive du dos, tracez d'abord le contour du jeans avec le stylo-feutre à la pointe la plus épaisse, puis utilisez le stylo à pointe moyenne pour la ceinture, l'empiècement, les passants de ceinture et la forme des poches.

Para completar la versión definitiva de la perspectiva posterior, realce el contorno de los vaqueros con el rotulador más grueso, y la cinturilla, el canesú, las presillas y la forma de los bolsillos, con el medio.

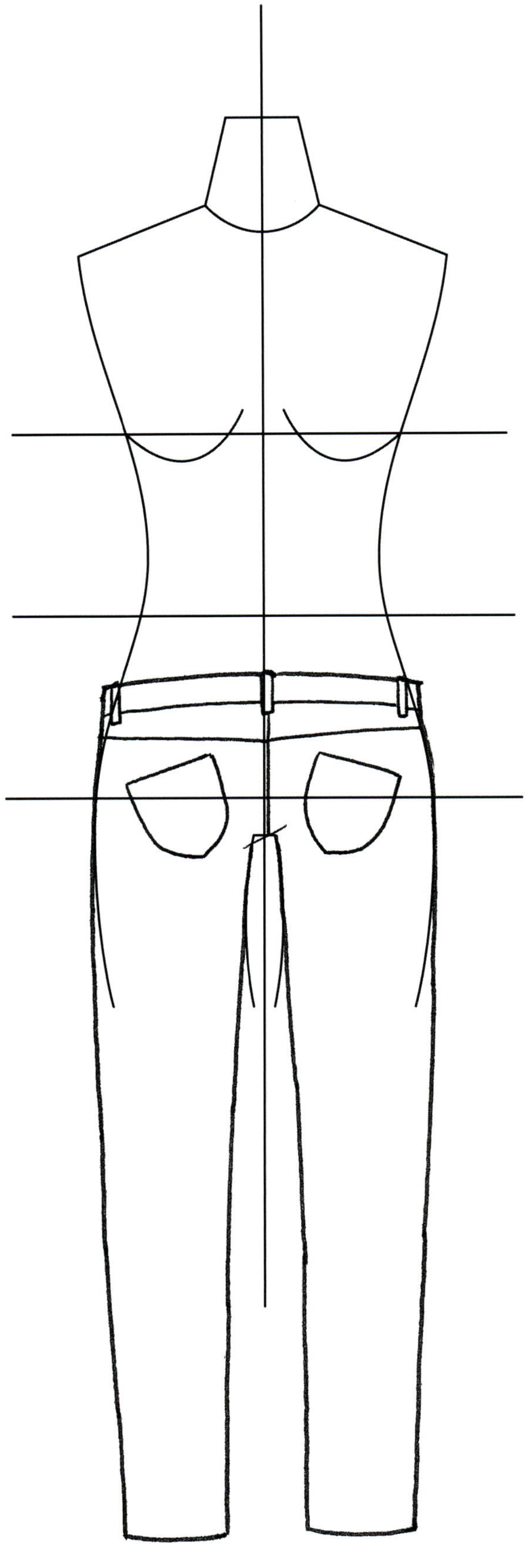

10.

Now draw in the topstitching and the labels with the finest nib pen.

Tracez enfin les surpiqûres et les étiquettes avec le stylo le plus fin.

A continuación, realce el contorno de los pespuntes y la etiqueta con el rotulador más fino.

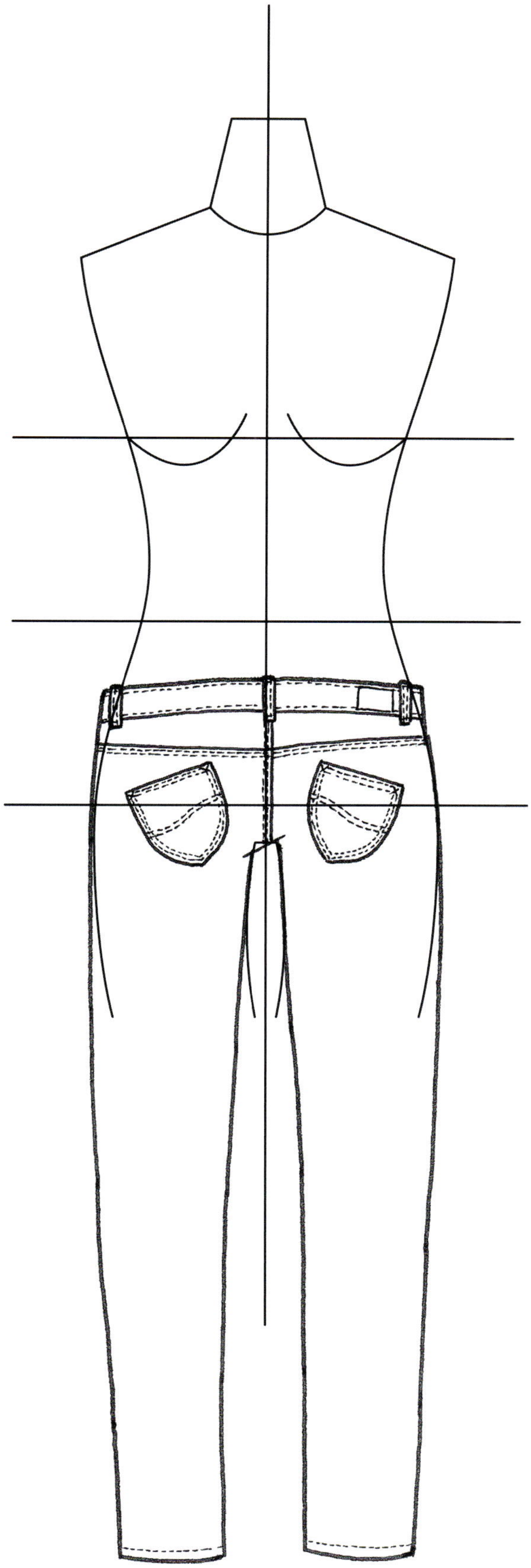

11.

This final step shows the jeans back as a digital vector drawing. For more information on how to draw a digital vector drawing, see page 48, step 8.

Cette dernière étape montre le dos du jeans sous la forme d'un dessin vectoriel. Pour plus d'informations sur la manière de dessiner un vecteur numérique, voir page 48, étape 8.

Este último paso muestra la perspectiva posterior de los vaqueros en formato de dibujo vectorial. Para obtener más información de cómo realizar este tipo de dibujos, consulte el paso 8 de la página 48.

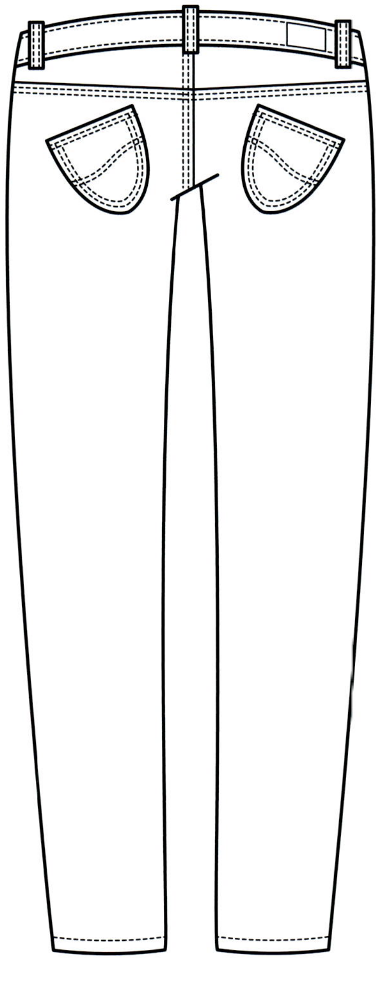

12.

Adding style and colour to technical drawings
These jeans have also been created digitally, with the fabric and finishing rendered in colour.

Ajouter du style et de la couleur aux dessins techniques
Ce jeans a été créé numériquement, le tissu et les finitions étant rendus en couleur.

Cómo colorear y personalizar los dibujos planos
Estos vaqueros también se han creado por ordenador, con el tejido y el acabado en color.

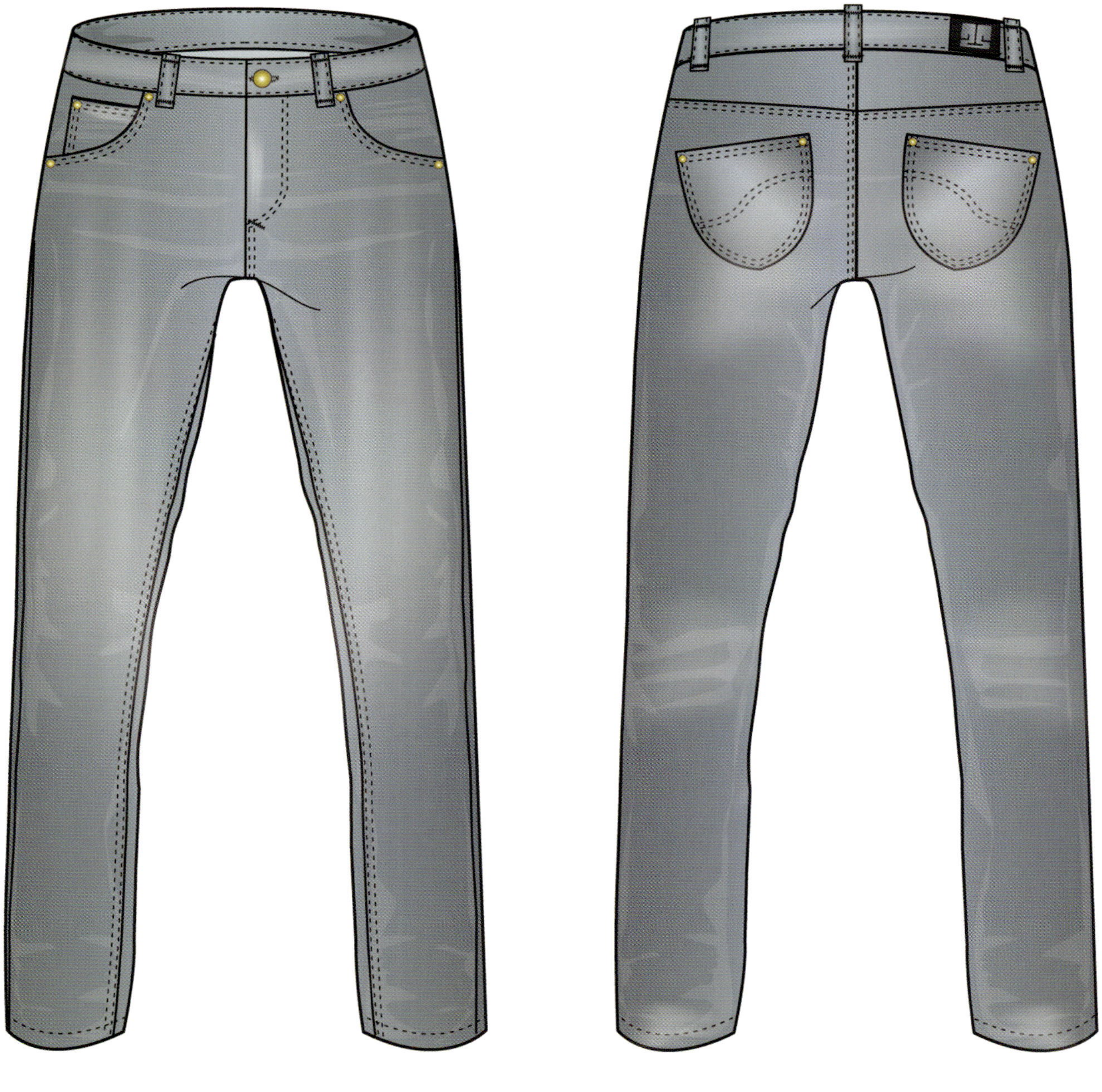

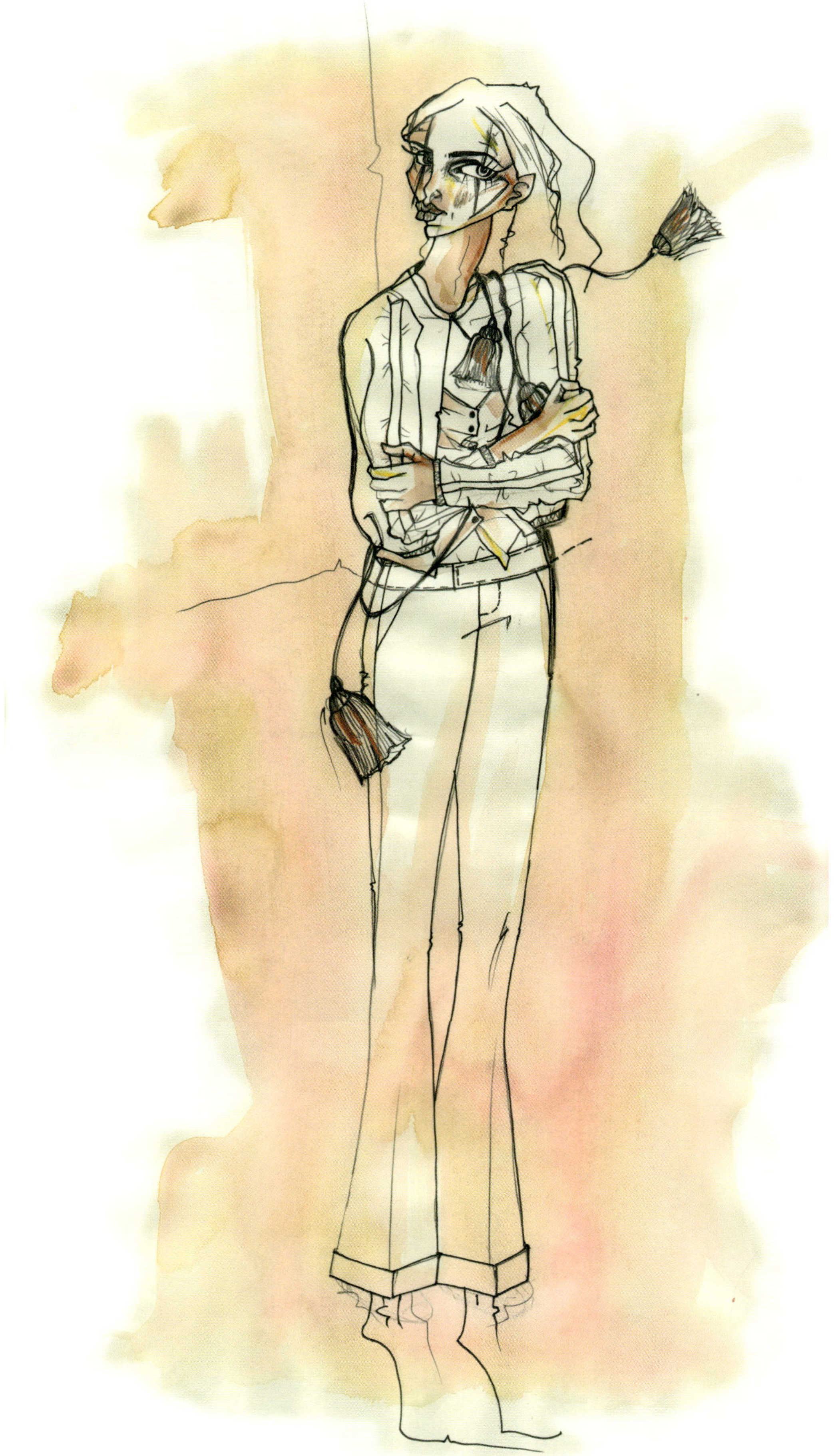

This time we are working from an illustration. We will be drawing the trousers from the illustration and you should use the basic template as your guide. There is no illustration of the back of the trousers, so we will only be drawing the front. If the trousers were to be sent to a factory for production, you would need to include a technical drawing of the back.

Nous allons cette fois travailler à partir d'une illustration. Nous allons dessiner le pantalon à partir de l'illustration et vous devez utiliser le modèle basique comme guide. Il n'y a pas d'illustration pour le dos du pantalon, nous ne dessinerons donc que le devant. Si le pantalon devait être envoyé en usine pour production, il faudrait inclure un dessin technique du dos.

En esta ocasión se parte de una ilustración. El pantalón se dibujará a partir de la misma con la plantilla estándar a modo de guía. Como no disponemos de una fotografía de la perspectiva posterior del pantalón, dibujaremos solo la anterior. Sin embargo, si hubiera que enviar el diseño a una fábrica habría que incluir también el dibujo plano correspondiente.

1.

Trousers front

Start by drawing the basic shape of the trousers, including the waistband, the pockets and the cuffs. A diagonal slash line has been drawn to indicate the crotch point. This looks better than forming a point with the two inside trouser leg lines.

Devant du pantalon

Commencez par dessiner la forme globale du pantalon, y compris la ceinture montée, les poches et les revers. Un trait oblique a été dessiné pour indiquer l'entrejambe. Ce type de représentation est plus indiqué que de laisser le point formé par les deux lignes de l'intérieur des jambes du pantalon.

Perspectiva anterior del pantalón

Esboce la línea básica del pantalón, incluidos la cinturilla, los bolsillos y los bajos vueltos. La entrepierna se ha indicado con una marca al bies, una opción más estética que un punto de unión de las perneras internas del pantalón.

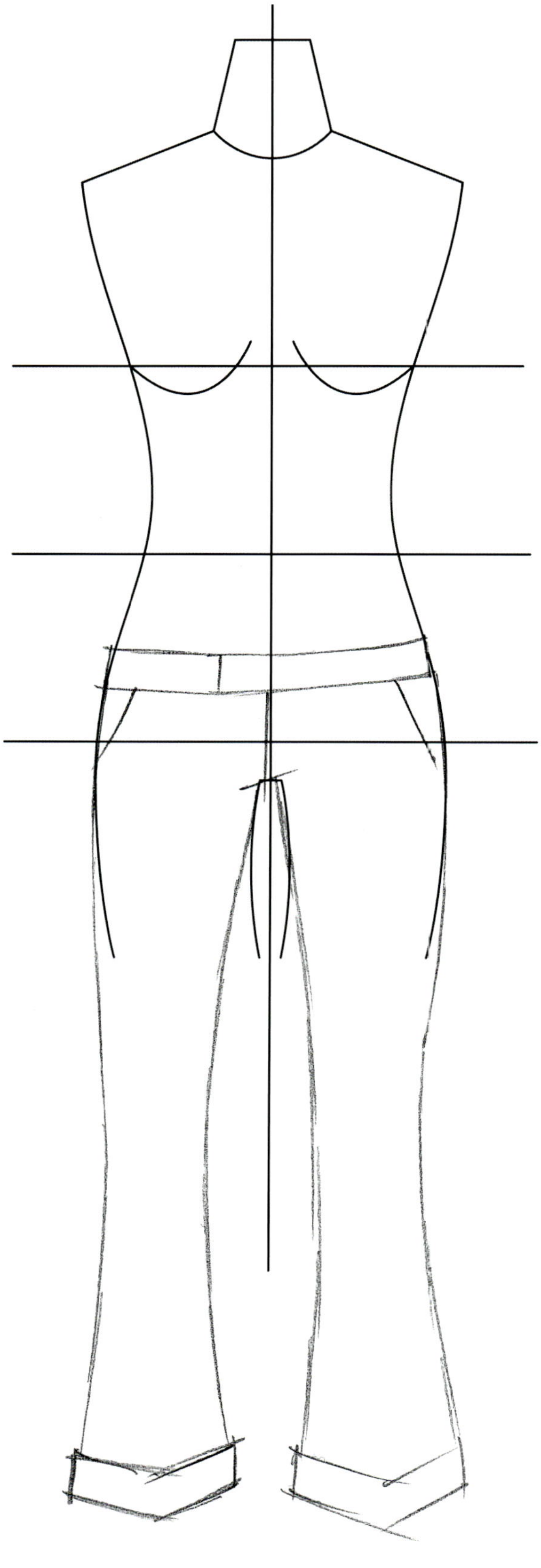

2.

Add in the fly stitching line and the leg pleats.

Ajoutez la ligne de couture de la braguette et les plis des jambes.

Dibuje los pespuntes y los pliegues de las perneras.

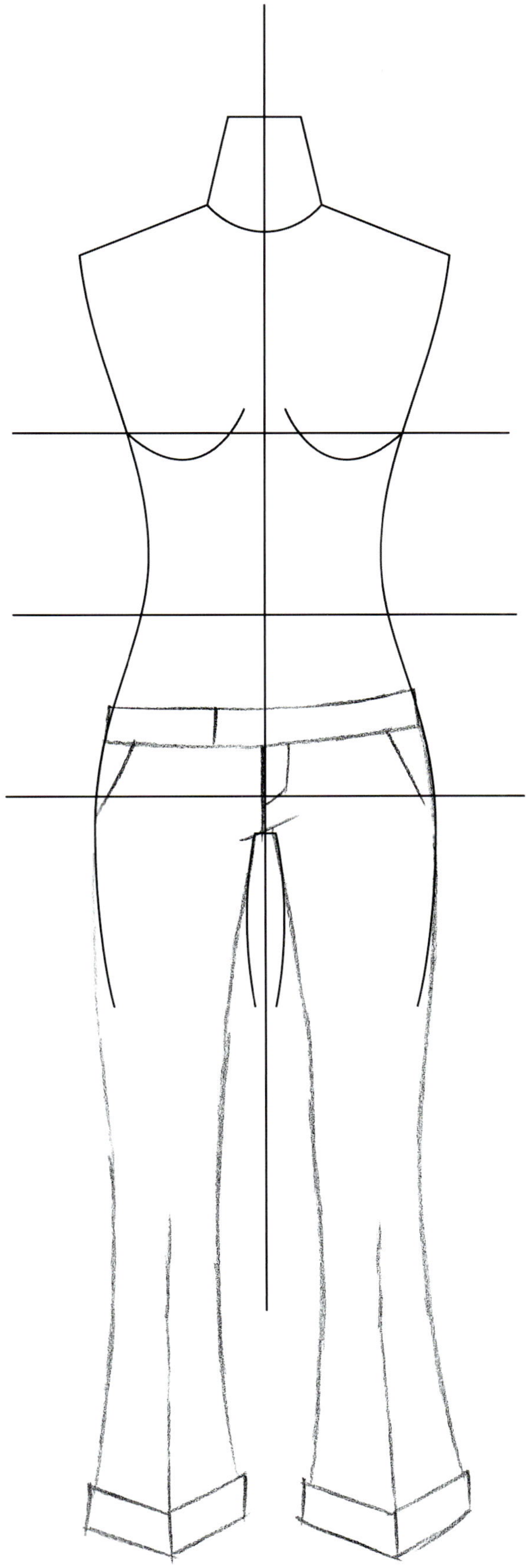

3.

For the final version, draw the outline of the trousers in the thickest nib pen.

Pour terminer, dessinez le contour du pantalon avec le feutre à pointe épaisse.

En la versión definitiva, realce el contorno del pantalón con el rotulador más grueso.

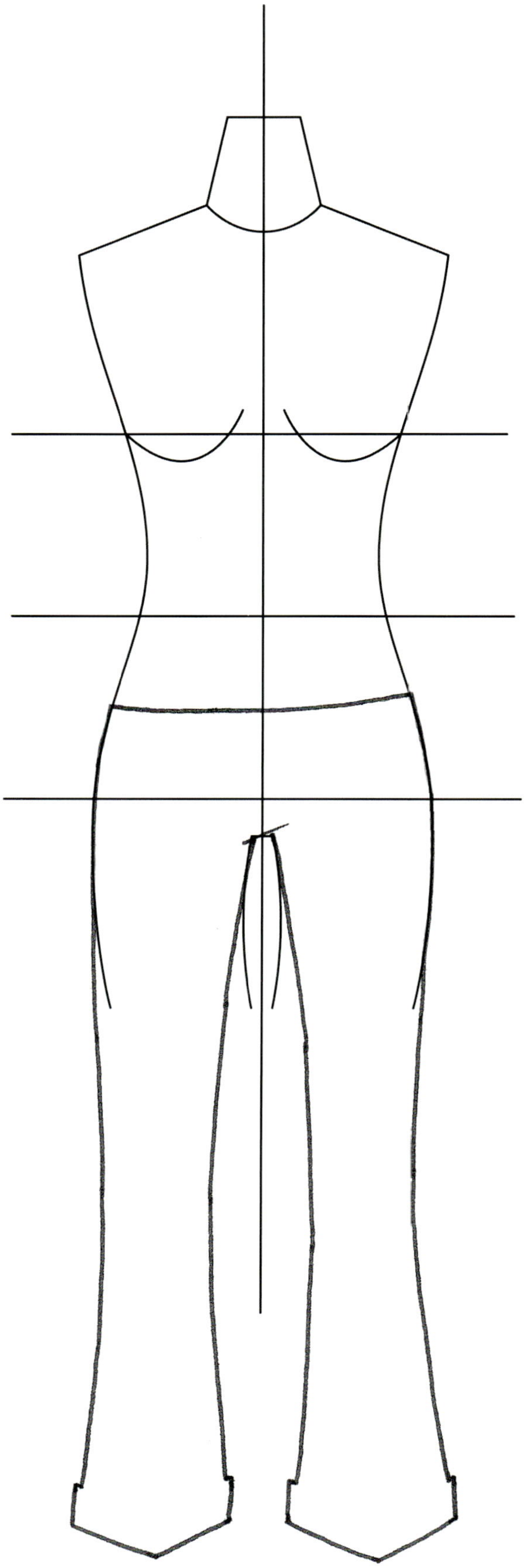

4.

Use the medium nib pen for the waistband, cuffs and pockets, and the finest nib pen for the fly stitching and the pleats.

Utilisez le stylo à pointe moyenne pour la ceinture montée, les revers et les poches, puis le stylo le plus fin pour la couture de la braguette et les plis.

Defina la cinturilla, las vueltas y los bolsillos con el rotulador medio, y los pespuntes y los pliegues, con el más fino.

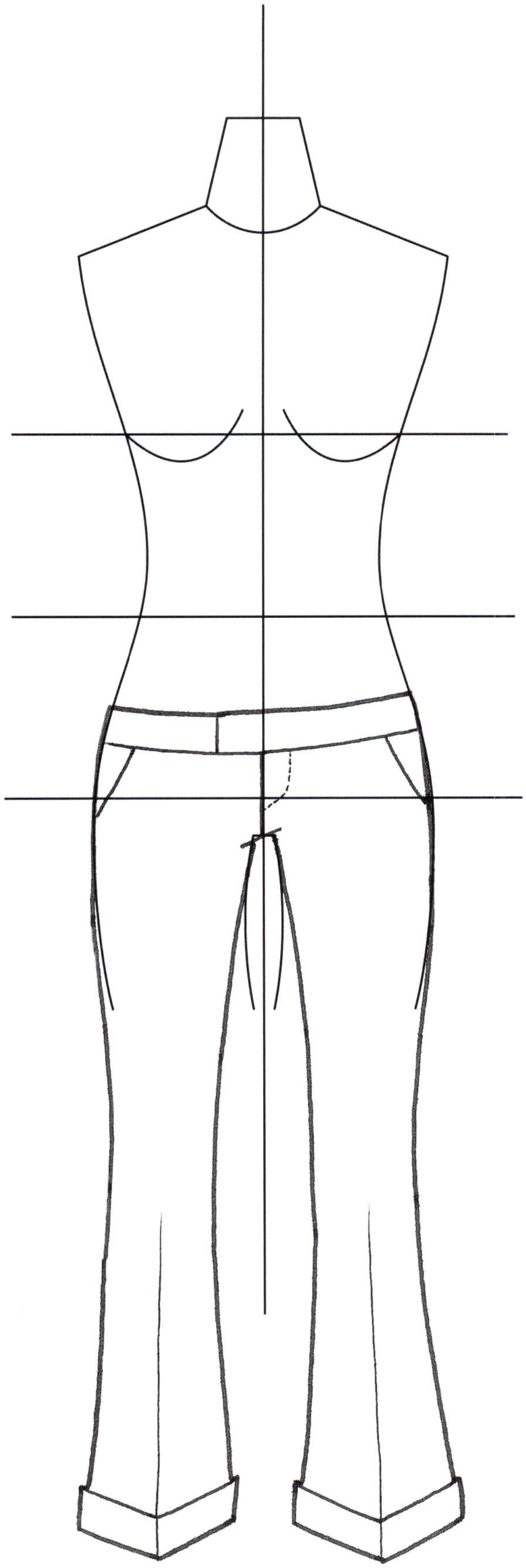

5.

This final step shows the trousers as a digital vector drawing. For more information on how to draw a digital vector drawing, see page 48, step 8.

Cette dernière étape montre le devant du pantalon sous la forme d'un dessin vectoriel. Pour plus d'informations sur la manière de dessiner un vecteur numérique, voir page 48, étape 8.

Este último paso muestra el pantalón en formato de dibujo vectorial. Para obtener más información de cómo realizar este tipo de dibujos, consulte el paso 8 de la página 48.

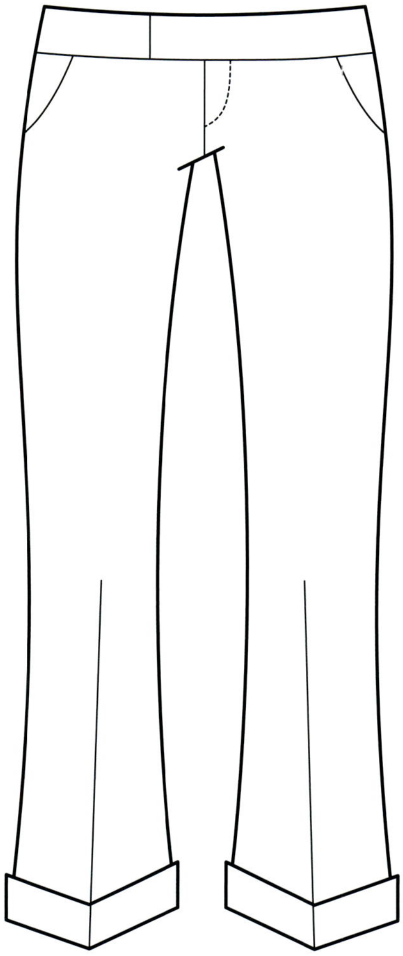

6.

Adding style and colour to technical drawings

These trousers are very similar to a normal technical drawing, however there are a few creases on the garment. This is a very simple way of adding style to a technical drawing, but make sure to add creases only in the places where they would naturally occur (elbows, armpits, waist, hips, crotch and knees).

Ajouter du style et de la couleur aux dessins techniques

Ce pantalon ressemble beaucoup à un dessin technique normal, mais quelques plis ont été marqués sur le vêtement. Il s'agit d'une manière très simple d'ajouter du style à un dessin technique, mais assurez-vous de n'ajouter des plis qu'aux endroits où ils apparaîtraient de manière naturelle (coudes, aisselles, taille, hanches, entrejambe et genoux).

Cómo colorear y personalizar los dibujos planos

Este pantalón se parece mucho a un dibujo plano estándar, a excepción de que se han añadido algunos pliegues. Este recurso es una forma muy sencilla de personalizar un dibujo, aunque los pliegues solo deben añadirse en las zonas donde se forman de manera natural (codos, axilas, cintura, cadera, entrepierna y rodillas).

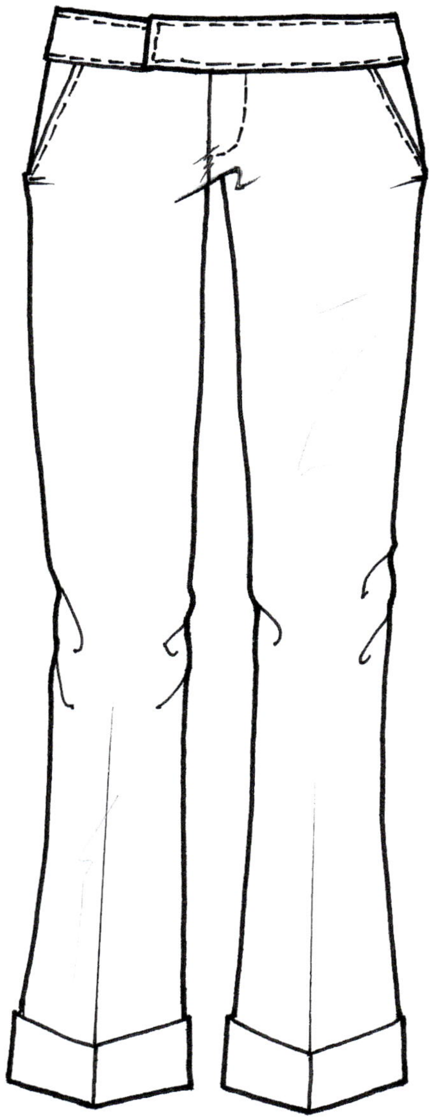

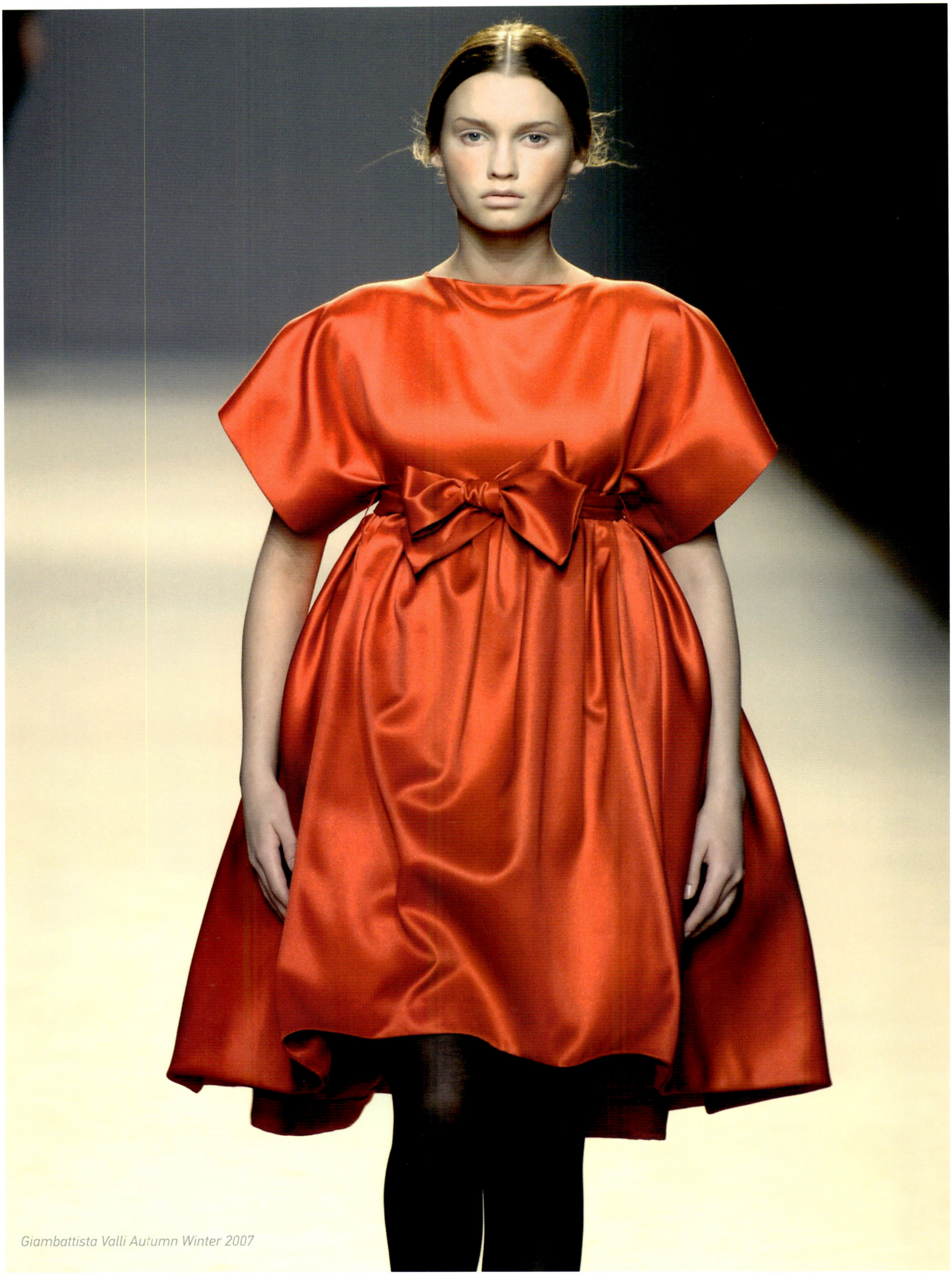

Giambattista Valli Autumn Winter 2007

1.

Empire-line dress front

This voluminous dress has unusual proportions, so start by drawing the shape of the dress using the basic template. Make sure you draw key features, such as the belt, as this will be very important to maintain the correct proportions. Draw the sleeves extended, as this will help the viewer better understand their shape. There is no photo of the back of the dress, so we will only be drawing the front. If the dress were to be sent to a factory for production, you would need to include a technical drawing of the back.

Devant de la robe Empire

Cette robe volumineuse a des proportions inhabituelles : commencez donc par tracer la forme de la robe à l'aide du modèle basique. Assurez-vous de dessiner les caractéristiques clés, comme la ceinture, ce point étant très important pour le respect des proportions. Dessinez les manches étendues car cela aidera à mieux en comprendre la forme. Il n'y a pas de photo du dos de la robe, nous ne dessinerons donc que le devant. Si la robe devait être envoyée en usine pour production, il faudrait inclure un dessin technique du dos.

Perspectiva anterior del vestido línea imperio

Este vestido voluminoso tiene unas proporciones un tanto insólitas, por lo que para empezar deberá esbozarlo a partir de la plantilla estándar. Trace los detalles básicos, como el cinturón, ya que le ayudarán a mantener las proporciones adecuadas. Dibuje las mangas extendidas para que se aprecie mejor la forma. Como no disponemos de una fotografía de la perspectiva posterior del vestido, dibujaremos solo la anterior. Sin embargo, si hubiera que enviar el diseño a una fábrica habría que incluir también el dibujo plano correspondiente.

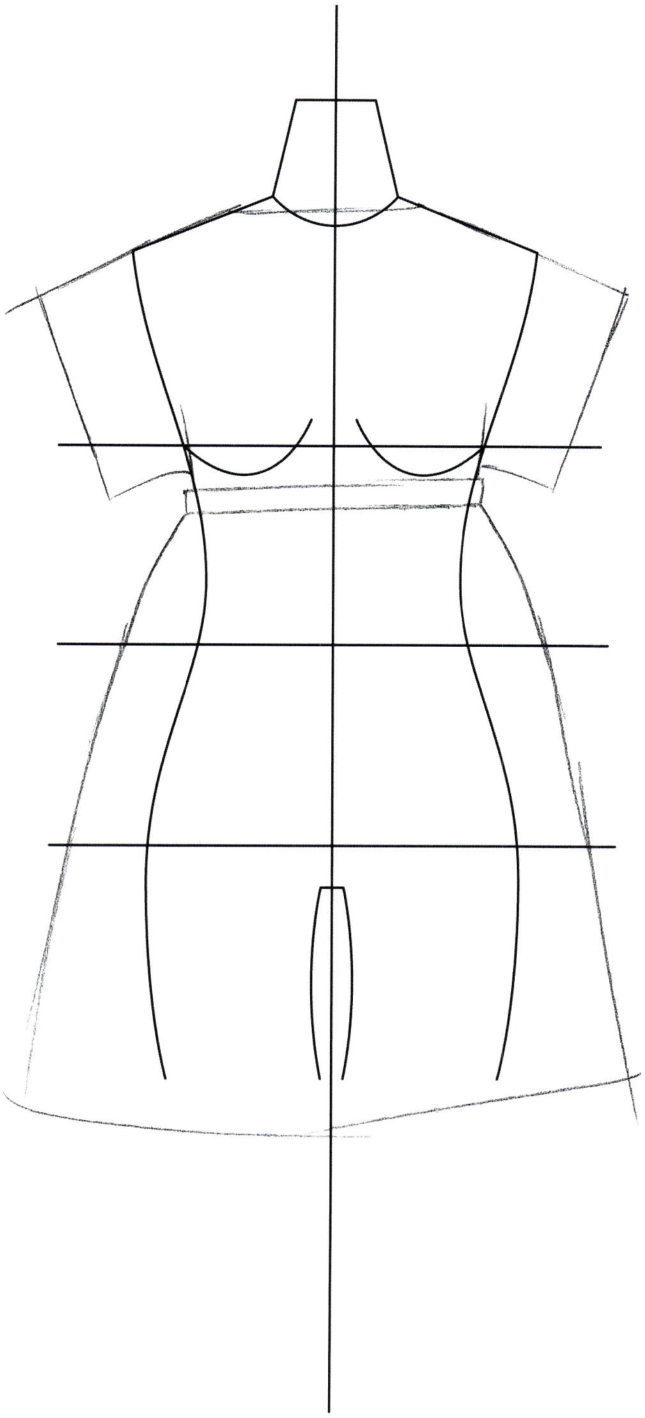

2.

The next step is to draw in the creases of the skirt. There are gathers coming from the waistline and lines from the waved hem created by the volume of the dress. Also draw in the two belt loops. To draw the bow, refer very closely to the image, and copy the shape you see in the photograph.

L'étape suivante consiste à dessiner les plis de la jupe. Certaines fronces proviennent de la taille et d'autres des vagues de l'ourlet dues au volume. Dessinez aussi les deux passants de ceinture. Pour le nœud, regardez bien l'image pour référence et reproduisez la forme que voyez sur la photographie.

A continuación, dibuje los pliegues de la falda. En la cintura nacen frunces, mientras que el bajo con volumen crea otro tipo de líneas. Dibuje también las dos presillas del cinturón. Para dibujar el lazo, observe atentamente la fotografía y copie la misma forma.

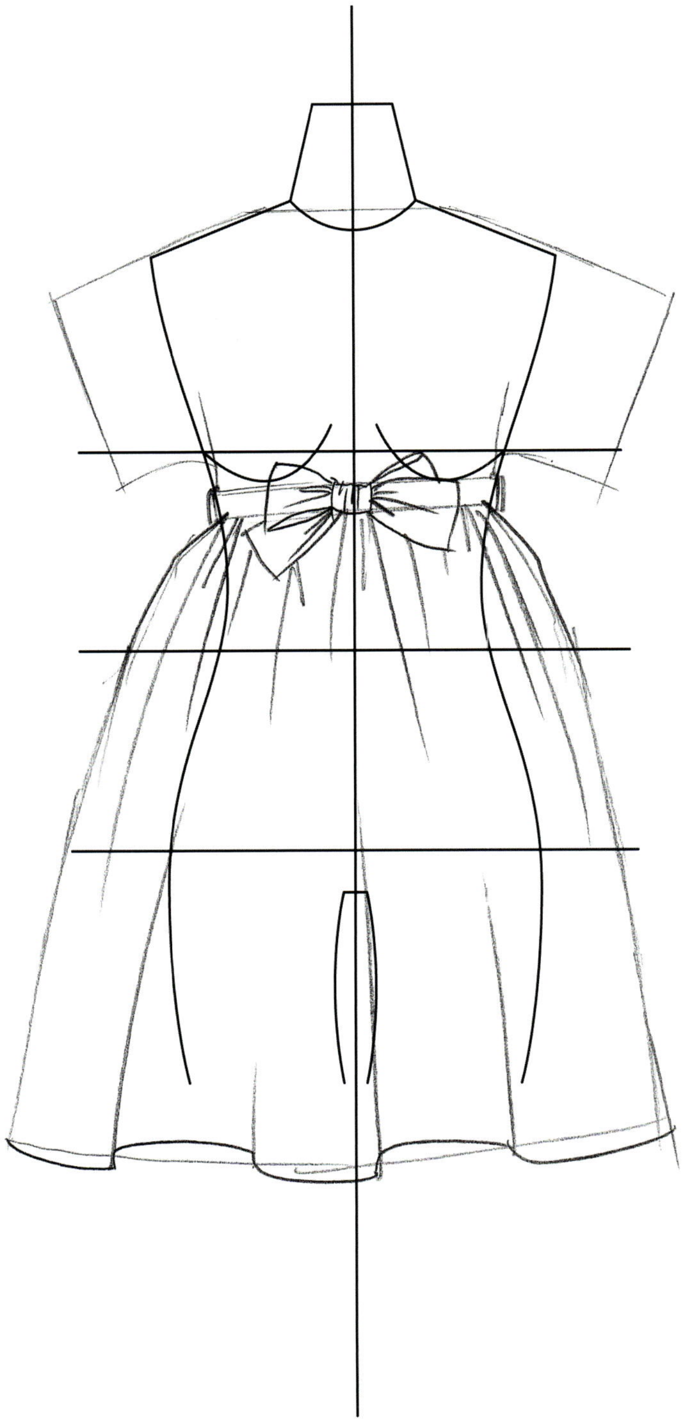

3.

Now draw the final version of the cress, using the thickest nib pen for the outline and the medium nib pen for the rest. The finest nib pen has only been used for the belt loops on this drawing.

Dessinez maintenant la version définitive de la robe, en vous servant du stylo à pointe épaisse pour le contour et du stylo à pointe moyenne pour le reste. Le stylo le plus fin n'a servi sur ce dessin que pour les passants de ceinture.

Dibuje la versión definitiva del vestido con rotuladores. Realce el contorno con el más grueso y el resto de los detalles, con el medio. Con el más fino realce únicamente las presillas del cinturón.

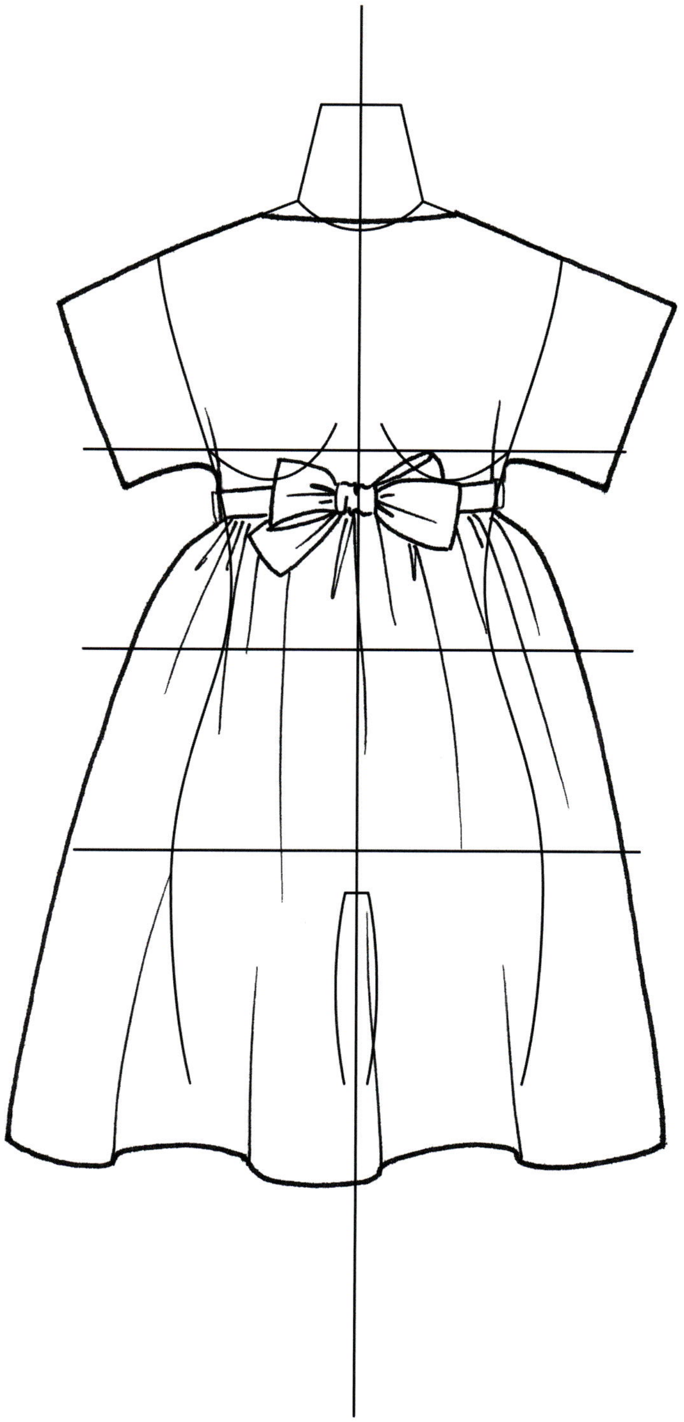

4.

This final step shows the dress as a digital vector drawing. For more information on how to draw a digital vector drawing, see page 48, step 8.

Cette dernière étape montre la robe sous la forme d'un dessin vectoriel. Pour plus d'informations sur la manière de dessiner un vecteur numérique, voir page 48, étape 8.

Este último paso muestra el vestido en formato de dibujo vectorial. Para obtener más información de cómo realizar este tipo de dibujos, consulte el paso 8 de la página 48.

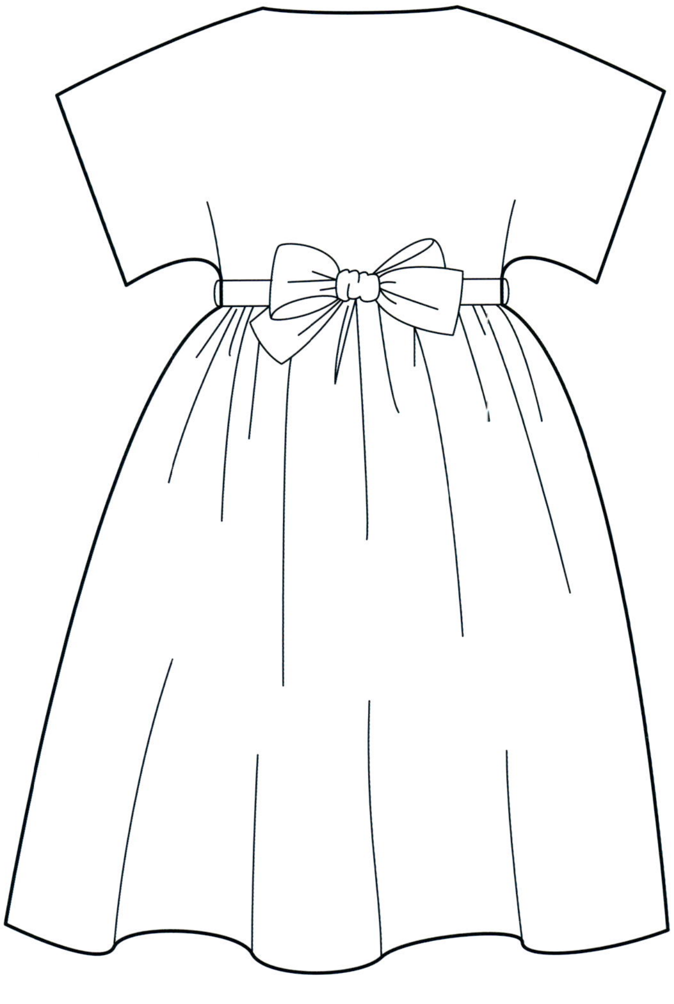

5.

Adding style and colour to technical drawings
This dress has a great deal of va-iety in the line widths, and has been drawn with many creases.

Ajouter du style et de la couleur aux dessins techniques
Cette robe comporte de traits de largeurs très différentes et a été dessinée avec de nombreux plis.

Cómo colorear y personalizar los dibujos planos
Este vestido presenta líneas de muy diversa anchura y se ha dibujado con muchos pliegues.

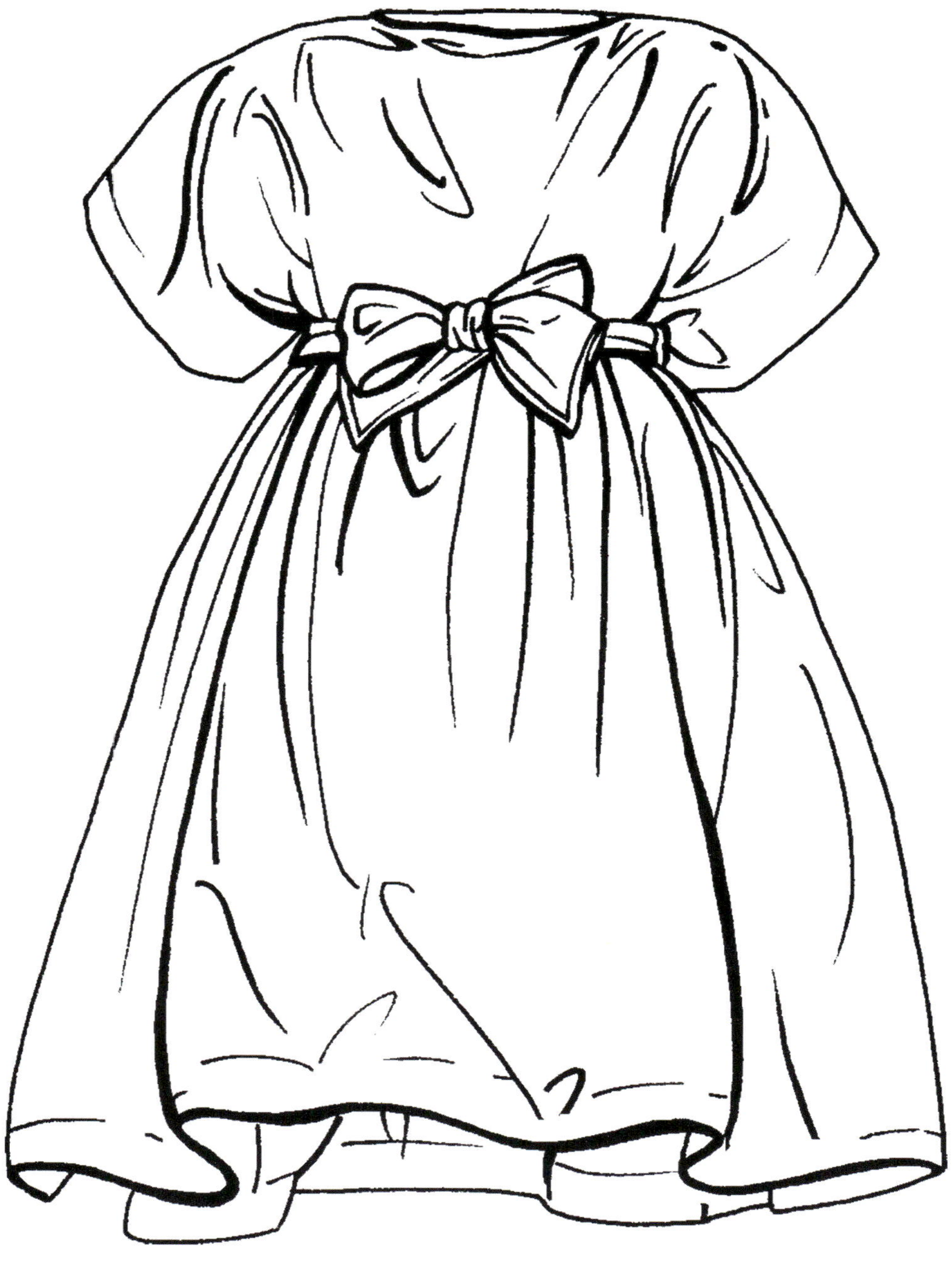

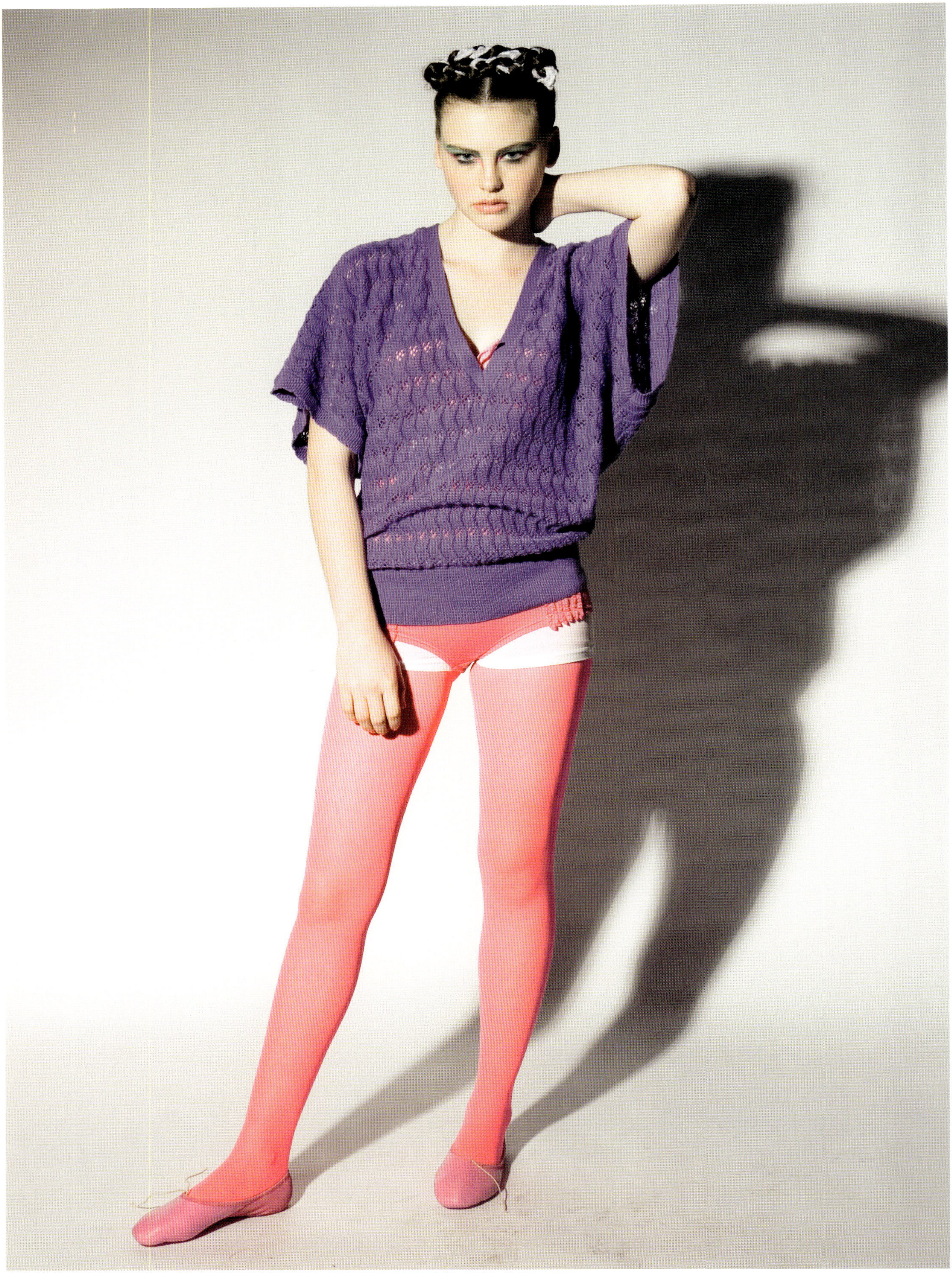

1.

Knitted top front

There is no photo of the back of the knitted top, so we are only drawing the front. If the knitted top were to be sent to a factory for production, you would need to include a technical drawing of the back.

Use the basic template to draw the outline of the knitted top. Extend one arm and let the other one hang as it would when being worn. This allows the viewer to see the actual shape of the sleeve, as well as how the sleeve will look on a body.

Devant du haut en maille

Il n'y a pas de photo du dos de ce haut en maille, nous ne dessinerons donc que le devant. Si le haut en maille devait être envoyé en usine pour production, il faudrait inclure un dessin technique du dos.

Utilisez le modèle de base pour dessiner le contour du haut en maille. Une manche est tendue tandis que l'autre tombe comme lorsque le vêtement est porté. Cela permet d'apprécier la véritable forme de la manche ainsi que son apparence au porter.

Perspectiva anterior del jersey

Como no disponemos de una fotografía de la perspectiva posterior del jersey, dibujaremos solo la anterior. Sin embargo, si hubiera que enviar el diseño a una fábrica habría que incluir también el dibujo plano correspondiente.

Esboce la línea básica del jersey con la plantilla estándar a modo de guía. Extienda un brazo y deje el otro pegado al cuerpo. De esta forma no solo se apreciará la forma real de la manga sino también cómo tiene que quedar una vez puesto el jersey.

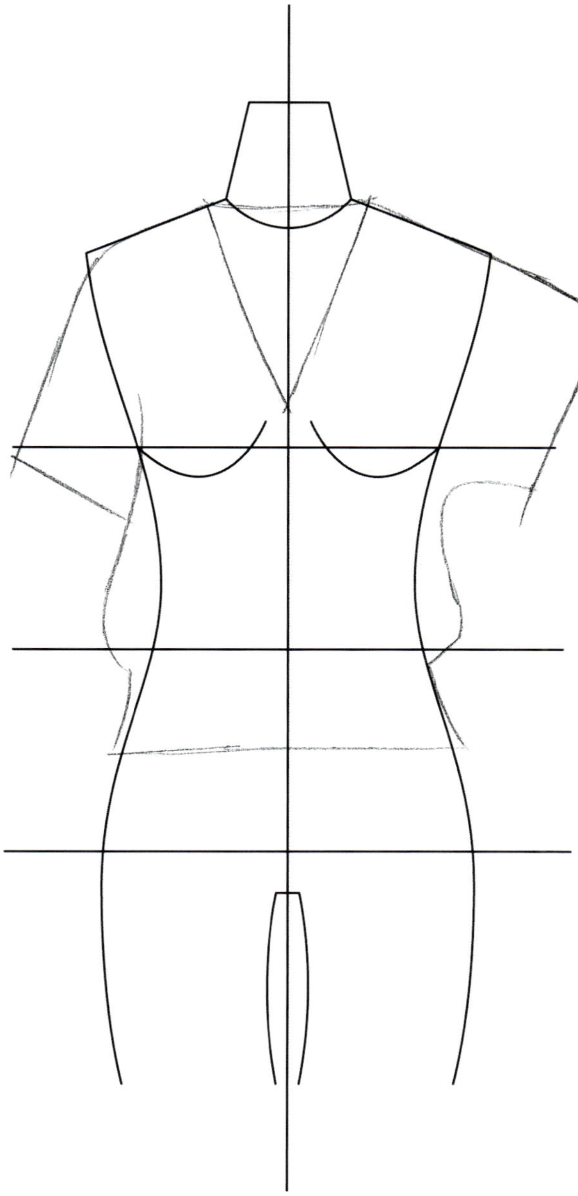

2.

Next, draw in the ribbed edges, making sure to render the ribbing carefully by drawing in the parallel lines that represent a rib knit. Also draw in the scalloped edge on the sleeve hem.

Dessinez ensuite les bords côtelés, en vous assurant de bien représenter les mailles côtes en traçant des traits parallèles. Dessinez aussi le bord festonné du revers de la manche.

Dibuje el cuello, los puños y el bajo de canalé. Asegúrese de trazar las líneas paralelas con precisión para representar este tipo de tejido de punto. Dibuje también el contorno festoneado de las mangas.

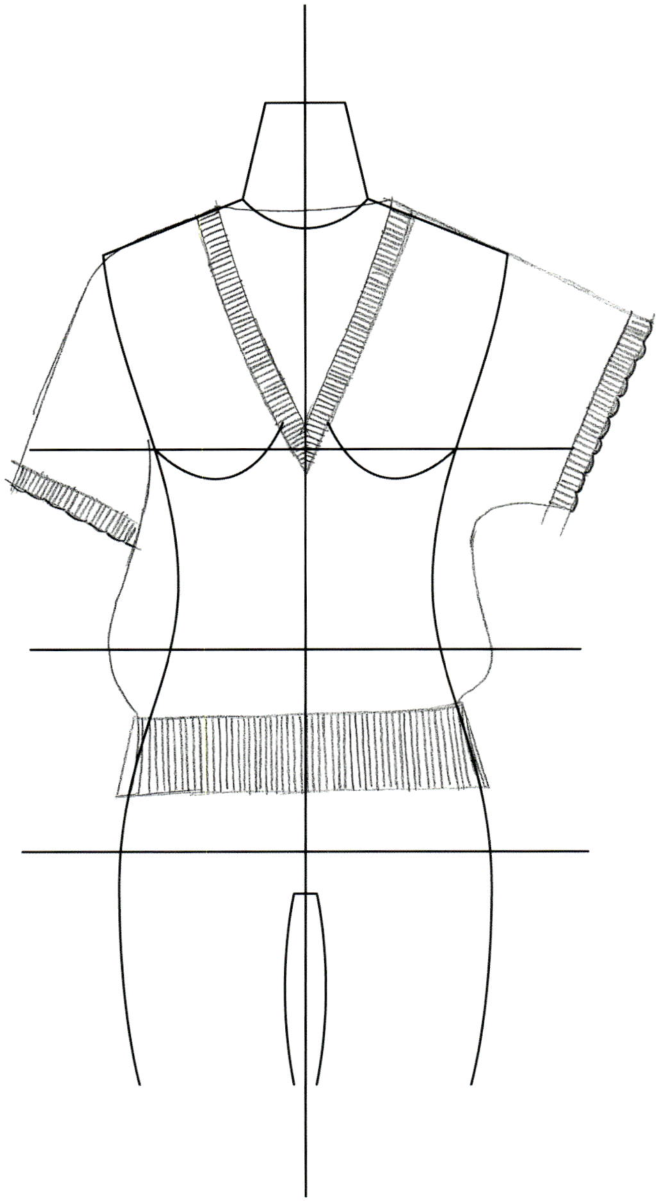

3.

Now render the knit stitch design on the knitted top. Fabric rendering, especially when it is all over the fabric, is generally only applied to a small part of the garment for several reasons. First, if the fabric design (this can be a print, embroidery, stitch, weave, or fabric manipulation) is quite complicated, rendering the entire garment will hide the other garment details, such as stitches and seams. Second, when drawing by hand, rendering can be quite time consuming, so it is best to limit it to a small area. Start by designating an area to be rendered. Generally, the bottom right-hand corner is the best place to do this, unless there is a lot of detail in this particular spot. Draw a curved line that will represent a guideline (please note this line must not be part of the final drawing) for the area to be rendered. Then draw a few guidelines for the knit design, starting with some vertical lines that will serve as a guideline for the curving vertical stitch. Also map out where the decorative holes will be.

HINT: although you want the fabric rendering to be as precise as possible, mathematical precision is not necessary, especially in the case of knitwear. The drawing would always be accompanied by full information on the stitch details and yarn gauge, so that the manufacturer would know exactly how to make the garment.

Représentez maintenant le motif des points de tricot du haut en maille. Le rendu du tissu, notamment lorsqu'il est identique sur l'ensemble du tissu, n'est généralement réalisé que pour une petite portion du vêtement pour plusieurs raisons. Premièrement, si le design du tissu (qui peut être un imprimé, une broderie, un point de maille, un tissage ou une manipulation du tissu) est assez complexe, représenter l'ensemble du rendu dissimulerait les autres détails du vêtement tels que les points et les coutures. Deuxièmement, lorsqu'on dessine à la main, dessiner le rendu peut prendre beaucoup de temps et mieux vaut donc le limiter à une zone de taille réduite. Commencez par délimiter la portion dont vous souhaitez représenter le rendu. Le coin en bas à droite est en général retenu, à moins qu'un détail particulier ne s'y trouve. Tracez une courbe qui servira de guide pour la zone du rendu (attention, cette ligne ne fera pas partie du dessin définitif). Dessinez quelques traits directeurs du motif de la maille, en commençant par des traits verticaux qui serviront de repère pour les points de tricot en arrondi verticaux. Marquez aussi l'emplacement des creux décoratifs.

ASTUCE : même si vous devez chercher à ce que le rendu soit aussi précis que possible, une précision mathématique n'est pas nécessaire, surtout pour les tricots. Le dessin sera toujours accompagné d'informations complètes concernant le détail des mailles et la jauge du fil pour que le fabricant sache exactement comment confectionner le vêtement.

Dibuje el diseño tricotado del jersey. El dibujo del tejido, en especial cuando ocupa toda la prenda, solo suele aplicarse a una pequeña parte de la misma por varias razones. En primer lugar, si el diseño de la tela (estampado, bordado, pespunte, zigzag o manipulación del tejido) es relativamente complicado, la presentación de toda la prenda ocultaría los demás detalles de la misma, como pespuntes y costuras. En segundo lugar, el dibujo a mano alzada puede llevar mucho tiempo, por lo que es mejor limitarse a una pequeña zona. Elija la parte en la que representará el tejido –normalmente el extremo inferior derecho, siempre y cuando no esté cargado de detalles– y trace una línea curva a modo de guía (nótese que esta línea se borrará en el dibujo definitivo). A continuación, trace algunas líneas de guía para el tricotado, comenzando por líneas verticales a partir de las que dibujará el motivo curvo vertical. Por último, indique la posición de los huecos decorativos.

NOTA: aunque siempre se busca que la representación del tejido sea lo más fiel posible al original, no hace falta aplicar una precisión matemática, sobre todo en el caso de las prendas tricotadas. Tenga en cuenta que el dibujo siempre se acompaña de información detallada acerca de los puntos y el hilo o la lana para que el fabricante sepa exactamente cómo confeccionar la prenda.

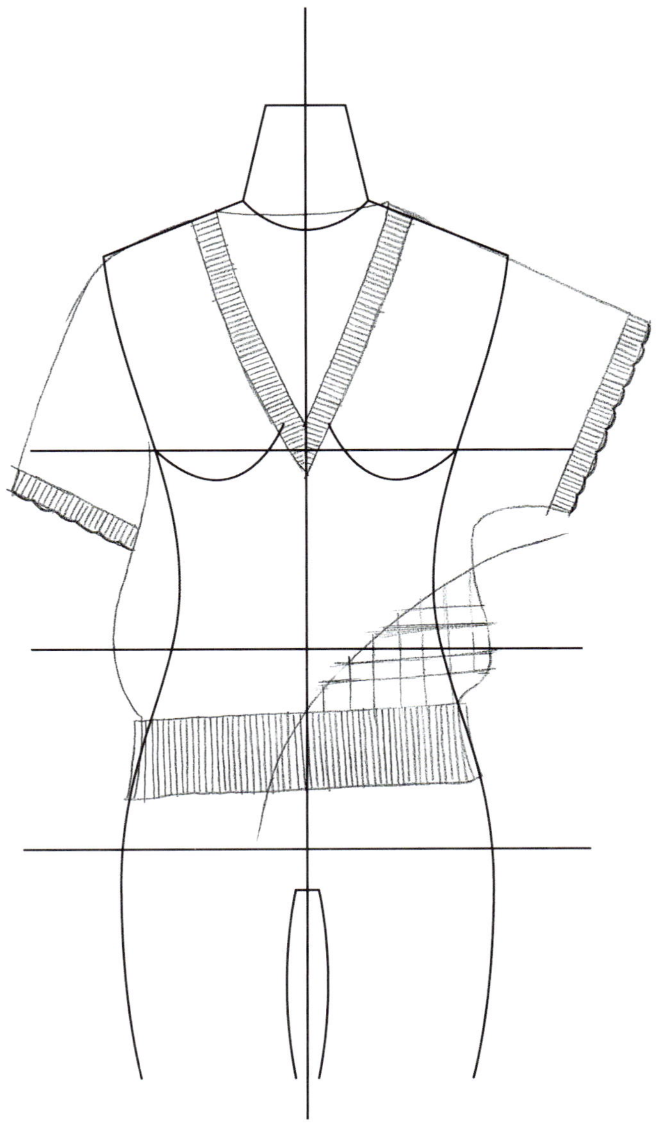

4.

Use the guidelines and draw the vertical scalloped stitch shape on the knitted top and the decorative holes. Also draw the fan-like shape in between the pattern.

Utilisez les marques et dessinez sur le haut en maille la forme des points festonnés verticaux ainsi que les creux décoratifs. Dessinez également la forme en éventail située entre les motifs.

Siguiendo las líneas de guía, dibuje la trama vertical y los huecos decorativos del jersey. Además, dibuje la forma en abanico dentro del motivo.

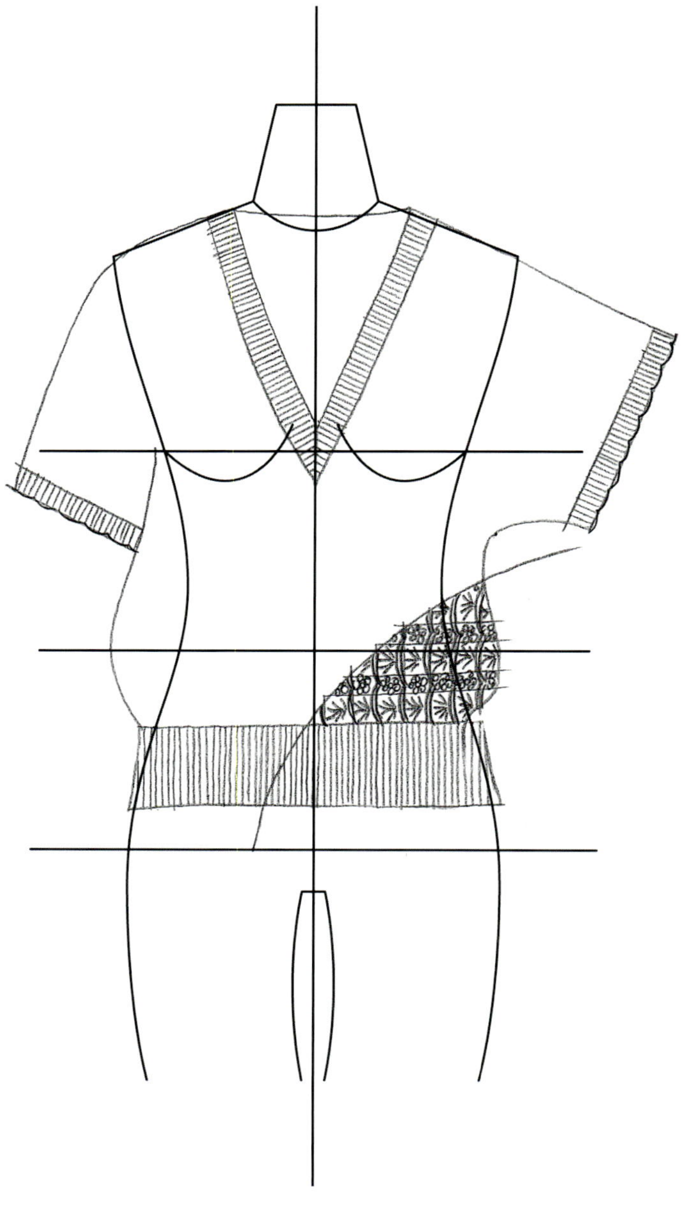

5.

For the finished version, start by using the thickest nib pen to draw the outline of the knitted top. The medium nib pen will be used for the hems, including the back neck.

Pour la version définitive, commencez par dessiner au stylo à pointe épaisse le contour du haut en maille. Le stylo à pointe moyenne servira pour les ourlets et pour l'encolure du dos.

Para crear la versión definitiva, realce el contorno del jersey con el rotulador más grueso. Utilice el medio para definir los dobladillos, incluida la perspectiva posterior del cuello.

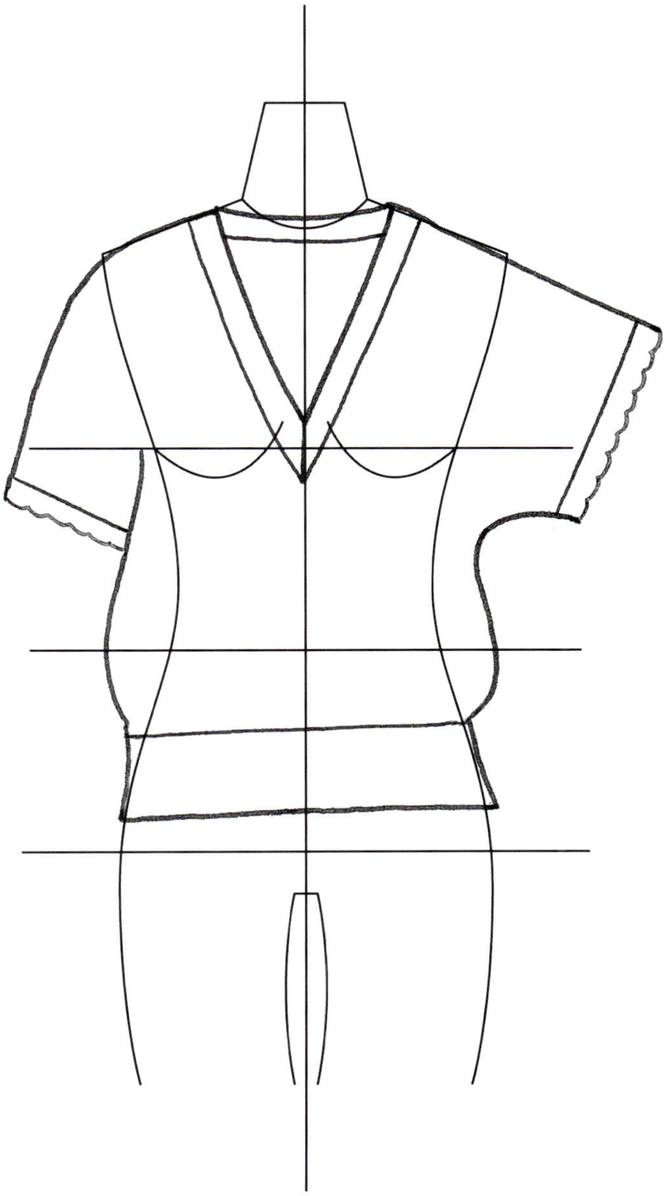

6.

Now draw in the ribbed detailing and render the stitch using the finest nib fineliner pen. Trace your pencil version and make sure not to draw any of the guidelines. Then shade in the back of the neck (also indicating the edge of the back neck hem).

Dessinez maintenant le détail des côtes et du rendu de la maille à l'aide du stylo à pointe fine. Utilisez la version réalisée au crayon et faites attention à ne dessiner aucun des traits de repérage. Ombrez alors l'arrière du col (en indiquant également le bord du revers de l'encolure du dos).

Realce los detalles en canalé y el motivo tricotado del tejido con el rotulador más fino. Calque el dibujo a lápiz evitando dibujar las líneas de guía. A continuación, sombree la perspectiva posterior del cuello (indicando el contorno del dobladillo de la nuca).

7.

This final step shows the knitted top as a digital vector drawing. For more information on how to draw a digital vector drawing, see page 48, step 8.

Cette dernière étape montre le haut en maille sous la forme d'un dessin vectoriel. Pour plus d'informations sur la manière de dessiner un vecteur numérique, voir page 48, étape 8.

Este último paso muestra el jersey en formato de dibujo vectorial. Para obtener más información de cómo realizar este tipo de dibujos, consulte el paso 8 de la página 48.

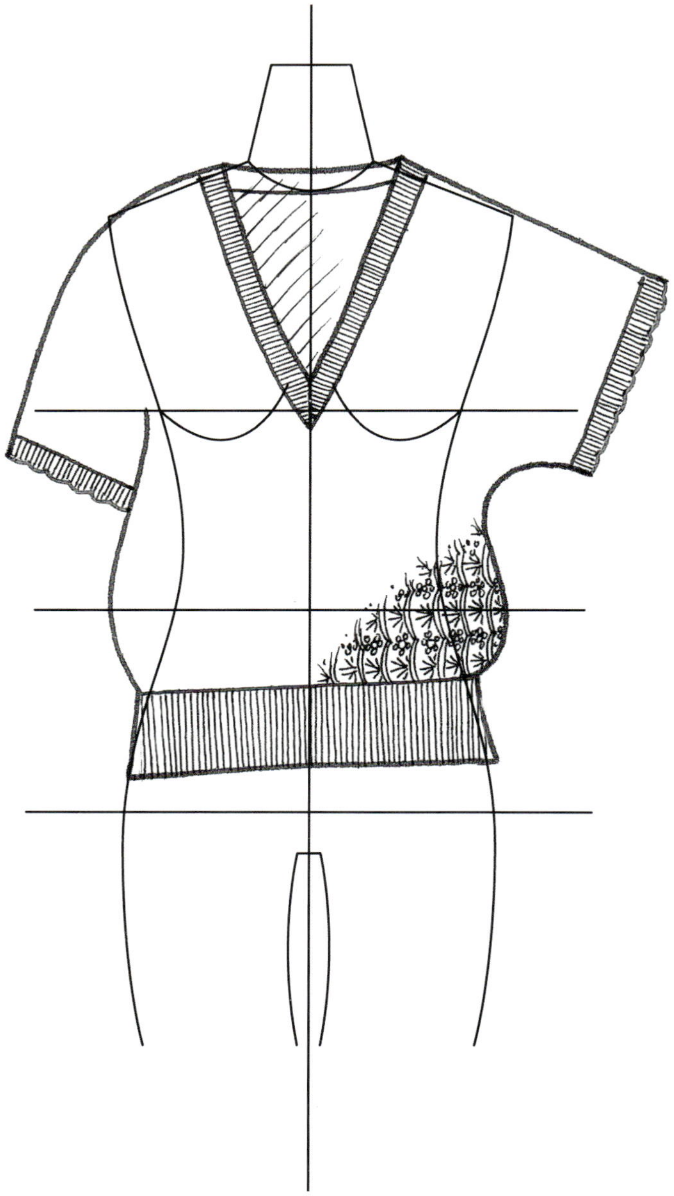

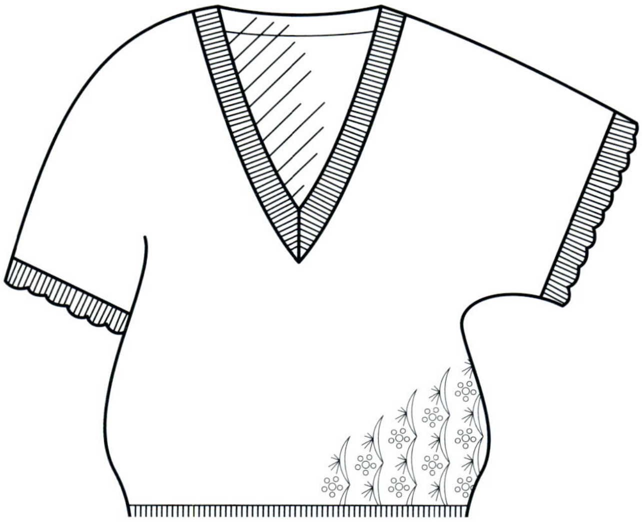

8.

Adding style and colour to technical drawings

The knitted top and skirt have been put together with accessories (tights, shoes and a top), to show the viewer what the garment would look like when it is worn and styled, but without including the body. Creases and movement have been added, and the fabrics have been rendered.

Ajouter du style et de la couleur aux dessins techniques

Le haut en maille et la jupe sont ici présentés ensemble avec des accessoires (collants, chaussures et caraco) pour rendre compte du résultat une fois portés et stylisés, mais sans inclure le corps. Des plis et du mouvement ont été ajoutés et les tissus ont été rendus.

Cómo colorear y personalizar los dibujos planos

El jersey y la falda se han conjuntado con una serie de accesorios (leotardos, botas y una camiseta) para mostrar cómo quedará la prenda en el cuerpo (aunque sin incluirlo) una vez personalizada. Se han añadido pliegues y movimiento, y se ha representado el tejido.

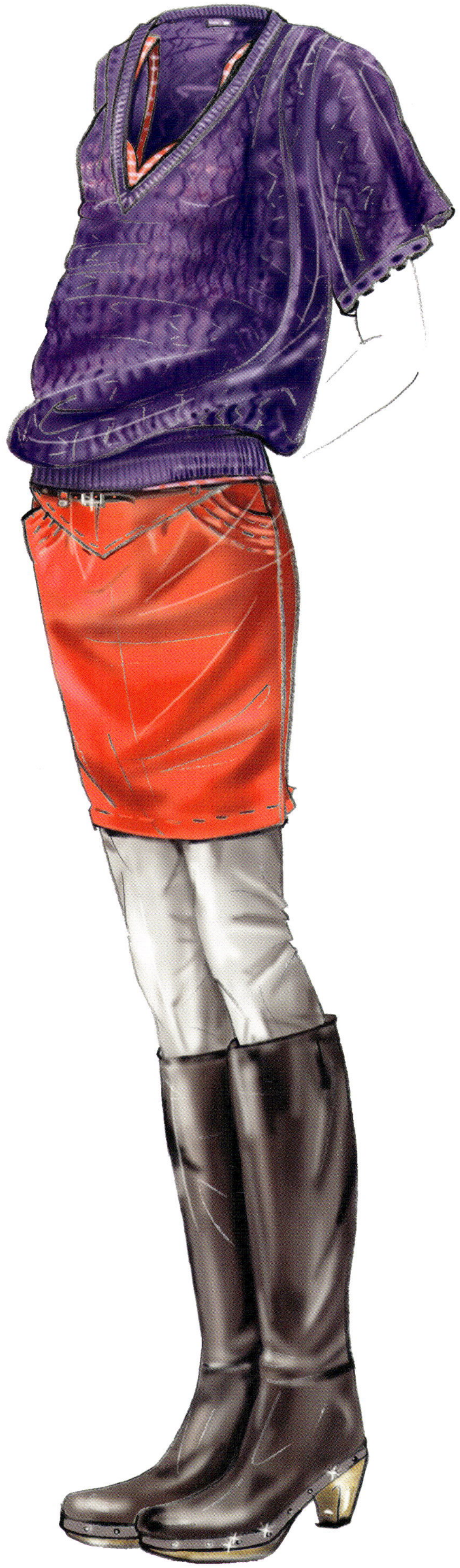

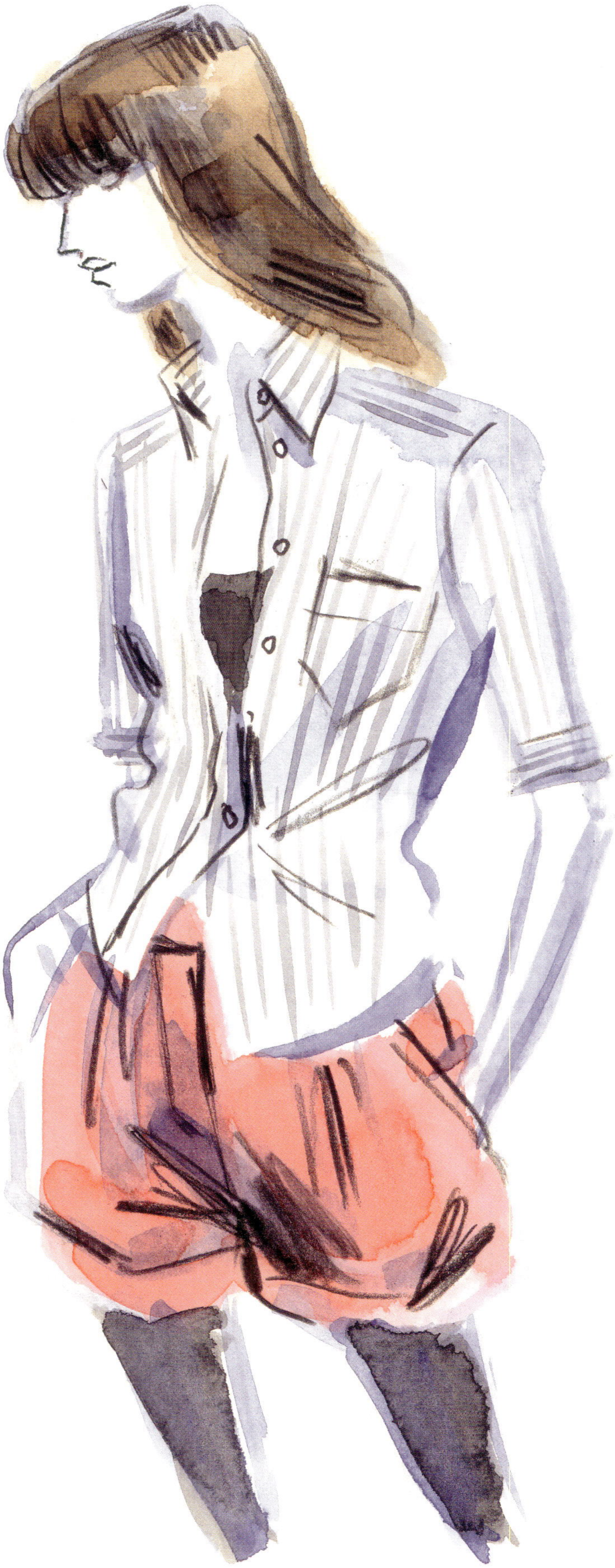

1.

Shirt front
There is no illustration of the back of the shirt, so we will only be drawing the front. If the shirt were to be sent to a factory for production, you would need to include a technical drawing of the back.

Use the basic template to draw the outline of the shirt, the sleeve and the front opening (using a ruler). Also indicate the button placement, as the buttons are a very important guide for proportion when doing a technical drawing.

Devant de la chemise
Il n'y a pas d'illustration pour le dos de la chemise, nous ne dessinerons donc que le devant. Si la chemise devait être envoyée en usine pour production, il faudrait inclure un dessin technique du dos.

Utilisez le modèle de base pour dessiner le contour de la chemise, les manches et l'ouverture de devant (utilisez une règle). Indiquez aussi l'emplacement des boutons, car ceux-ci sont un guide précieux de proportion lors de la réalisation d'un dessin technique.

Perspectiva anterior de la camisa
Como no disponemos de una fotografía de la perspectiva posterior de la camisa, dibujaremos solo la anterior. Sin embargo, si hubiera que enviar el diseño a una fábrica habría que incluir también el dibujo plano correspondiente.

Esboce las líneas básicas de la camisa, la manga y la abertura frontal (con una regla) con la plantilla estándar a modo de guía. Indique el lugar que ocuparán los botones, que en un dibujo plano constituyen una referencia fiable para mantener las proporciones.

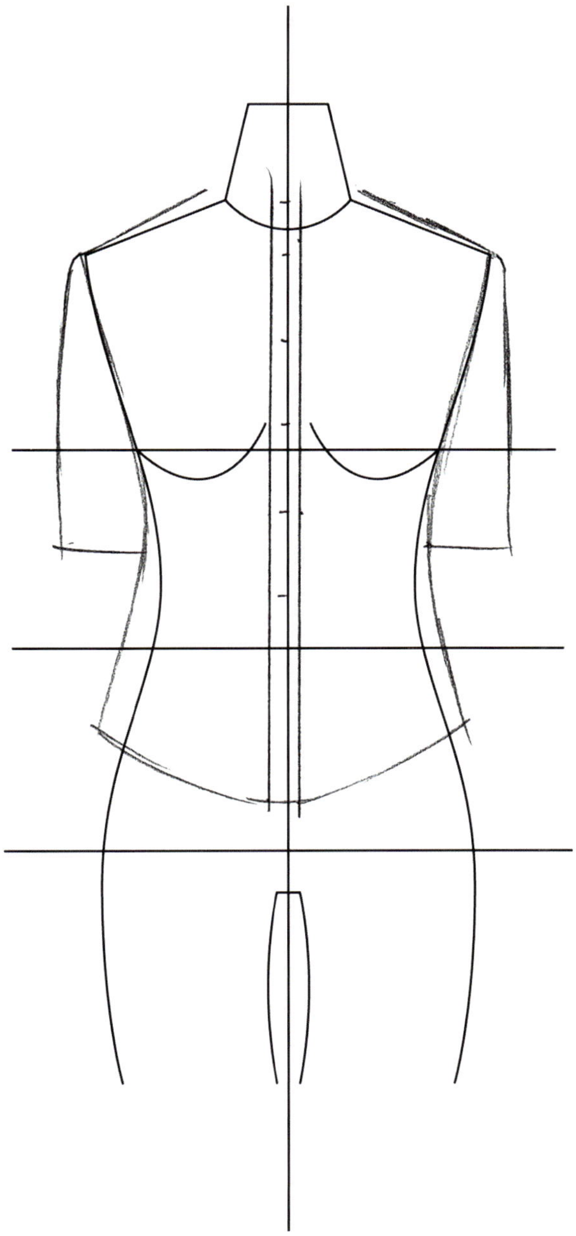

2.

The next step is to draw the collar. Shirt collars are made from two parts: the stand and the collar. The stand is mostly hidden underneath the collar, but make sure it is shown on the back neck. One very common mistake when drawing collars is to simplify the shape. It is essential to note that the collar will have four sides in the technical drawing. Another common mistake is to draw a flat collar; it is very important that the collar rises above the shoulder line, as a collar sits up on the neck, not flat (see the *Common mistakes* chapter, page 182).

L'étape suivante concerne le dessin du col. Les cols de chemise comportent deux parties : le pied et le col. Le pied est en grande partie caché sous le col mais assurez-vous qu'il soit représenté sur l'encolure du dos. Une erreur très fréquente dans le dessin des cols est de vouloir en simplifier la forme. Il faut absolument noter que le col d'un dessin technique comptera quatre côtés. Une autre erreur courante est de dessiner un col plat : il est très important que le col dépasse la ligne des épaules car il n'est pas plat mais monte au contraire le long du cou (voir le chapitre *Les erreurs fréquentes*, page 182).

Dibuje el cuello. Los cuellos de camisa constan de dos partes: el soporte y el cuello. El soporte suele quedar oculto bajo el cuello, pero compruebe que queda visible en la nuca. Uno de los errores más habituales a la hora de dibujar un cuello de camisa es simplificar la forma. Cabe destacar que, en un dibujo plano, el cuello presenta cuatro lados. Otro error común es dibujarlo plano, cuando hay que indicar que el cuello se levanta por encima de la línea de los hombros y envuelve el cuello en lugar de quedar plano (véase el capítulo «**Errores habituales**» en la página 182).

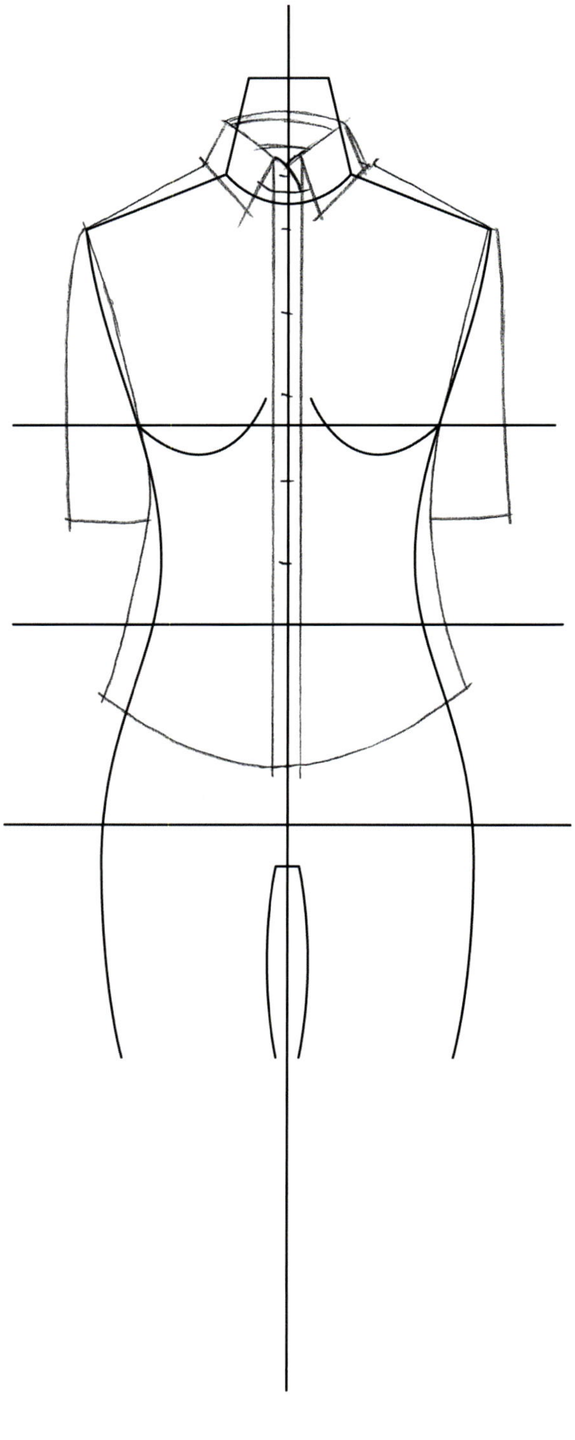

3.

Now add in the yoke, the pocket and the cuff. Also draw in a guideline for the rendering of the stripes.

Because this shirt's stripes vary in their direction, it will be important to show this in the technical drawing. Instead of rendering the bottom right-hand corner, render the upper right-hand corner of the shirt, so you can show how the direction of the stripe varies.

Ajoutez maintenant l'empiècement, la poche et le revers des manches. Tracez également des lignes de repère pour le rendu des rayures.

Les rayures de cette chemise allant dans plusieurs directions, il est impératif de le refléter dans le dessin technique. Au lieu d'utiliser le coin en bas à droite, dessinez le rendu dans le coin en haut à droite afin de pouvoir montrer comment varie le sens des rayures.

Dibuje el canesú, el bolsillo y los puños. Asimismo, trace una línea a modo de guía para dibujar las rayas.

Puesto que no todas las rayas de esta camisa siguen la misma dirección, es importante señalar este detalle en el dibujo plano. En lugar de indicar la muestra de tejido en el extremo inferior derecho, haga lo propio con el superior derecho. De esta forma se apreciará claramente en qué dirección deben ir las rayas.

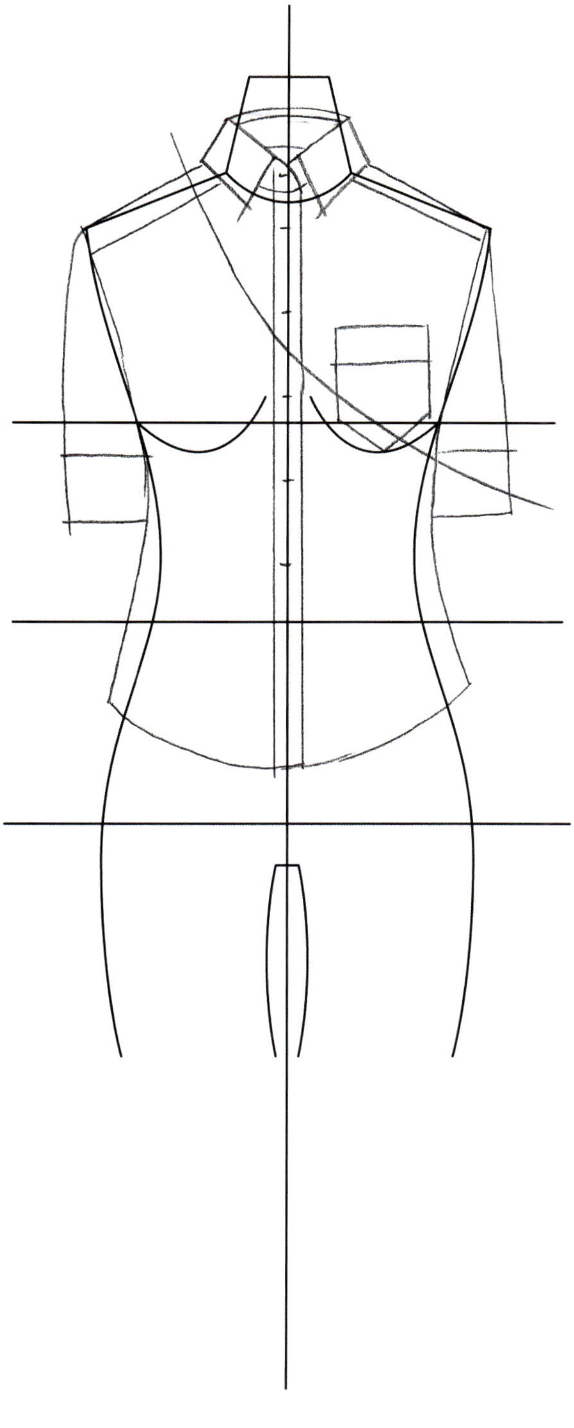

4.

To finish the pencil version of the drawing, render the stripes and draw in the buttons. Also add in some topstitching. Although there isn't any visible topstitching in the illustration, it is extremely common to be topstitching in certain areas on the shirt. Use your garment construction knowledge or a shirt from your closet as a reference and add in the topstitching where necessary.

Pour achever la version du dessin faite au crayon, tracez le rendu des rayures et dessinez les boutons. Ajoutez aussi quelques surpiqûres. Bien qu'il n'y ait aucune surpiqûre visible sur l'illustration, il est extrêmement courant d'avoir des surpiqûres dans certaines zones d'une chemise. Utilisez vos connaissances en montage de vêtement ou sortez une chemise de votre placard en guise de référence pour ajouter les surpiqûres là où c'est nécessaire.

Para terminar la versión a lápiz del diseño, dibuje las rayas y los botones, además de algunos pespuntes. Si bien se aprecian pocos pespuntes en la ilustración, son un detalle habitual en determinadas partes de una camisa. Déjese guiar por sus conocimientos de confección de prendas o tome una camisa de muestra e indique los pespuntes necesarios.

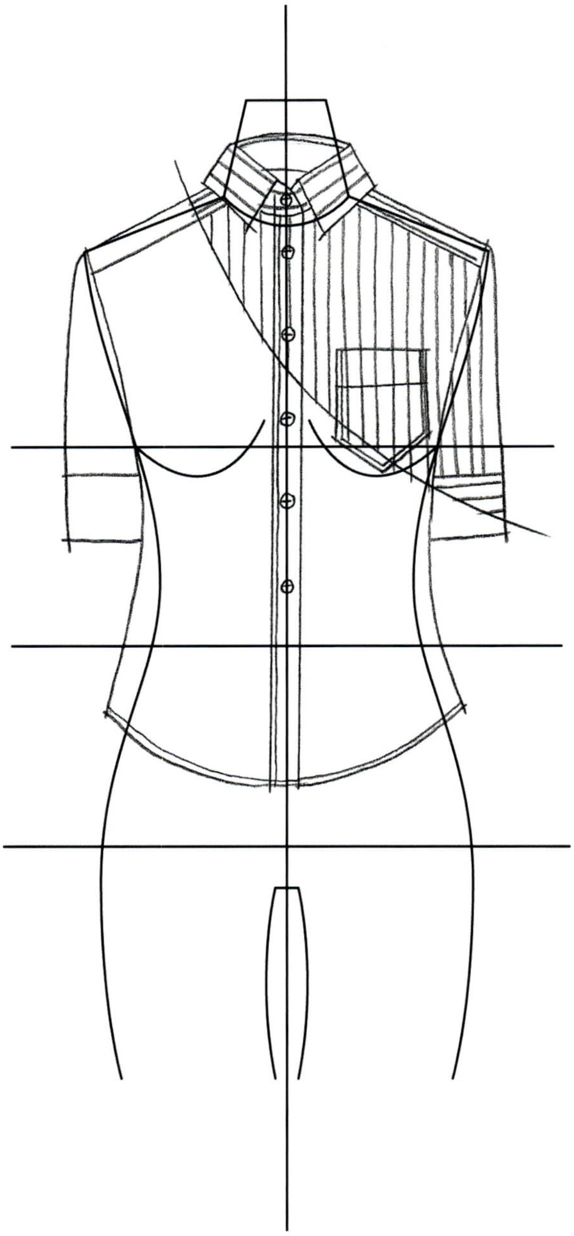

5.

For the final version, draw the outline of the shirt in the thickest nib pen, including the sleeves. Draw the placket, collar, yoke, pocket and cuffs in the medium nib pen.

Pour terminer, dessinez le contour de la chemise avec le feutre à pointe épaisse, sans oublier les manches. Dessinez la patte de boutonnage, le col, l'empiècement, la poche et les revers au stylo à pointe moyenne.

En la versión definitiva, realce el contorno de la camisa (incluidas las mangas) con el rotulador más grueso, y la tapeta, el cuello, el canesú, el bolsillo y los puños, con el medio.

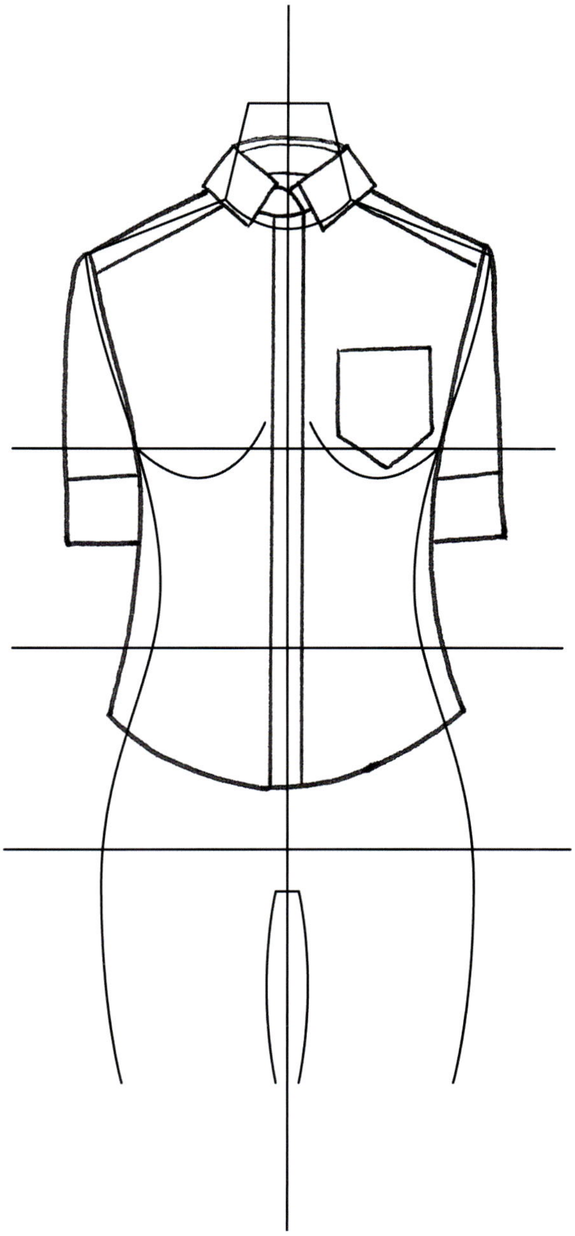

6.

To complete the drawing, draw in the buttons and topstitching with the finest nib pen. Also render the stripes, ensuring you do not include the guideline.

Pour terminer le dessin, ajoutez les boutons et les surpiqûres au stylo à pointe fine. Indiquez aussi le rendu des rayures, en vous assurant de ne pas inclure les lignes de guidage.

Como último detalle, realce los botones y los pespuntes con el rotulador más fino. Repase también las rayas pero no la guía.

7.

This final step shows the shirt front as a digital vector drawing. For more information on how to draw a digital vector drawing, see page 48, step 8.

Cette dernière étape montre le devant de la chemise sous la forme d'un dessin vectoriel. Pour plus d'informations sur la manière de dessiner un vecteur numérique, voir page 48, étape 8.

Este último paso muestra la perspectiva anterior de la camisa en formato de dibujo vectorial. Para obtener más información de cómo realizar este tipo de dibujos, consulte el paso 8 de la página 48.

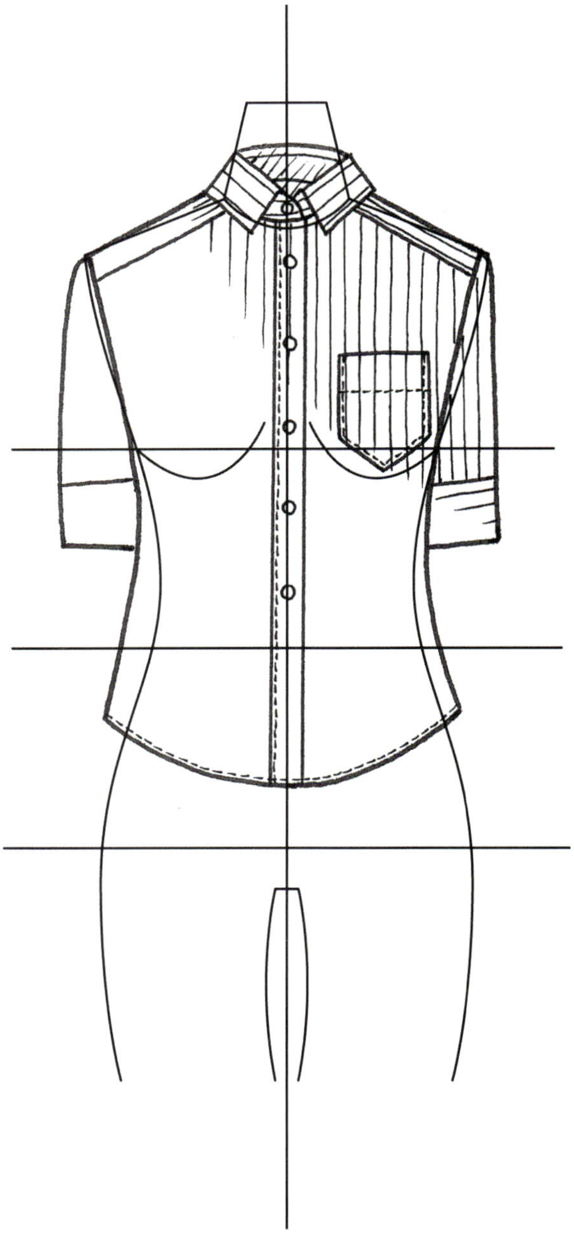

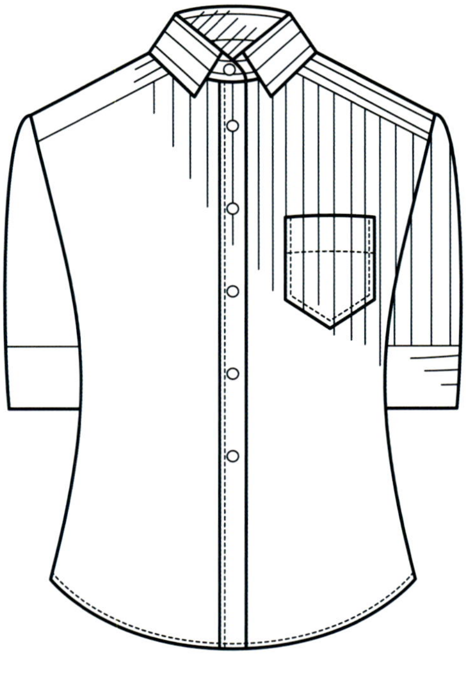

8.

Adding style and colour to technical drawings
This shirt has been drawn with movement, and is on a hanger. The stripes have been rendered, and there is a background colour.

Ajouter du style et de la couleur aux dessins techniques
Cette chemise a été dessinée avec du mouvement et posée sur un cintre. Les rayures ont été rendues et le fond de l'illustration est en couleur.

Cómo colorear y personalizar los dibujos planos
Esta camisa colgada de una percha se ha dibujado con movimiento. Se han reproducido las rayas, y el fondo de la ilustración es en color.

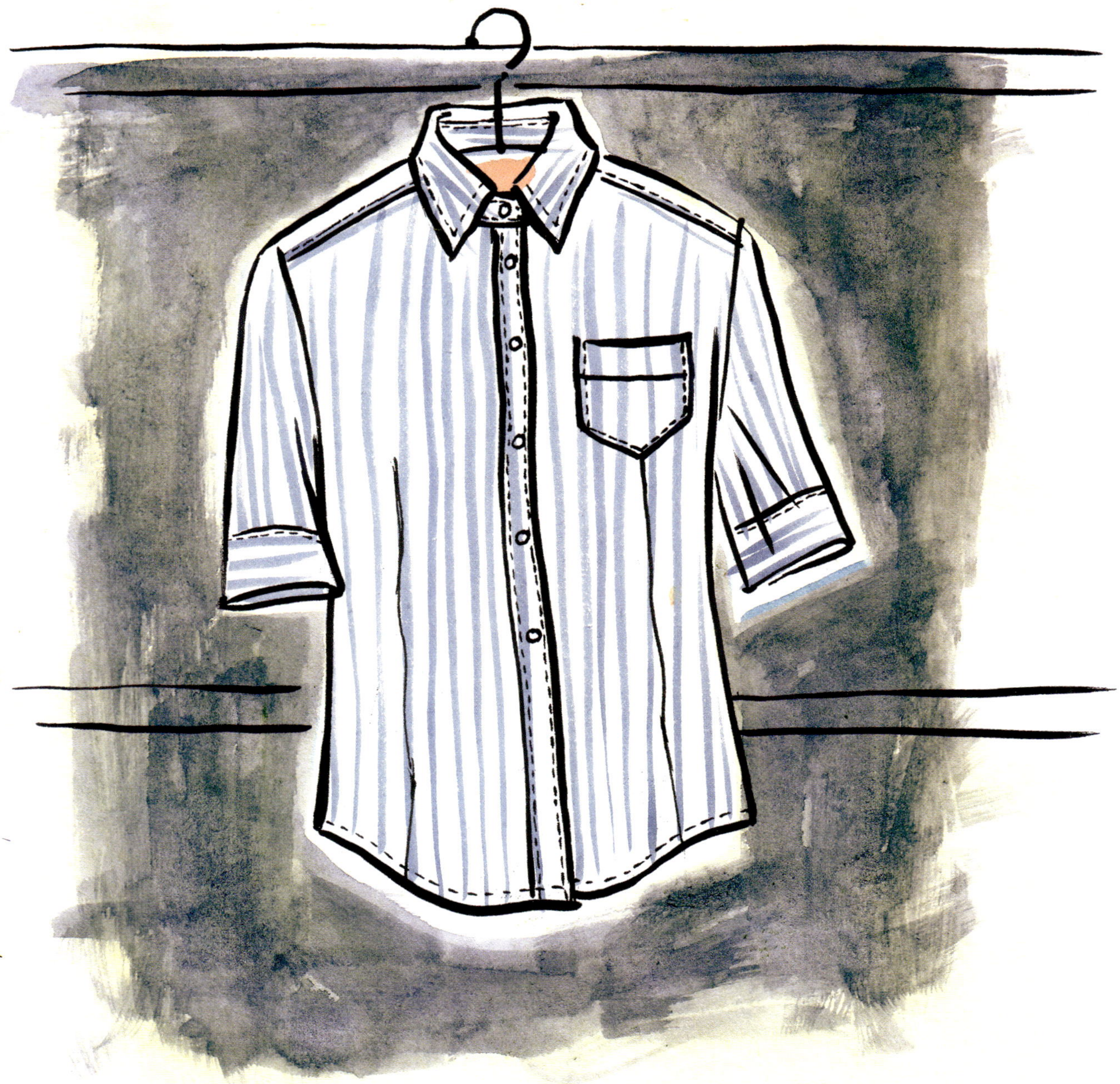

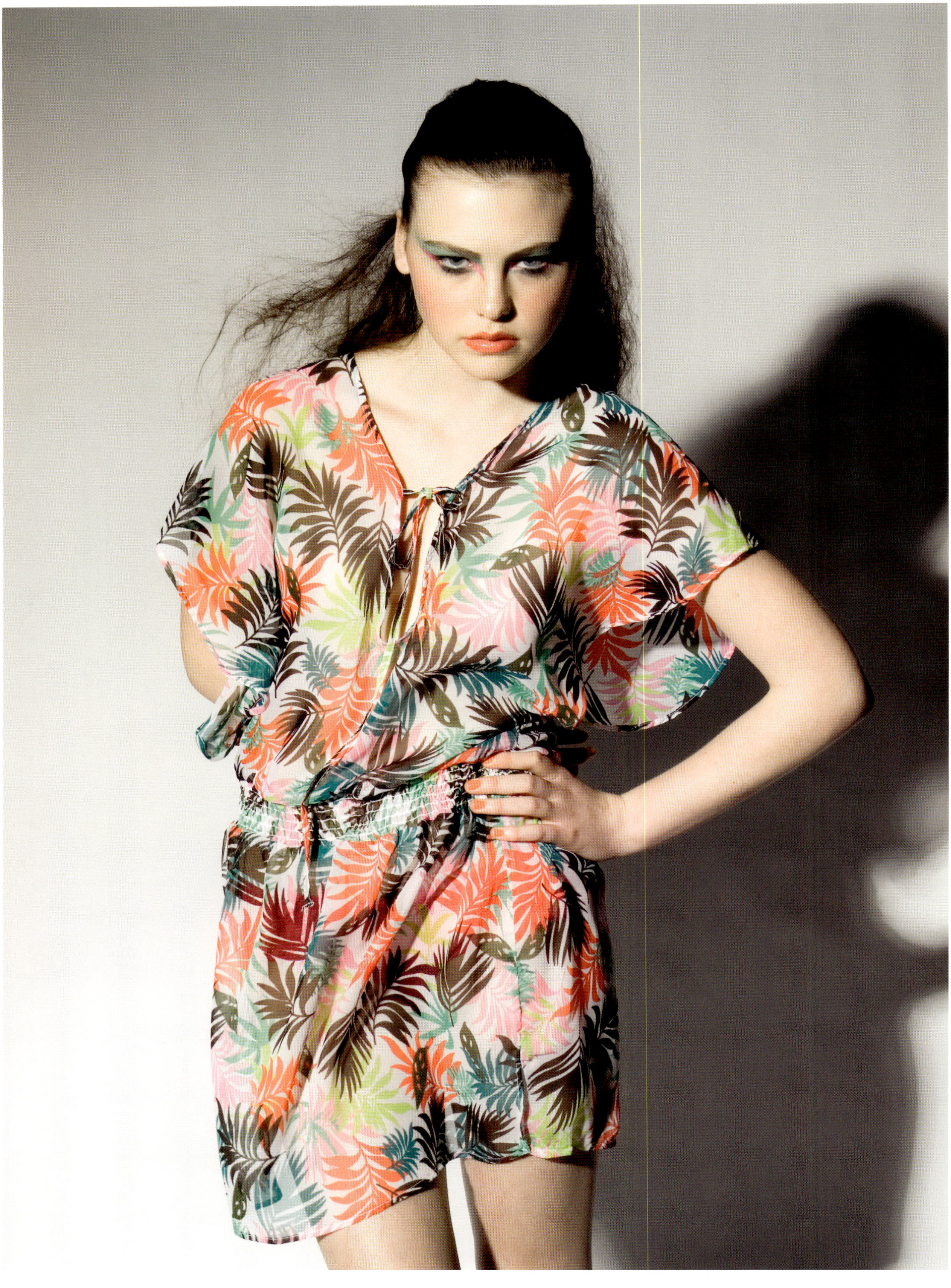

1.

Kaftan front
Use the basic template to draw the shape of the kaftan. This is quite a loose garment with an elasticated waist.

Devant du caftan
Utilisez le modèle de base pour dessiner le contour du caftan. Il s'agit d'un vêtement assez flou, à ceinture élastiquée.

Perspectiva anterior del caftán
Esboce la línea básica del caftán con la plantilla estándar a modo de guía. Se trata de una prenda bastante suelta con una cinturilla elástica.

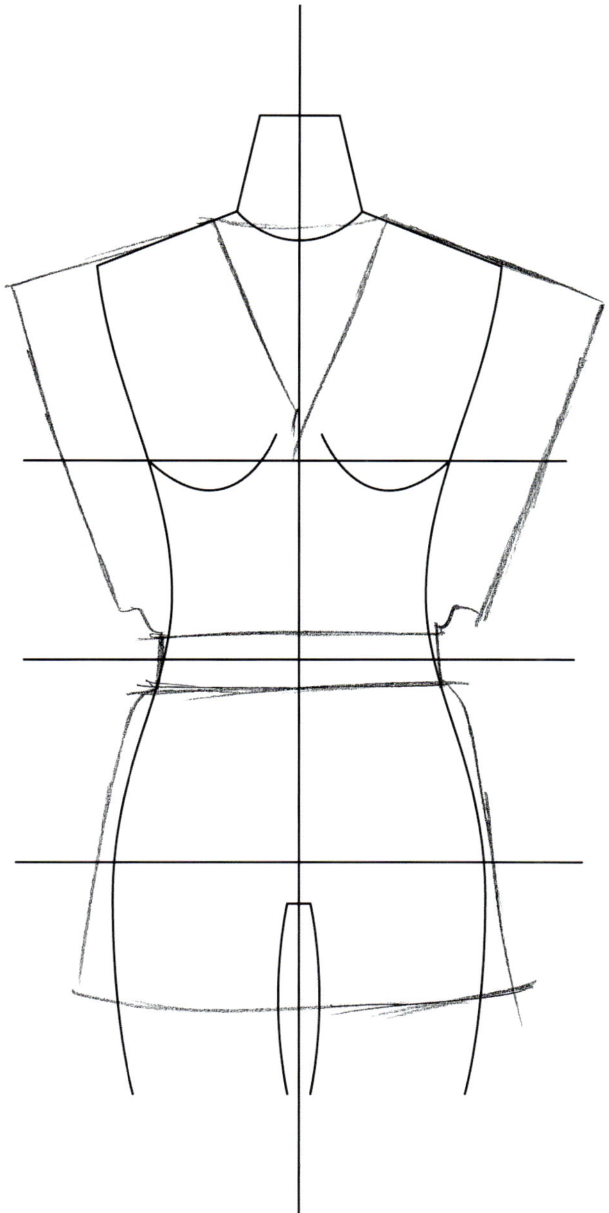

2.

Now add in the garment details: the keyhole neckline, the elastic stitch lines, the waist gathers, the hem topstitching lines and the side slits. In order to show the side slits properly, open one by folding it; this demonstrates that there is a slit there.

Ajoutez maintenant les détails du vêtement : le décolleté goutte d'eau, les coutures de l'élastique, les fronces de la taille, les lignes de surpiqûre de l'ourlet et les fentes latérales. Afin de représenter les fentes latérales correctement, ouvrez-en une en la repliant : cette technique permet d'indiquer l'emplacement d'une telle fente.

Dibuje los detalles de la prenda: el cuello en forma de gota, las puntadas elásticas, los frunces de la cintura, los dobladillos pespunteados y las aberturas laterales. Para representar con precisión las aberturas, doble una de ellas para indicar que hay un corte.

3.

To render the print, use a guideline to select an area to be rendered. Then fill the area with the shapes of the tropical leaves on the print.

Pour rendre l'imprimé, utilisez une grille de guidage pour choisir la zone à dessiner. Puis remplissez la zone avec la forme des feuilles tropicales de l'imprimé.

Para dibujar el estampado, trace una línea a modo de guía para seleccionar una parte de la prenda. A continuación, rellénela con el motivo del estampado de hojas tropicales.

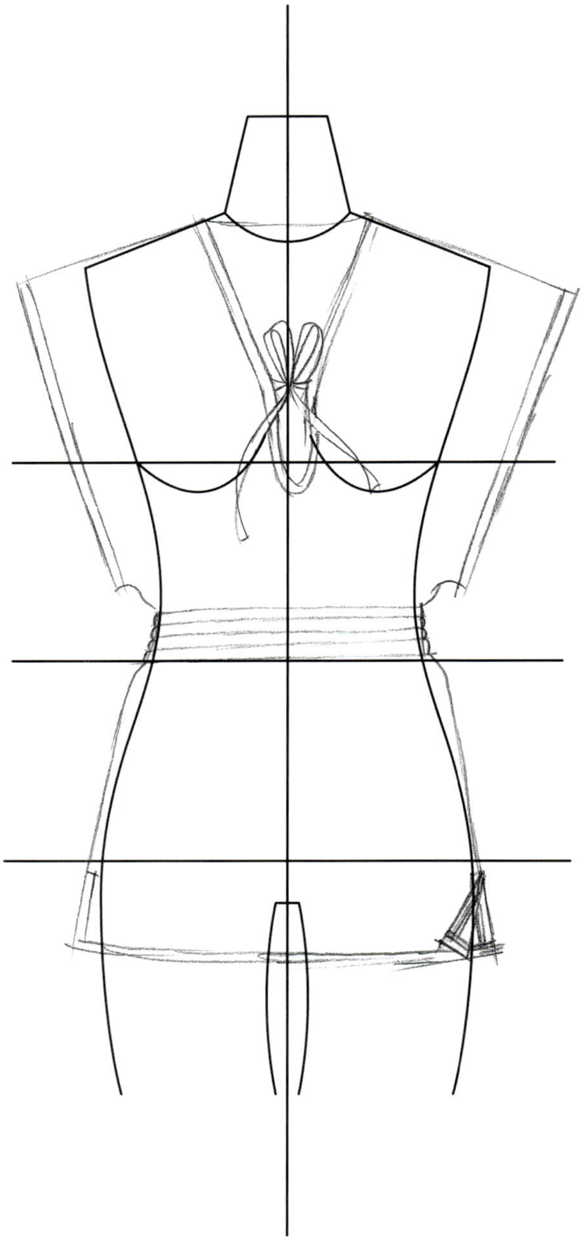

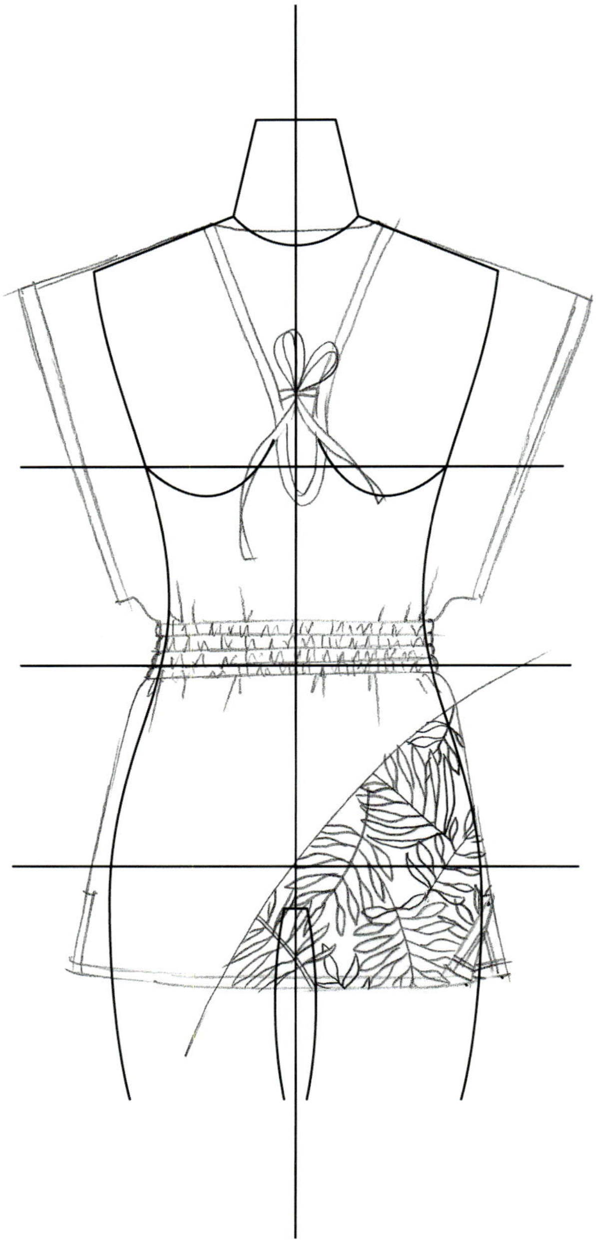

4.

Use the thickest nib pen to draw the outline. Use the medium nib pen for the neck ties and the back neck binding. Though it is not visible in the photo, this type of garment usually requires a binding or facing on the inside of the neck (opening).

Tracez le contour à l'aide du stylo à la pointe la plus épaisse. Utilisez ensuite la pointe moyenne pour les noeuds du décolleté et la bordure de l'encolure du dos. Bien que cela ne se voie pas sur la photo, ce type de vêtement comprend en général une bordure ou une parementure à l'intérieur de l'encolure.

Realce el contorno de la prenda con el rotulador más grueso, y trace el lazo del cuello y los ribetes de la nuca con el medio. Aunque no se aprecia en la fotografía, este tipo de prenda suele confeccionarse con un ribete o vuelta en la parte interior del cuello (abertura).

5.

Use the finest nib pen to draw all of the topstitching, the print rendering and the shading of the back neck.

Utilisez le stylo le plus fin pour dessiner toutes les surpiqûres, le rendu de l'imprimé et l'ombre de l'encolure du dos.

Realce los pespuntes, el estampado y el sombreado de la nuca con el rotulador más fino.

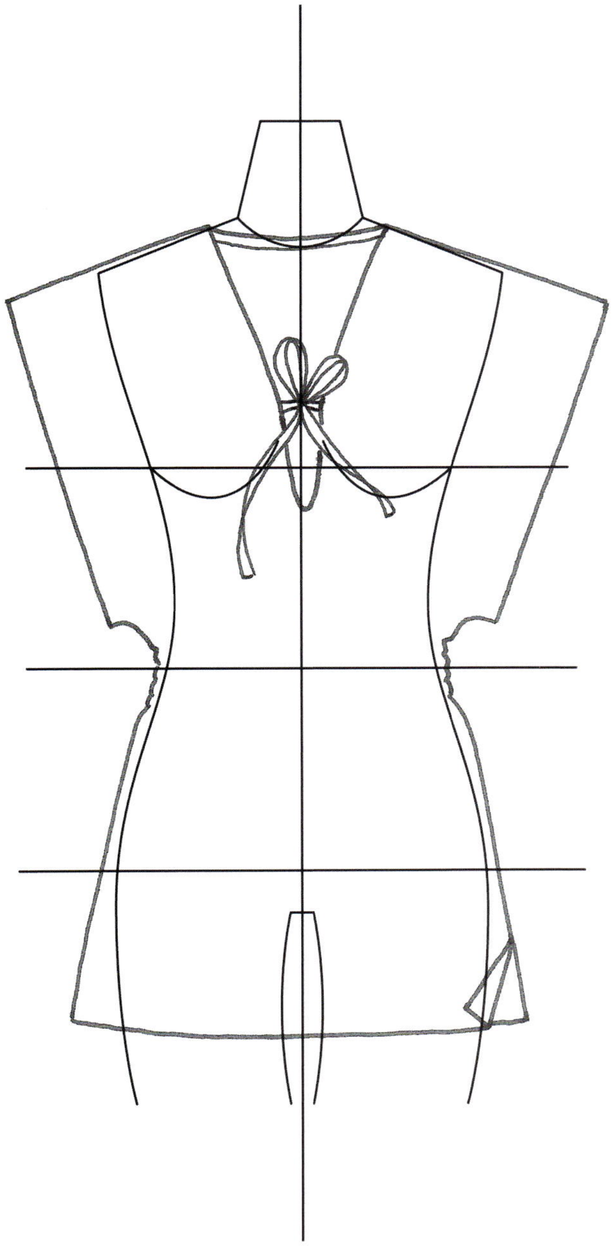

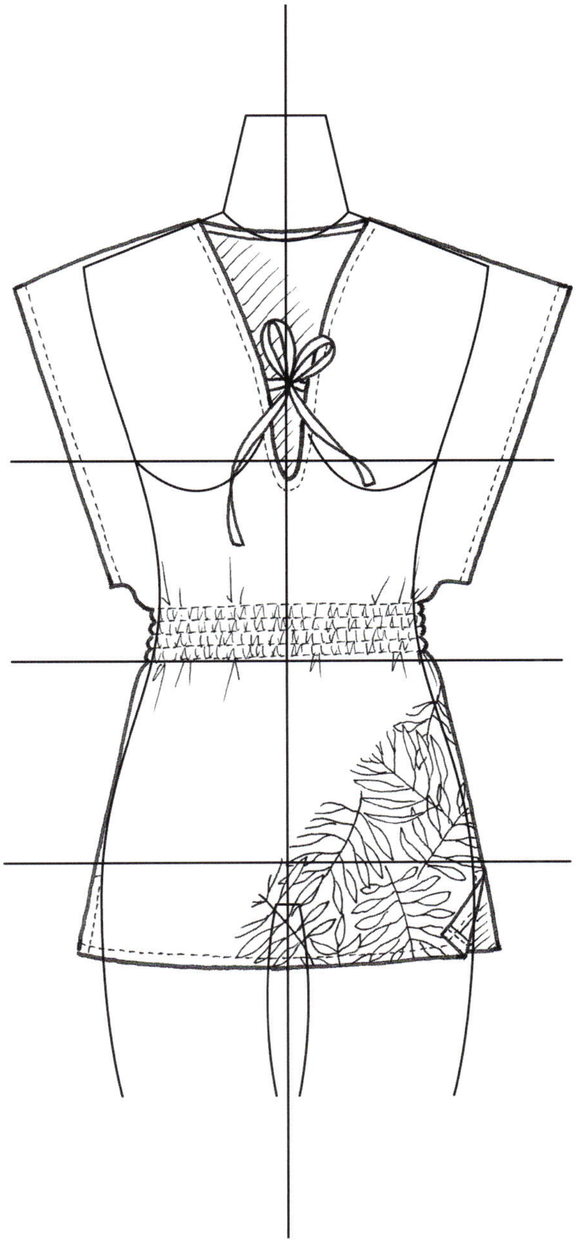

6.

This final step shows the kaftan as a digital vector drawing. For more information on how to draw a digital vector drawing, see page 48, step 8.

Cette dernière étape montre le caftan sous la forme d'un dessin vectoriel. Pour plus d'informations sur la manière de dessiner un vecteur numérique, voir page 48, étape 8.

Este último paso muestra el caftán en formato de dibujo vectorial. Para obtener más información de cómo realizar este tipo de dibujos, consulte el paso 8 de la página 48.

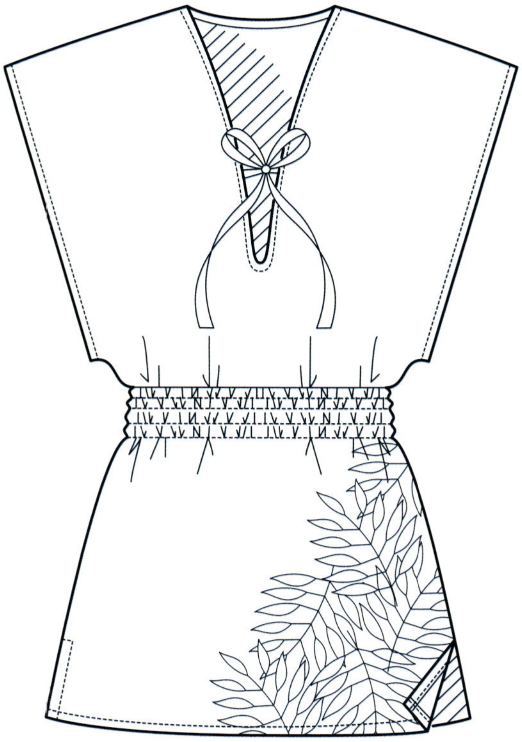

7.

Adding style and colour to technical drawings
This drawing has been created digitally. Simple lines show the directions of the arms and legs. The fabrics have been rendered and creases and movement have been added.

Ajouter du style et de la couleur aux dessins techniques
Ce dessin a été créé numériquement. De simples traits montrent la direction des bras et des jambes. Les tissus ont été rendus et des plis et du mouvement ont été ajoutés.

Cómo colorear y personalizar los dibujos planos
Este dibujo se ha creado por ordenador. La dirección de los brazos y las piernas se plasma con líneas sencillas. Se han representado los tejidos y se han añadido pliegues y movimiento.

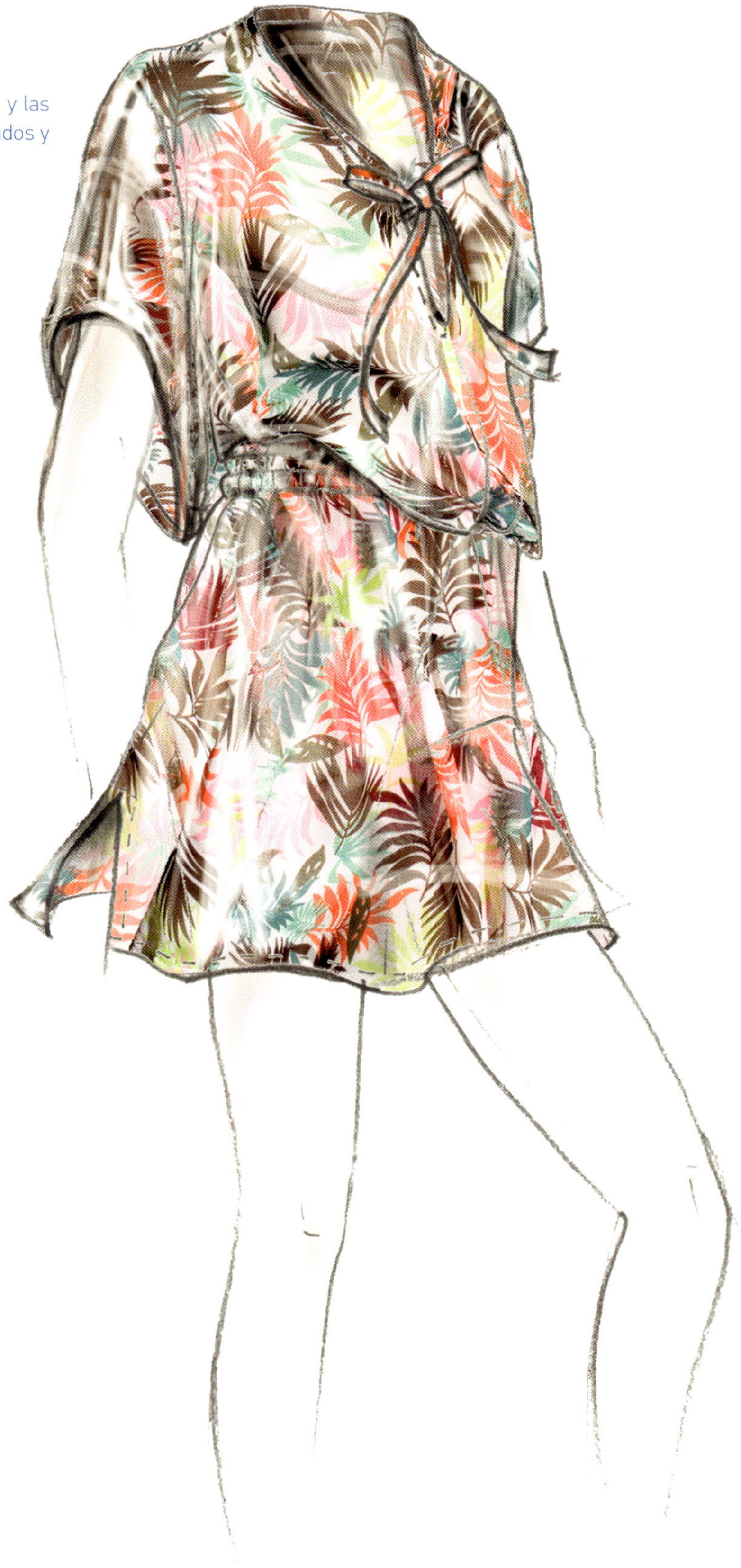

#10: Coat - Un manteau - Abrigo

front devant perspectiva anterior

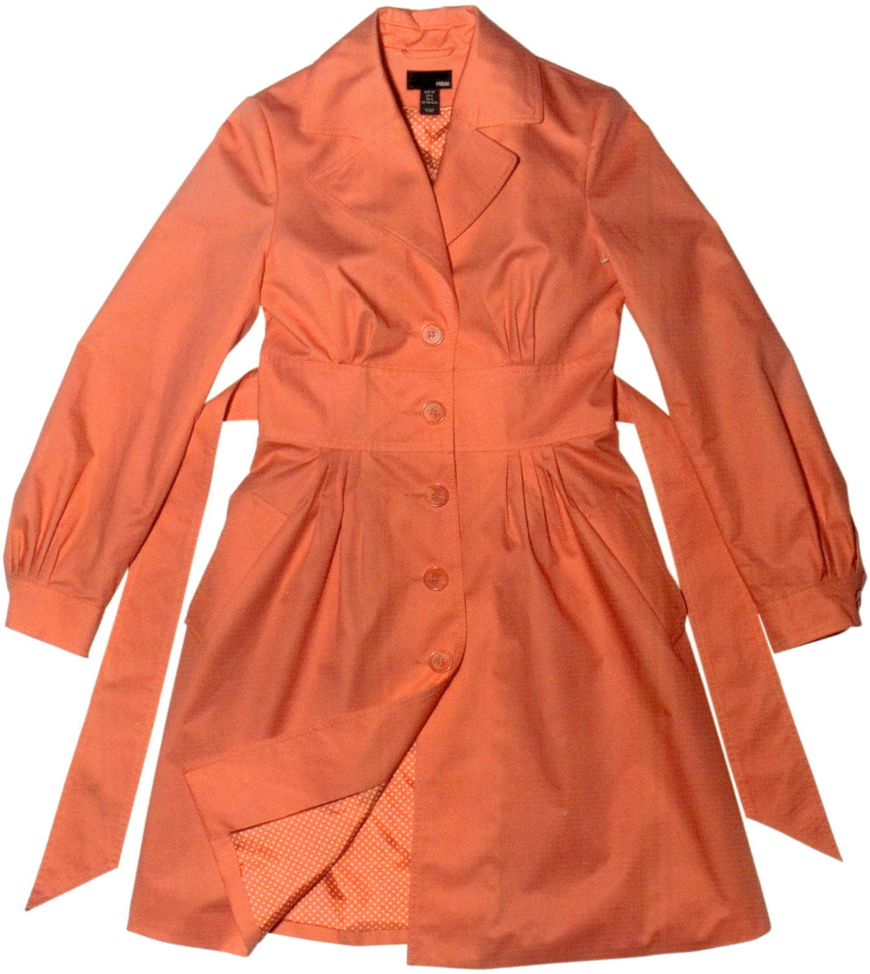

1.

Coat front

Use the basic template and draw the basic outline of the garment. With tailored jackets and coats, it helps to identify the opening and the button placement at an early stage. As this coat has details on the sleeve cuff, it would be better to draw the sleeves coming away from the body, or have one sleeve coming away from the body and the other one down next to the body.

Devant du manteau

Utilisez le modèle basique et dessinez les contours du vêtement. Dans le cas des vestes et des manteaux à col tailleur, cela aide à identifier rapidement l'emplacement de l'ouverture et des boutons. Ce manteau comportant des détails aux poignets, mieux vaut représenter les manches loin du corps, ou dessiner une manche écartée et l'autre près du corps.

Perspectiva anterior del abrigo

Esboce la línea básica del abrigo con la plantilla estándar a modo de guía. En el caso de las chaquetas y los abrigos hechos a medida, la colocación de la abertura y los botones suele indicarse desde buen principio. Puesto que los puños de este abrigo presentan detalles, lo mejor es dibujar las mangas despegadas del cuerpo, o bien dibujar una de este modo y la otra caída.

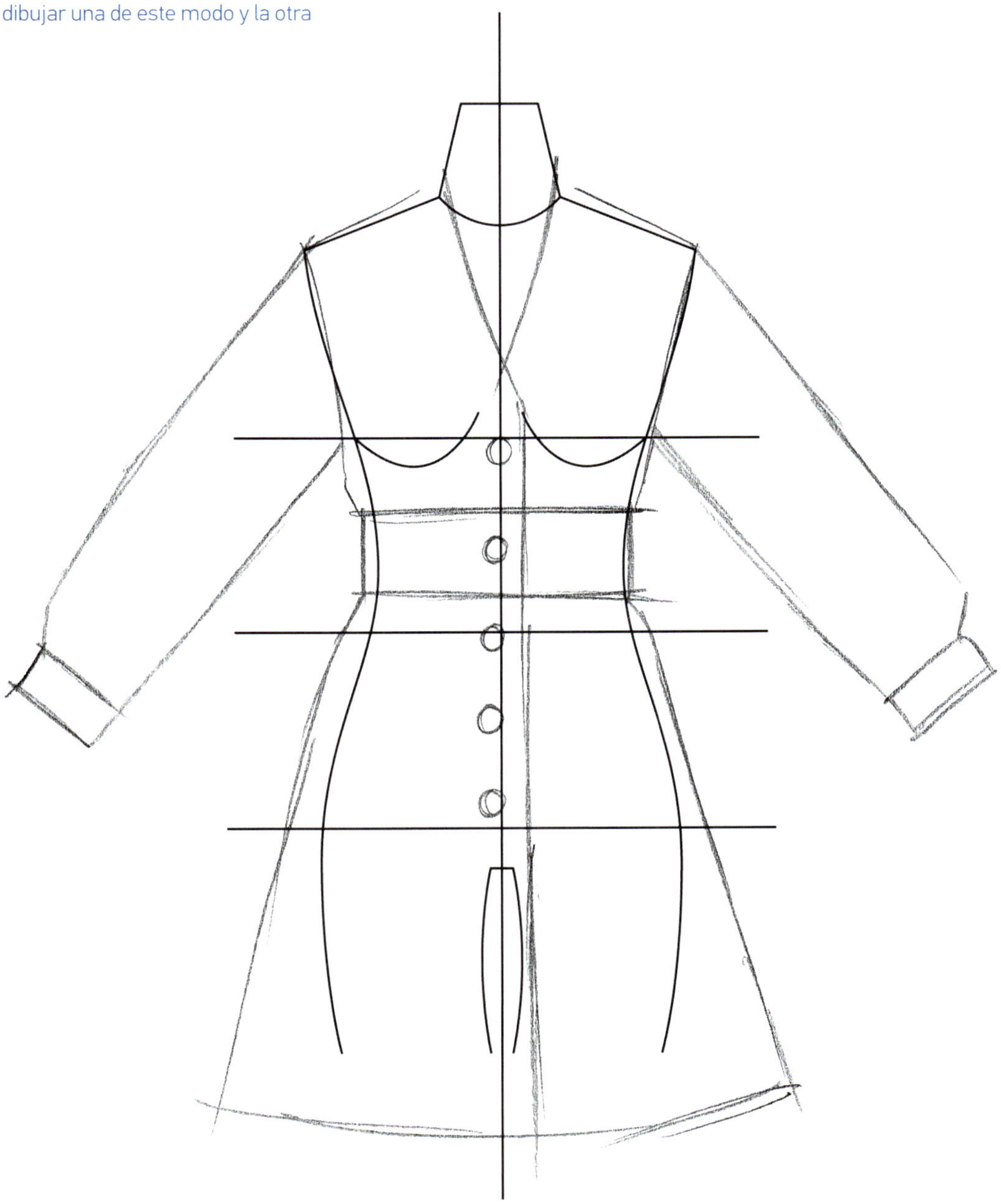

2.

Now draw the collar. It is very important to note that the collar has a stand (which is only noticeable in the back neck, which should be indicated) and a lapel.

Notice how the collar is very close to the sleeve on the shoulder and also the shape of the seam joining the collar and the lapel.

Dessinez maintenant le col. Il est très important de noter que le col a un pied (qui ne se remarque qu'à l'arrière, ce qui doit être indiqué) et un revers.

Remarquez à quel point le col est proche de la manche sur l'épaule, ainsi que la forme de la couture qui relie le col et le revers.

Dibuje el cuello. No se olvide del soporte (que solo se aprecia en la nuca pero debe indicarse) y de la solapa.

Nótese la cercanía del cuello con la manga a la altura del hombro y la forma de la costura que une el cuello y la solapa.

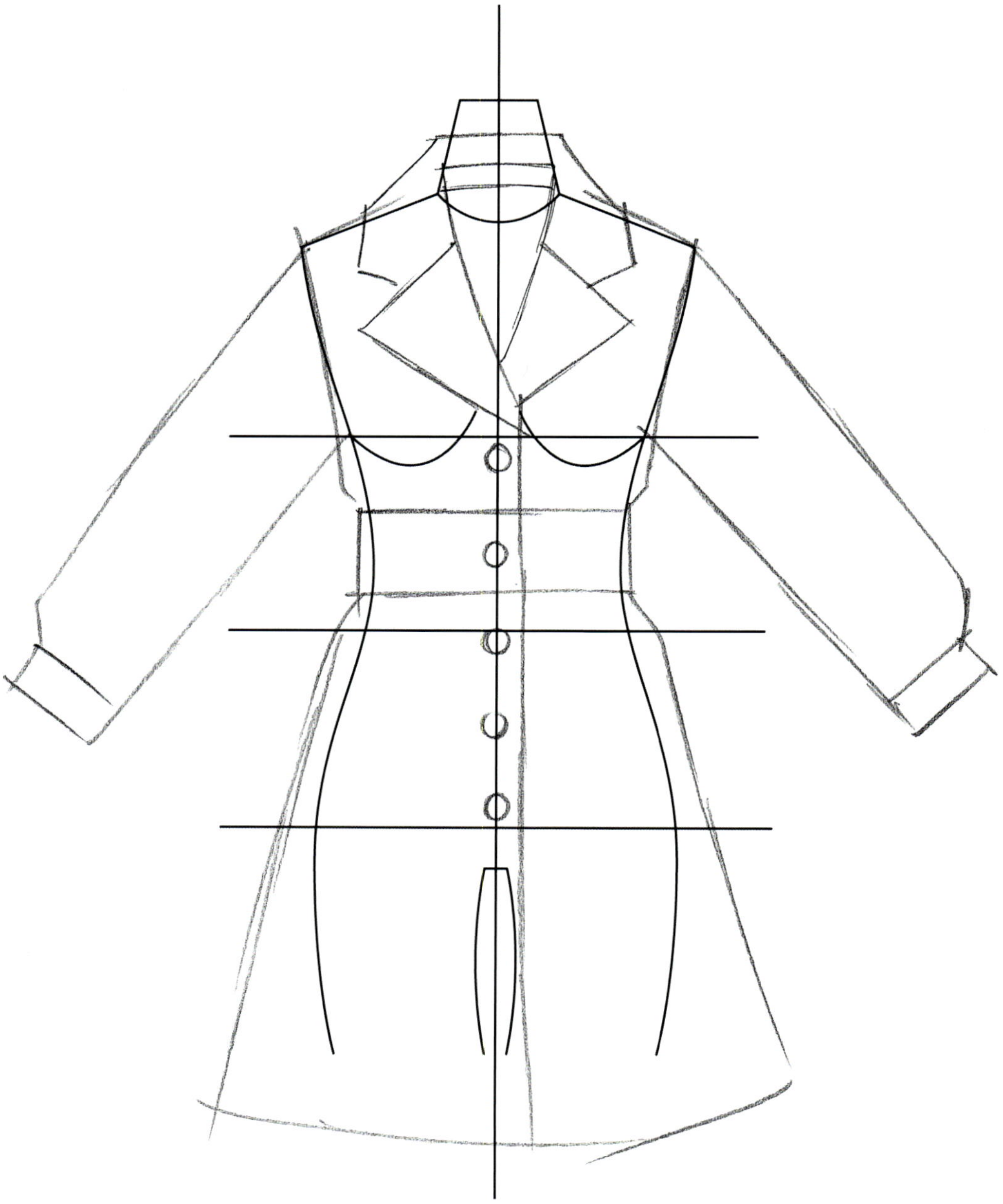

3.

Add in the rest of the garment details: the pleats, the belt and the pockets. Also unfold the bottom of the coat as shown in the photograph and add in the lining and binding details on the inside of the coat.

This is a good example of a garment that has interesting inside details. These can be shown by unfolding a part of the coat. For this drawing, include all of the inside details where visible.

Ajoutez le reste des détails du vêtement : les plis, la ceinture et les poches. Dépliez le bas du manteau comme sur la photographie et ajoutez les détails de la doublure et de la bordure de l'intérieur du manteau.

Il s'agit d'un bon exemple de vêtement comprenant des détails intérieurs intéressants, et ceux-ci peuvent être représentés en dépliant une partie du manteau. Faites apparaître dans ce dessin tous les détails de l'intérieur qui sont visibles.

Dibuje el resto de los detalles de la prenda: los pliegues, el cinturón y los bolsillos. Además, abra la parte inferior del abrigo como se muestra en la fotografía y añada los detalles del forro y el ribeteado interiores.

Este abrigo es un buen ejemplo de prenda con detalles internos de interés, que pueden enseñarse abriendo parte del mismo. En este dibujo, incluya todos los detalles internos visibles.

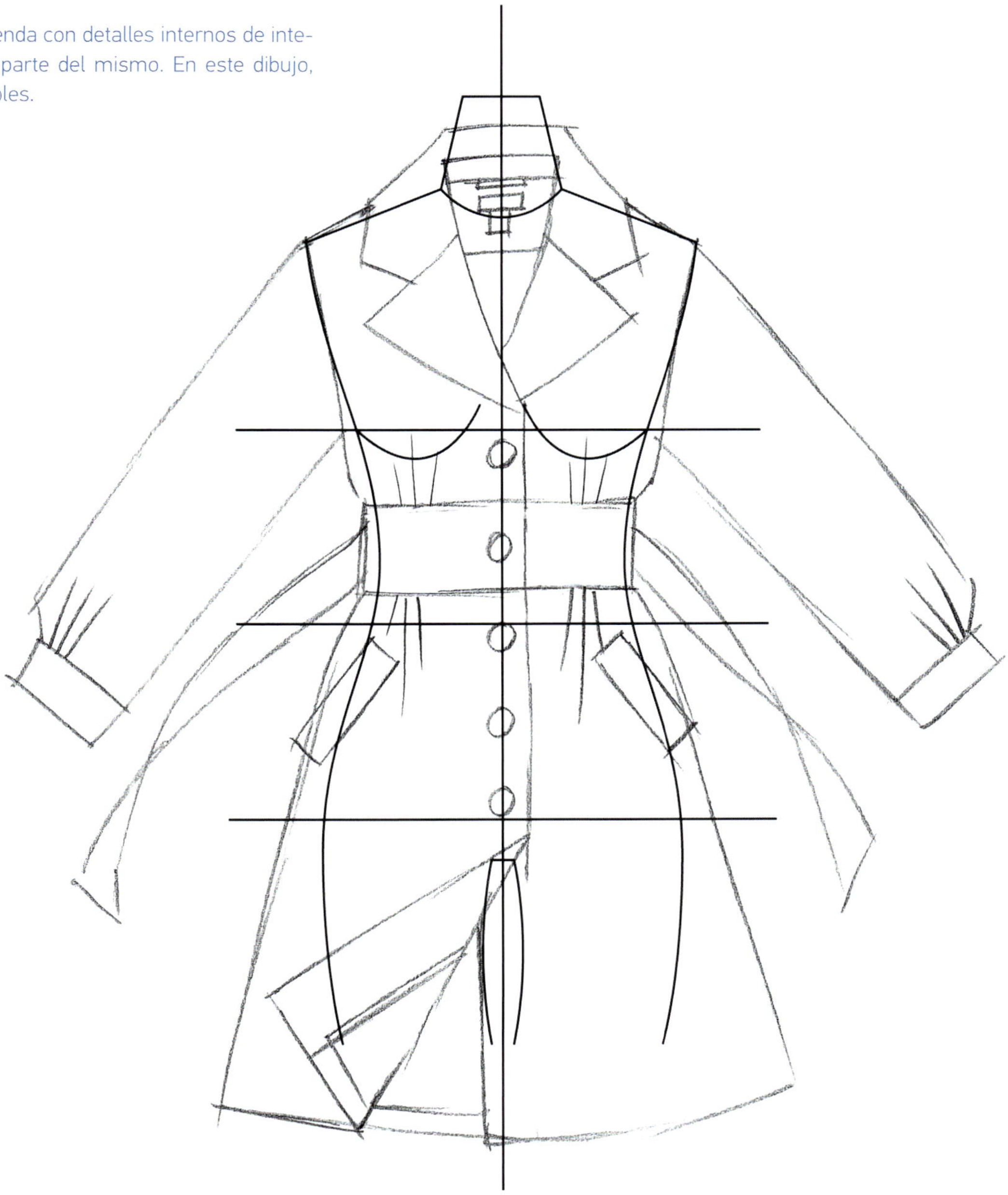

4.

Now add in the topstitching lines and button details and render the polka-dot lining of the coat. Because there is very little area to render, render it all rather than choose a small part.

Ajoutez maintenant les lignes de surpiqûre et les détails des boutons, dessinez aussi le rendu de la doublure à pois du manteau. Etant donné que la zone de rendu est réduite, remplissez-la entièrement au lieu d'en sélectionner une partie.

Dibuje los pespuntes y los detalles de los botones, y el forro a topos del abrigo. Puesto que este detalle afecta a una parte muy pequeña de la prenda, dibújela por completo en lugar de elegir solo una parte.

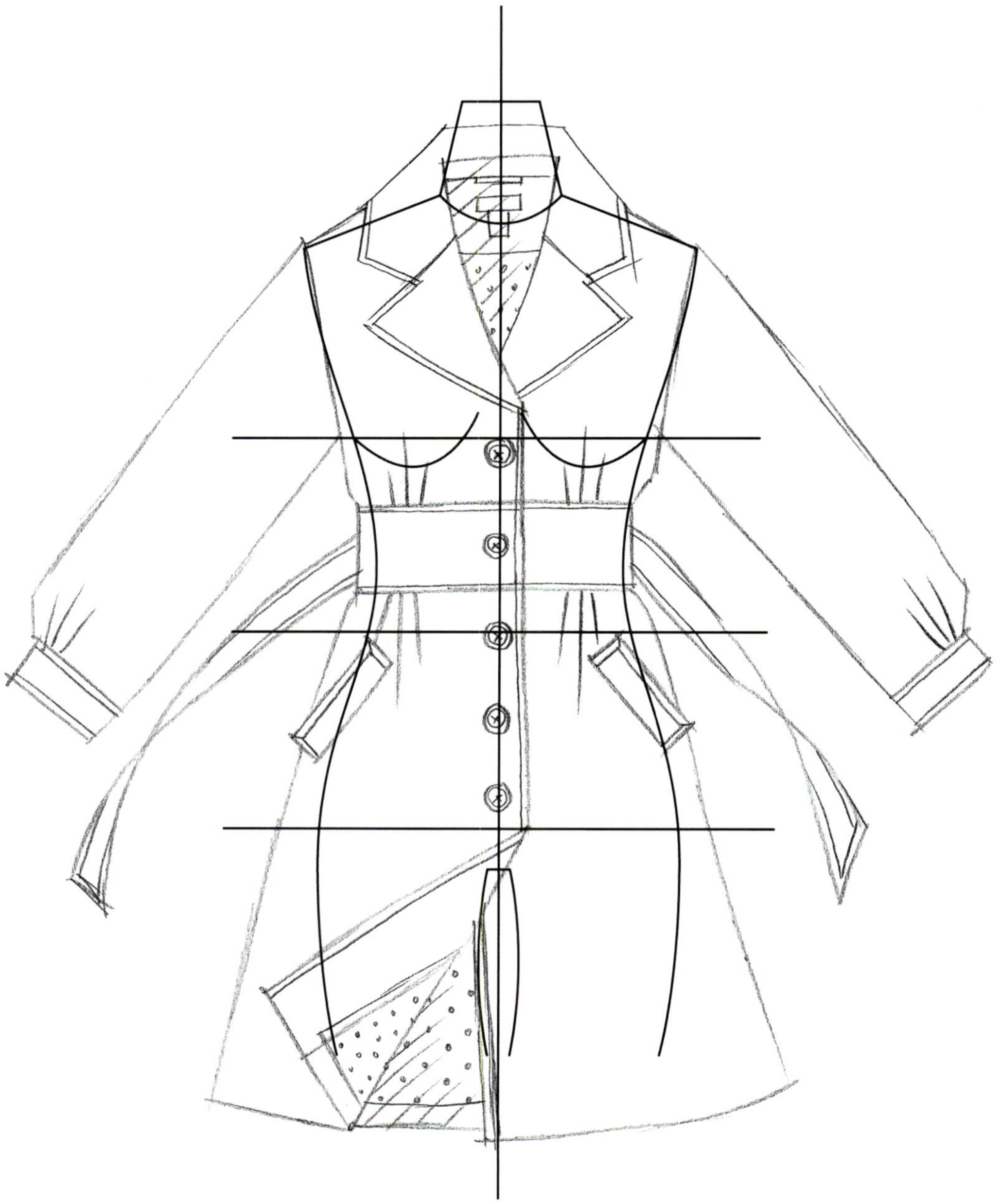

5.

To draw the final version, start with the thickest nib pen for the outline of the coat, using a ruler for the front opening. Then use the medium nib pen for the structural details of the coat: the waistband, the belt, the cuffs, the pockets, the pleats and the collar details.

Pour dessiner la version définitive, commencez au stylo à pointe épaisse pour le contour du manteau, en vous aidant d'une règle pour l'ouverture du devant. Puis continuez avec le stylo à pointe moyenne pour les détails de structure du manteau : la ceinture montée, la ceinture, les poignets, les poches, les plis et les détails du col.

Para dibujar la versión definitiva, realce el contorno del abrigo con el rotulador más grueso (utilice una regla para la abertura de los botones). Repase los detalles estructurales con el medio: la cinturilla, el cinturón, los puños, los bolsillos, los pliegues y los detalles del cuello.

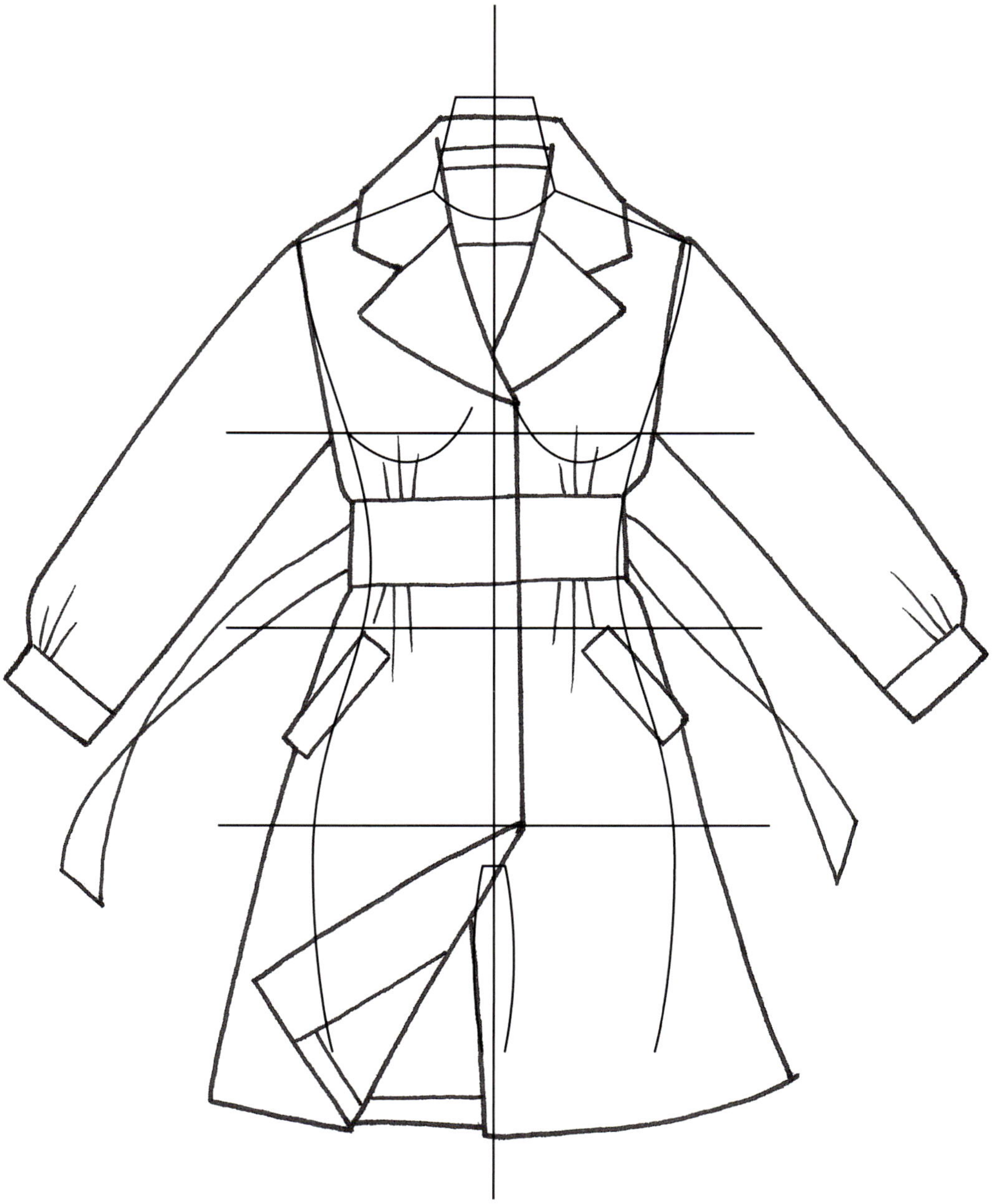

6.

Use the finest nib pen to finish the drawing of the front by adding the top-stitching, fabric rendering, buttons and shading.

Utilisez le stylo le plus fin pour achever le dessin du devant en ajoutant les surpiqûres, le rendu du tissu, les boutons et l'ombrage.

Termine el dibujo con el rotulador más fino, realzando los pespuntes, la muestra de tejido, los botones y el sombreado.

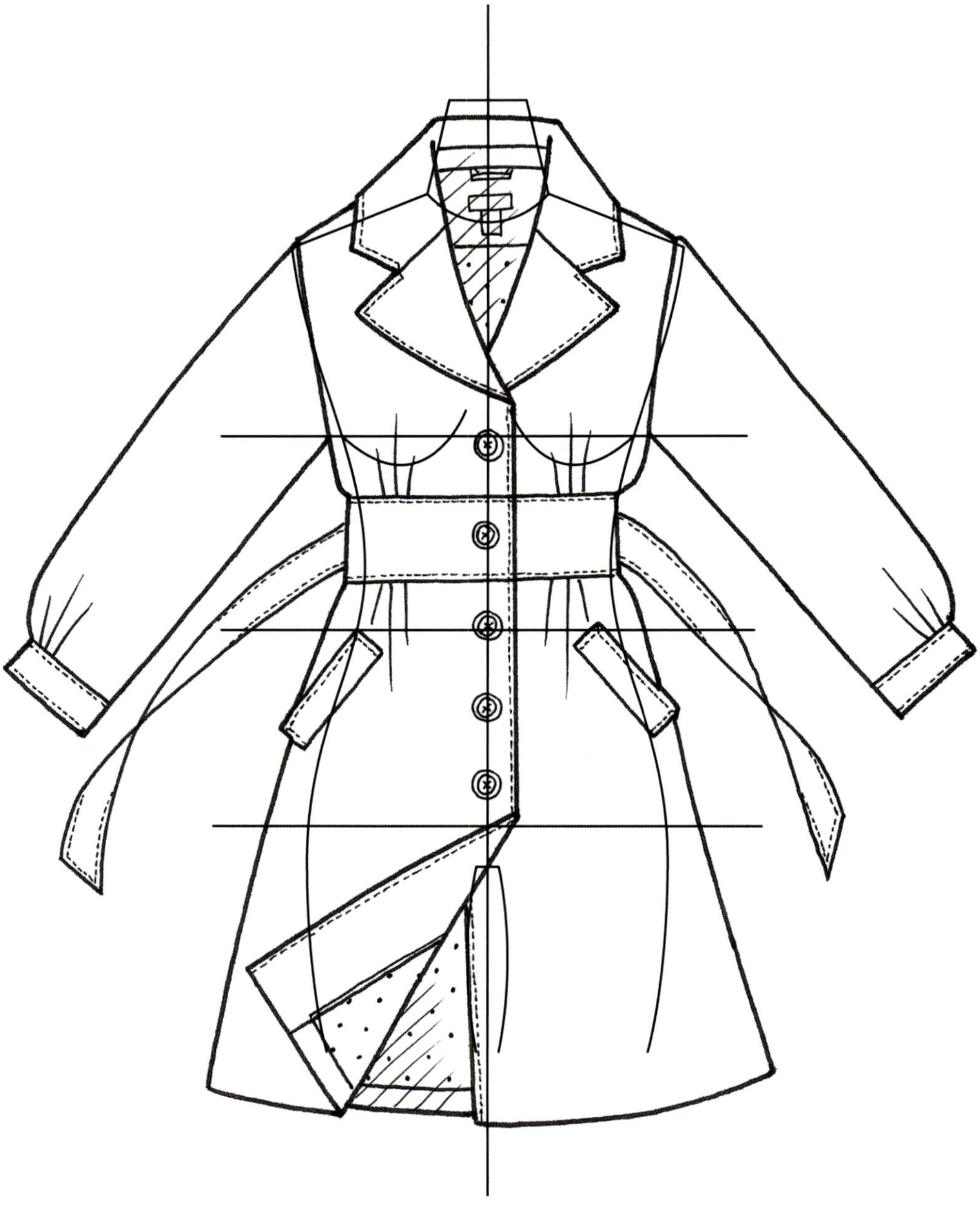

7.

This final step shows the coat front as a digital vector drawing. For more information on how to draw a digital vector drawing, see page 48, step 8.

Cette dernière étape montre le devant du manteau sous la forme d'un dessin vectoriel. Pour plus d'informations sur la manière de dessiner un vecteur numérique, voir page 48, étape 8.

Este último paso muestra el abrigo en formato de dibujo vectorial. Para obtener más información de cómo realizar este tipo de dibujos, consulte el paso 8 de la página 48.

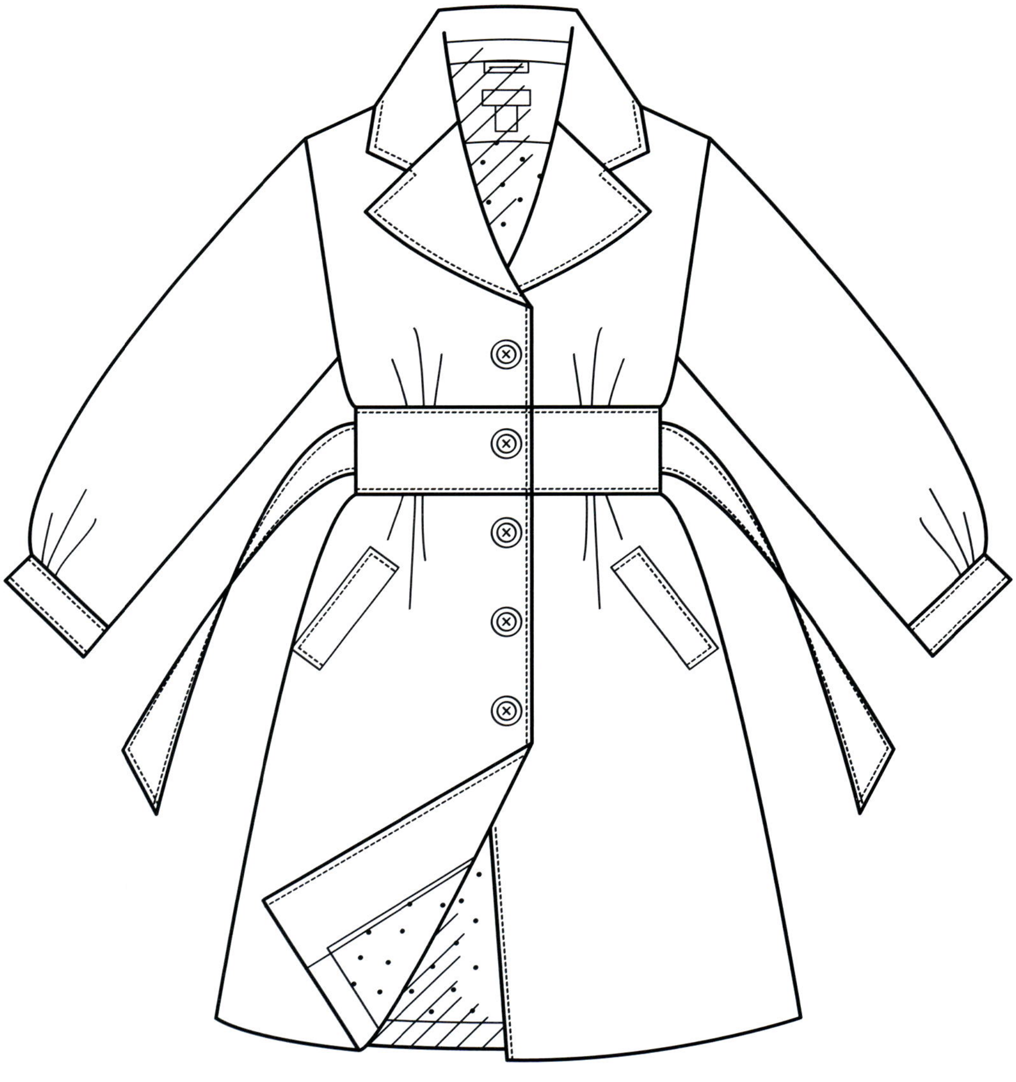

back dos perspectiva posterior

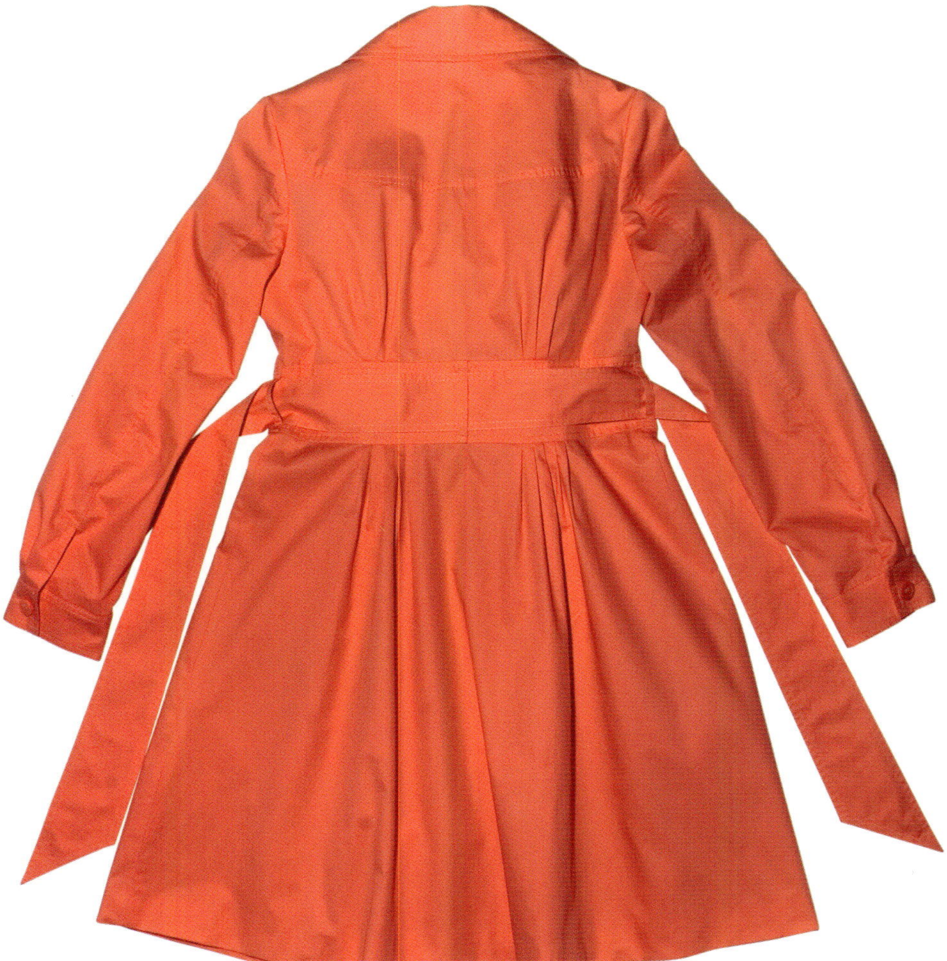

8.

Coat back

Use step 6 as a template to start on the back and draw the shape of the garment, the collar and the sleeves. Tailored collars usually tend to curve along the neckline from the back. There is a bit more volume on the skirt, so add that in by putting curves on the hem.

Dos du manteau

Servez-vous du dessin de l'étape nº 6 pour commencer le dos et dessinez la forme du vêtement, le col et les manches. Les cols tailleur ont souvent tendance à former une courbe le long de l'encolure du dos. Le bas du manteau a un peu plus de volume, reflétez-le en ajoutant des vagues au niveau de l'ourlet.

Perspectiva posterior del abrigo

Utilice el dibujo del paso 6 a modo de plantilla y esboce la perspectiva posterior de la forma de la prenda, el cuello y las mangas. Los cuellos hechos a medida suelen curvarse en la nuca. La parte de abajo del abrigo tiene algo más de volumen, que puede representar con algo de vuelo en el dobladillo.

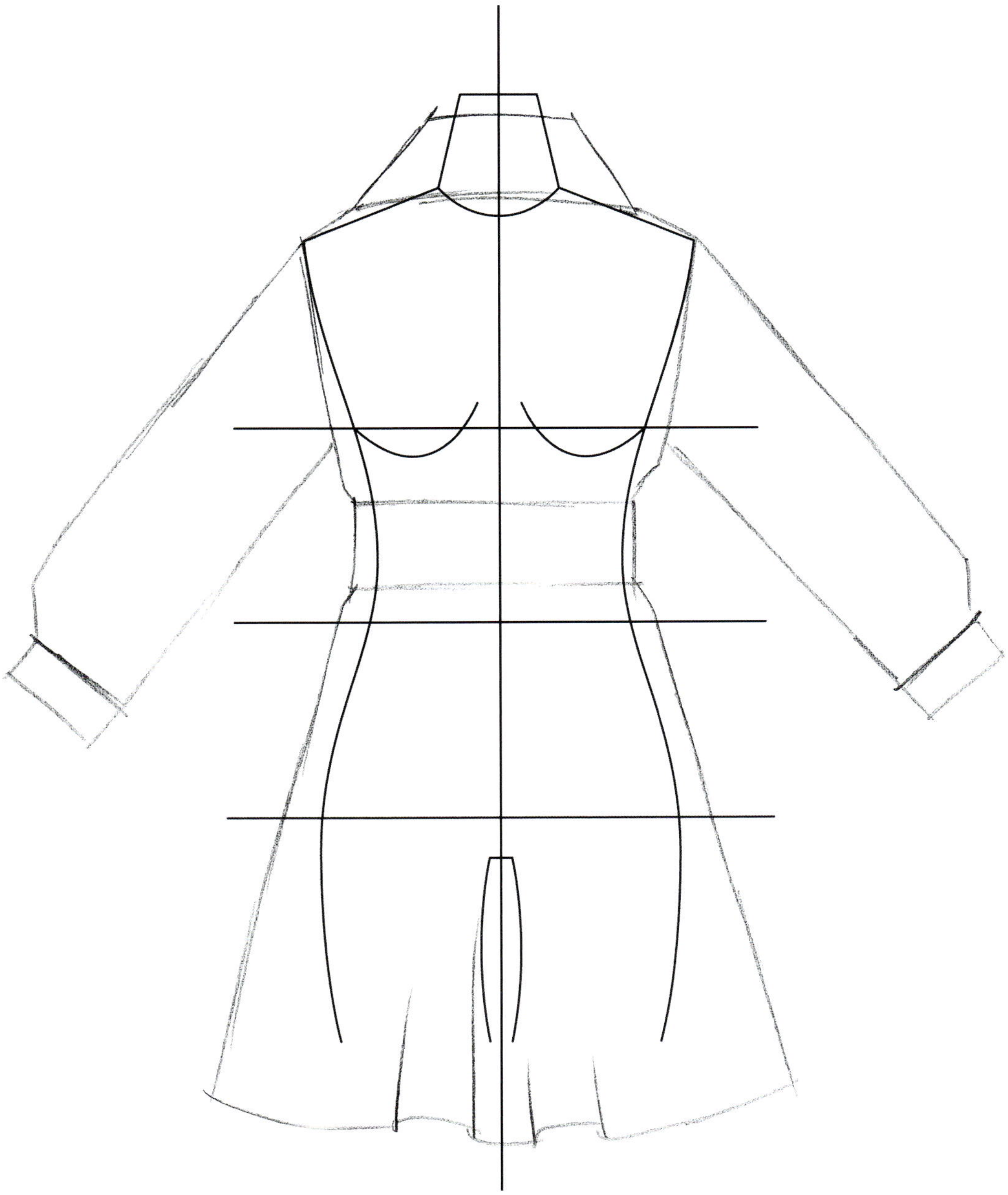

9.

Now draw the belt, belt loops, sleeve seam, cuff details, the yoke and the pleats, as well as the topstitching lines. The diagonal slash indicates the end of the cuff opening.

Dessinez maintenant la ceinture, les passants de ceinture, la couture des manches, les détails des poignets, l'empiècement et les plis, ainsi que les lignes de surpiqûre. Le trait oblique indique l'extrémité de l'ouverture des poignets.

Dibuje el cinturón, las presillas, la costura de las mangas, los detalles de los puños, el canesú y los pliegues, así como los pespuntes. La pequeña marca al bies indica el final de la abertura de los puños.

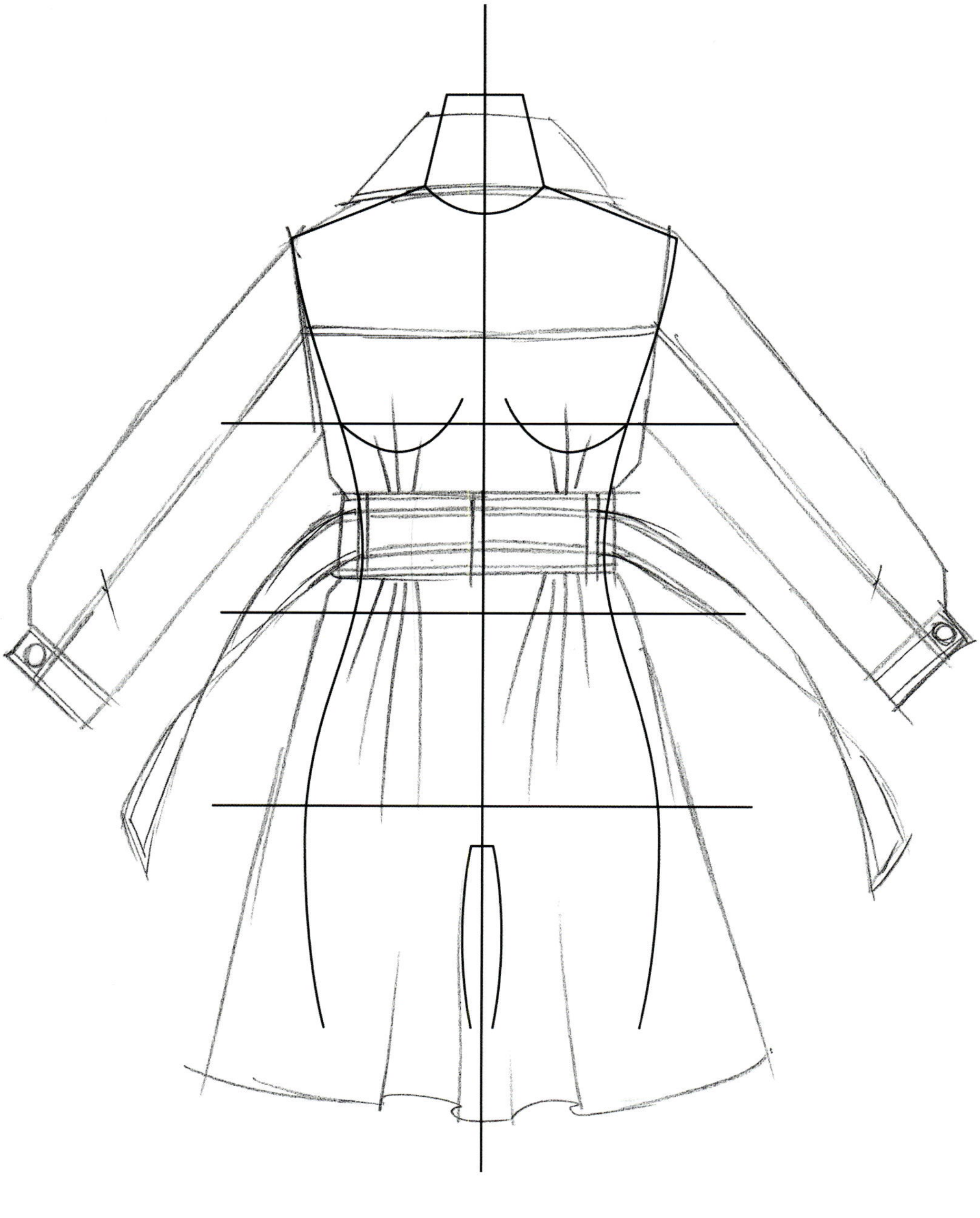

10.

For the final version of the back, start by using the thickest nib pen for the outline of the coat. Use the medium nib pen for the belt, belt loops, pleats, cuff and yoke.

Pour obtenir la version définitive du dos, dessinez d'abord au stylo à pointe épaisse le contour du manteau, puis au stylo à pointe moyenne la ceinture, les passants de ceinture, les plis, les poignets et l'empiècement.

En la versión definitiva de la perspectiva posterior del abrigo, realce el contorno de la prenda con el rotulador más grueso, y trace el cinturón, las presillas, los pliegues, los puños y el canesú con el medio.

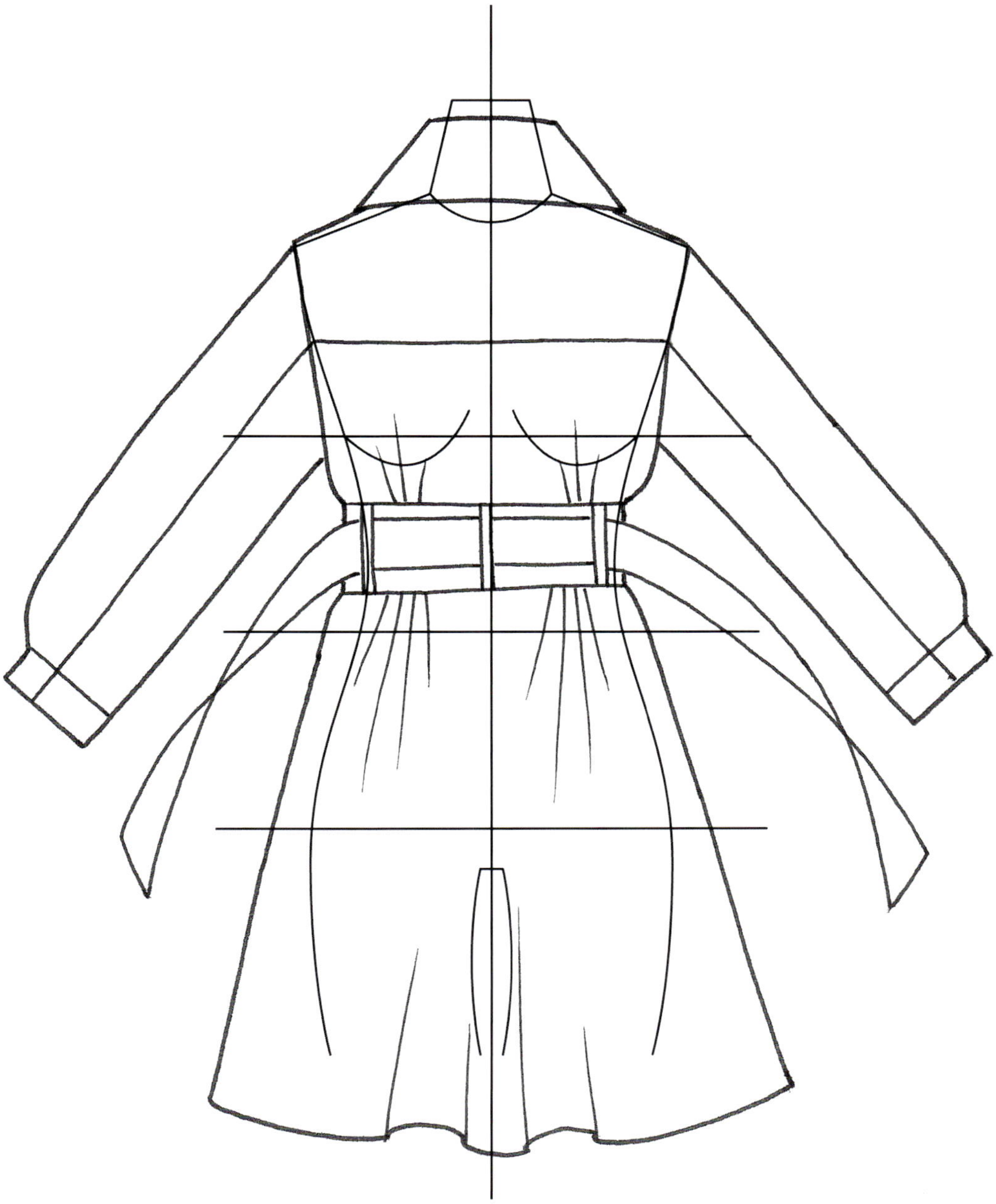

11.

The final step is to add in the topstitching and the buttons using the finest nib pen.

La dernière étape est l'ajout des surpiqûres et des boutons à l'aide du stylo le plus fin.

Realce el contorno de los pespuntes y los botones con el rotulador más fino.

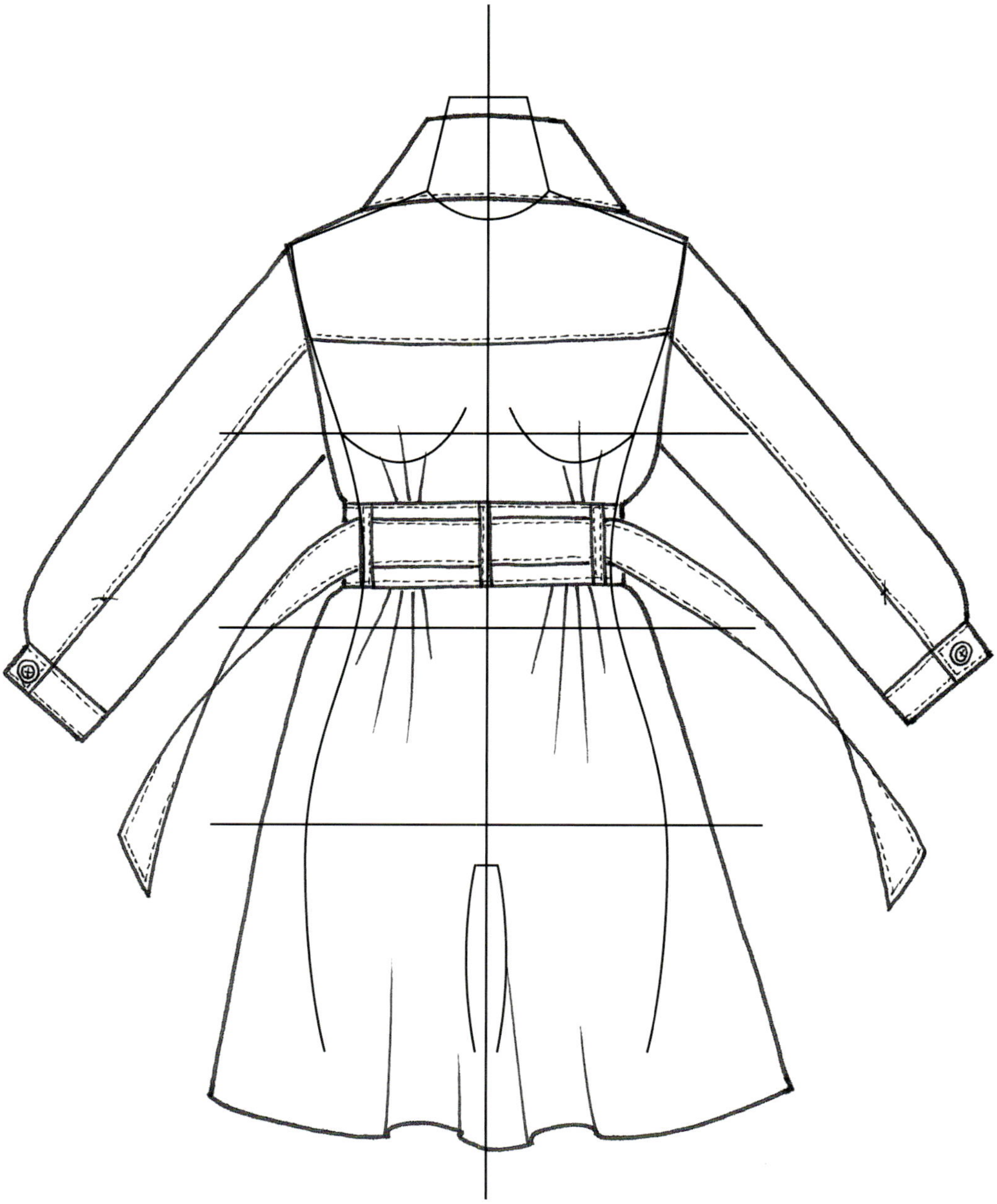

12.

This final step shows the back of the coat as a digital vector drawing. For more information on how to draw a digital vector drawing, see page 48, step 8.

Cette dernière étape montre le dos du manteau sous la forme d'un dessin vectoriel. Pour plus d'informations sur la manière de dessiner un vecteur numérique, voir page 48, étape 8.

Este último paso muestra la perspectiva posterior del abrigo en formato de dibujo vectorial. Para obtener más información de cómo realizar este tipo de dibujos, consulte el paso 8 de la página 48.

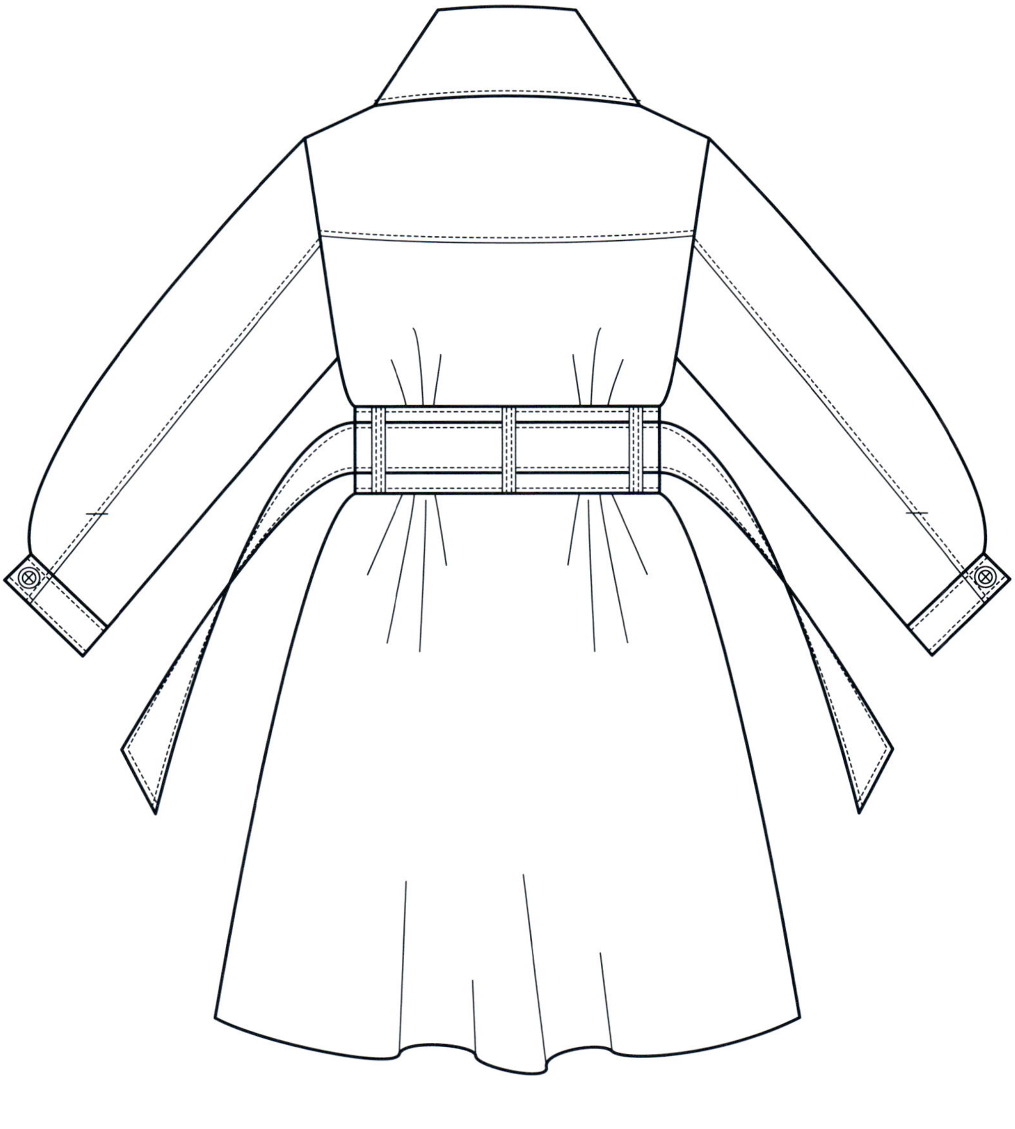

13.

Adding style and colour to technical drawings

The coat has been drawn from three angles: front, side and back. The collar has been raised, and one of the sleeves is positioned as if a hand was in the pocket. There are a lot of creases and movement in the jacket, especially along the hem and around the belt, and it is made to look the way it would sit if there were a body inside it.

Ajouter du style et de la couleur aux dessins techniques

Le manteau a été dessiné sous trois angles : le devant, le côté et le dos. Le col a été remonté et l'une des manches est placée comme si la main était dans la poche. Le bas du manteau comprend de nombreux plis et mouvements, notamment le long de l'ourlet et autour de la ceinture, pour lui donner l'apparence qu'il offre une fois porté.

Cómo colorear y personalizar los dibujos planos

El abrigo se ha dibujado desde tres perspectivas: anterior, lateral y posterior. Se ha levantado el cuello y una de las mangas está metida en el bolsillo. Presenta muchos pliegues y movimiento, sobre todo en el dobladillo y en la zona del cinturón, con la intención de representarlo como si alguien lo llevara puesto.

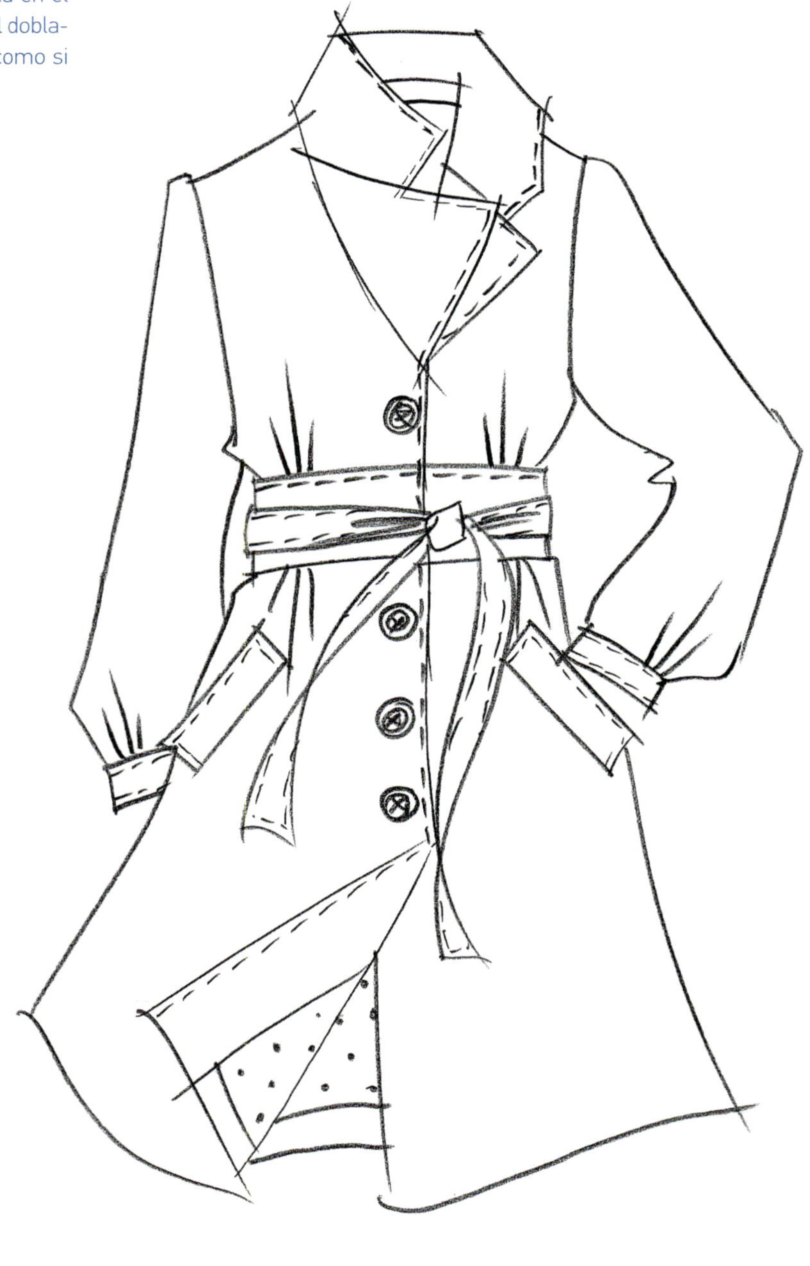

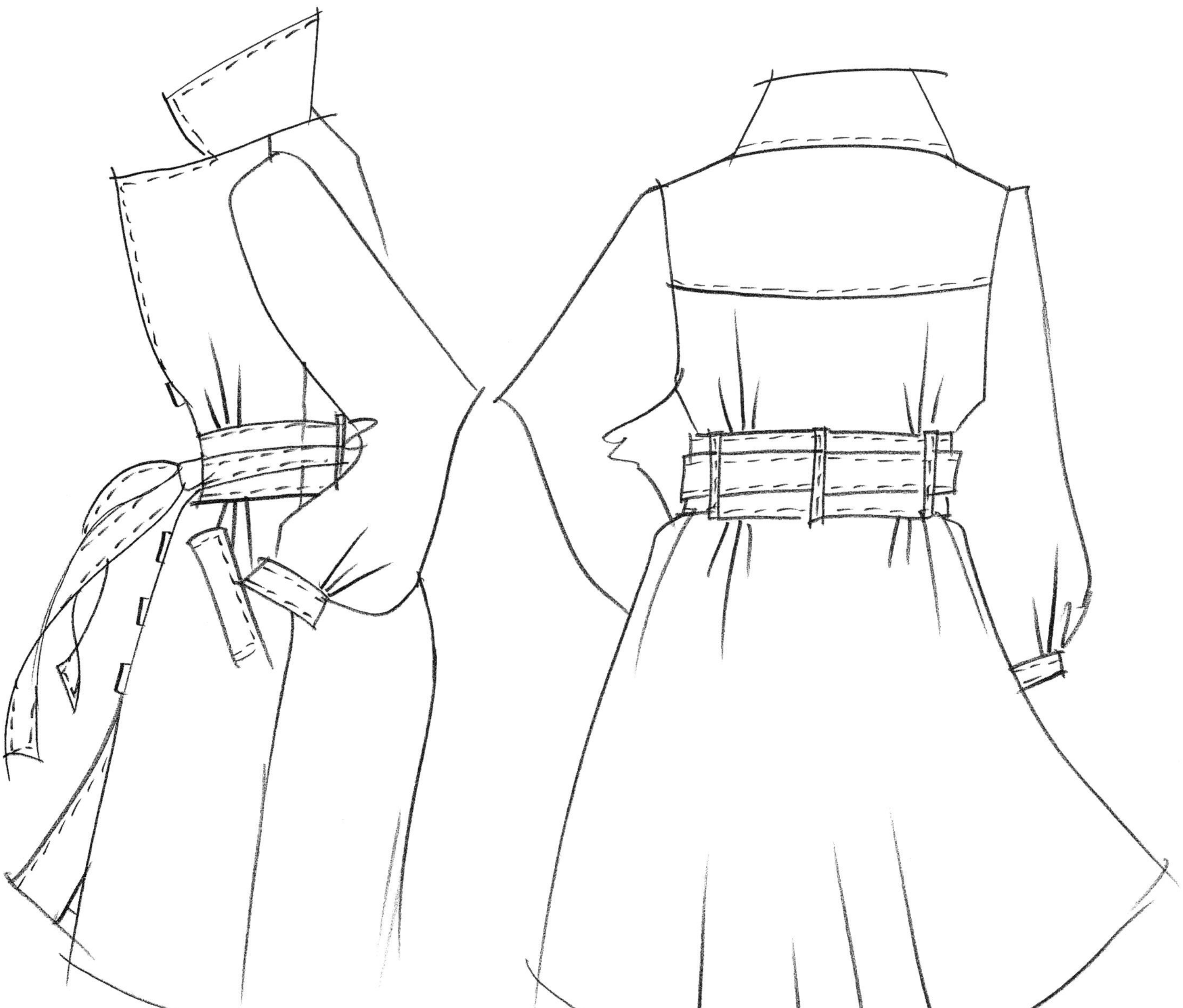

front devant perspectiva anterior

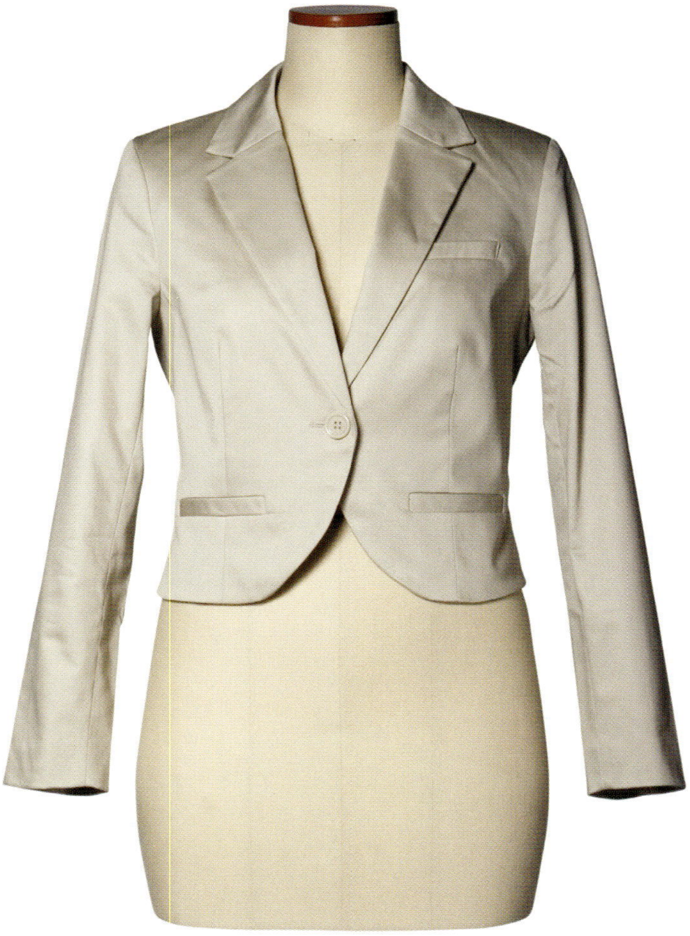

back dos perspectiva posterior

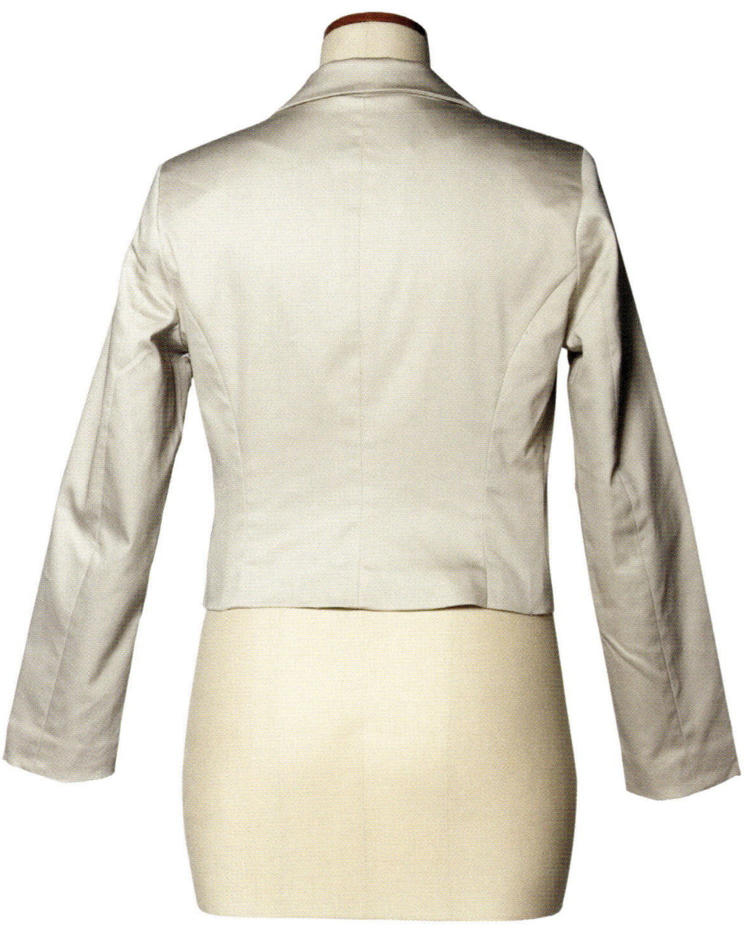

side côté perspectiva lateral

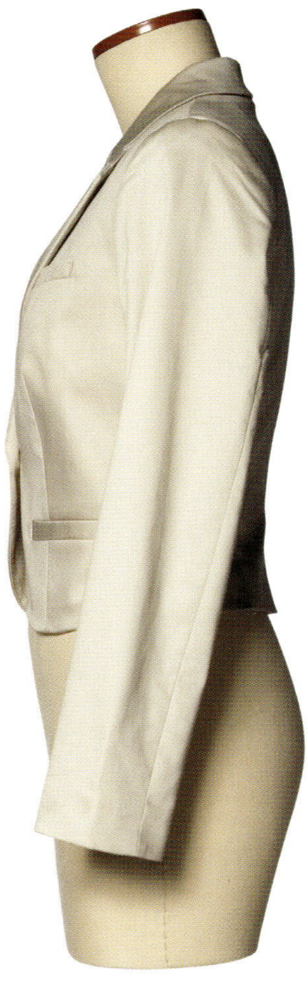

#11: Jacket - Une veste - Chaqueta

1.

Jacket front
Start by drawing the shape of the jacket using the basic template. The sleeves do not have a great deal of detail so draw them next to the body. Don't forget that the button, not the opening, will sit on the centre front line.

Devant de la veste
Commencez par dessiner la forme de la veste à l'aide du modèle basique. Les manches n'ayant guère de détails, dessinez-les près du corps. N'oubliez pas que c'est le bouton, et non l'ouverture, qui se trouve au milieu du devant.

Perspectiva anterior de la chaqueta
Esboce la línea básica de la chaqueta con la plantilla estándar a modo de guía. Como las mangas no presentan detalles relevantes, puede dibujarlas pegadas al cuerpo. No olvide que el botón, no la abertura, queda en el centro del eje de la perspectiva anterior.

2.

Now add the collar and make sure that it sits up on the neck, not flat (see chapter on *Common mistakes*, page 183). Also add in the pockets and darts.

Ajoutez maintenant le col et assurez-vous qu'il monte le long du cou, sans être plat (voir le chapitre *Les erreurs fréquentes*, page 183) Ajoutez aussi les poches et les pinces.

Dibuje el cuello de manera que quede alto y pegado al cuello, no plano (véase el capítulo «**Errores habituales**» en la página 183). Dibuje también los bolsillos y las pinzas.

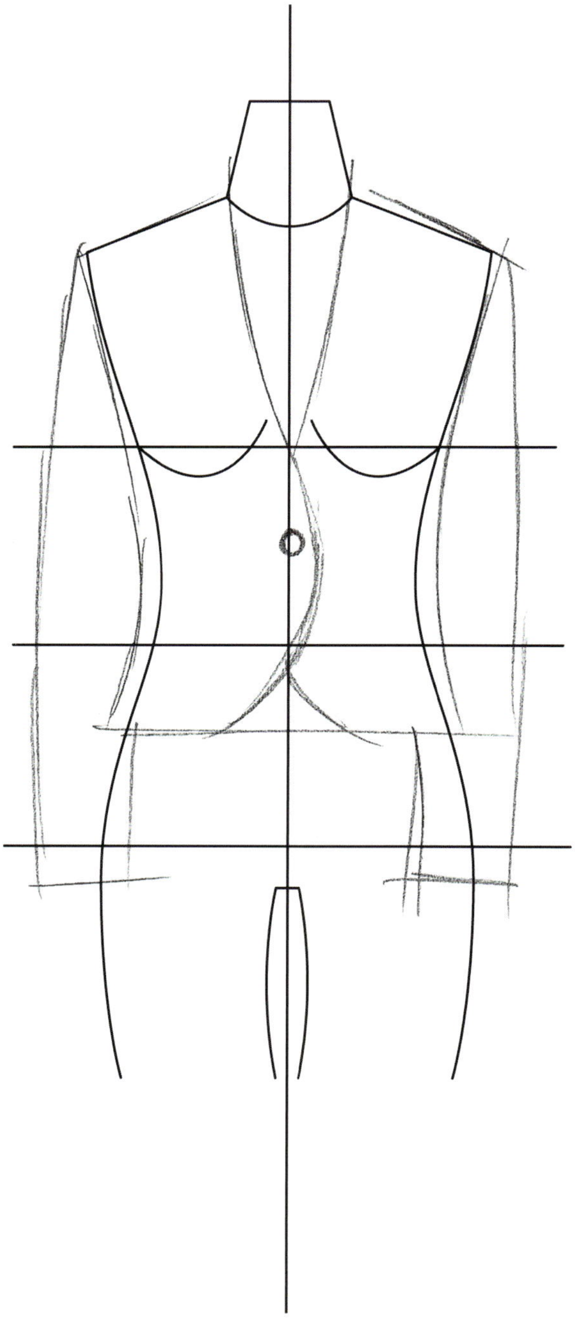

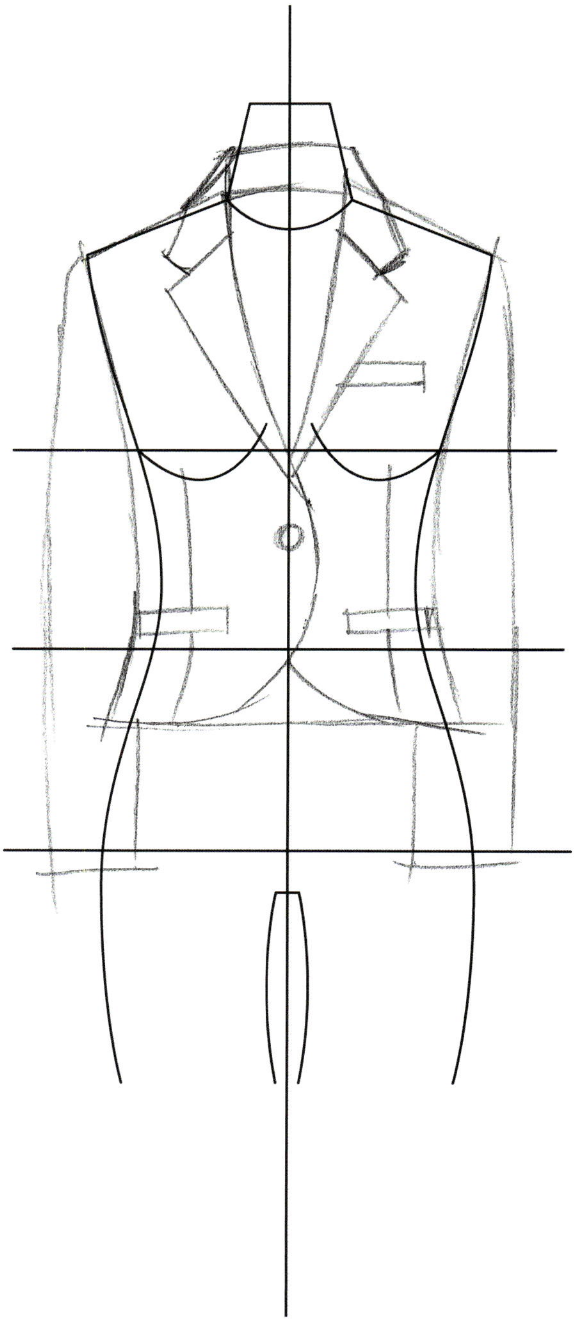

3.

Use the thickest nib pen to trace the outline of the jacket and the collar. Then use the medium nib pen to draw the pockets, the collar seam and the darts. Use the finest nib pen only for the shading and the button.

Utilisez le stylo le plus épais pour tracer le contour de la veste et le col, puis le stylo à pointe moyenne pour les poches, la couture du col et les pinces. N'utilisez le stylo le plus fin que pour l'ombrage et le bouton.

Realce el contorno de la chaqueta y el cuello con el rotulador más grueso, y el de los bolsillos, la costura del cuello y las pinzas, con el mediano. Realce el sombreado y el botón con el rotulador más fino.

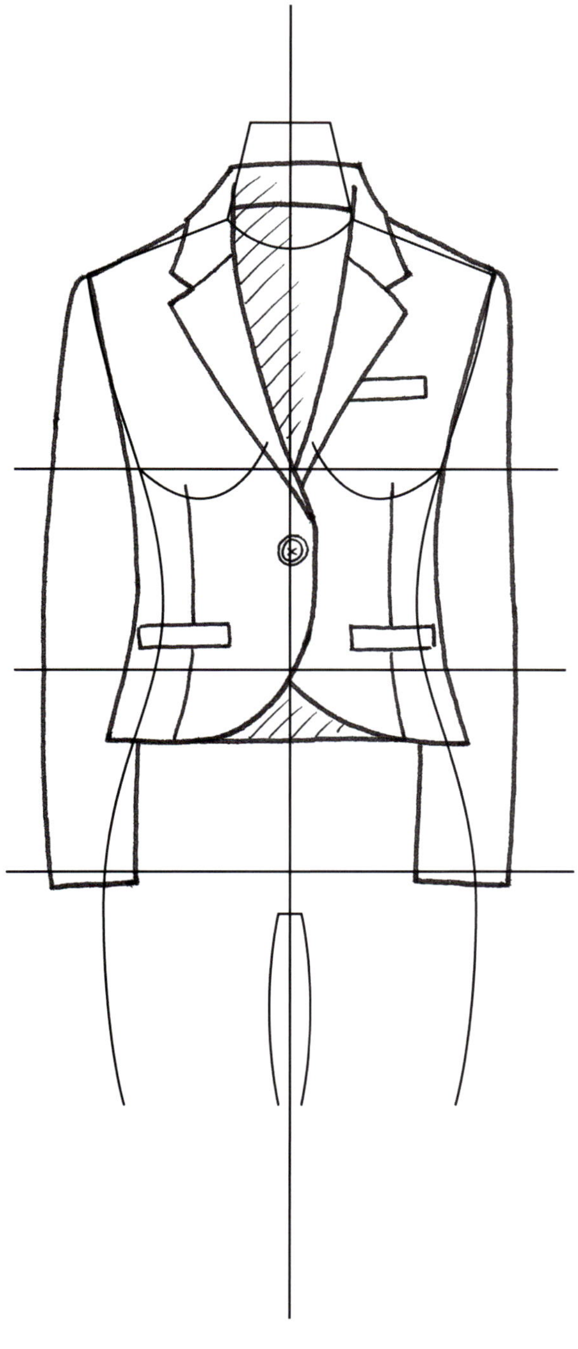

4.

This final step shows the jacket front as a digital vector drawing. For more information on how to draw a digital vector drawing, see page 48, step 8.

Cette dernière étape montre le devant de la veste sous la forme d'un dessin vectoriel. Pour plus d'informations sur la manière de dessiner un vecteur numérique, voir page 48, étape 8.

Este último paso muestra la perspectiva anterior de la chaqueta en formato de dibujo vectorial. Para obtener más información de cómo realizar este tipo de dibujos, consulte el paso 8 de la página 48.

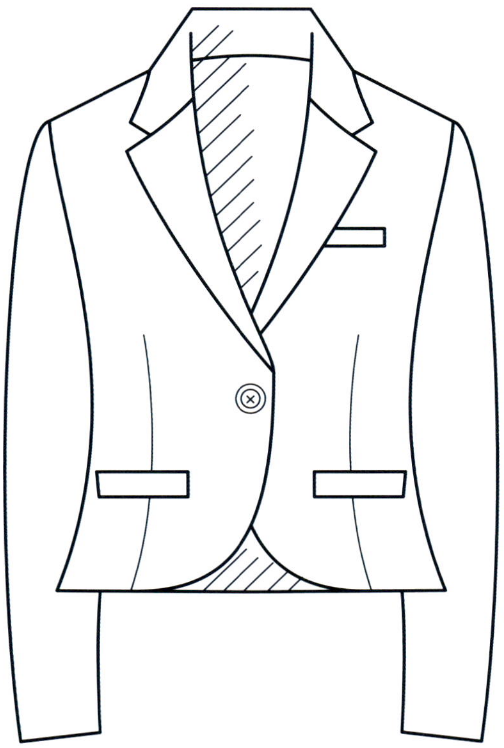

5.

Jacket back

Use the front drawing as a template to draw the back in pencil. Add in the centre back seam, the sleeve seams and the princess seams.

Dos de la veste

Utilisez le dessin du devant comme modèle pour dessiner le dos au crayon. Ajoutez la couture du milieu du dos, les coutures des manches et les coutures princesse.

Perspectiva posterior de la chaqueta

Dibuje a lápiz la perspectiva posterior de la chaqueta con la anterior a modo de guía. Trace la costura central, las costuras de las mangas y las costuras línea princesa.

6.

Use the thickest nib pen to draw the outline of the jacket, sleeve and collar. Add the seams using the medium nib pen.

Utilisez le stylo le plus épais pour tracer le contour de la veste, des manches et du col. Ajoutez les coutures à l'aide du stylo à pointe moyenne.

Realce el contorno de la chaqueta, las mangas y el cuello con el rotulador más grueso, y trace las costuras con el mediano.

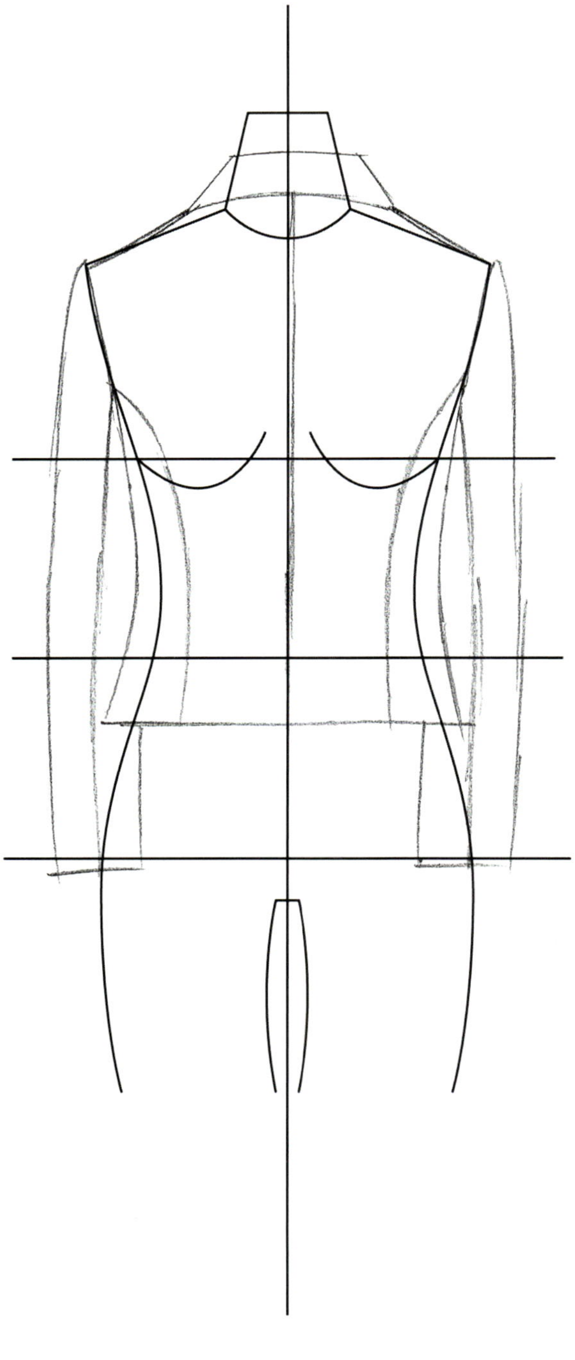

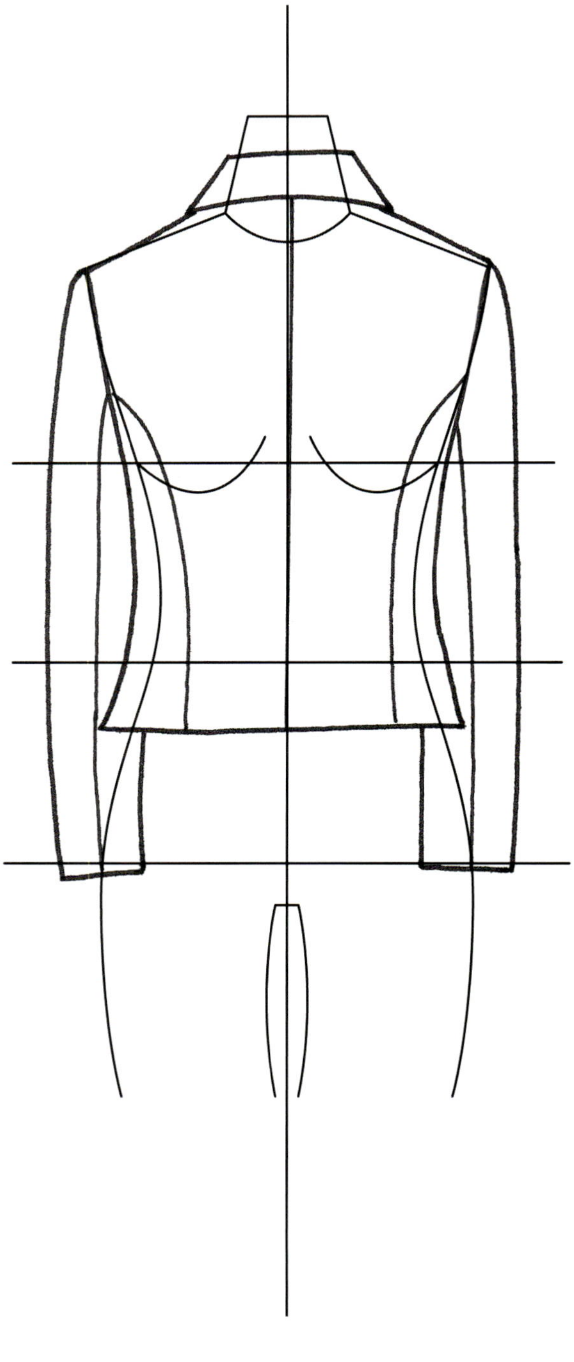

7.

This final step shows the jacket back as a digital vector drawing. For more information on how to draw a digital vector drawing, see page 48, step 8.

Cette dernière étape montre le dos de la veste sous la forme d'un dessin vectoriel. Pour plus d'informations sur la manière de dessiner un vecteur numérique, voir page 48, étape 8.

Este último paso muestra la perspectiva posterior de la chaqueta en formato de dibujo vectorial. Para obtener más información de cómo realizar este tipo de dibujos, consulte el paso 8 de la página 48.

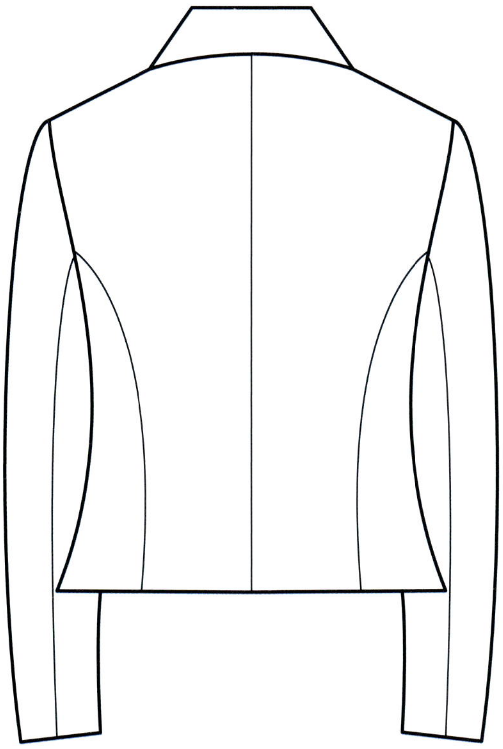

8.

Jacket side

Side views of technical drawings are quite rare, but here are the basic steps. Start by placing the front and back next to each other, with enough space between them to draw the side view. Map out the key garment details, as shown on the drawing. These will help with your side view.

Côté de la veste

Les coupes latérales des dessins techniques sont assez rares, mais en voici les principales étapes. Commencez par placer le devant et le dos côte à côte, avec assez d'espace entre les deux puis dessinez la vue latérale. Repérez les détails clés du vêtement, comme indiqué sur le dessin. Cela vous aidera pour la coupe latérale.

Perspectiva lateral de la chaqueta

Los dibujos planos que representan las prendas desde una perspectiva lateral son poco habituales, pero he aquí los pasos básicos. Para empezar, junte los dibujos de las perspectivas anterior y posterior de manera que quede espacio suficiente entre ambos para dibujar la lateral. Destaque los detalles de la prenda como se muestra en el dibujo para facilitarle la tarea.

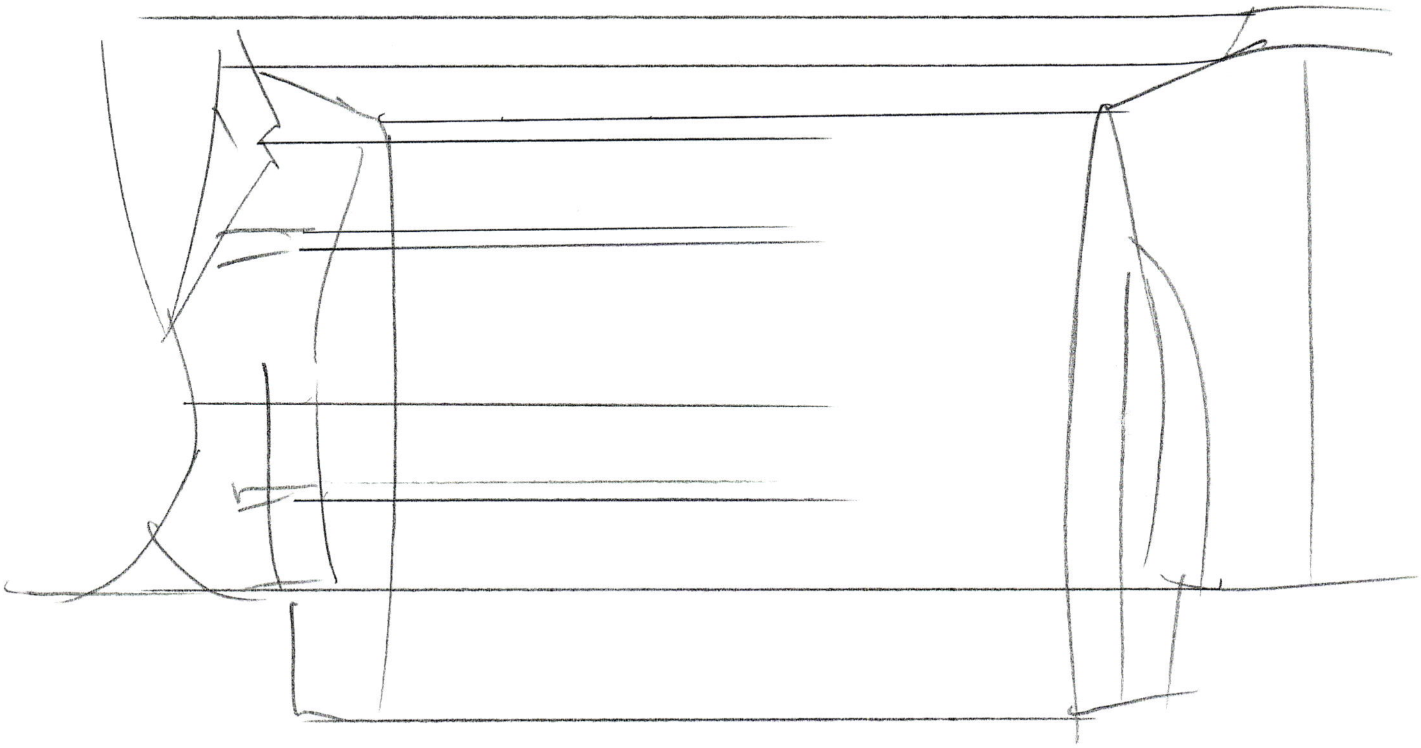

9.

Use step 6 as a template to draw the side view. Start by drawing the sleeve, which tends to be the focal point of a side view of a jacket. The sleeve always tilts forward. Roughly sketch in the front and back of the jacket. Keep referring back to your source, the photograph, to make sure the proportions are correct.

Servez-vous de l'étape n°6 comme modèle pour la coupe latérale. Commencez par dessiner la manche, qui a tendance à être l'élément principal de la coupe latérale d'une veste. La manche est toujours inclinée vers l'avant. Dessinez une esquisse rapide du devant et du dos de la veste. Servez-vous constamment de votre source (la photographie) comme référence pour vous assurer que les proportions sont correctes.

Esboce la perspectiva lateral de la chaqueta con el dibujo del paso 6 a modo de plantilla. Dibuje la manga, que suele ser el punto principal desde esta perspectiva. La manga siempre se inclina hacia delante. Esboce las perspectivas anterior y posterior de la chaqueta. Consulte a menudo la fotografía de referencia para comprobar que las proporciones son correctas.

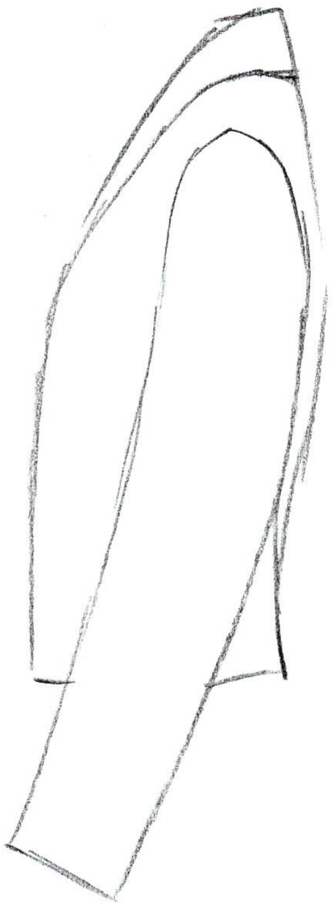

10.

Now add in the details: shoulder seam, front pockets, front dart and sleeve seam.

Ajoutez maintenant les détails du vêtement : la couture de l'épaule, les poches de devant, la pince de devant et la couture de la manche.

Dibuje los detalles: la costura del hombro, los bolsillos, las pinzas anteriores y la costura de la manga.

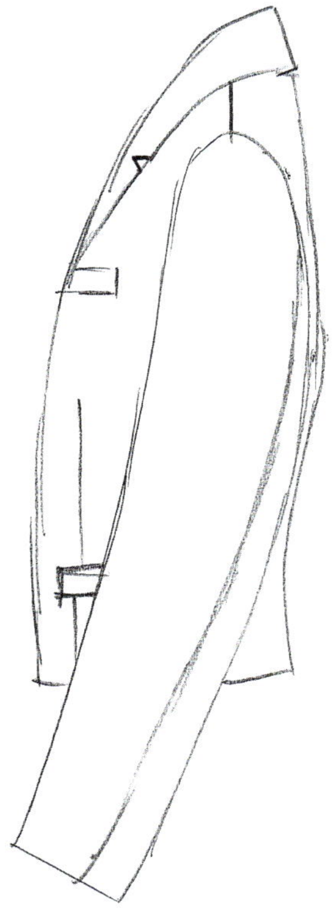

11.

Use thickest nib pen for the sleeve and body shape and the medium nib pen for the rest of the jacket.

Utilisez le stylo le plus épais pour la manche et la forme du corps, et le stylo à pointe moyenne pour le reste de la veste.

Realce el contorno del cuerpo y la manga con el rotulador más grueso y el resto de la prenda, con el mediano.

12.

This final step shows the jacket side as a digital vector drawing. For more information on how to draw a digital vector drawing, see page 48, step 8.

Cette dernière étape montre le côté de la veste sous la forme d'un dessin vectoriel. Pour plus d'informations sur la manière de dessiner un vecteur numérique, voir page 48, étape 8.

Este último paso muestra la perspectiva lateral de la chaqueta en formato de dibujo vectorial. Para obtener más información de cómo realizar este tipo de dibujos, consulte el paso 8 de la página 48.

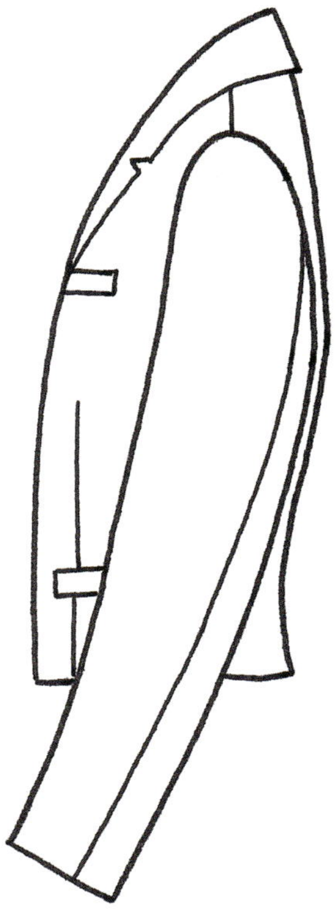

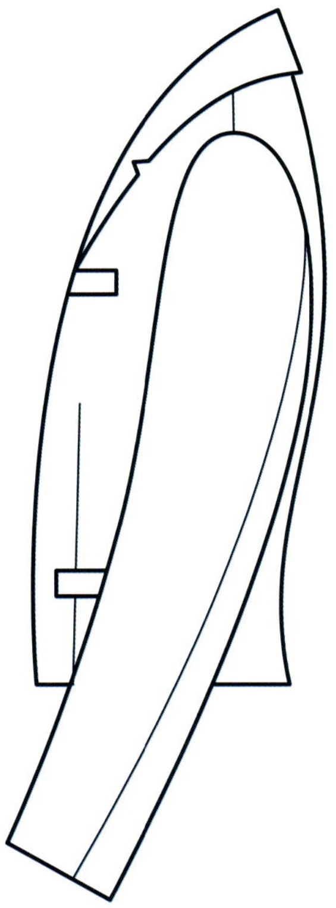

13.

Adding style and colour to technical drawings
The front and back of this jacket have been drawn with movement, although you can still see all of the details of the garment.

Ajouter du style et de la couleur aux dessins techniques
Du mouvement a été donné au dessin du devant et du dos de cette veste, même si l'on peut encore voir tous les détails du vêtement.

Cómo colorear y personalizar los dibujos planos
Las partes anterior y posterior de esta chaqueta se han dibujado con movimiento, aunque no por ello dejan de apreciarse todos los detalles de la prenda.

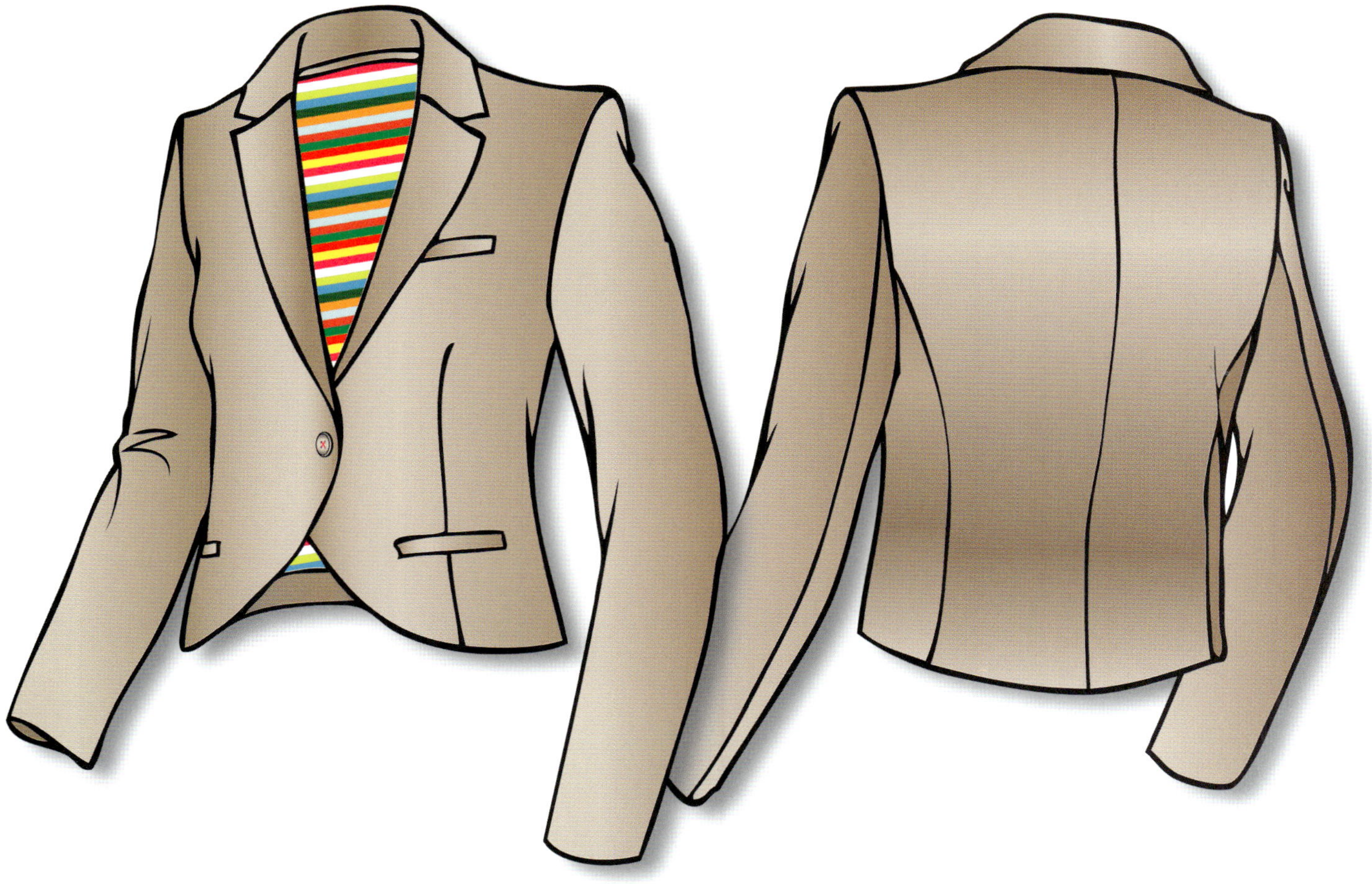

#12: Beaded dress - Une robe perlée - Vestido de pedrería

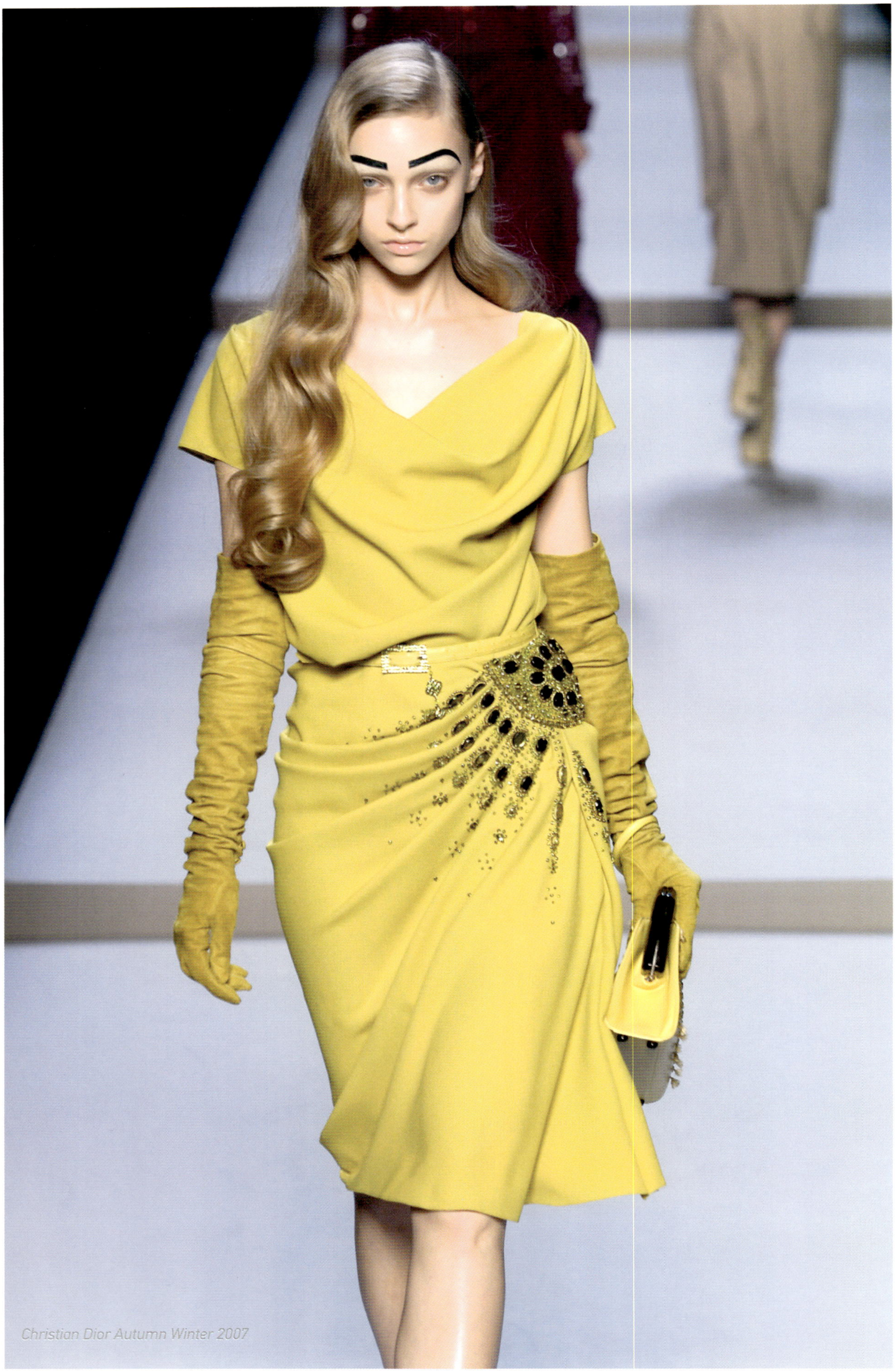

Christian Dior Autumn Winter 2007

1.

Beaded dress front
Start by drawing the basic shape of the dress using the basic template. Include the belt.

Devant de la robe perlée
Commencez par dessiner la forme générale de la robe à l'aide du modèle basique. Incluez la ceinture.

Perspectiva anterior del vestido de pedrería
Esboce la línea básica del vestido con la plantilla estándar a modo de guía. Incluya el cinturón.

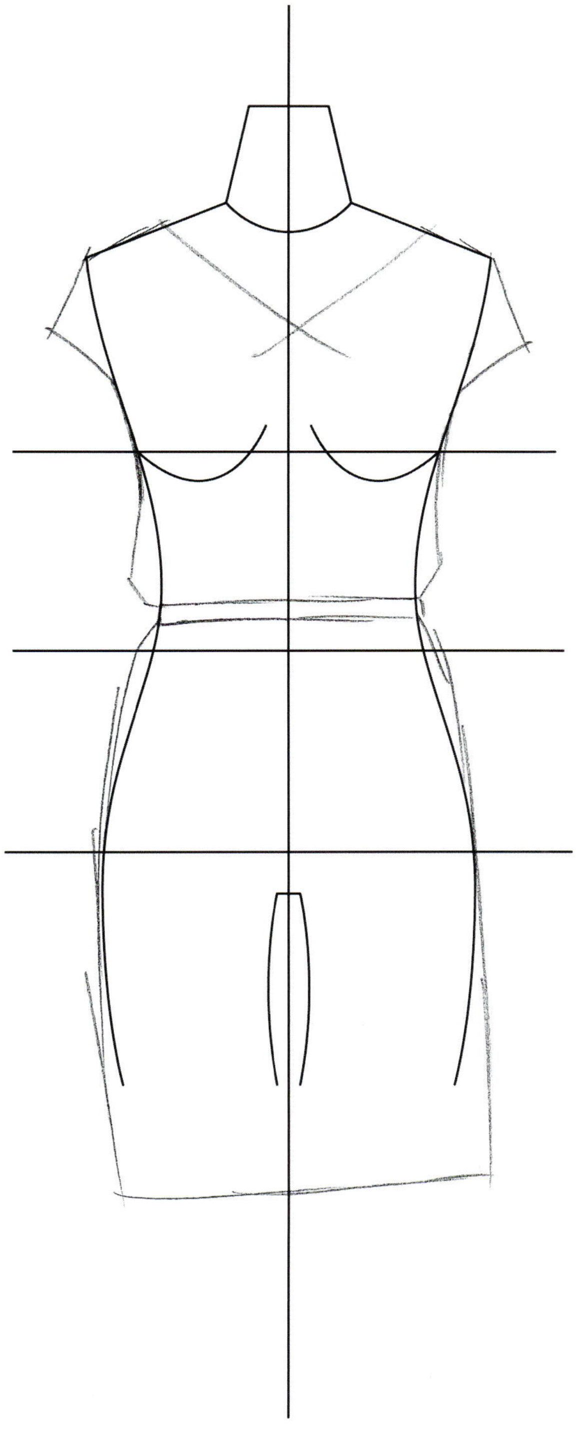

2.

Now add in the garment details. The top has pleats on the shoulder that turn into drapes; make sure to include just enough lines to represent the drape, without overcrowding the drawing. The skirt has a beaded section with pleats crossing the skirt; make sure that you count the number and include the right amount.

Ajoutez maintenant les détails du vêtement. Le haut comprend des plis sur l'épaule qui finissent en drapé ; assurez-vous de représenter juste assez de traits pour bien rendre le drapé sans surcharger le dessin. Une partie de la jupe est garnie de perles avec des plis qui croisent la jupe ; comptez-les pour en représenter le bon nombre.

Dibuje los detalles de la prenda. En la parte superior, los pliegues del hombro adoptan la forma de un drapeado, por lo que deberá trazar solo las líneas necesarias para representar este motivo sin recargar el dibujo. La falda incorpora un detalle de pedrería a partir del cual salen pliegues que la cruzan: cuente cuántos hay para que la reproducción sea lo más precisa posible.

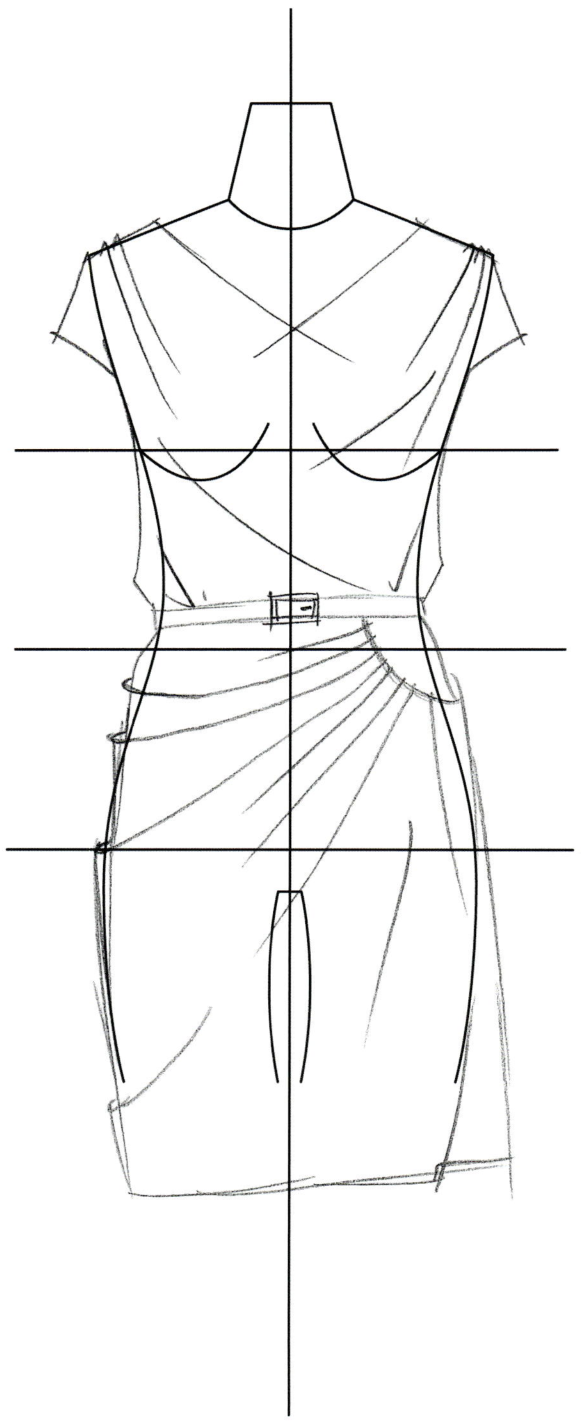

3.

Now carefully add in the embroidery details and the belt buckle detail.

Ajoutez maintenant avec soin les détails de broderie et le détail de la boucle de ceinture.

Dibuje minuciosamente los detalles del bordado y el cinturón con la hebilla.

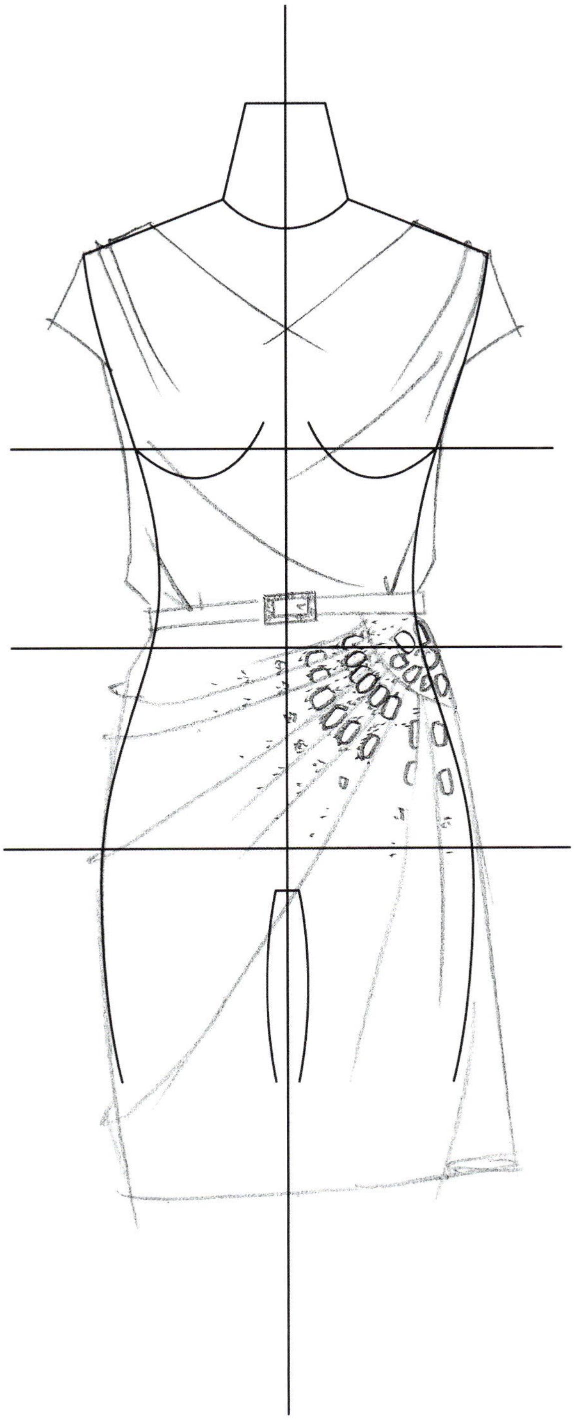

4.

Start with the thickest nib pen and draw the outline of the dress. Use the medium nib pen to draw the belt and the creases from the drape and the pleats.

Commencez avec le stylo à pointe épaisse pour tracer le contour de la robe. Utilisez le stylo à pointe moyenne pour la ceinture et les marques du drapé et des plis.

Realce el contorno del vestido con el rotulador más grueso, y el cinturón, el drapeado y los pliegues, con el medio.

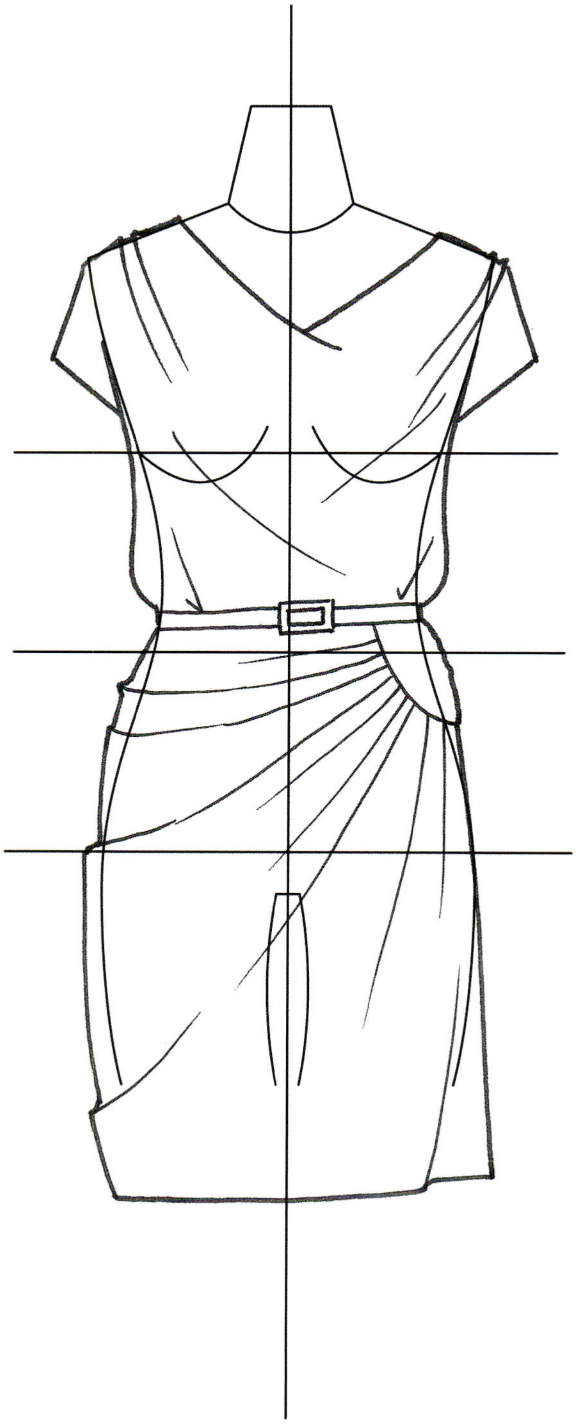

5.

Now add in the embroidery using the finest nib pen.

Ajoutez enfin la broderie à l'aide du stylo le plus fin.

A continuación, dibuje los detalles del bordado con el rotulador más fino.

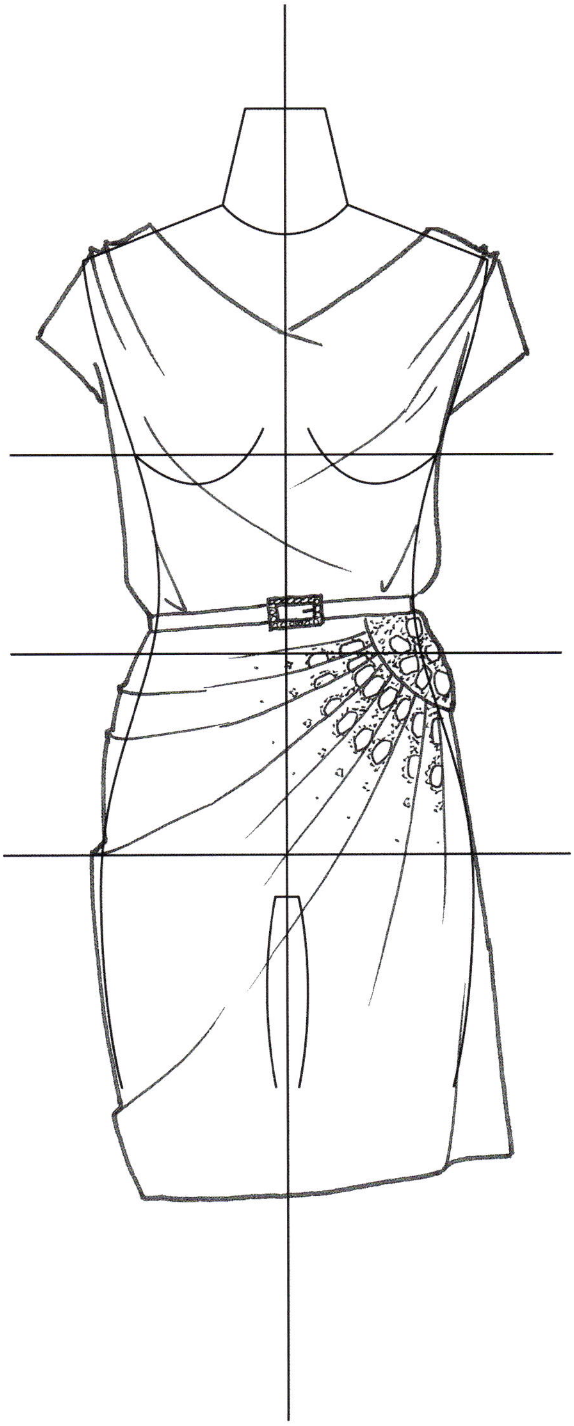

6.

This final step shows the beaded dress front as a digital vector drawing. For more information on how to draw a digital vector drawing, see page 48, step 8.

Cette dernière étape montre le devant de la robe perlée sous la forme d'un dessin vectoriel. Pour plus d'informations sur la manière de dessiner un vecteur numérique, voir page 48, étape 8.

Este último paso muestra el vestido de pedrería en formato de dibujo vectorial. Para obtener más información de cómo realizar este tipo de dibujos, consulte el paso 8 de la página 48.

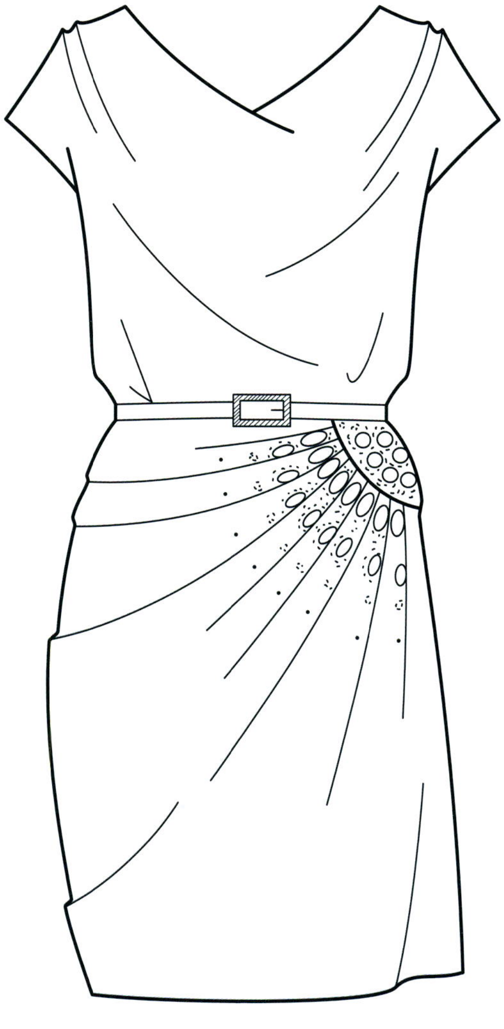

7.

Adding style and colour to technical drawings

This beaded dress has been created digitally, with some movement in the shape, and with creases. Note that coloured outlines have been used, rather than black.

Ajouter du style et de la couleur aux dessins techniques

Cette robe perlée a été créée numériquement, en donnant du mouvement à la forme et en ajoutant des plis. Remarquez l'utilisation de contours colorés, au lieu du noir.

Cómo colorear y personalizar los dibujos planos

Este vestido de pedrería se ha creado por ordenador y se le ha añadido movimiento y pliegues. Nótese que el contorno es en color, no negro.

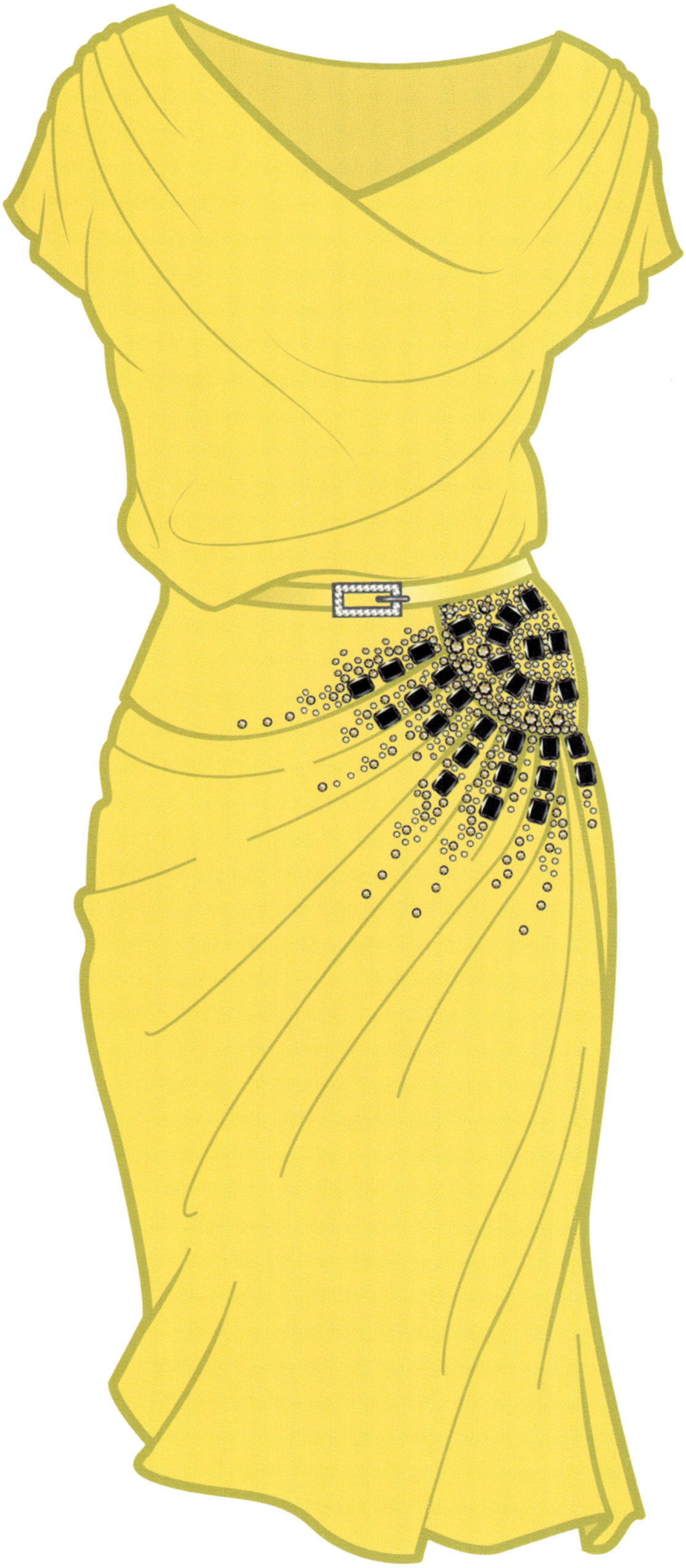

#13: Bikini - Un bikini - Biquini

front devant perspectiva anterior

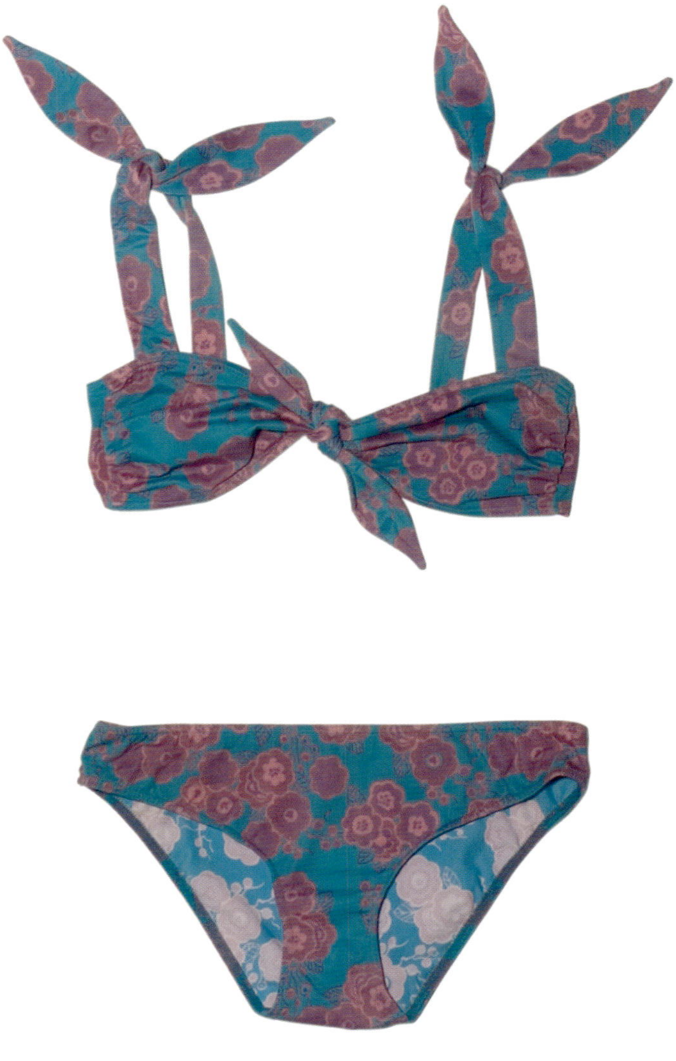

back dos perspectiva posterior

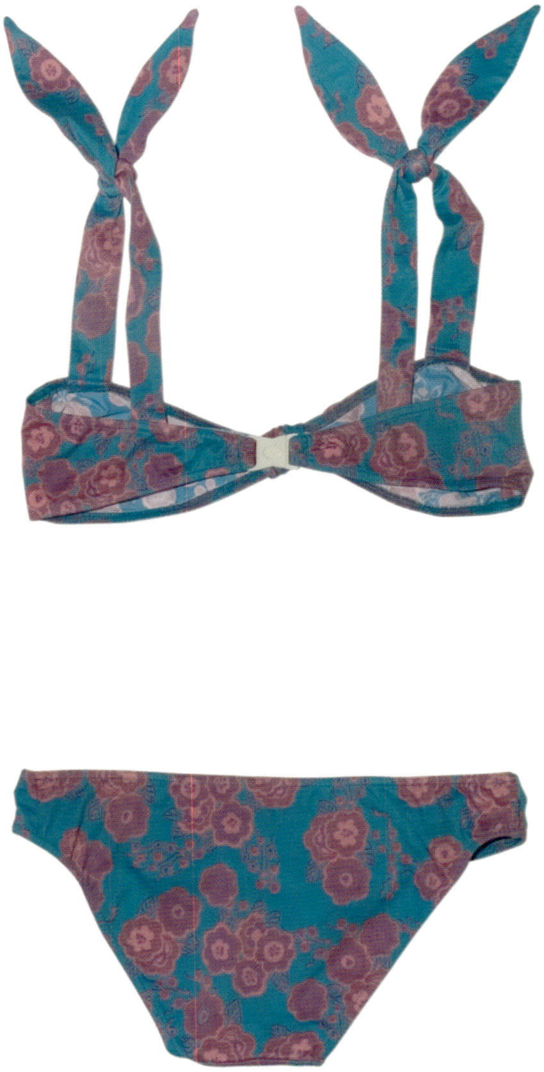

1.

Bikini front
Use the lingerie template to draw the outline of the bikini top and bottom. Although these are two separate pieces, you should draw them as a set because they would be sold together.

Devant du bikini
Utilisez le modèle de lingerie pour dessiner le contour du haut et du bas du bikini. Bien qu'il s'agisse de deux pièces séparées, vous devez les dessiner ensemble puisque c'est ainsi qu'elles seront vendues.

Perspectiva anterior del biquini
Esboce las líneas básicas de la parte superior e inferior del biquini con la plantilla del conjunto de lencería a modo de guía. Aunque se trata de dos piezas, hay que dibujarlas juntas porque se venderán como un conjunto.

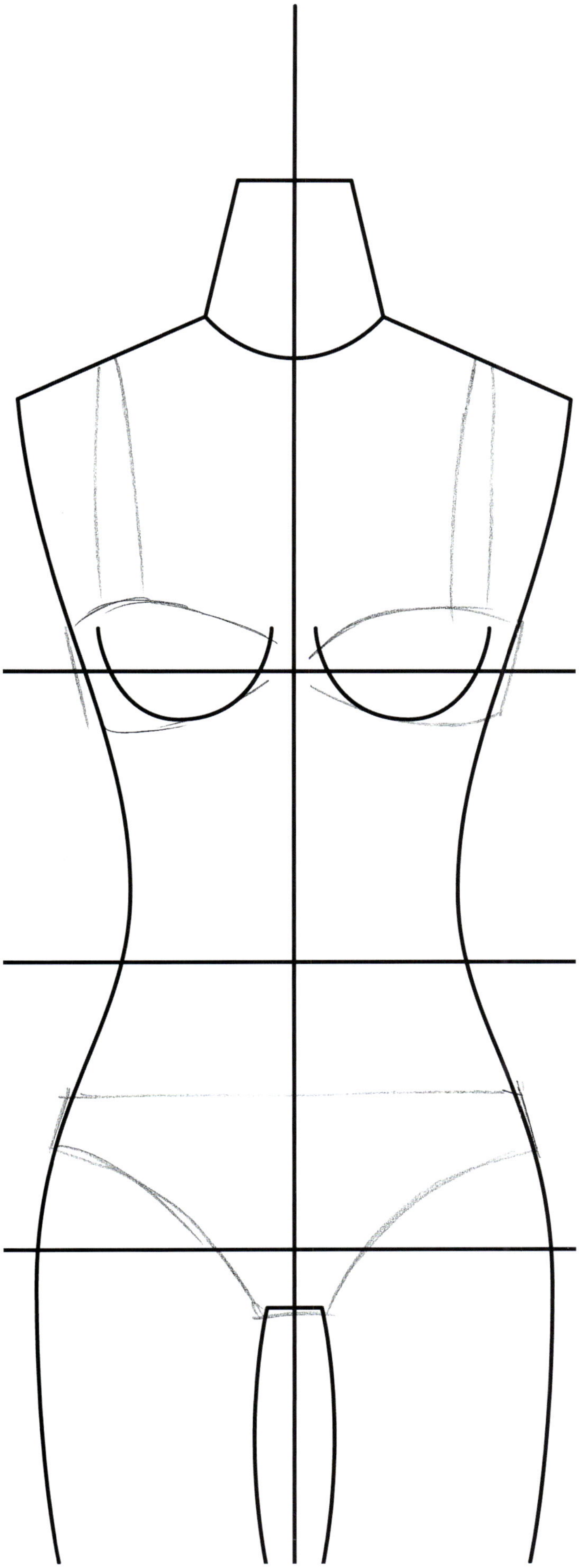

2.

The next step is to draw in the knots, seams and gathers. There are also topstitching lines to be added to the panties and the cups. Don't forget to add the back of the panties, which is visible from the front. Designate a small area on both the top and the bottom to render the print.

L'étape suivante consiste à dessiner les nœuds, les coutures et les fronces. Des lignes de surpiqûre doivent aussi être ajoutées pour la culotte et les bonnets. N'oubliez pas d'ajouter le dos de la culotte, qui est visible de devant. Choisissez une petite zone sur le bas et sur le haut pour rendre l'imprimé.

Dibuje los nudos, las costuras y los frunces, así como los pespuntes de ambas piezas. No olvide dibujar la perspectiva posterior de la braguita, que se aprecia desde delante. Elija una pequeña zona de la parte superior e inferior para representar el estampado.

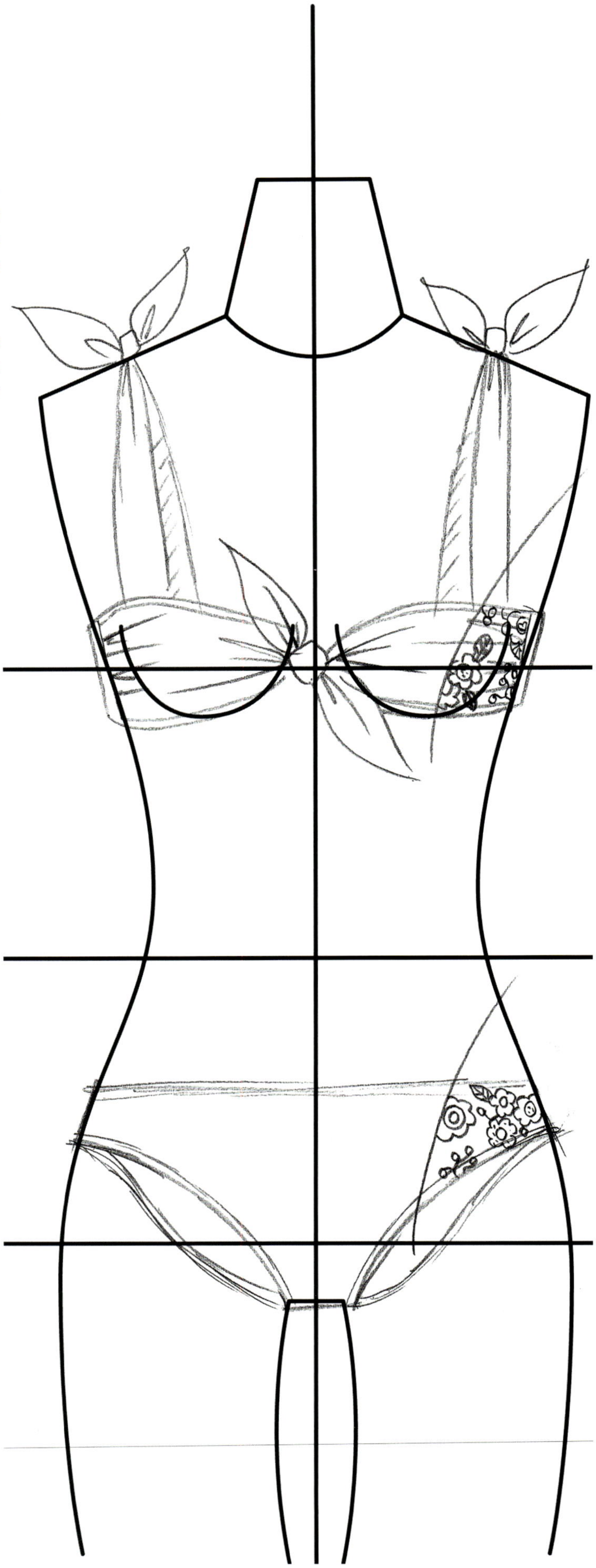

3.

Draw the outline of the bikini using the thickest nib pen, including the knots.

Tracez le contour du bikini à l'aide du stylo à pointe épaisse, y compris les nœuds.

Realce el contorno del biquini, nudos incluidos, con el rotulador más grueso.

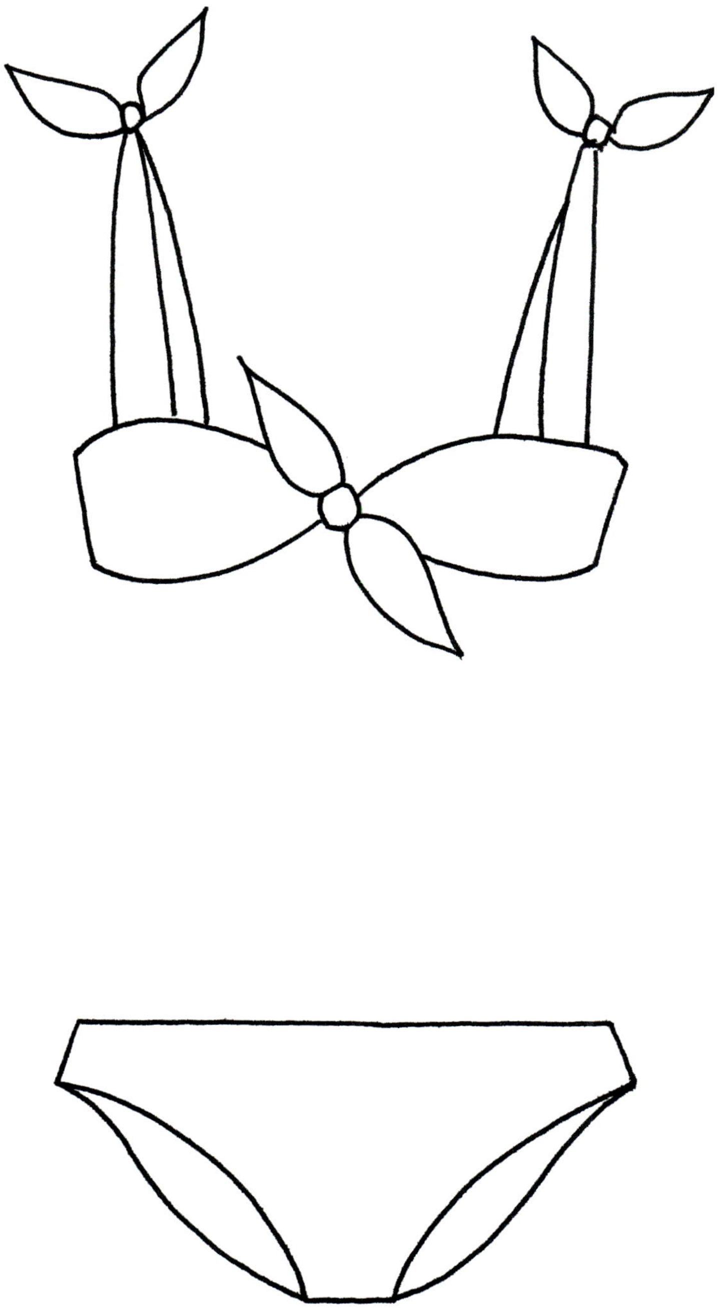

4.

Now use the medium nib pen for the seams and the creases. Use the finest nib pen for the topstitching, the print and the shading.

Utilisez ensuite le stylo à pointe moyenne pour les coutures et les marques de plis, et le stylo à pointe fine pour les surpiqûres, l'imprimé et l'ombrage.

Realce las costuras y los pliegues con el medio, y trace los pespuntes, el estampado y el sombreado con el más fino.

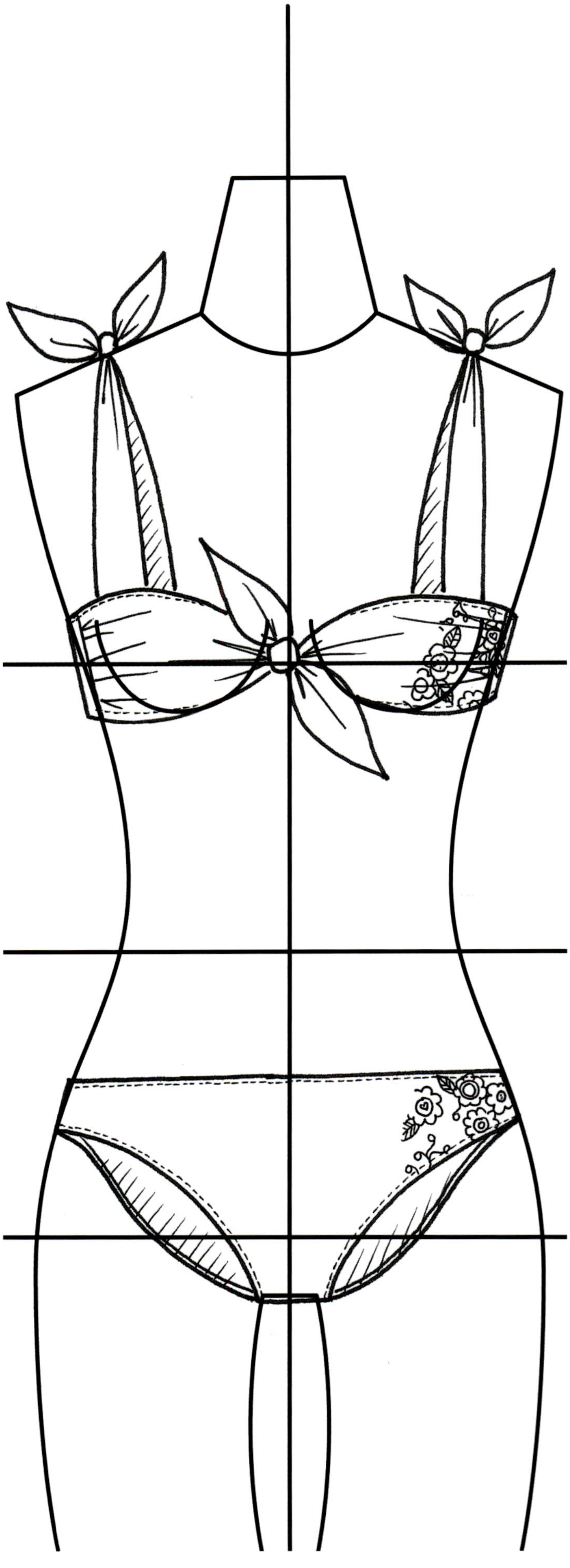

5.

This final step shows the bikini front as a digital vector drawing. For more information on how to draw a digital vector drawing, see page 48, step 8.

Cette dernière étape montre le devant du bikini sous la forme d'un dessin vectoriel. Pour plus d'informations sur la manière de dessiner un vecteur numérique, voir page 48, étape 8.

Este último paso muestra la perspectiva anterior del biquini en formato de dibujo vectorial. Para obtener más información de cómo realizar este tipo de dibujos, consulte el paso 8 de la página 48.

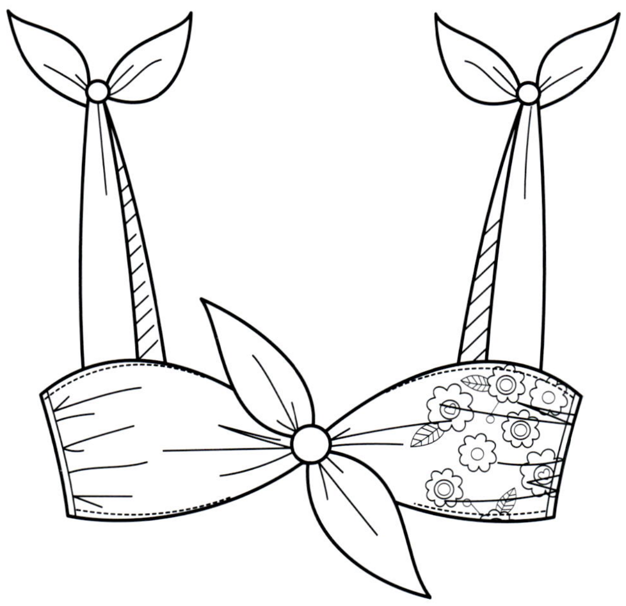

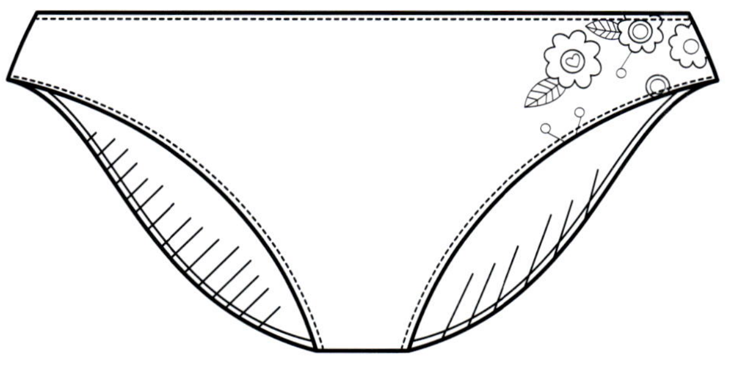

6.

Bikini back

Start by drawing the basic shapes using step 4 as a template. Please note that you will have to mirror the template as you are now drawing the back.

Dos du bikini

Commencez par dessiner les formes en vous servant de l'étape n°4 comme modèle. Notez bien que vous devez inverser le modèle puisque vous dessinez maintenant le dos.

Perspectiva posterior del biquini

Esboce la forma básica de las dos piezas con el dibujo del paso 4 a modo de plantilla. Nótese que, como tiene que dibujar la perspectiva posterior, deberá invertir la plantilla como una imagen especular.

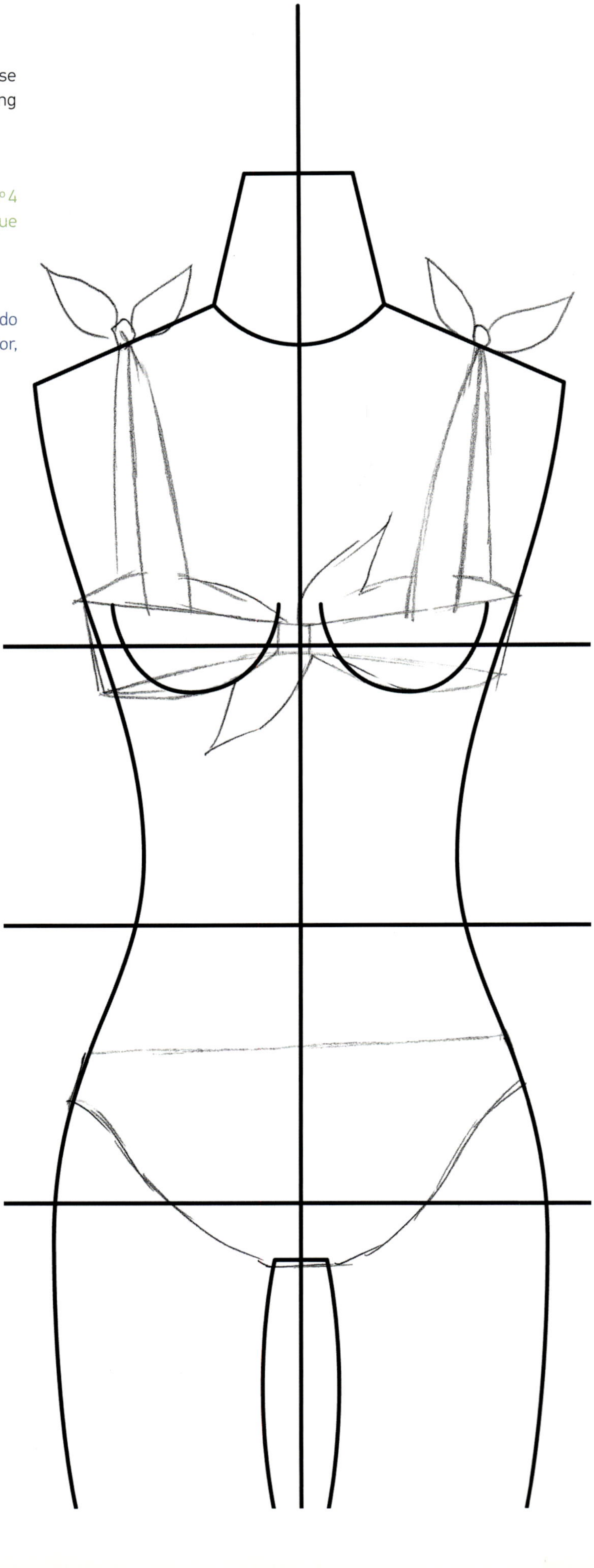

7.

Draw in the creases, the clasp and the topstitching lines. You could also add a binding along the edge, which is common finishing for this sort of garment.

Dessinez les marques de plis, l'attache et les lignes de surpiqûre. Vous pouvez aussi ajouter un bordage tout le long puisqu'il s'agit d'une finition courante pour ce type de vêtement.

Dibuje los pliegues, el cierre y los pespuntes. Si lo desea, dibuje también un ribete alrededor del contorno, puesto que se trata de un acabado habitual para este tipo de prendas.

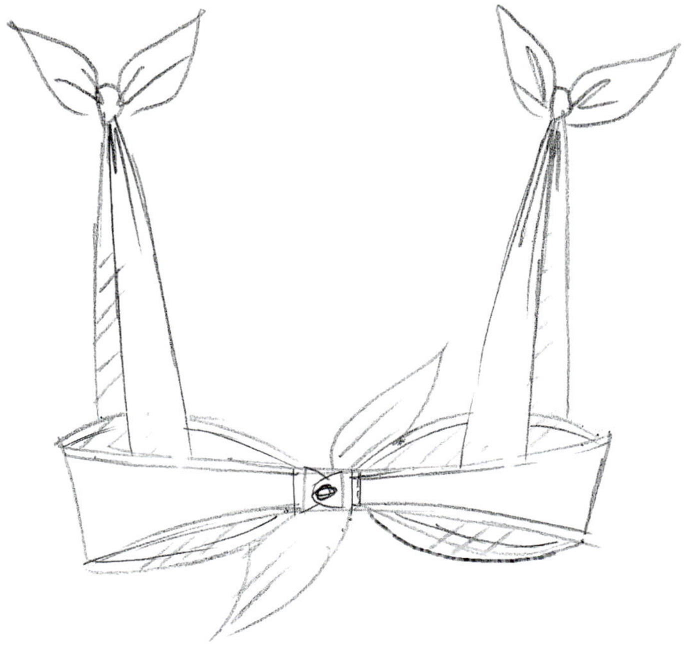

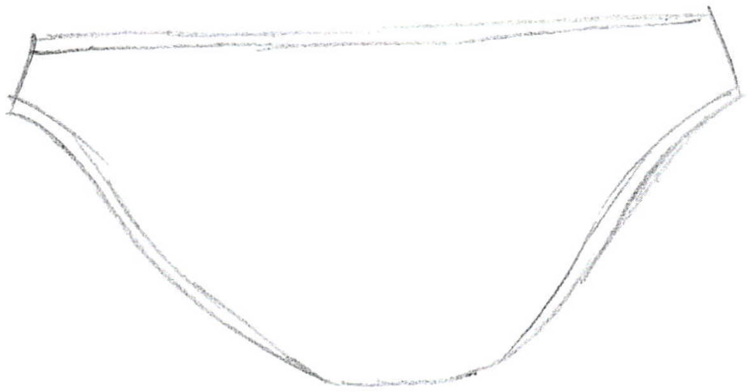

8.

Use the thickest pen to draw the outline of the bikini.

Utilisez le stylo à pointe épaisse pour tracer le contour du bikini.

Realce el contorno del biquini con el rotulador de punta más gruesa.

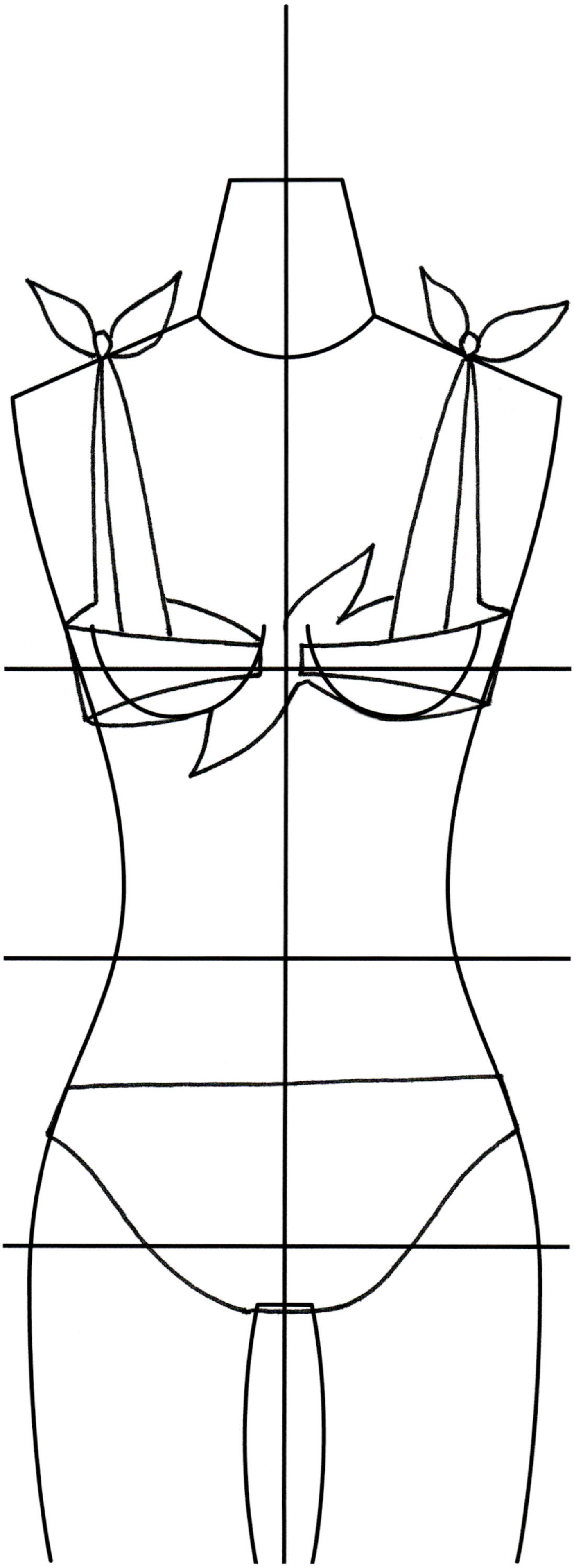

9.

Use the medium nib pen to draw the creases and the finest nib pen for the topstitching and the clasp details. There is no need to render both the front and the back of the bikini; it will be assumed unless otherwise indicated that both the front and back are the same print.

Utilisez le stylo à pointe moyenne pour dessiner les marques de plis, et le stylo le plus fin pour les surpiqûres et les détails de l'attache. Il n'est pas utile de représenter le rendu du bikini à la fois pour le devant et pour le dos ; sauf explications contraires, on considèrera que le devant et le dos ont le même imprimé.

Realce los pliegues con el rotulador medio, y los pespuntes y los detalles del cierre, con el más fino. No hace falta indicar el estampado en la perspectiva anterior y posterior del biquini puesto que, salvo indicado lo contrario, se entiende que se trata del mismo.

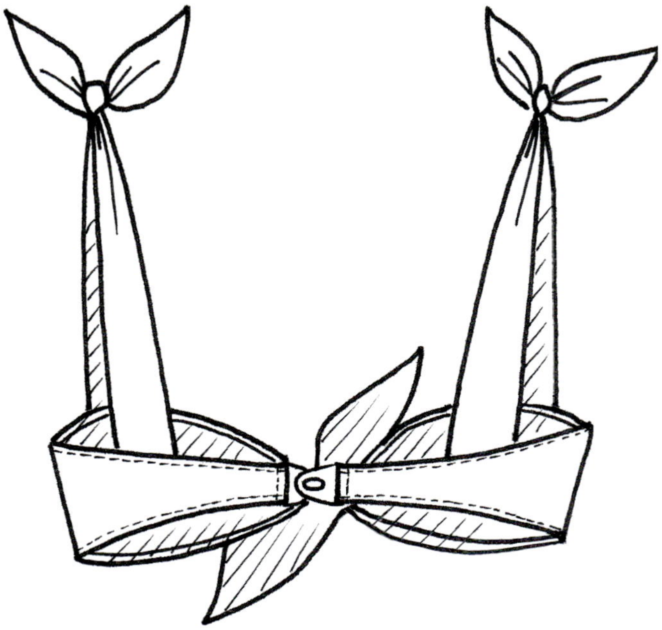

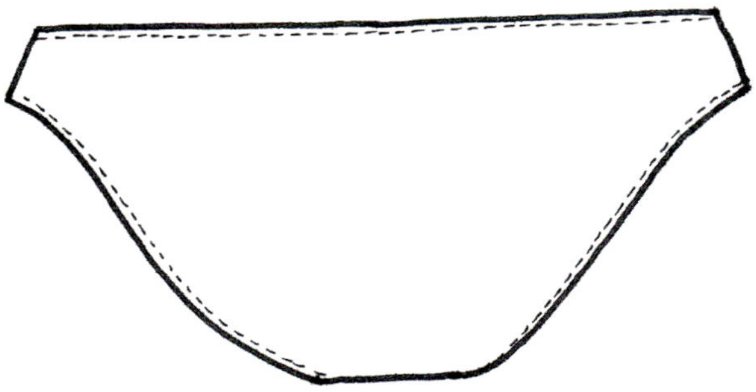

10.

This final step shows the bikini back as a digital vector drawing. For more information on how to draw a digital vector drawing, see page 48, step 8.

Cette dernière étape montre le dos du bikini sous la forme d'un dessin vectoriel. Pour plus d'informations sur la manière de dessiner un vecteur numérique, voir page 48, étape 8.

Este último paso muestra la perspectiva posterior del biquini en formato de dibujo vectorial. Para obtener más información de cómo realizar este tipo de dibujos, consulte el paso 8 de la página 48.

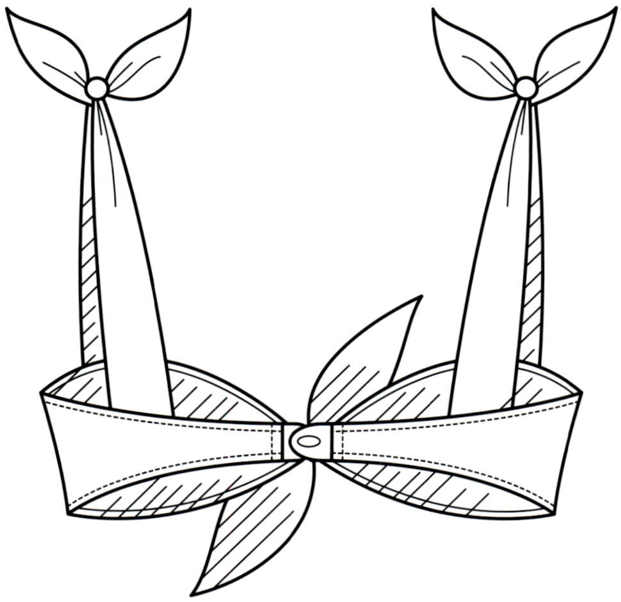

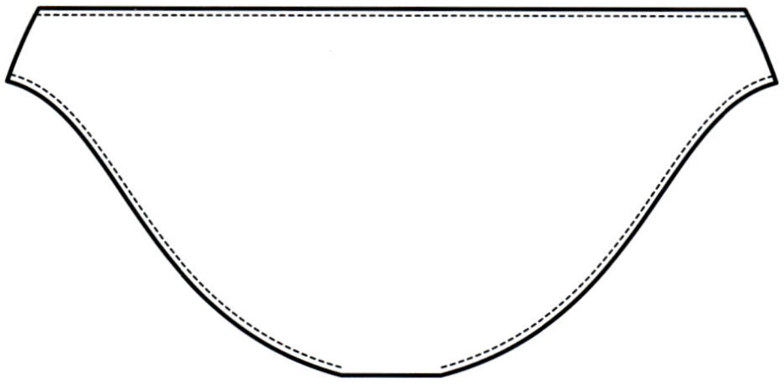

11.

Adding style and colour to technical drawings
The bikini has been drawn with a very thick marker, and its print has been placed underneath the outline and shifted slightly.

Ajouter du style et de la couleur aux dessins techniques
Le bikini a été dessiné avec un feutre très épais et son imprimé a été placé sous le contour, en léger décalé.

Cómo colorear y personalizar los dibujos planos
El biquini se ha delineado con un rotulador muy grueso y el estampado se ha colocado algo desplazado con relación a los márgenes.

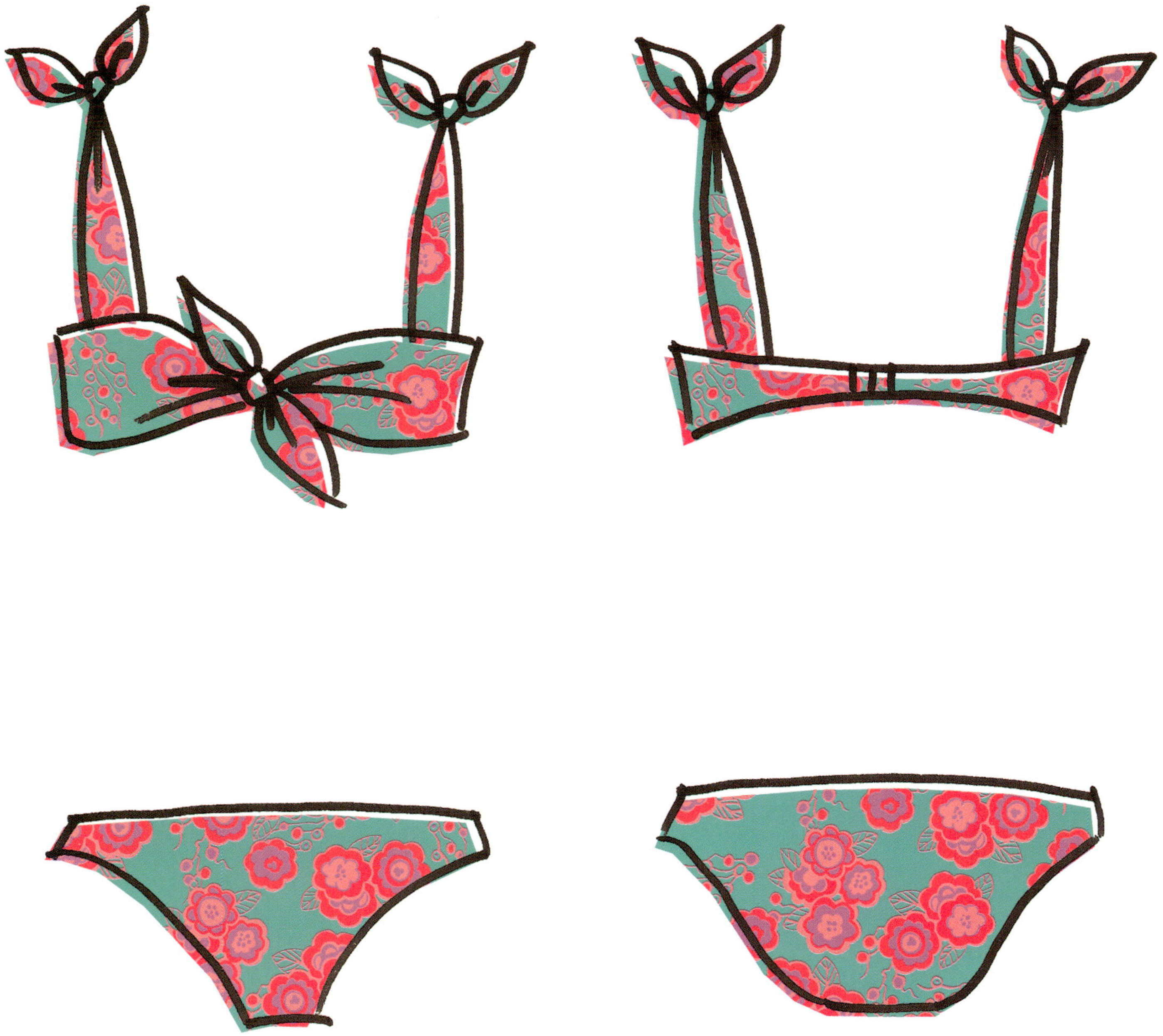

front devant perspectiva anterior

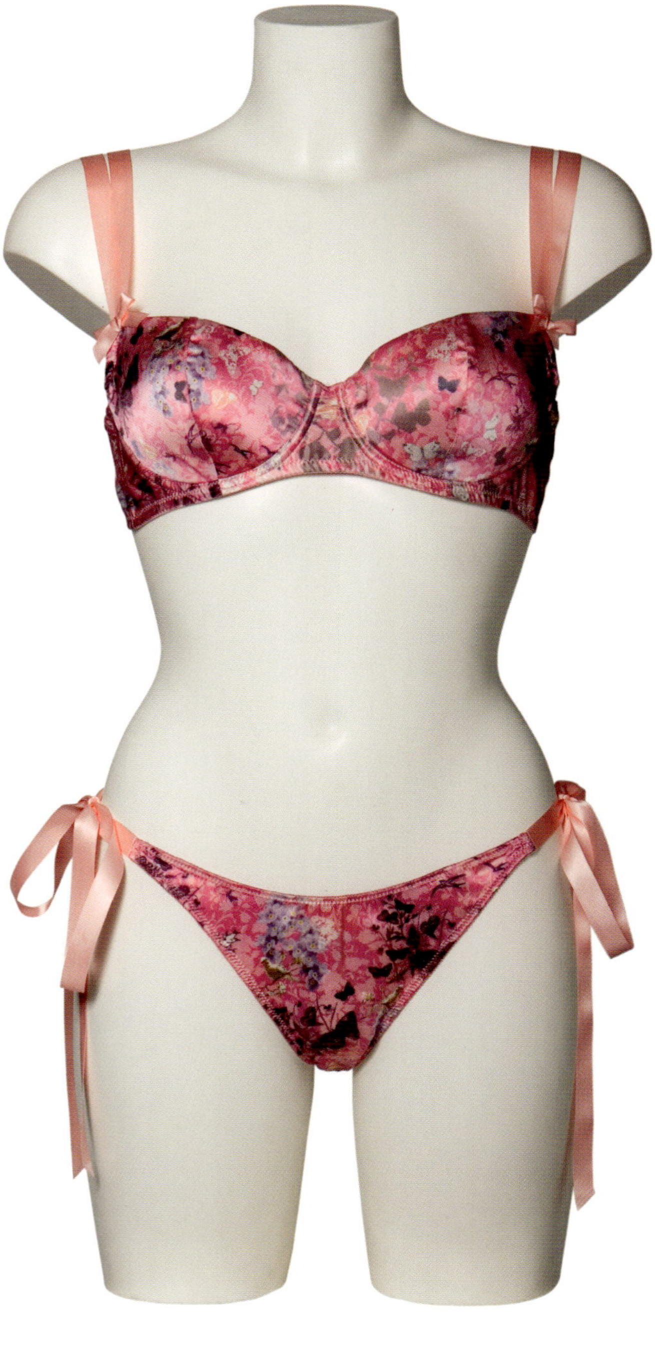

back dos perspectiva posterior

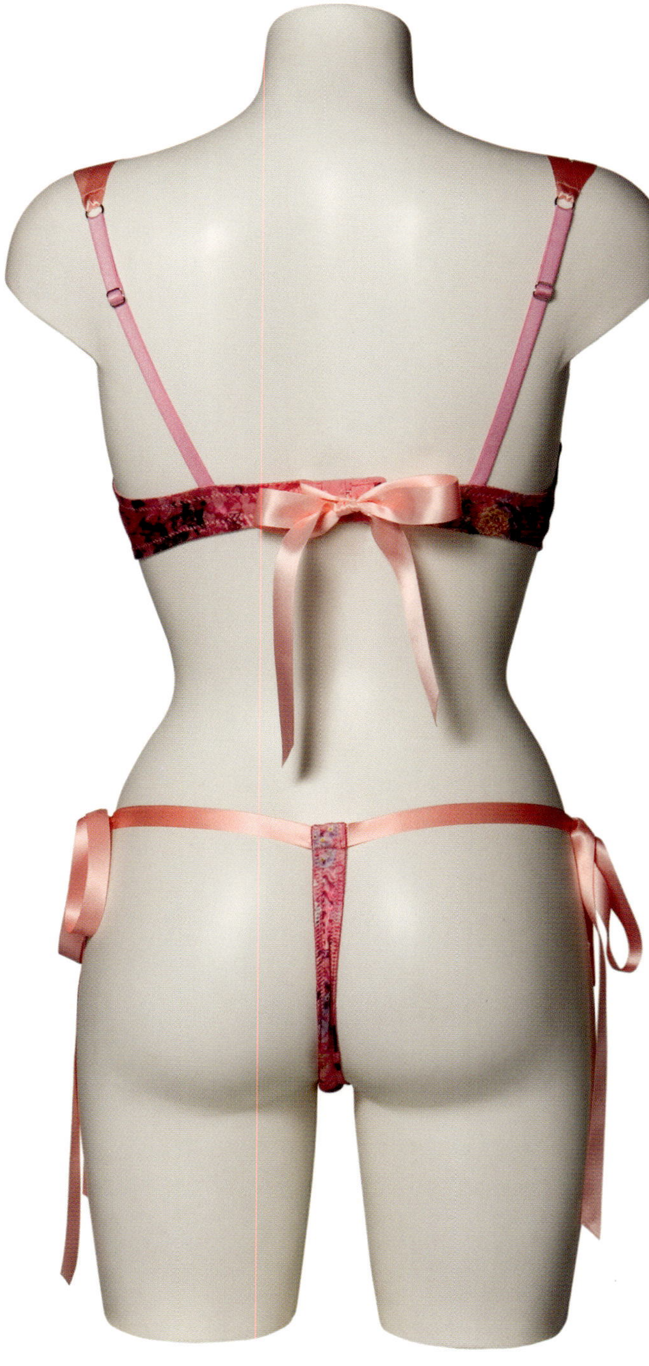

1.

Bra and thong front

As with the bikini, you should draw the bra and panties together, although they are two separate pieces. Start by drawing the basic shape of both the bra and thong, using the lingerie template.

Devant du soutien-gorge et du string

Comme pour le bikini, il convient de dessiner le soutien-gorge et le string ensemble même s'il s'agit de deux pièces séparées. Commencez par dessiner la forme de chaque pièce à l'aide du modèle de lingerie.

Perspectiva anterior del conjunto de lencería

Como en el caso del biquini, aunque se trata de dos piezas siempre hay que dibujarlas juntas. Para empezar, esboce la línea básica del sujetador y el tanga con la plantilla de lencería a modo de guía.

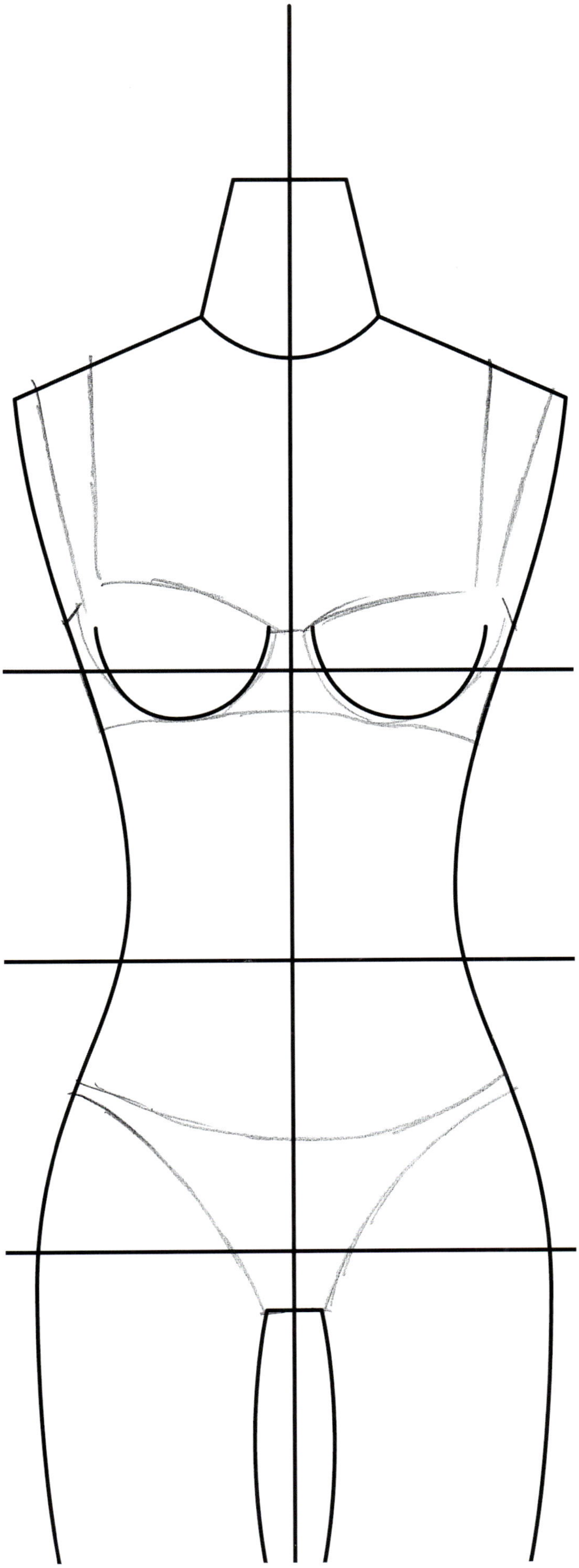

2.

Add the details of the lingerie set: the straps, the bows, the ribbons, the cup seams and the topstitching lines. Add the hanging ribbon from the back of the garment (the ribbon tie closure). As shown on the photograph, this ribbon is visible from the back and front. You could also add some detail from the back straps.

Ajoutez les détails de l'ensemble de lingerie : les bretelles, les nœuds, les rubans, les coutures des bonnets et les lignes de surpiqûre. Ajoutez les bouts du ruban tombant dans le dos (provenant du nœud d'attache). Comme on le voit sur la photographie, le ruban est visible de devant et de dos. Vous pouvez aussi ajouter les détails de l'arrière des bretelles.

Dibuje los detalles del conjunto: los tirantes, los lazos, las cintas, las costuras de las copas y los pespuntes. Incluya los extremos de la cinta del sujetador que cuelgan en la espalda. Como se aprecia en la fotografía, la cinta se distingue de frente y de espaldas. Si lo desea, añada también algunos detalles de la perspectiva posterior de los tirantes.

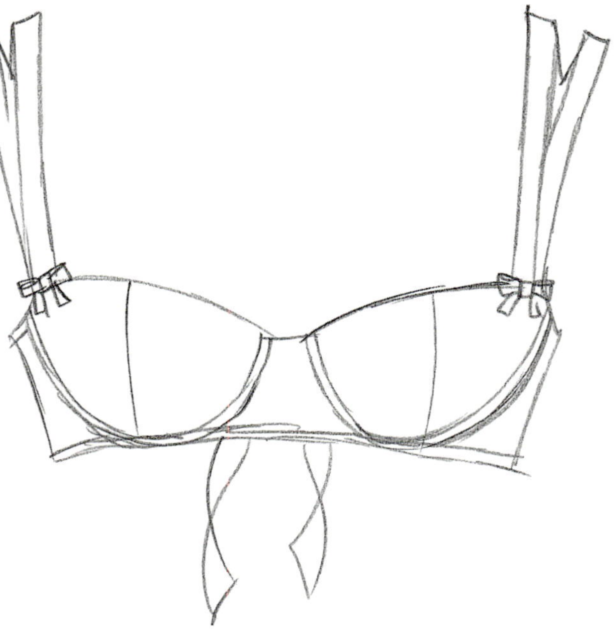

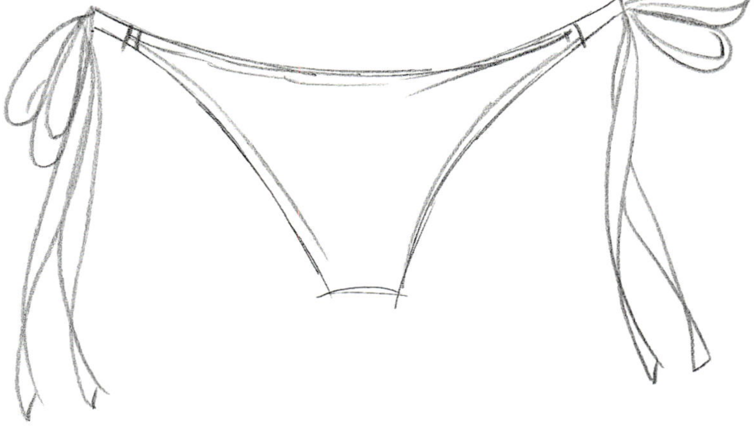

3.

Select a small area to render the print. The print on this set is very detailed, so the rendering should simply represent the pattern, but does not have to be completely accurate.

Choisissez une petite zone pour le rendu de l'imprimé. L'imprimé de cet ensemble est très complexe, le rendu doit refléter correctement le motif mais il n'a pas besoin d'être extrêmement précis.

Seleccione una pequeña zona para dibujar el estampado. Como el de este conjunto es muy detallado, bastará representar el motivo, no hace falta que el dibujo sea excesivamente preciso.

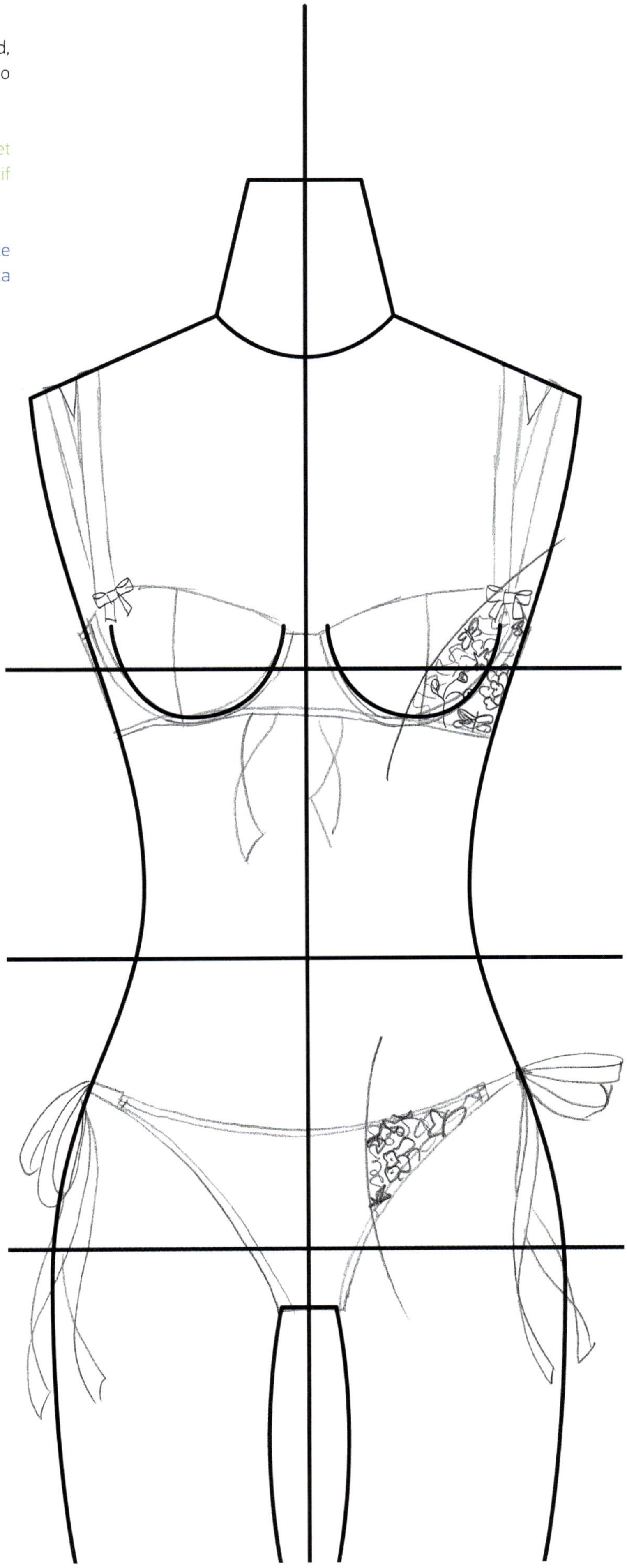

4.

Use the thickest nib pen to trace the outline of the bra shape and the panties. Use the medium nib pen to add the straps, the cup seams, the bows and the ribbons.

Utilisez le stylo le plus épais pour tracer le contour de la forme du soutien-gorge et du string. Utilisez le stylo à pointe moyenne pour ajouter les bretelles, les coutures des bonnets, les nœuds et les rubans.

Realce el contorno del sujetador y el tanga con el rotulador más grueso, y trace los tirantes, las costuras de las copas, los lazos y las cintas con el medio.

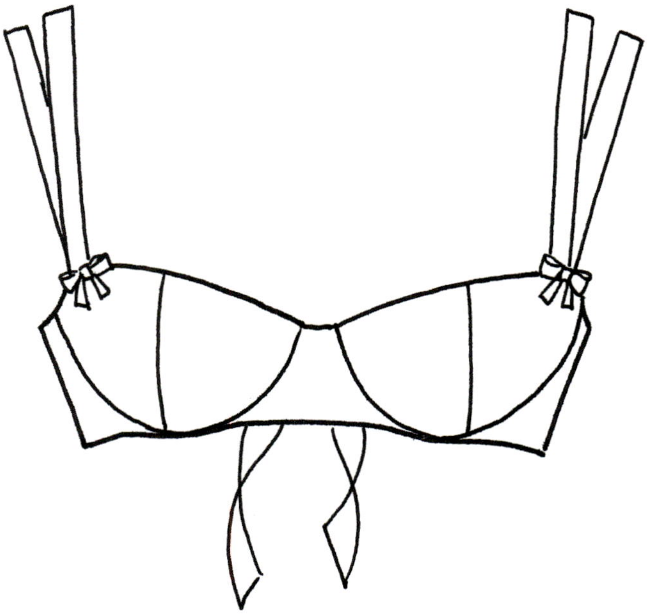

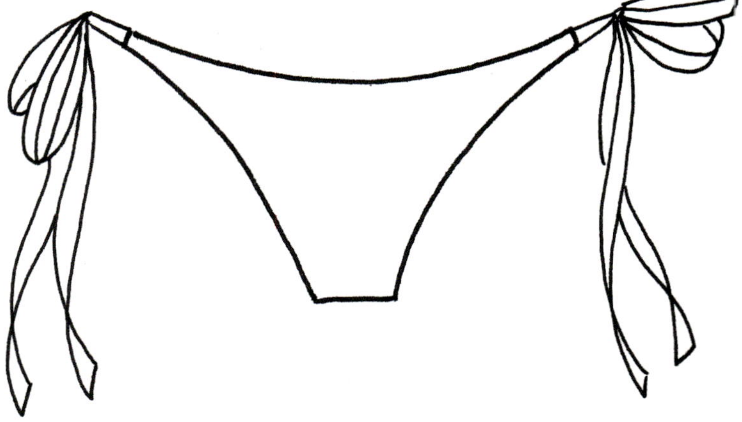

5.

Now use the finest nib pen to draw the topstitching and the print.

Utilisez maintenant le stylo à pointe fine pour dessiner les surpiqûres et l'imprimé.

Realce el contorno de los pespuntes y el estampado con el rotulador más fino.

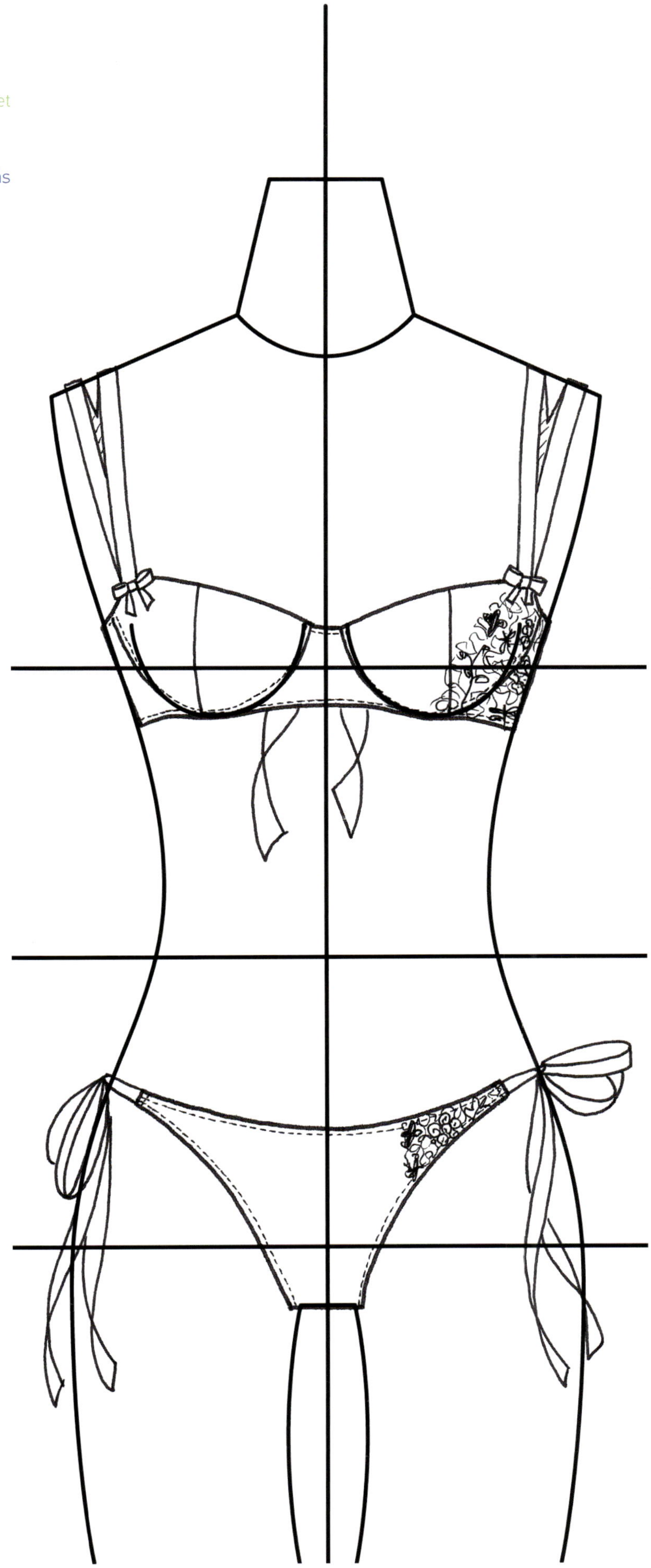

6.

This final step shows the bra and thong front as a digital vector drawing. For more information on how to draw a digital vector drawing, see page 48, step 8.

Cette dernière étape montre le devant du soutien-gorge et du string sous la forme d'un dessin vectoriel. Pour plus d'informations sur la manière de dessiner un vecteur numérique, voir page 48, étape 8.

Este último paso muestra la perspectiva anterior del conjunto de lencería en formato de dibujo vectorial. Para obtener más información de cómo realizar este tipo de dibujos, consulte el paso 8 de la página 48.

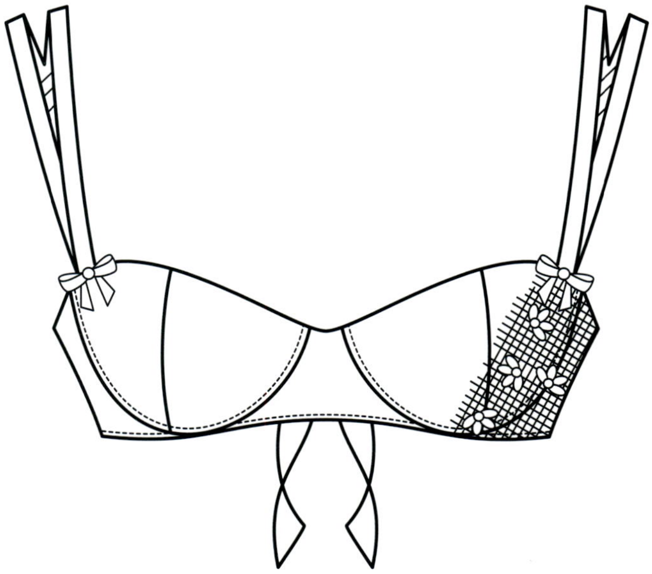

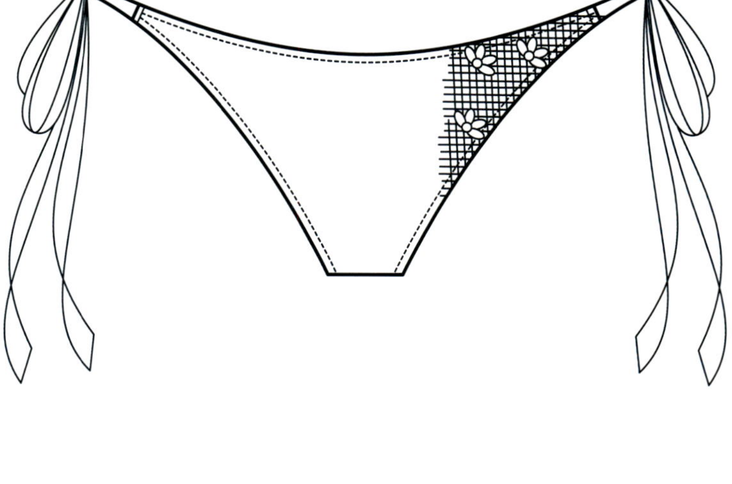

7.

Bra and thong back

Use the front as a template for the back. Draw the basic shape of the back and add in the straps, bows, ribbons, adjustable components (such as rings and slides) and front shapes.

Dos du soutien-gorge et du string

Utilisez le dessin du devant comme modèle pour dessiner le dos. Dessinez la forme du dos et ajoutez les bretelles, les nœuds, les rubans, les éléments d'ajustement (tels que boucles et anneaux), et les formes du devant.

Perspectiva posterior del conjunto de lencería

Utilice el dibujo de la perspectiva anterior para la posterior a modo de plantilla. Esboce la línea básica de la perspectiva posterior y añada los tirantes, los lazos, las cintas, los componentes ajustables (aros y hebillas) y las líneas básicas de la perspectiva anterior.

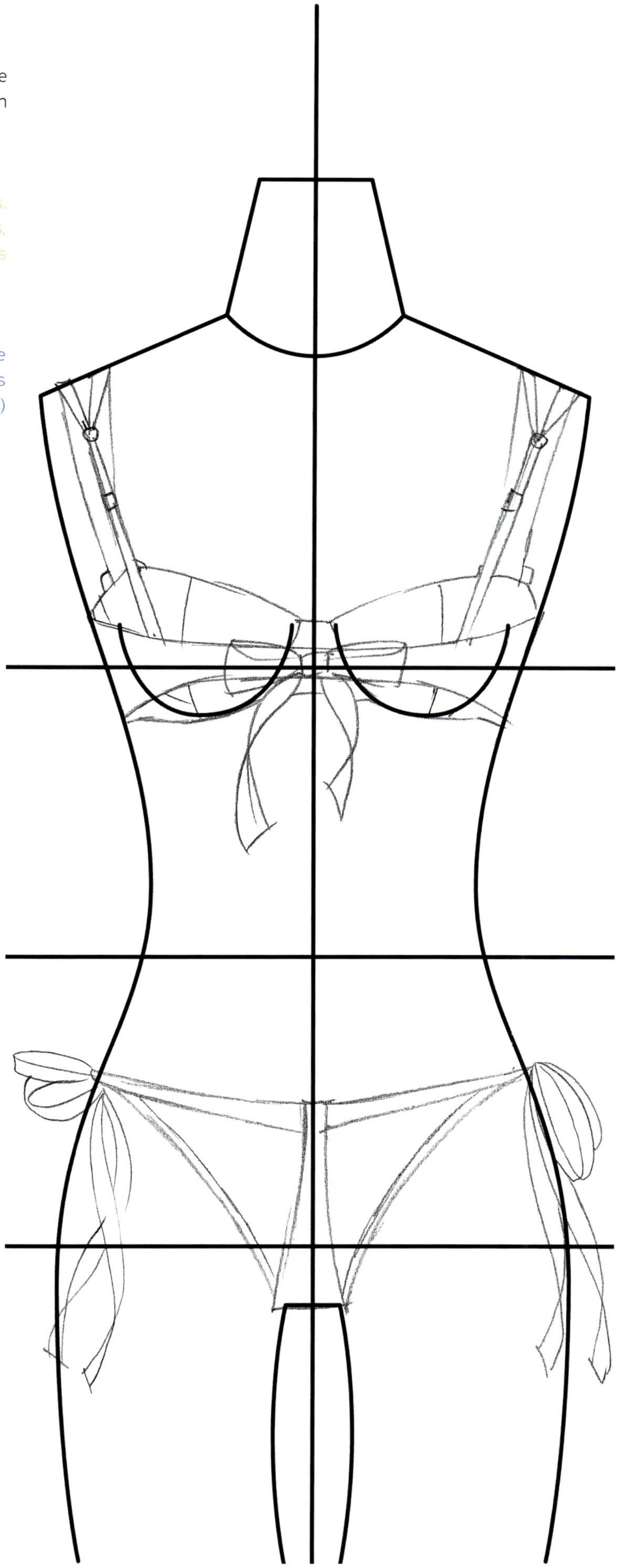

8.

Use the thickest nib pen to draw the basic shape of the bra and thong. Use the medium nib pen to draw the ribbon and bows.

Utilisez le stylo le plus épais pour tracer la forme générale du soutien-gorge et du string. Utilisez le stylo à pointe moyenne pour le ruban et les nœuds.

Realce el contorno del sujetador y el tanga con el rotulador más grueso, y la cinta y los lazos, con el medio.

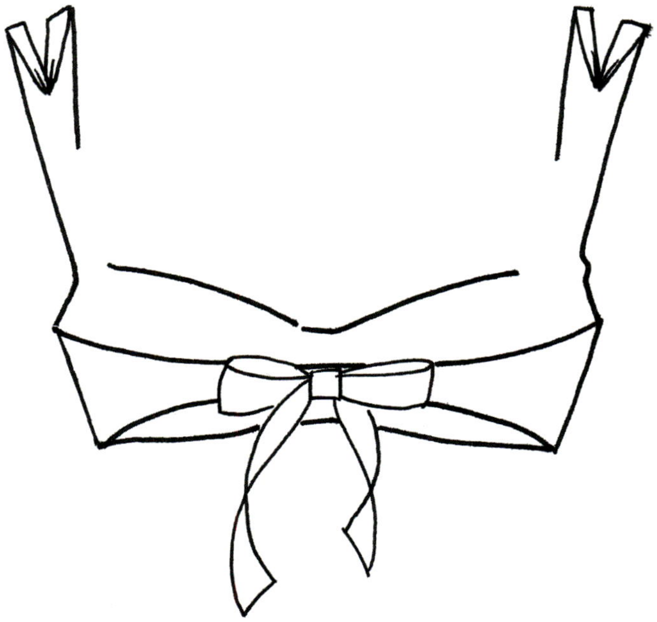

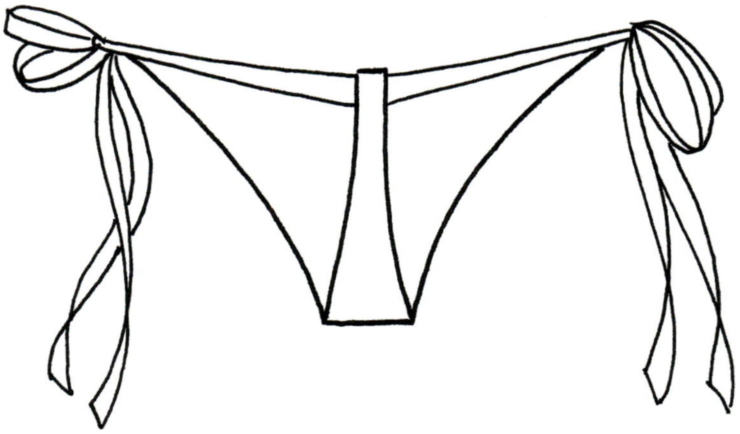

9.

Use the finest nib pen to draw the straps and the adjustable components, as well as the shaded area and topstitching.

Utilisez le stylo le plus fin pour dessiner les bretelles et les éléments d'ajustement ainsi que la zone ombrée et les surpiqûres.

Realce el contorno de los tirantes y los componentes ajustables, así como la zona sombreada y los pespuntes, con el rotulador más fino.

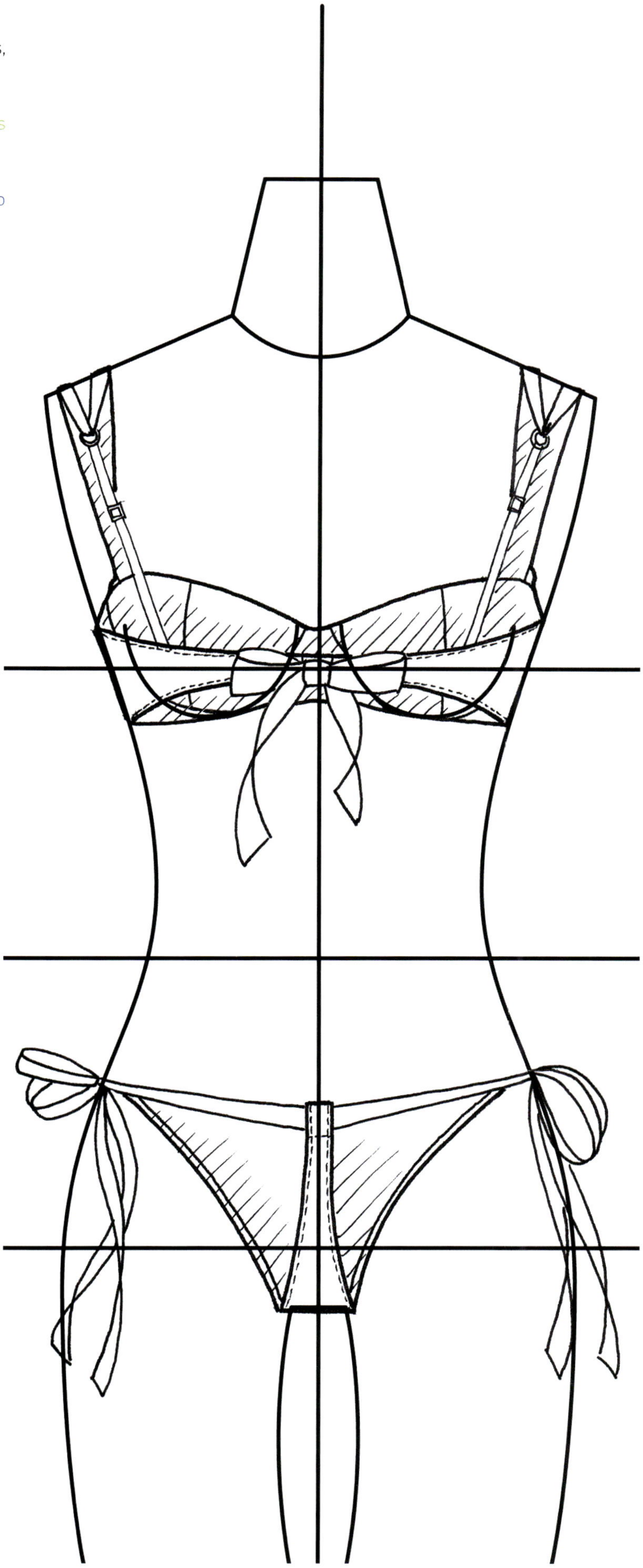

10.

This final step shows the bra and thong backs as digital vector drawings. For more information on how to draw a digital vector drawing, see page 48, step 8.

Cette dernière étape montre le dos du soutien-gorge et du string sous la forme d'un dessin vectoriel. Pour plus d'informations sur la manière de dessiner un vecteur numérique, voir page 48, étape 8.

Este último paso muestra la perspectiva posterior del conjunto de lencería en formato de dibujo vectorial. Para obtener más información de cómo realizar este tipo de dibujos, consulte el paso 8 de la página 48.

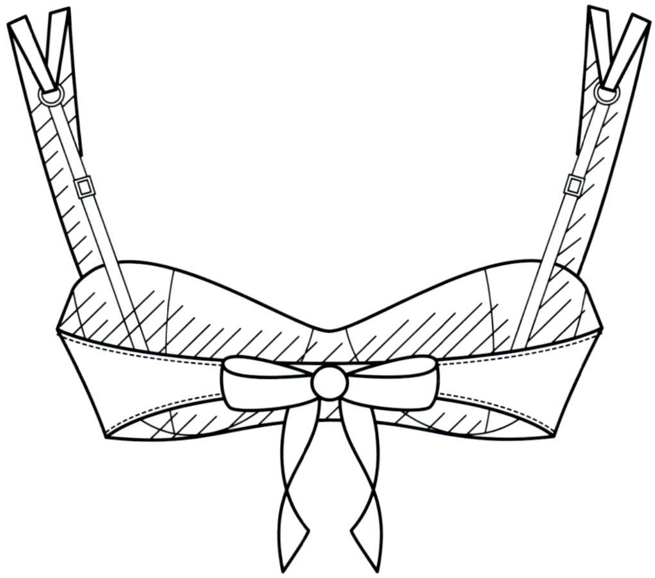

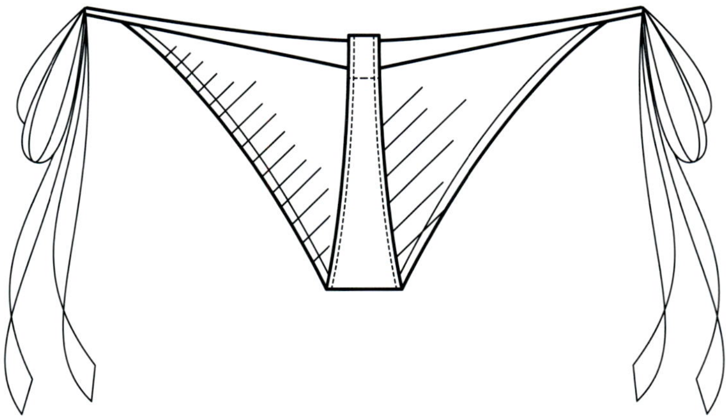

11.

Adding style and colour to technical drawings

This is a technical drawing that has been coloured and rendered with the garment's print.

Ajouter du style et de la couleur aux dessins techniques

Ce dessin technique a été colorisé et rendu avec l'imprimé du vêtement.

Cómo colorear y personalizar los dibujos planos

Este dibujo plano se ha coloreado y representado con el estampado correspondiente.

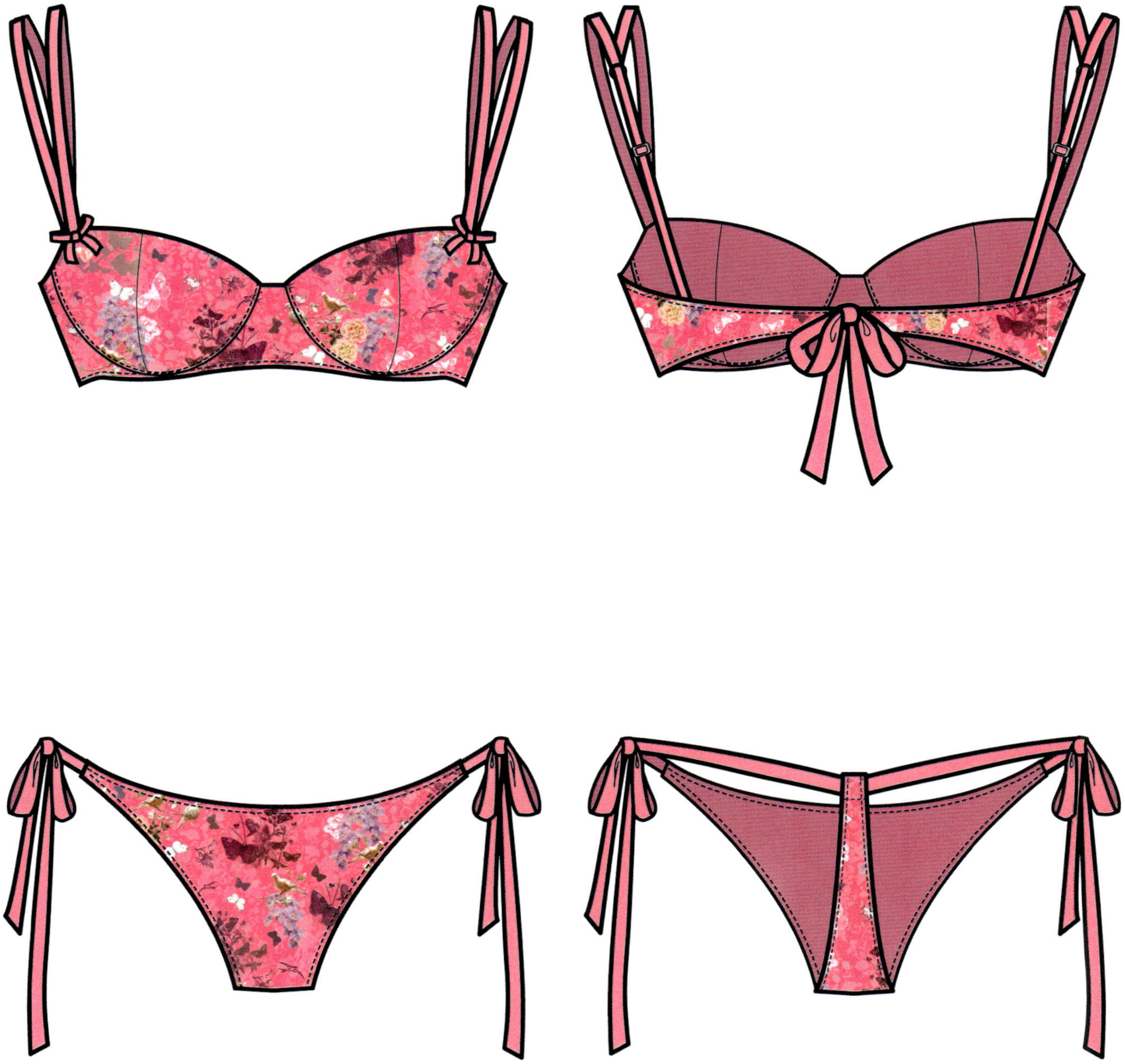

Common mistakes - Les erreurs fréquentes - Errores habituales

Here are some common mistakes made when drawing shirt collars.

Voici quelques-unes des erreurs fréquemment commises lors de la représentation des cols de chemise.

Estos son algunos de los errores más comunes a la hora de dibujar cuellos de camisa.

This collar does not have enough height.

Ce col a une hauteur insuffisante.

Este cuello no es lo bastante alto.

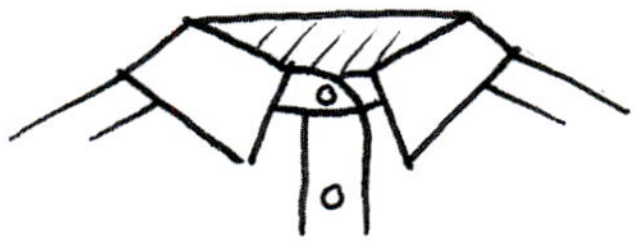

This collar also only has three sides and does not sit on the shoulder.

Ce col n'a que trois côtés et ne s'étend pas sur l'épaule.

Este cuello solo tiene tres lados y no descansa sobre el hombro.

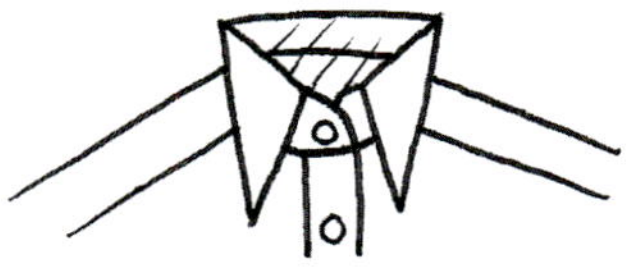

The shape of this collar only has three sides, which makes it look flat.

La forme de ce col n'a que trois côtés, ce qui le fait paraître plat.

Este cuello solo tiene tres lados, por lo que se ve plano.

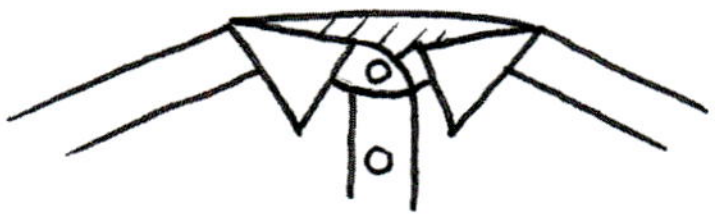

Correct drawing.

Dessin correct.

Ilustración correcta.

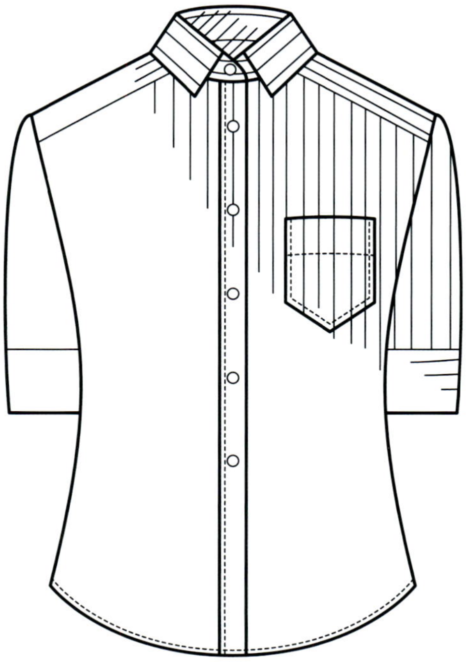

Here are some common mistakes made when drawing tailored collars.

Voici quelques-unes des erreurs fréquemment commises lors de la représentation des cols tailleur.

Estos son algunos de los errores más comunes a la hora de dibujar cuellos con solapa.

This collar only has four angles and does not properly represent the shape of the collar.

Ce col n'a que quatre angles et sa forme n'est pas correctement représentée.

Este cuello solo tiene cuatro ángulos y no representa correctamente la forma.

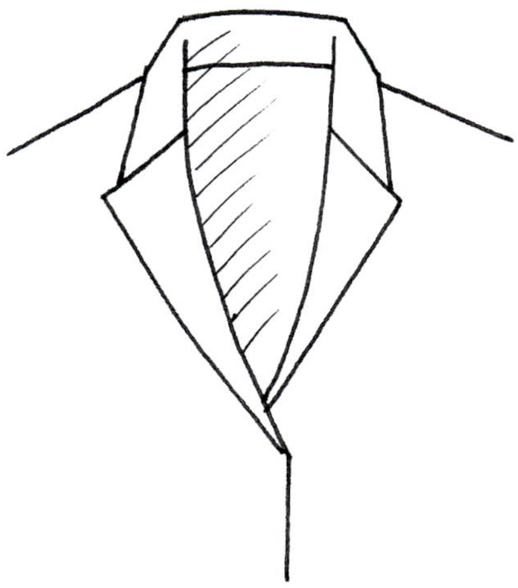

This collar also only has four angles and does not touch down on the shoulder.

Ce col n'a que quatre angles et ne touche pas l'épaule.

Este cuello solo tiene cuatro ángulos y no descansa sobre el hombro.

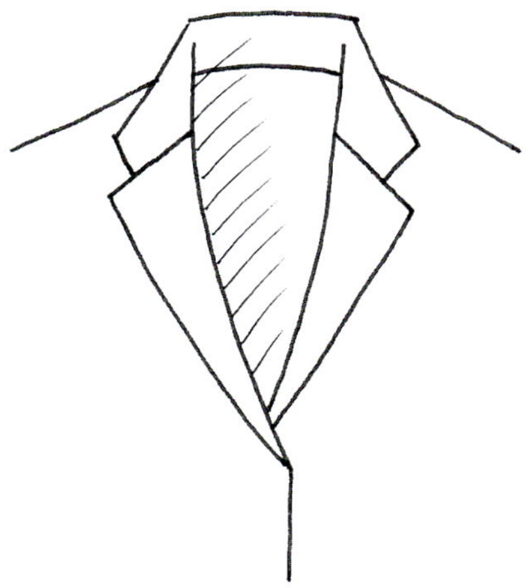

This collar does not rise on the back neck; it is too flat.

Ce col ne monte pas à l'arrière du cou, il est trop plat.

Este cuello no está levantado en la parte de la nuca, queda demasiado plano.

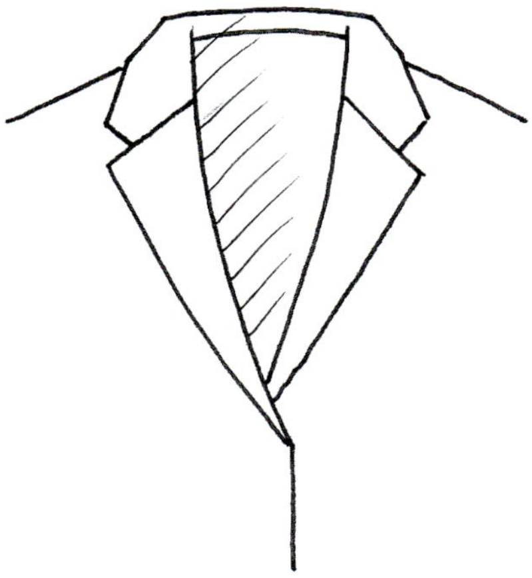

Common mistakes - Les erreurs fréquentes - Errores habituales

This collar does not have the seam that separates the lapel and the collar.

Ce col ne montre pas la couture séparant le revers du col.

Este cuello carece de la costura que separa la solapa del cuello.

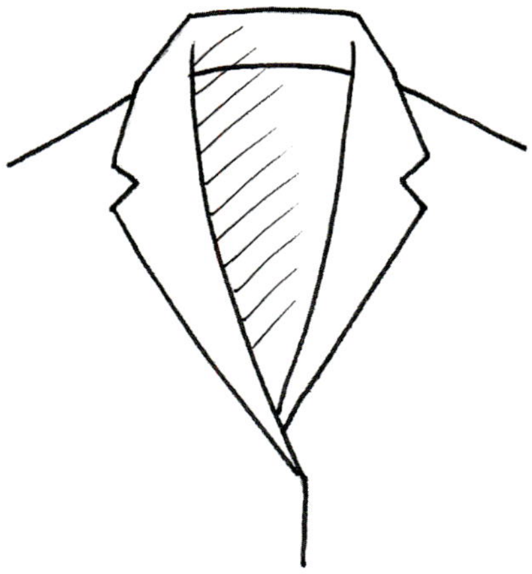

Correct drawing.

Dessin correct.

Ilustración correcta.

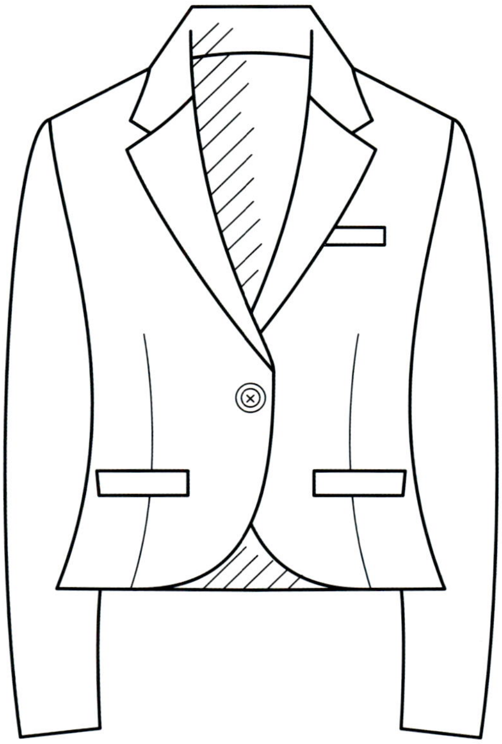

Here are some common mistakes made when using ruffles and gathers.

Voici les erreurs fréquemment commises avec les volants et les fronces.

Estos son algunos de los errores más comunes a la hora de dibujar volantes y frunces.

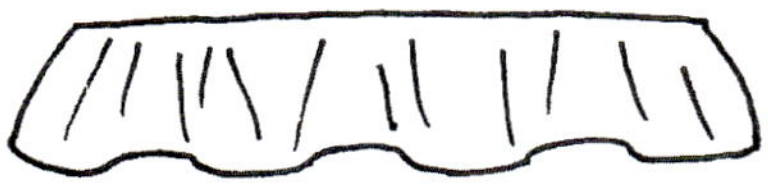

The gather lines from the top of the ruffle are too contrived; the lines need to be looser.

Les lignes de fronce partant du haut du volant sont trop artificielles : elles doivent être plus souples.

Los frunces de la parte superior del volante quedan poco naturales, las trazos deberían ser menos marcados.

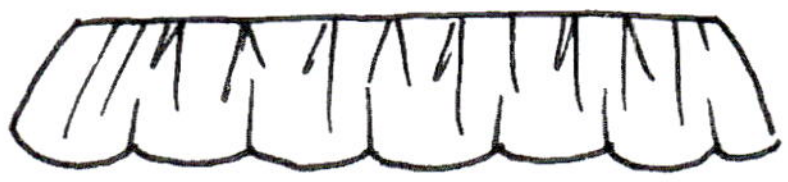

The shape of the hem of the ruffle is wrong; this one curves too much.

La forme de l'ourlet du volant est incorrecte : elle est trop arrondie.

La forma del dobladillo del volante no es correcta, está demasiado curvada.

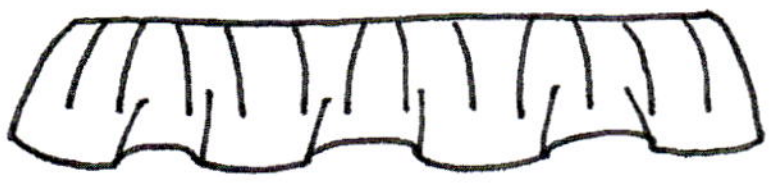

The gather lines from the top of the ruffle are all the same length; they need variety in length.

Les lignes de fronce partant du haut du volant sont toutes de la même longueur ; elles doivent être de longueur variable.

Los frunces de la parte superior del volante tienen la misma longitud cuando deberían tener largos distintos.

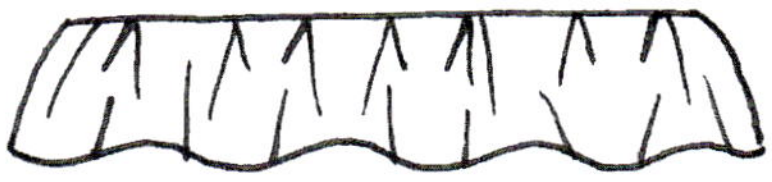

The shape of the hem of the ruffle is wrong; this one looks like a scalloped hem.

La forme de l'ourlet du volant est incorrecte : elle ressemble à un bord festonné.

La forma del dobladillo del volante no es correcta, parece que esté festoneado.

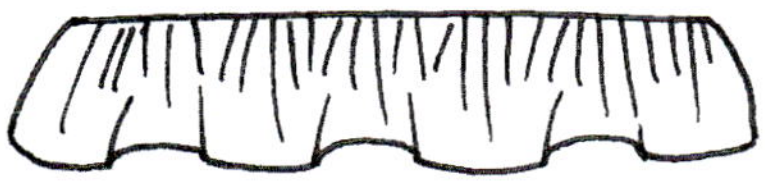

There are too many gather lines from the top of the ruffle.

Il y a trop de lignes de fronces partant du haut du volant.

En la parte superior del volante hay demasiados frunces.

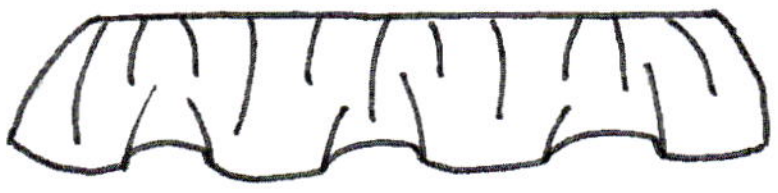

The gather lines from the top and bottom of the ruffle do not meet the edge of the ruffle; these lines must originate from the source of the shaping (in this case, the gathers at the top of the ruffle, or the shaping of the hem).

Les lignes de fronce partant du haut et du bas du volant ne correspondent pas au mouvement du volant, ces lignes doivent partir du point d'origine de la forme (ici, les fronces du haut du volant, ou le façonnage de l'ourlet).

El fruncido de la parte superior e inferior no coincide con el margen del volante. Estas líneas deberían nacer de los frunces de la parte superior o de la forma del dobladillo.

Rendering materials and details

Le rendu des matières et des détails

Representación de materiales y detalles

Rendering materials and details

Textile rendering in technical drawings involves the representation of the textile's pattern or texture. Most technical drawings are accompanied by a swatch of the textile. The main purpose of the rendering is to show the viewer the proportion and placement of the pattern or texture and the general look of the garment.

As we demonstrated in the *Step-by-step* chapter, you must select a small area of the garment to be rendered. This is so that the rendering does not cover up all of the details of the garment, for example in the case of an all-over print.

In this chapter you will find different renderings of prints, woven fabrics, checks, knits and details.

Le rendu des matières et des détails

Le rendu du textile dans les dessins techniques implique la représentation du motif ou de la texture du tissu. La plupart des dessins techniques sont accompagnés d'un échantillon textile. Le principal objectif du rendu est d'enseigner la proportion et l'emplacement du motif ou de la texture ainsi que l'apparence globale du vêtement.

Comme nous l'avons expliqué dans la partie *Pas à pas*, vous devez choisir la petite zone du vêtement qui sera rendue. Cela permet d'éviter que le rendu ne masque les détails du vêtement, notamment lorsqu'il s'agit d'un imprimé à motif répétitif.

Vous trouverez dans ce chapitre différents rendus d'imprimés, de tissus, de carreaux, de tricots et de détails.

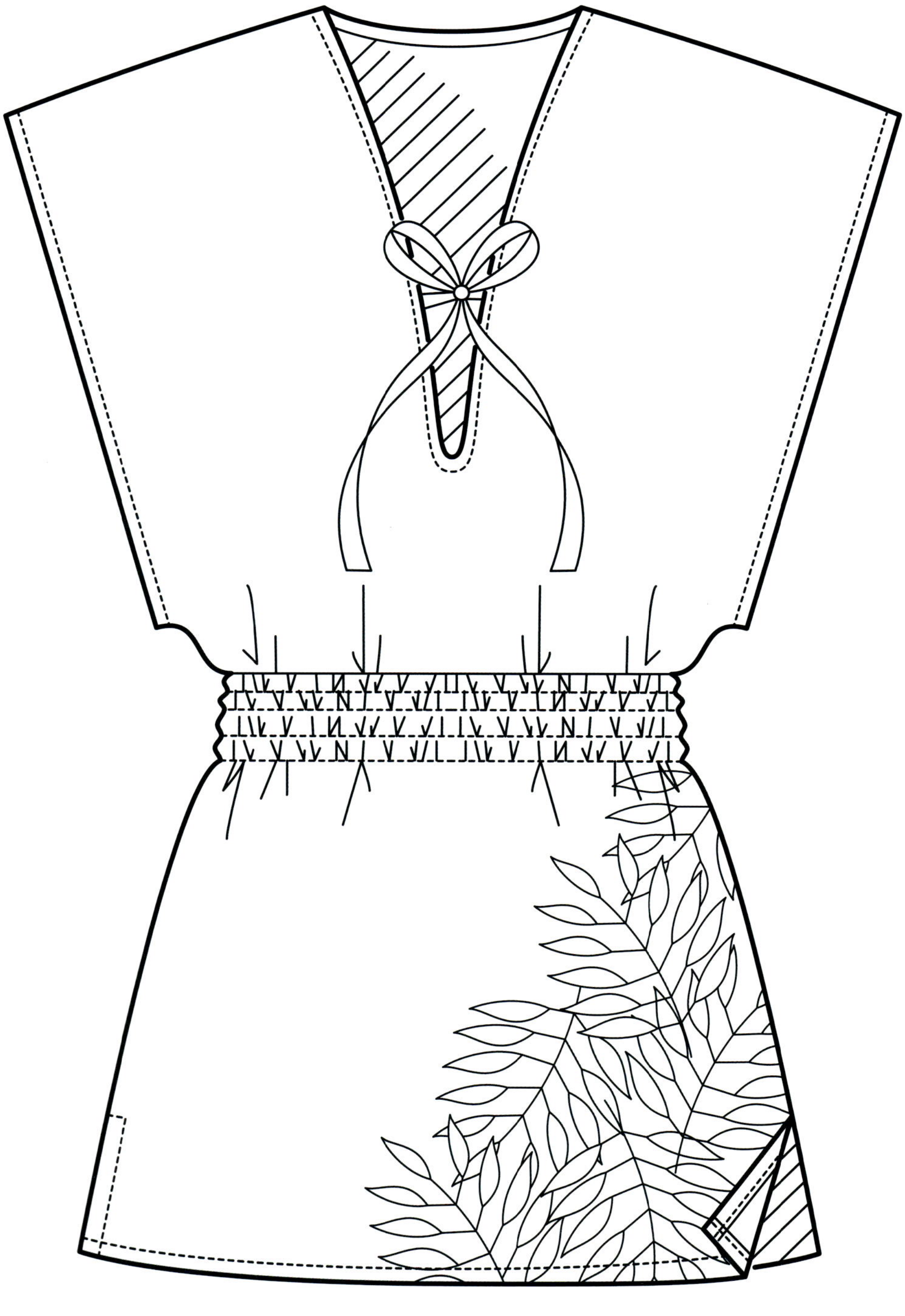

Representación de materiales y detalles

Muchos dibujos planos se acompañan de una muestra del tejido, o sea, el motivo o la textura de la tela. De esta forma se dan a entender las proporciones y la distribución del motivo o la textura en el contexto general de la prenda.

Como hemos visto en el capítulo «**Paso a paso**», hay que seleccionar una pequeña parte de la prenda para aplicar el tejido de modo que este no tape los detalles de la misma, por ejemplo en el caso de un estampado general.

En este capítulo encontrará ilustraciones de estampados, tejidos, cuadros, punto y detalles.

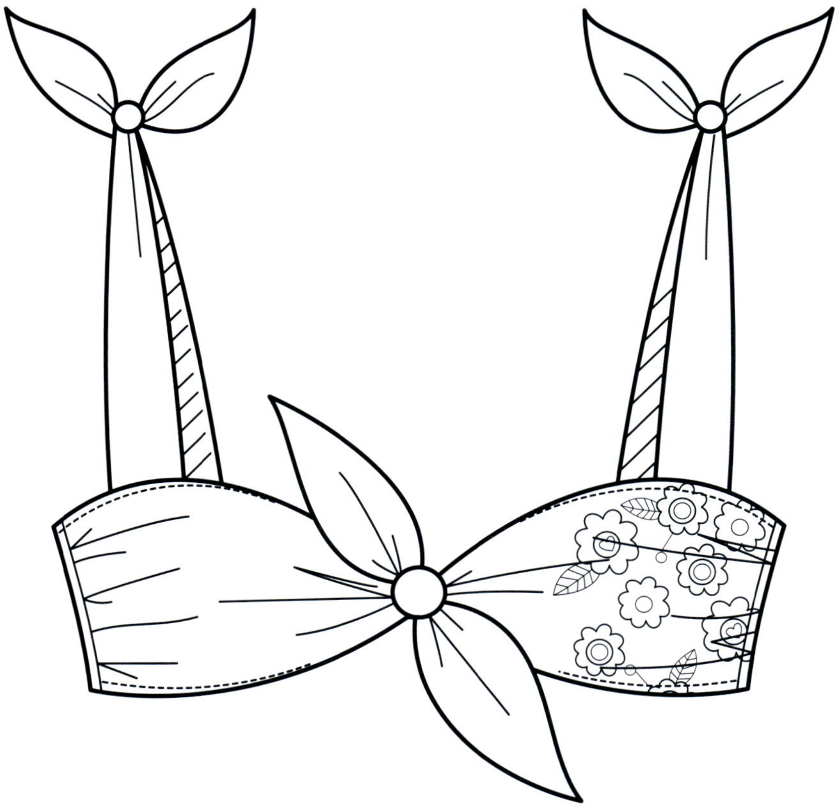

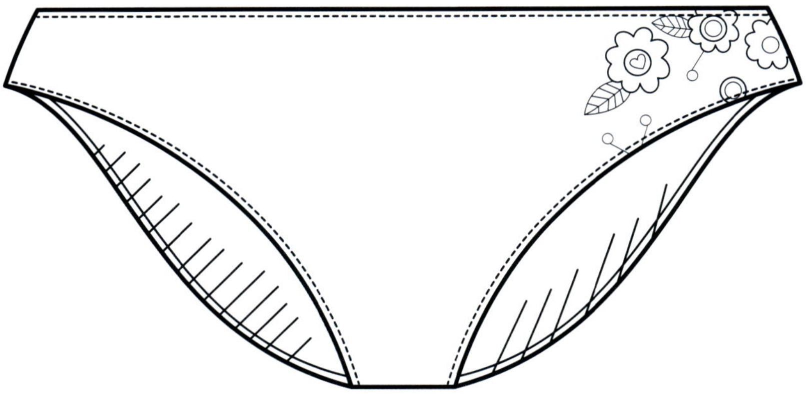

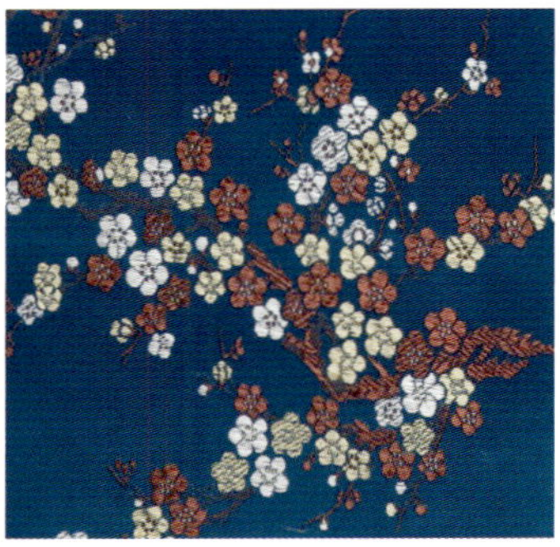

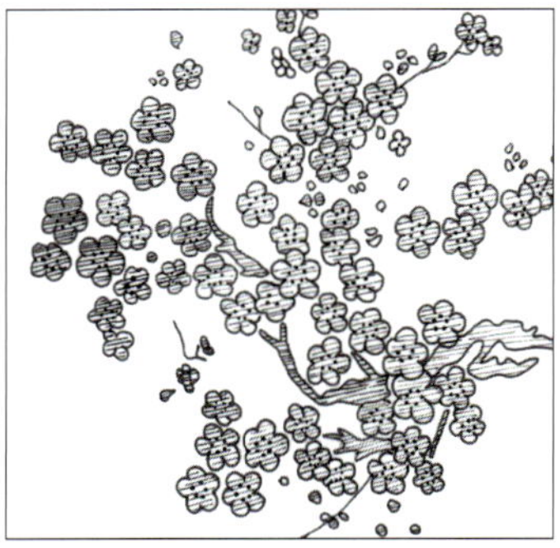

Woven floral pattern

This textile can be rendered using different pen widths for the shapes of the flowers, the details of the flowers and the stems.

Motif floral tissé

Ce textile peut être rendu en utilisant des stylos de pointes différentes pour la forme des fleurs, ainsi que le détail des fleurs et des tiges.

Estampado floral tejido

Puede realizarse con rotuladores de distintos calibres para crear la sombra de las flores, así como los detalles y los tallos de las mismas.

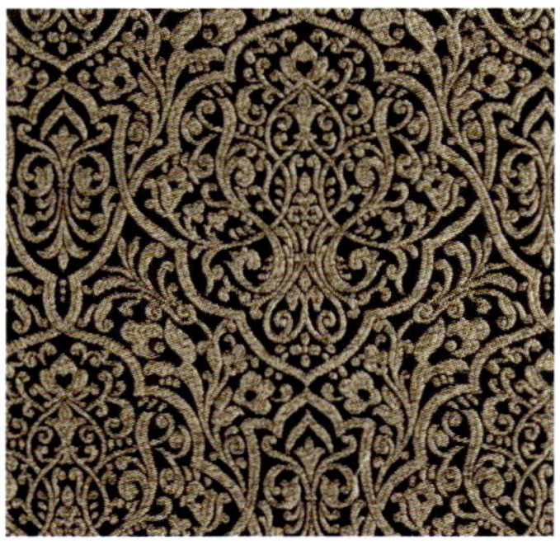

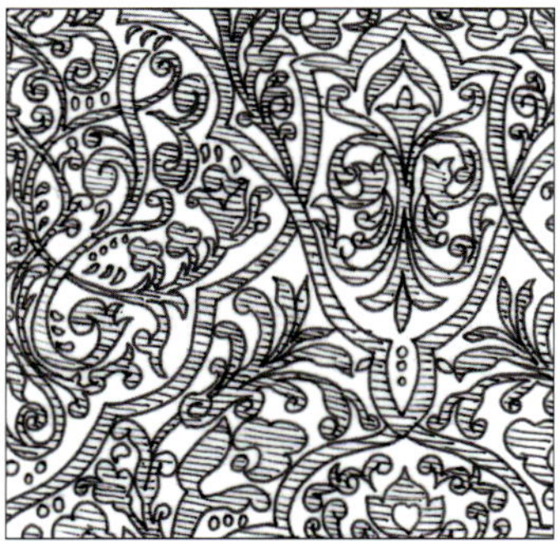

Brocade

This intricate brocade is very difficult to represent precisely; draw the basic shapes of the brocade in order to give the viewer a feel of the pattern of the fabric.

Brocard

Ce brocard complexe est très difficile à représenter de manière précise ; dessinez les formes de base du brocard afin de donner une idée du motif du tissu.

Brocado

Este intrincado brocado es muy difícil de dibujar con precisión. Trace las líneas básicas para que se aprecie el motivo del tejido.

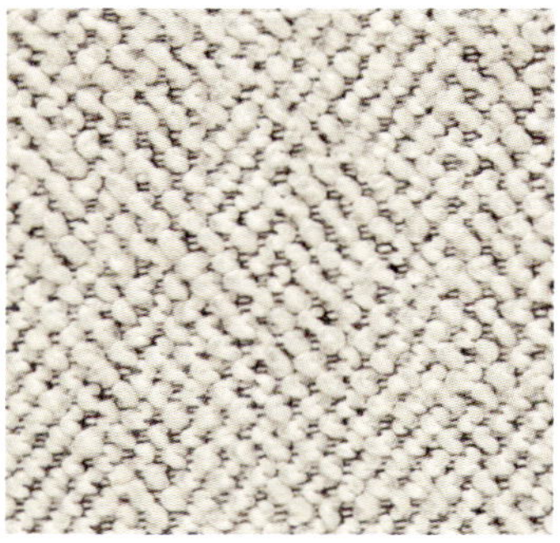

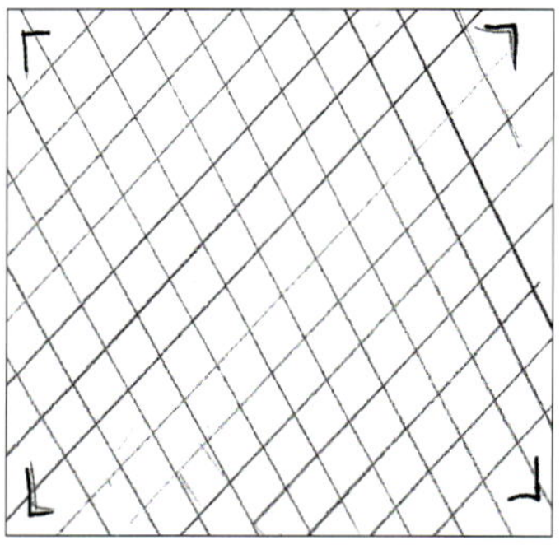

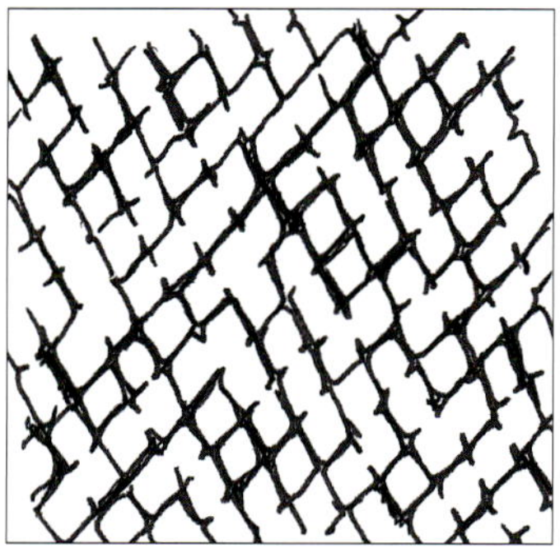

Textured woven fabric

Step 1: This textured woven fabric has a geometric pattern, so start by drawing a grid.

Step 2: The next step is to draw the shapes of the weave, and fill in the dark background.

Etoffe tissée texturée

Étape 1 : cette étoffe tissée texturée ayant un motif géométrique, commencez par dessiner une grille.

Étape 2 : l'étape suivante consiste à dessiner les formes du tissage et à remplir le fond plus sombre.

Tejido con textura

Paso 1: Como este tejido tiene un motivo geométrico, en primer lugar dibuje una cuadrícula.

Paso 2: A continuación, dibuje las formas del tejido y rellene el fondo oscuro.

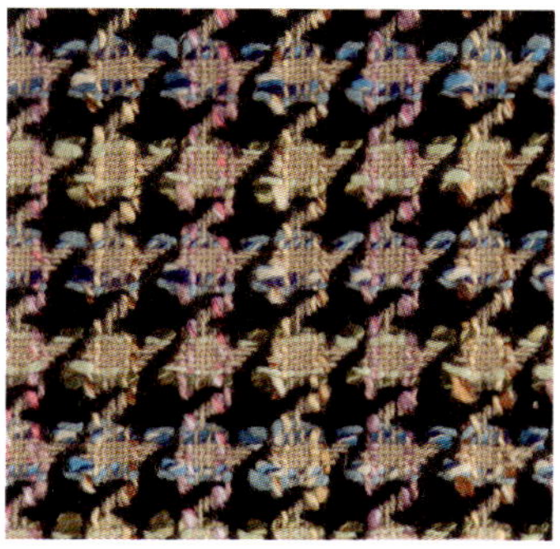

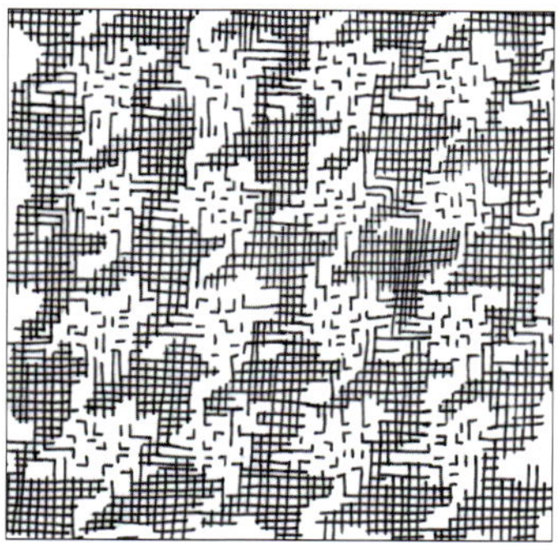

Houndstooth fabric

Render this fabric by drawing a crosshatch to represent the weave.

Tissu pied-de-poule

Rendre ce tissu en dessinant des hachures croisées figurant le tissage. Les hachures croisées suivent la forme du motif.

Pata de gallo

Trace un sombreado para representar el tejido, que debe seguir la forma del motivo.

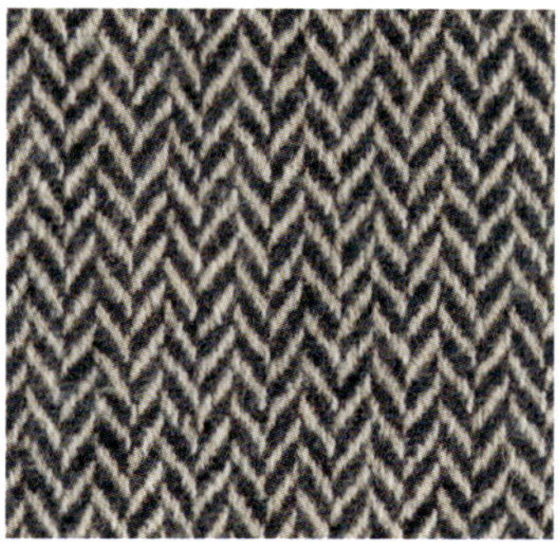

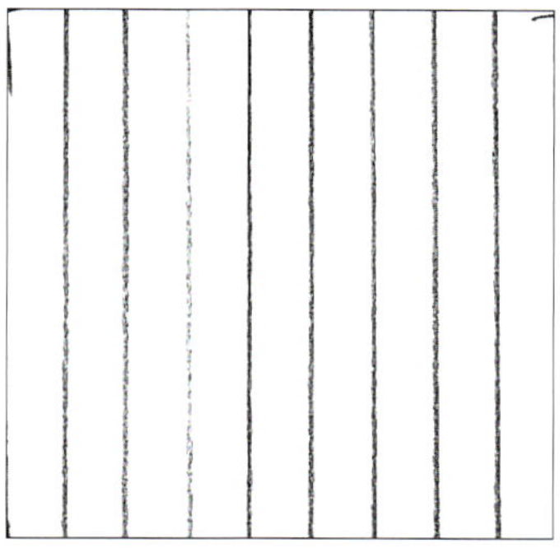

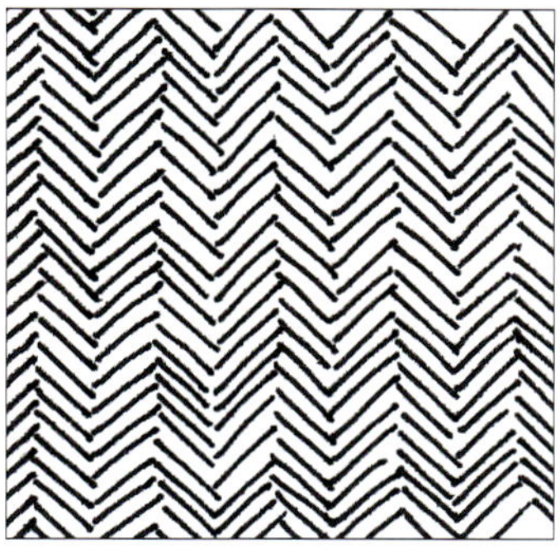

Chevron

Step 1: First draw vertical guidelines.

Step 2: Use the guidelines from Step 1 to draw in the diagonal lines that represent the weave.

Chevron

Étape 1 : Dessinez d'abord des lignes de guidage verticales.

Étape 2 : Utilisez les lignes de l'étape 1 pour tracer les hachures représentant le tissage.

Espiguilla

Paso 1: Dibuje una serie de líneas verticales de base.

Paso 2: Dibuje las líneas al bies que representan el tejido a partir de las líneas verticales.

Checks - Carreaux - Cuadros

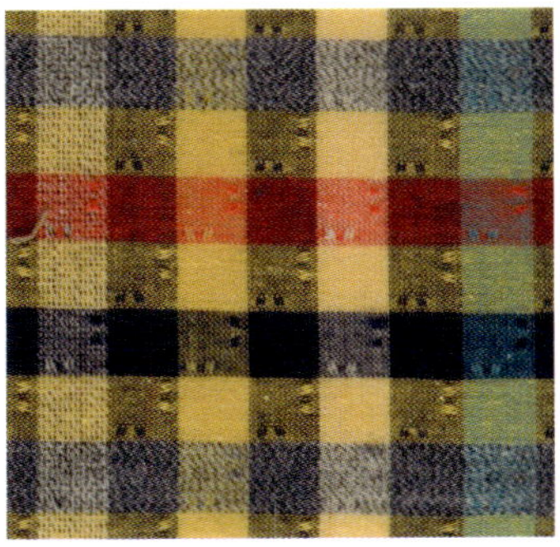

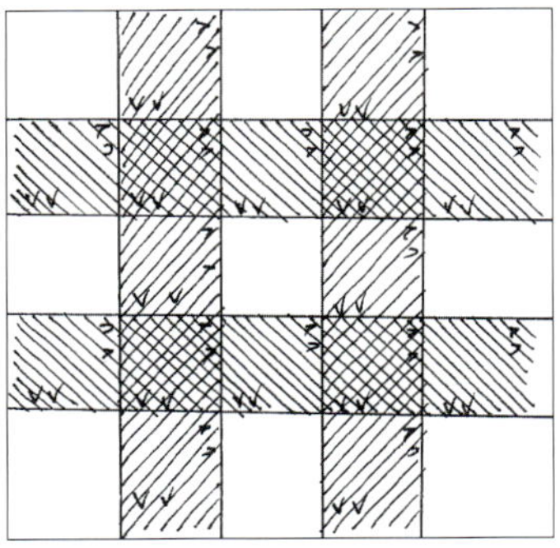

Woven picnic check

This textile also needs a grid as a base, but since the weave is quite fine, leave the grid lines. Note that the squares here are darker to represent two rows of darker weave crossing.

Carreaux pique-nique tissés

Ce textile nécessite aussi une grille pour dessiner la base, mais le tissage étant assez fin, vous pouvez laisser les lignes de la grille. Remarquez que les carreaux sont ici plus foncés pour marquer le croisement des deux rangées de tissage plus foncé.

Tejido a cuadros *vichy*

En este caso también se precisa una cuadrícula de base, pero como el tejido es bastante fino no hace falta borrar las líneas. Nótese que los cuadrados de las dos hileras que se cruzan son más oscuros.

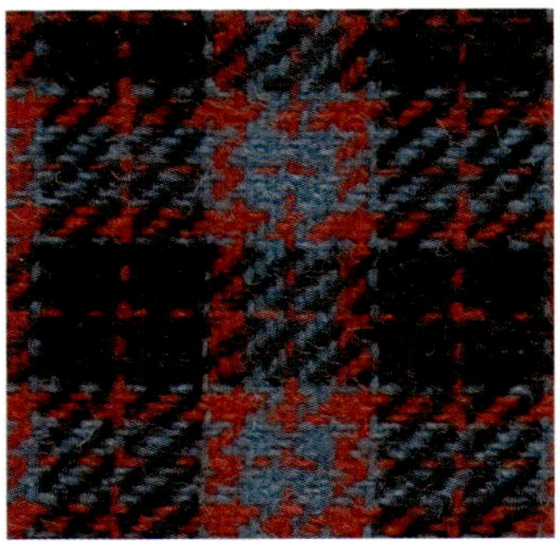

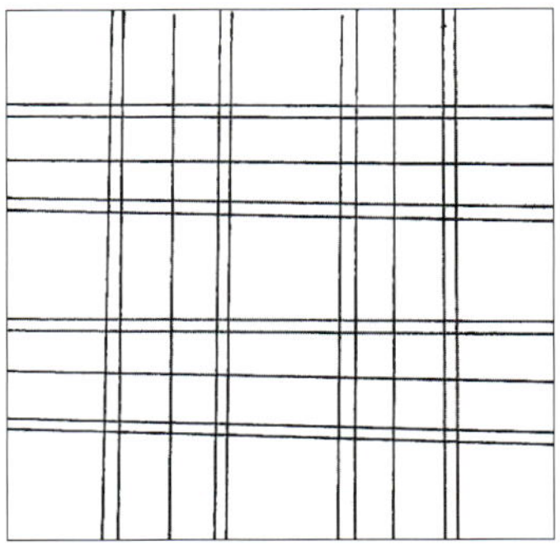

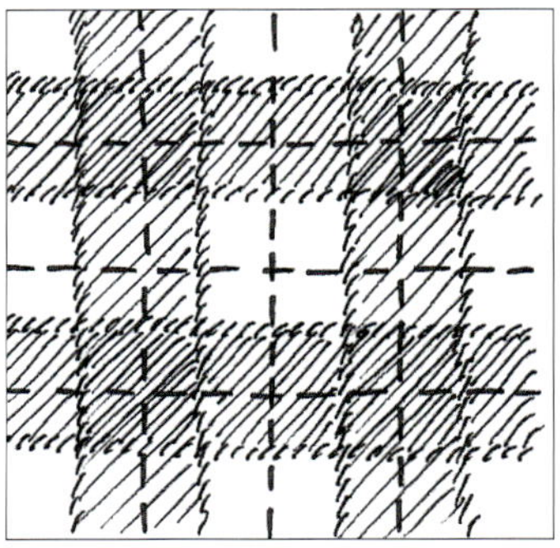

Woven check

Step 1: Start by drawing a grid to represent the pattern of the check.
Step 2: Fill in the grid, using diagonal lines to represent the direction of the weave.
Note that the squares here are darker to represent two rows of darker weave crossing.

Carreaux tissés

Étape 1 : commencez par dessiner une grille pour représenter le motif des carreaux.
Étape 2 : remplissez la grille de hachures pour indiquer le sens du tissage.
Remarquez que les carreaux sont ici plus foncés pour marquer le croisement des deux rangées de tissage plus foncé.

Tejido a cuadros

Paso 1: Dibuje una cuadrícula para representar el motivo del cuadro.
Paso 2: Rellene la cuadrícula con líneas al bies para representar la dirección del tejido.
Nótese que los cuadrados de las dos hileras que se cruzan son más oscuros.

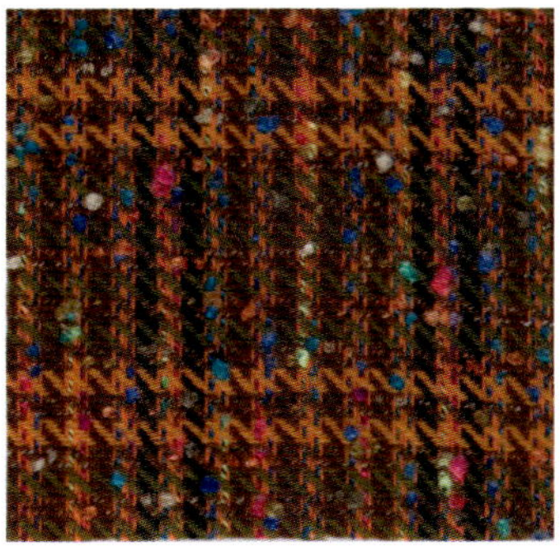

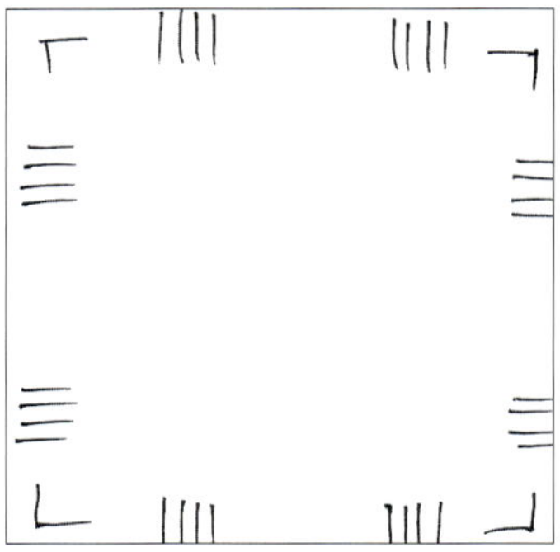

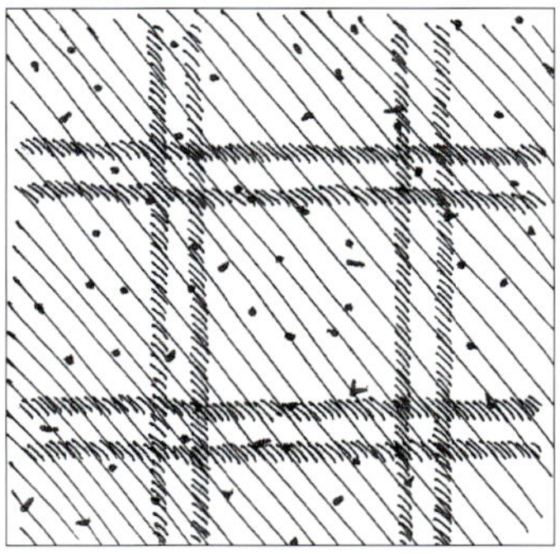

Woven tweed check

Step 1: Start by drawing a grid to represent the pattern of the check.
Step 2: Fill in the grid, using diagonal lines to represent the direction of the weave. Then use scattered, uneven dots to represent the texture of the tweed.

Tweed tissé à carreaux

Étape 1 : commencez par dessiner une grille pour représenter le motif des carreaux.
Étape 2 : remplissez la grille de hachures pour indiquer le sens du tissage. Puis utilisez des points dispersés et de différentes tailles pour évoquer la texture du tweed.

Tejido a cuadros *tweed*

Paso 1: Dibuje una cuadrícula para representar el motivo.
Paso 2: Rellene la cuadrícula con líneas al bies para representar la dirección del tejido. A continuación, imite la textura del *tweed* con puntos aleatorios.

Geometric print
Trace the shapes of this print to ensure that your representation is precise.

Imprimé géométrique
Décalquez les formes de cet imprimé pour vous assurer d'une représentation précise.

Estampado geométrico
Trace las siluetas de este estampado para que la representación resulte precisa.

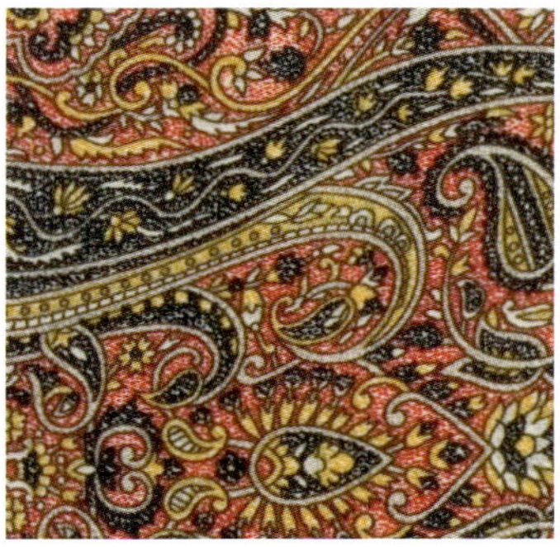

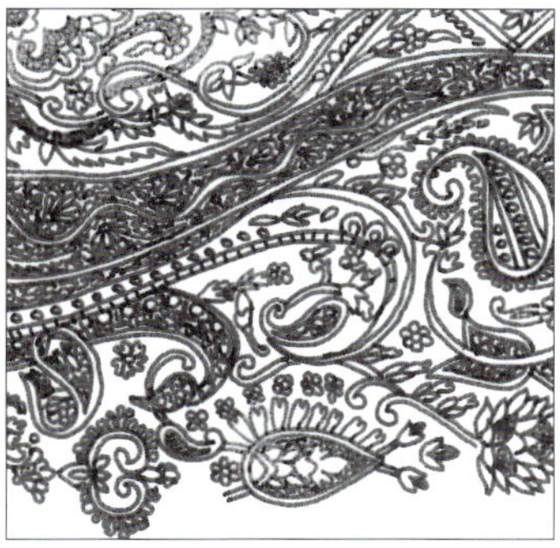

Paisley print
Trace the shapes of this print by outlining the small details.

Imprimé cachemire
Dessinez les formes de cet imprimé en marquant le contour des petits détails.

Estampado de cachemir
Trace las siluetas de este estampado realzando los pequeños detalles.

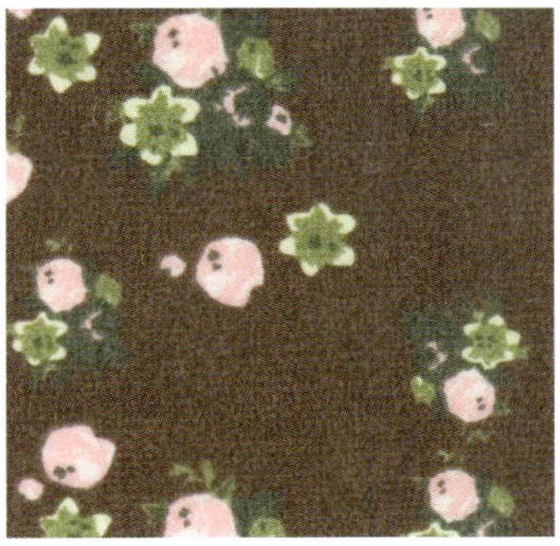

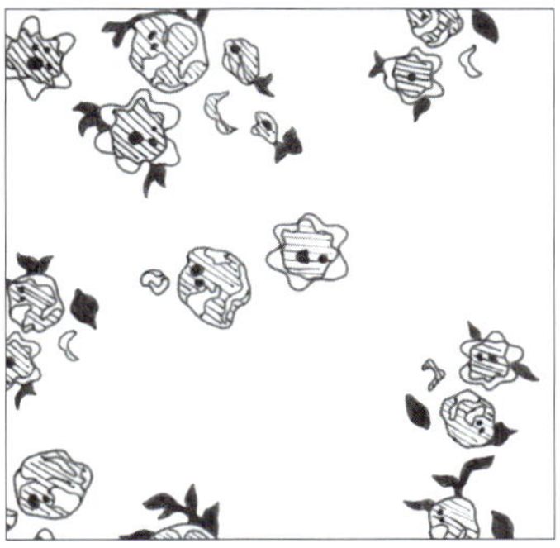

Small floral print
Draw this small floral print by outlining the general shapes of the print.

Imprimé à petites fleurs
Dessinez les formes de cet imprimé à petites fleurs en indiquant la forme générale de l'imprimé.

Estampado floral pequeño
Dibuje este estampado realzando las formas originales del estampado.

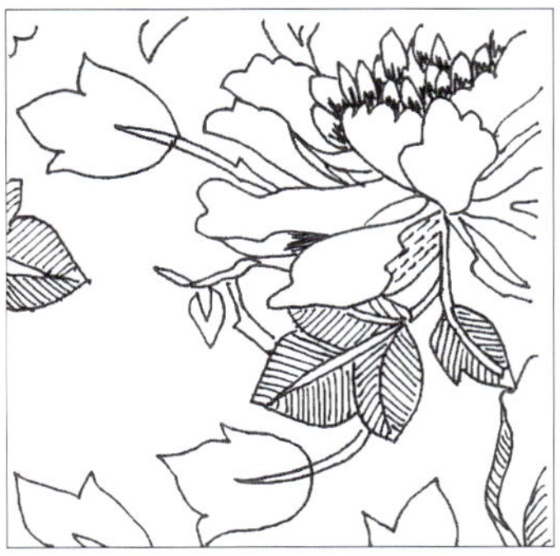

Floral print
Render this print by outlining the general shapes. Shading parts of this print is optional, but in this case do not shade the darker areas, as the contrast is not very great.

Imprimé floral
Rendez cet imprimé en traçant le contour des formes principales. L'ombrage est optionnel, mais dans ce cas ne mettez pas d'ombre sur les zones les plus sombres car le contraste n'est pas très marqué.

Estampado floral
Para repdroducir este estampado, realce las formas generales. Este tipo de diseño puede sombrearse, aunque en este caso no hay que ensombrecer las zonas más oscuras puesto que hay poco contraste.

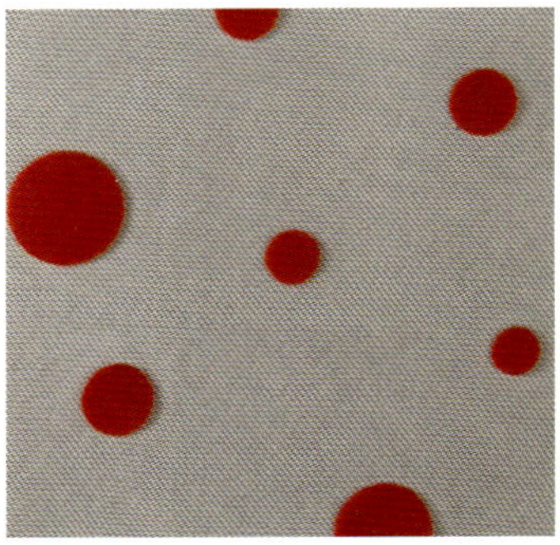
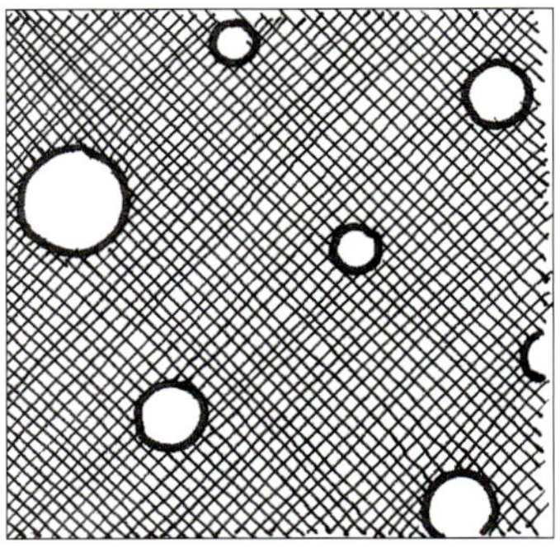

Polka dot mesh
Start by drawing in the shapes of the polka dots, and then fill in the rest with a crosshatch to represent the mesh.

Maille à pois
Commencez par dessiner le contour des pois puis remplissez le reste avec des hachures croisées pour représenter la maille.

Topos
Dibuje los topos y, a continuación, rellene el espacio adyacente con un sombreado para simular la trama.

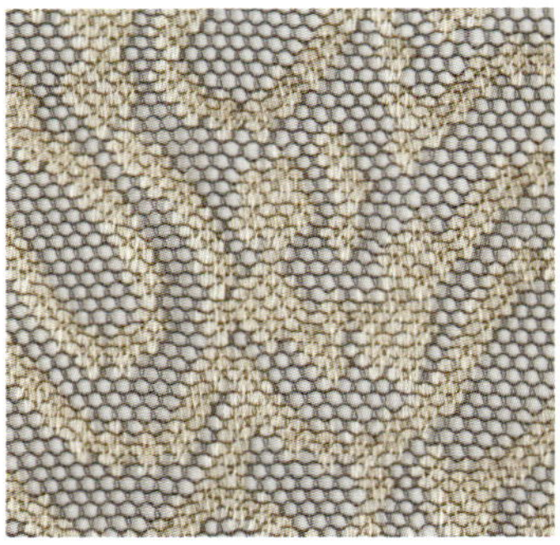
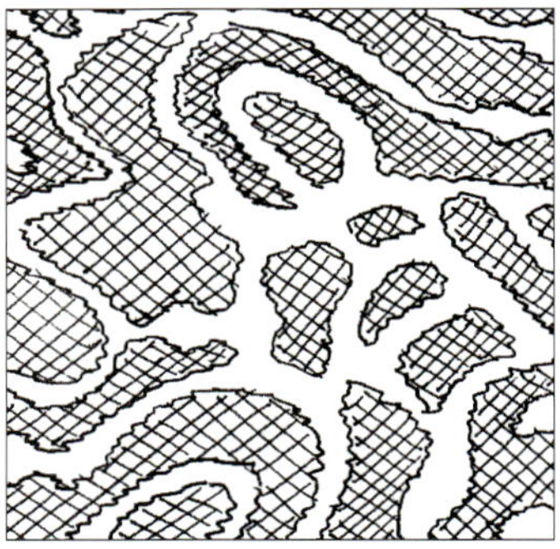

Metallic patterned mesh
This fabric involves a mesh base and a decorative metallic pattern, so ensure that you represent the pattern and render the mesh properly.

Maille avec décoration métallique
Nous avons ici une base en maille et un motif décoratif en métal : assurez-vous de représenter le motif et de bien rendre la maille.

Malla con detalles metálicos
Para representar correctamente este tejido hay que dibujar una base de malla y un motivo decorativo metálico.

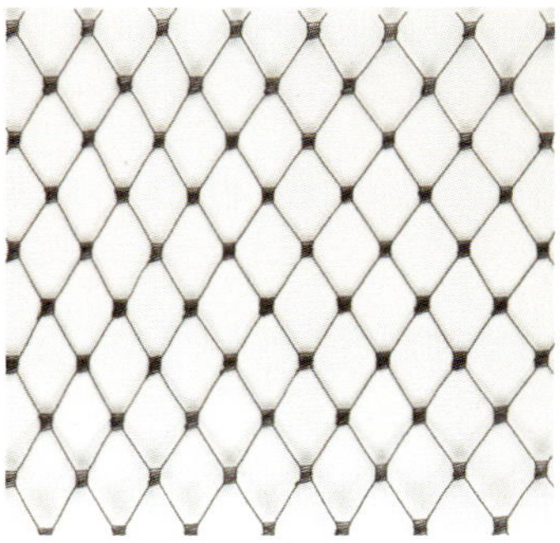
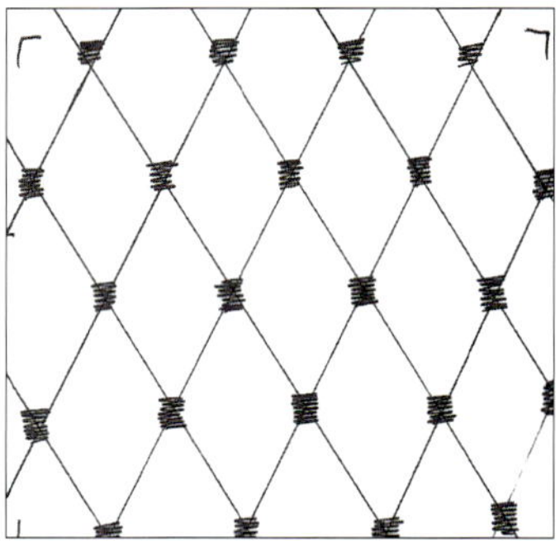

Decorative oversized net
This oversized net fabric is very easy to draw; diagonal lines represent the netting and you will then need to draw in the decorative squares.

Résille large décorative
Cette résille à larges mailles est très facile à dessiner ; les hachures forment des losanges qui représentent les mailles et vous n'avez plus qu'à insérer les carrés décoratifs.

Redecilla decorativa
Este tejido es muy fácil de dibujar. Trace una serie de líneas cruzadas al bies y, a continuación, añada los pequeños cuadros decorativos.

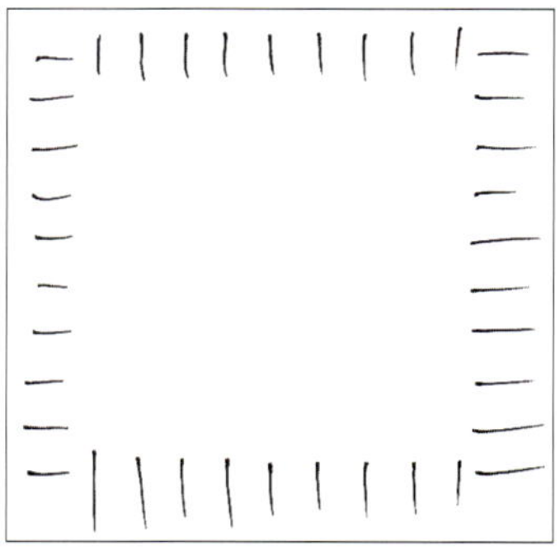
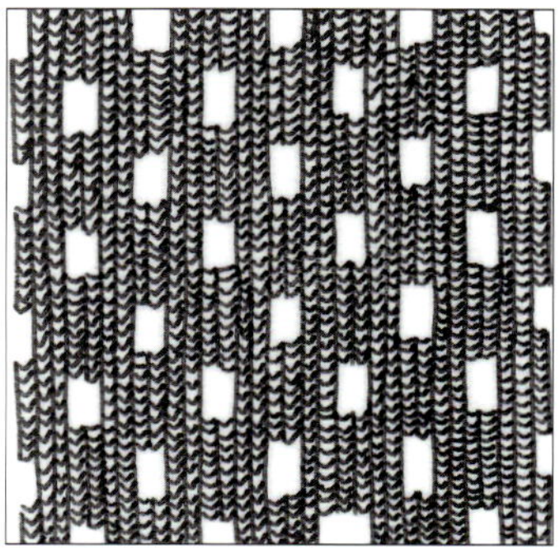

Sports mesh
The pattern of this fabric is geometric, so there are two steps to render it.
Step 1: Draw a grid representing the geometry of the placement of the holes.
Step 2: Use Step 1 as a template, and draw in the fabric.

Maille de sport
Le motif de ce tissu est géométrique, le rendu comprend donc deux étapes.
Étape 1 : dessinez une grille représentant la géométrie de l'emplacement des trous.
Étape 2 : en prenant l'étape nº 1 comme modèle, dessinez les trous du tissu.

Malla deportiva
El motivo de este tejido es geométrico, por lo que se precisan dos pasos para reproducirlo.
Paso 1: Dibuje una cuadrícula que represente la geometría de la ubicación de los huecos.
Paso 2: Utilice la cuadrícula del paso 1 a modo de plantilla y dibuje los huecos del tejido.

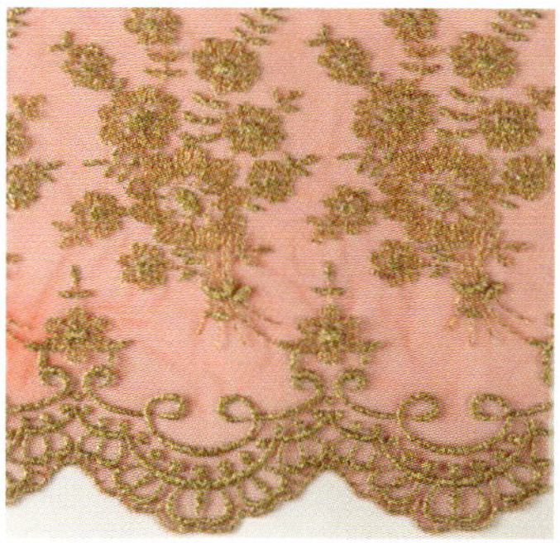

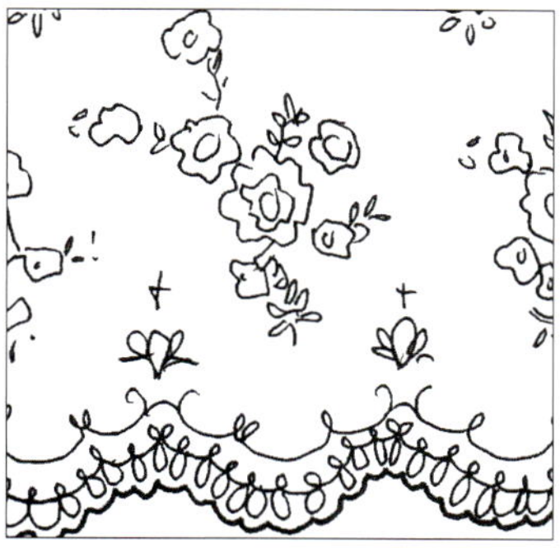

Embroidered fabric
Render the embroidered pattern and the decorative edge of this fabric using line drawings.

Tissu brodé
Rendre le motif de broderie et la bordure décorative de ce tissu à l'aide d'un dessin au trait.

Bordado
Represente los motivos y la cenefa decorativa con dibujos lineales.

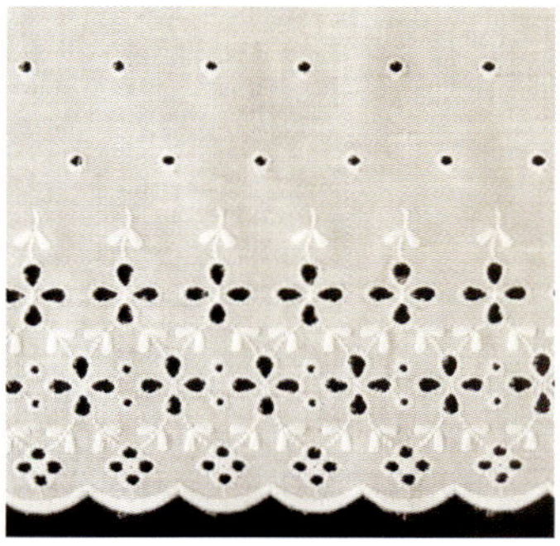

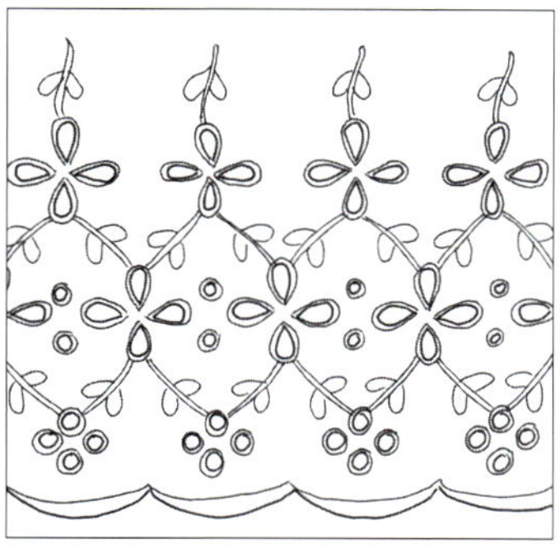

Broderie Anglaise
Trace this fabric on tracing paper to ensure that the drawing accurately reflects the shapes of the embroidery.

Broderie anglaise
Décalquez le motif du tissu pour vous assurer que le dessin reflète bien les motifs de la broderie.

Bordado inglés
Calque este tejido para dibujar de forma precisa los motivos del bordado.

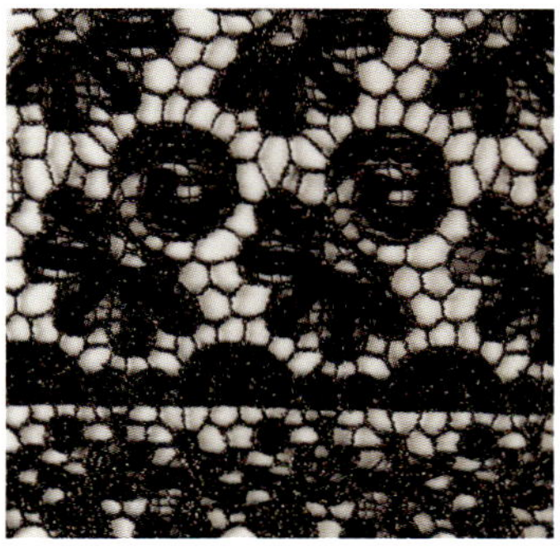

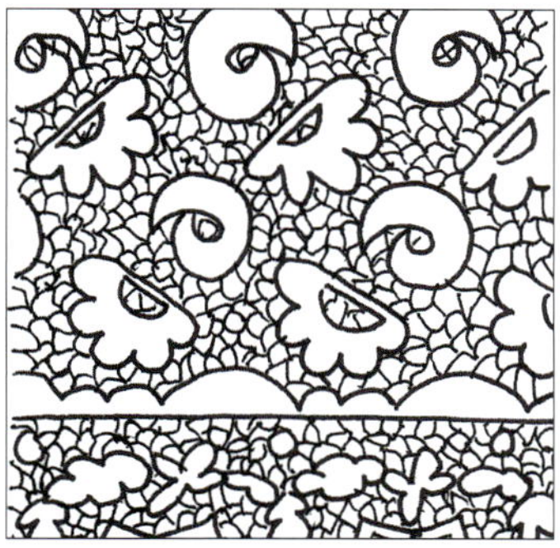

Beaded lace
This lace is quite complicated to render, so focus on the shapes of the beaded patterns and the trim. Then drawn in the base.

Dentelle perlée
Cette dentelle est assez compliquée à rendre, concentrez-vous sur les formes des motifs perlés et du galon. Puis dessinez la base.

Encaje con mostacilla
Este tipo de encaje es bastante difícil de dibujar. Céntrese en los motivos y el ribete y, a continuación, dibuje la base.

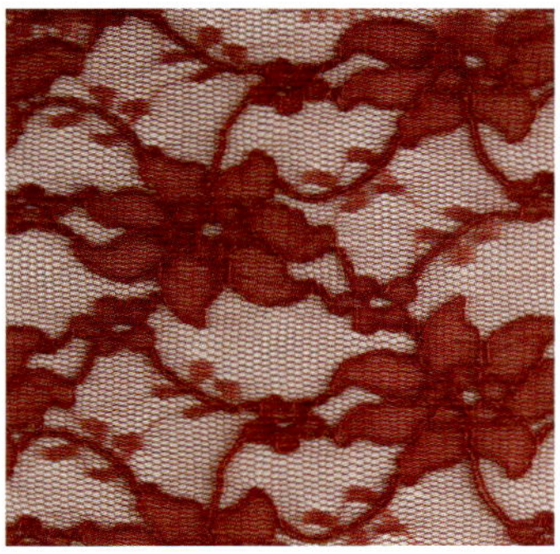

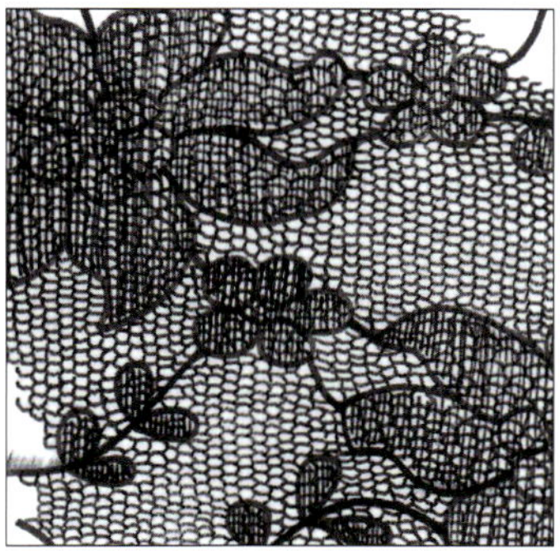

Lace
Rendering lace usually involves a mesh base, so after you draw in the floral pattern, render the mesh area with a crosshatch.

Dentelle
Le rendu de la dentelle implique en général une base maillée. Après avoir dessiné le motif floral, rendez la zone maillée à l'aide de hachures croisées.

Encaje
El encaje suele ir asociado a una base de trama. Después de dibujar el motivo floral, sombree el área adyacente.

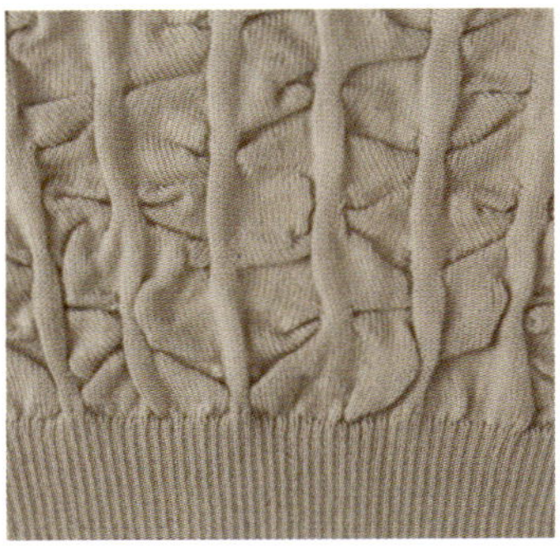
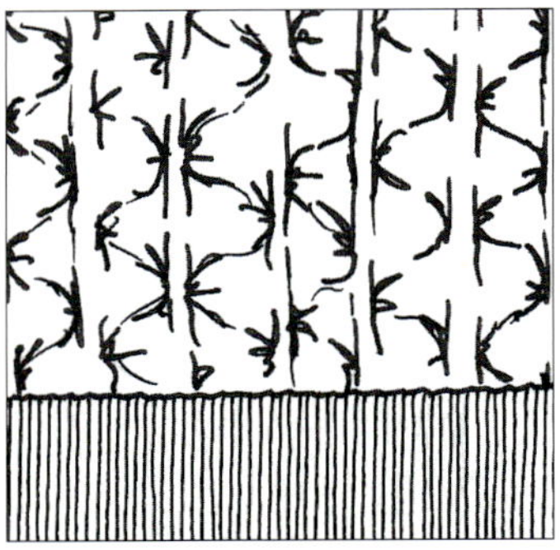

Gathered knit
It is important to represent the horizontal lines by drawing the gathers of the knit. The ribbed trim is drawn with vertical lines.

Tricot froncé
Il est important de représenter les lignes horizontales en dessinant les fronces du tricot. La bordure côtelée se représente à l'aide de traits verticaux.

Punto fruncido
Los frunces del tejido deben representar líneas horizontales. Para dibujar el canalé, trace una serie de líneas verticales.

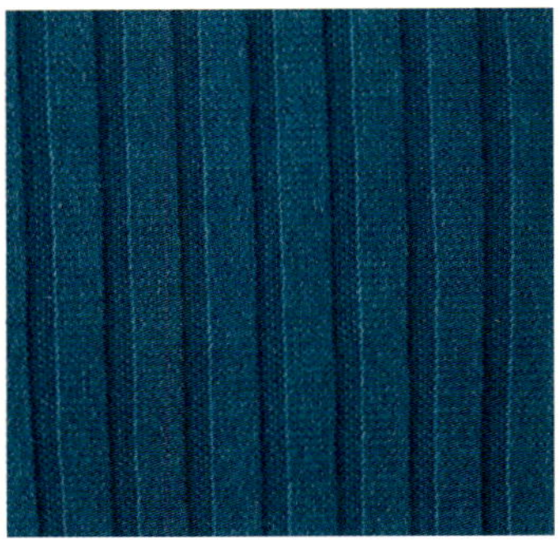
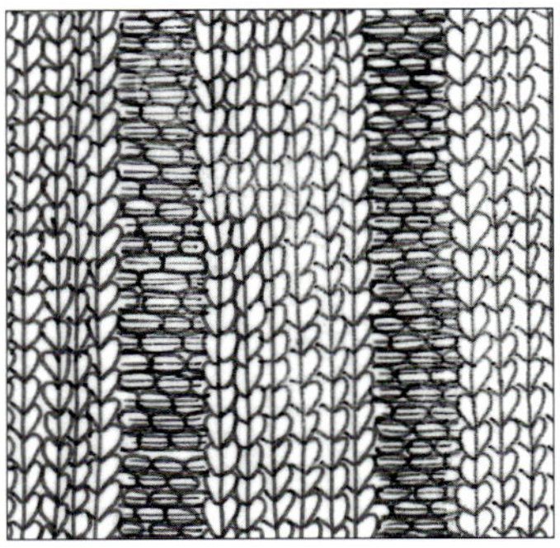

Ribbed knit
Render this simple rib by drawing the individual stitches.

Tricot côtelé
Rendez ces côtes simples en dessinant chaque point de tricot.

Punto pana
Para reproducir este sencillo motivo, dibuje una serie de líneas verticales.

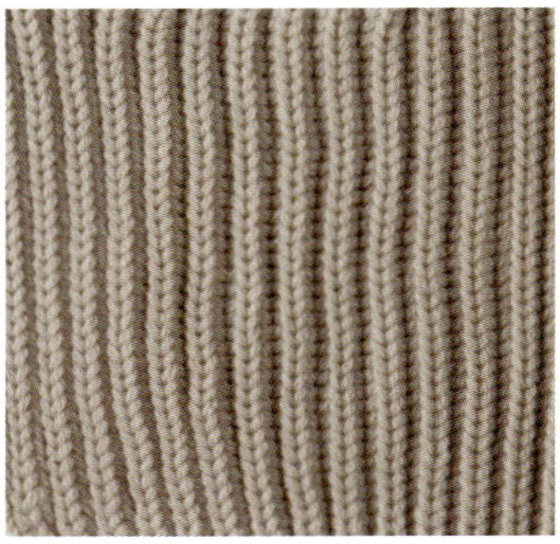

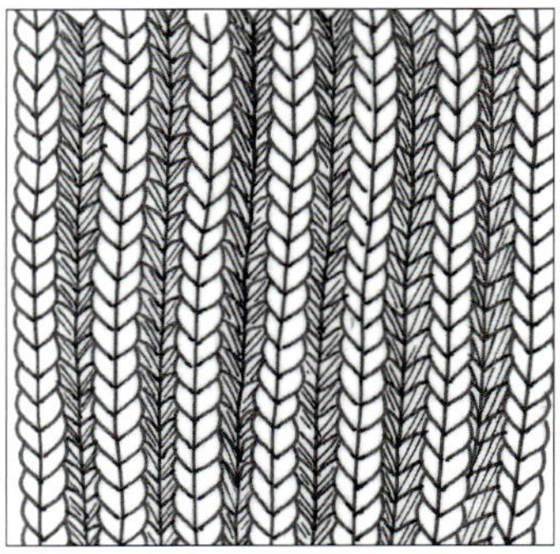

Rib knit
There are two ways to render this rib knit.
Version 1: Draw lines representing the rib.
Version 2: Create the lines using rows of stitches. Do this if the rib is very large in proportion to the shape of the garment, or if it is necessary to demonstrate the exact stitch direction.

Maille côtelée
Il y a deux façons de rendre cette maille côtelée.
Version 1 : dessinez des lignes représentant les côtes.
Version 2 : créez les lignes en utilisant les rangs de points. Utilisez cette méthode si les côtes sont très larges par rapport à la taille du vêtement, ou s'il faut montrer avec précision le sens des mailles.

Canalé
Hay dos formas de representar este tejido.
Versión 1: Trace las líneas que representan el canalé.
Versión 2: Cree las líneas con hileras de puntadas. Haga esto si el canalé es muy grande en proporción a la forma de la prenda o si es necesario para indicar la dirección exacta de las puntadas.

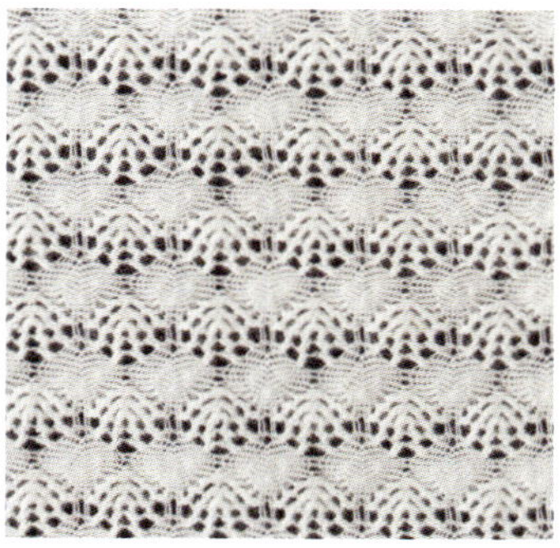

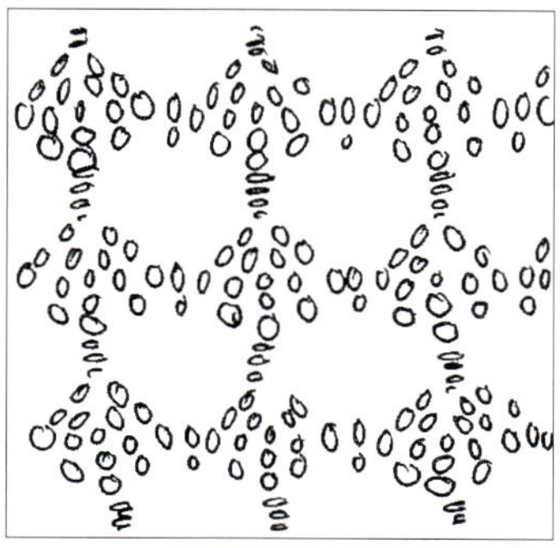

Lace knit

Draw in the shapes of the holes that form the lace pattern.

Dentelle au tricot

Dessinez la forme des trous qui constituent le motif de la dentelle.

Batista bordada

Dibuje las formas de los huecos que forman el motivo bordado.

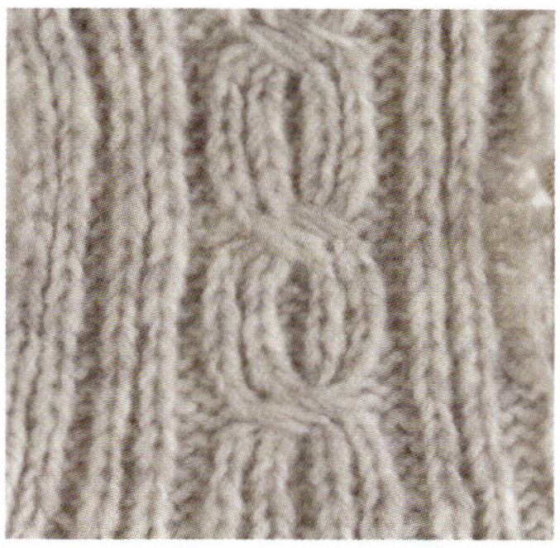

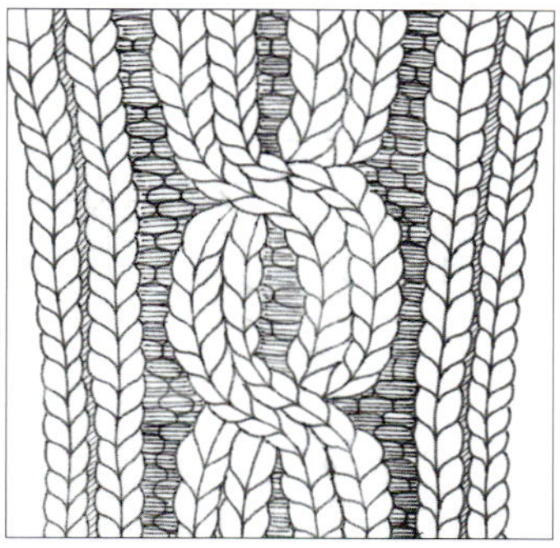

Cable knit

This knit is quite chunky, so draw in the individual stitches. Make sure you follow the shapes of the cable.

Maille torsadée

Les mailles étant assez grosses, dessinez les points individuels. Assurez-vous de suivre les formes des torsades.

Punto trenzado

Este tejido es bastante grueso, por lo que deberá dibujar las puntadas individuales. Asegúrese de seguir la forma de la trenza.

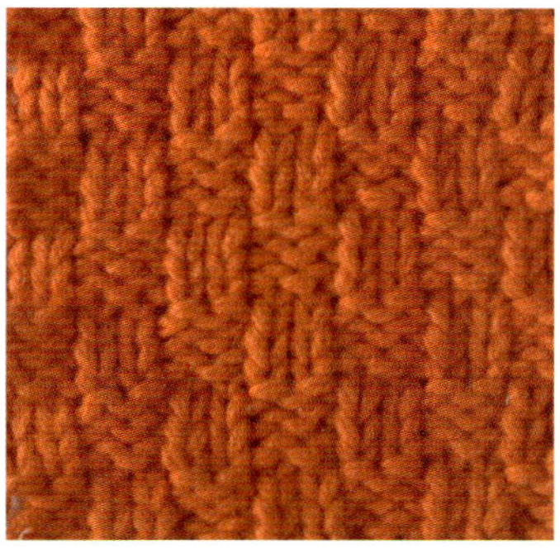

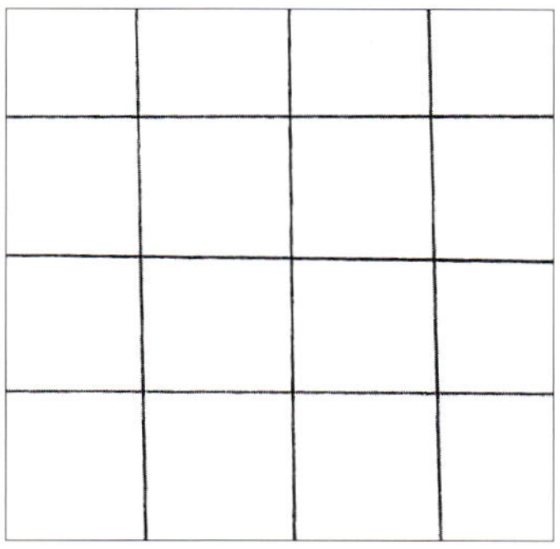

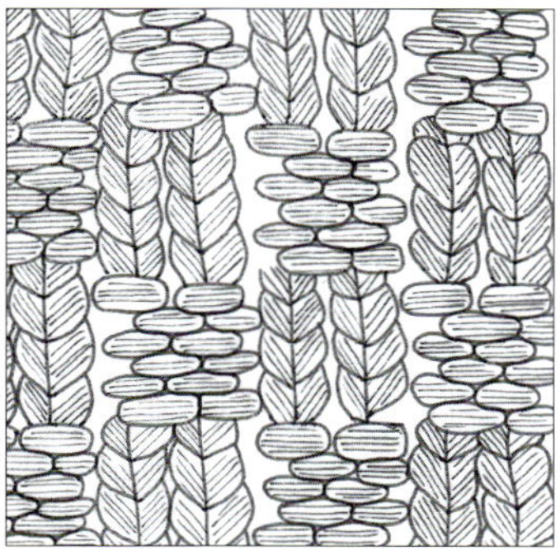

Chunky knit

Step 1: Start by drawing a grid as there is a geometric pattern in this knit.
Step 2: Use step 1 as a template and draw the stitch patterns.

Tricot à grosse laine

Étape 1 : commencez par dessiner une grille puisque ce tricot contient un motif géométrique.
Étape 2 : servez-vous de l'étape nº 1 comme modèle pour le motif des mailles.

Punto grueso

Paso 1: Dibuje una cuadrícula, puesto que este tejido se caracteriza por presentar una figura geométrica.
Paso 2: Dibuje las puntadas a partir del dibujo del paso 1.

Camouflage and animal prints - Camouflage et imprimés animaux - Camuflaje y estampado animal

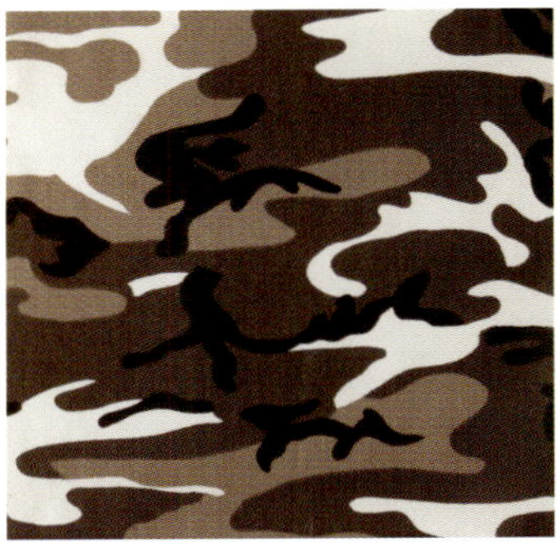

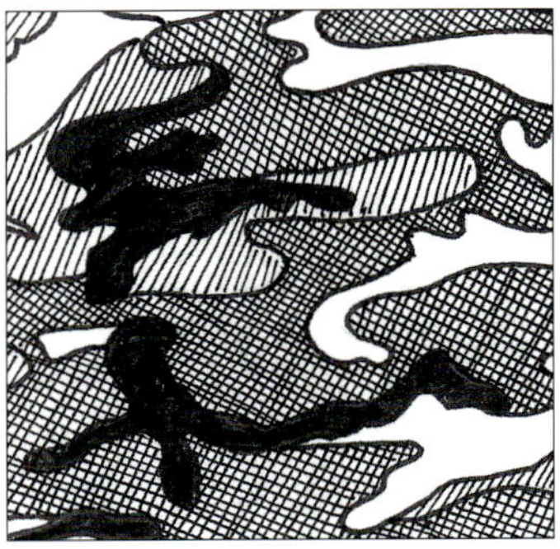

Camouflage

This type of print needs to be drawn proportionally, and you need to consider the shapes of the pattern. Use different shading techniques to represent the different shapes; this is particularly important for this print, as the shaded shapes make up the design of the print.

Camouflage

Ce type d'imprimé doit être dessiné de manière proportionnelle et vous devez considérer les formes du motif. Utilisez différentes techniques d'ombrage pour représenter les diverses formes ; ceci est particulièrement important pour cet imprimé car les zones d'ombre forment les motifs de l'imprimé.

Estampado camuflaje

Este estampado se dibuja de manera proporcional teniendo en cuenta la forma del motivo. Represente las siluetas con distintas técnicas de sombreado, puesto que en este caso las sombras conforman el diseño del estampado.

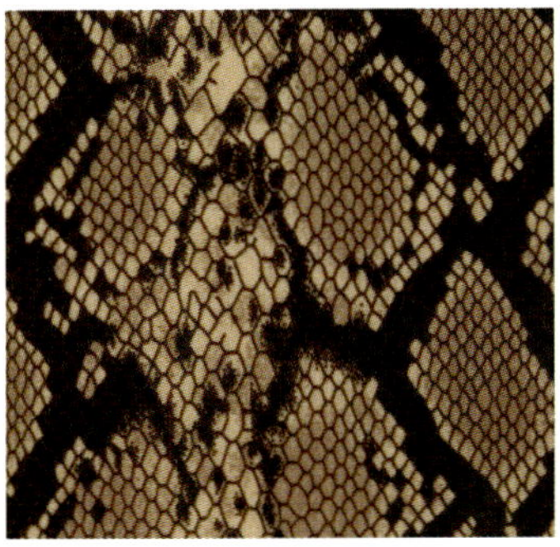

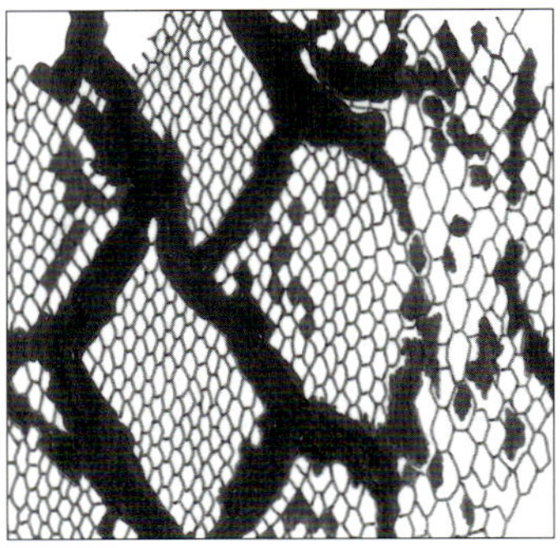

Printed snakeskin

Like most skins (or prints of skins) there are geometric shapes within the skin pattern. Represent these shapes using different scales of crosshatch and use diagonal lines as shading.

Imprimé serpent

Comme la plupart des peaux (ou des imprimés de peaux), on trouve des formes géométriques dans le motif de la peau. Représentez ces formes à l'aide de différentes échelles de hachures croisées, et utilisez des hachures simples pour l'ombrage.

Estampado piel de serpiente

Como muchas pieles (o estampados de pieles), la de serpiente presenta formas geométricas. Dibuje tramas de distintos tamaños y líneas al bies a modo de sombreado.

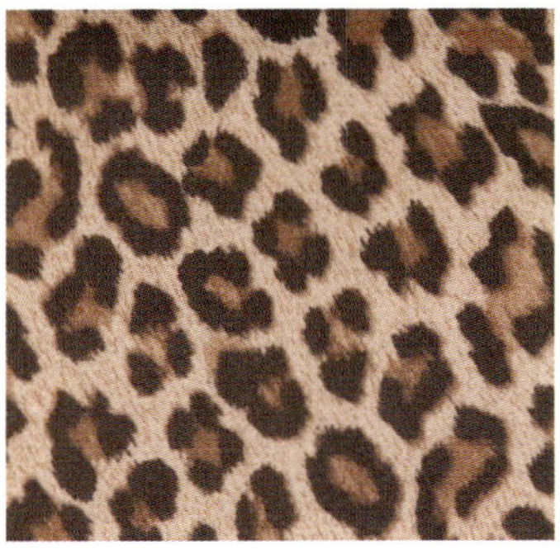

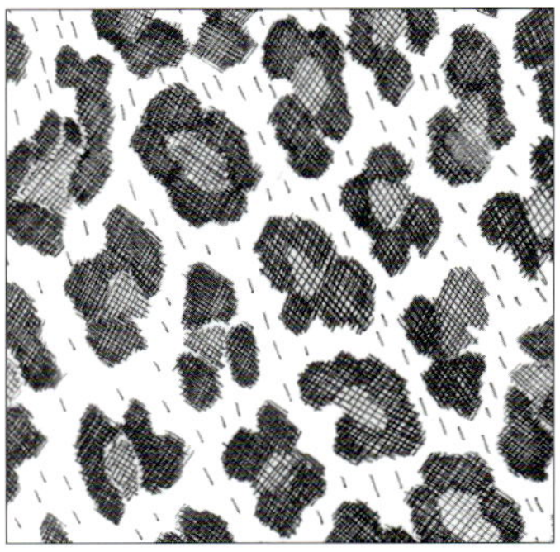

Leopard print

This type of print also requires different shading techniques to represent the different colours of the print.

Imprimé léopard

Ce type d'imprimé exige aussi différentes techniques d'ombrage pour représenter les différentes couleurs de l'imprimé.

Estampado leopardo

Este estampado también se realiza con distintas técnicas de sombreado para representar los distintos colores del diseño.

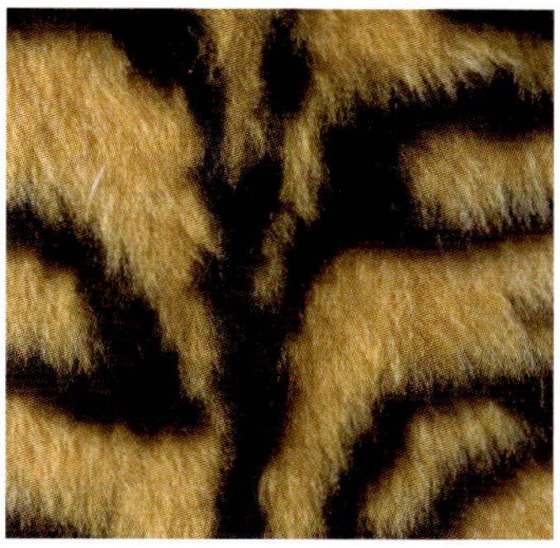
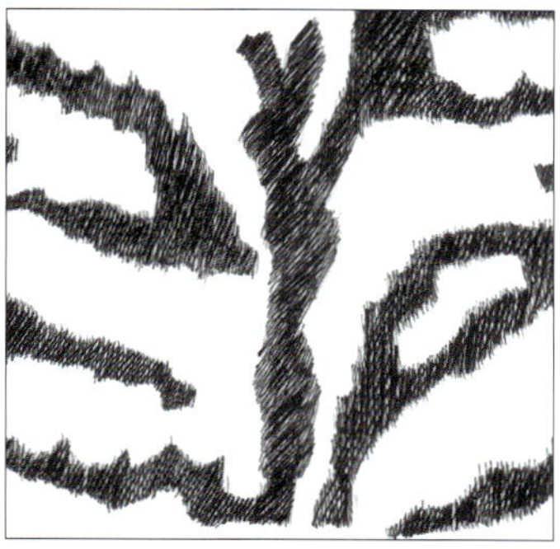

Fake tiger fur

This fur is quite short, so use short lines to represent the shape of the print and the edge of the fabric.

Fausse fourrure tigrée

Cette fourrure ayant des poils assez ras, utilisez des traits courts pour la forme de l'imprimé et le bord de l'étoffe.

Falsa piel de tigre

El pelo es bastante corto, por lo que se representa con líneas más bien cortas en la forma del estampado y el contorno del tejido.

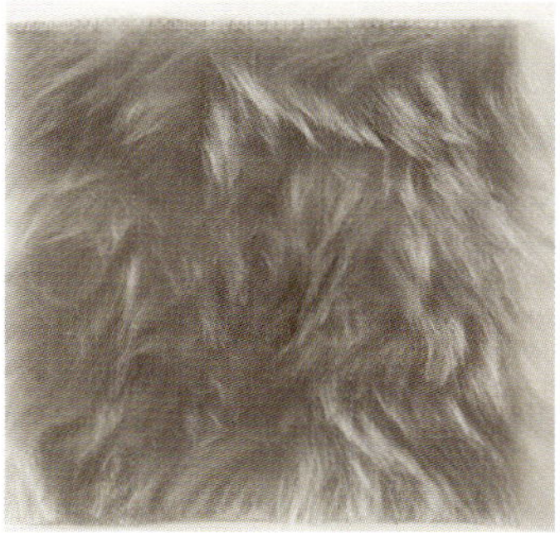
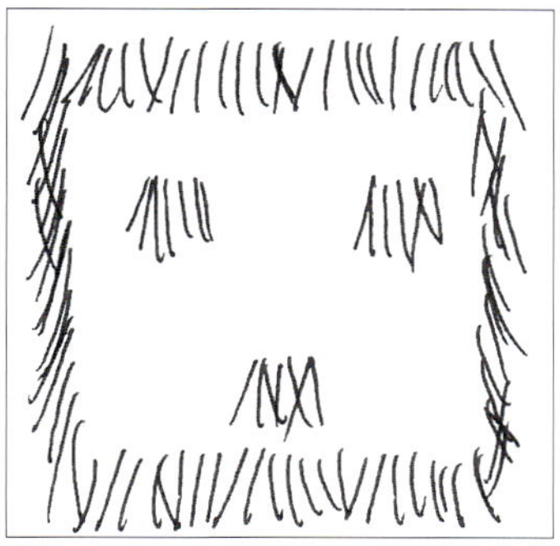

Fake fur

This fur is quite long, so draw the edge of this fabric with quite long lines. Add some tufts in the drawing; this is optional but, for larger areas, it helps to draw a few tufts of fur to better represent the fabric.

Fausse fourrure

Cette fourrure ayant des poils assez longs, dessinez les bords du tissu à l'aide de lignes assez élancées. Ajoutez quelques touffes dans le dessin : ceci n'est pas obligatoire, mais dans le cas de zones assez grandes cela aide à mieux représenter l'étoffe.

Falsa piel

El pelo es bastante largo, por lo que el margen deberá dibujarse con líneas más bien largas. Aunque es opcional, dibuje algunos mechones para representar el tejido en las zonas más amplias.

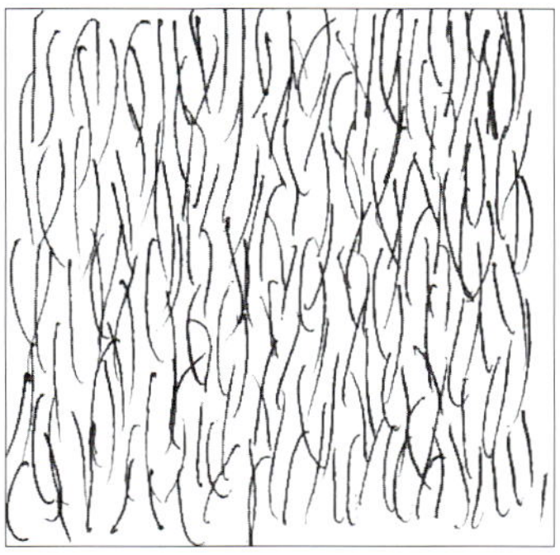

Mohair fabric

Render this fabric by using fine lines to represent the surface hairs.

Mohair

Rendez cette laine en utilisant des traits fins pour signifier les poils de la surface.

Angora

Para representar este tejido, trace líneas finas para dibujar la pelusilla de la superficie.

Furs and feathers - Fourrures et plumes - Pieles y plumas

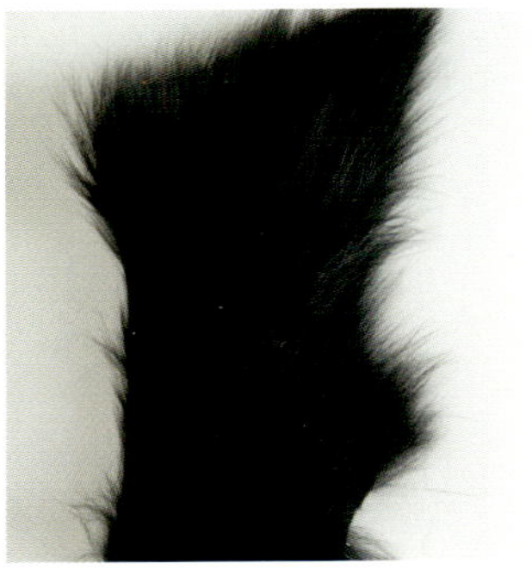

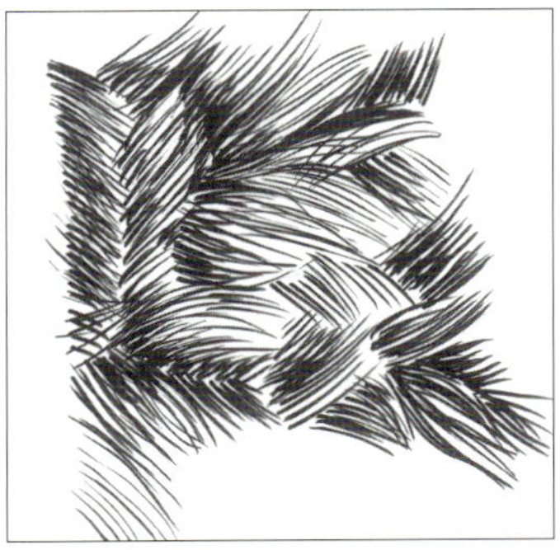

Long fur

This fur is long and the pile is moving in several directions, so indicate this in the drawing.

Fourrure à poils longs

Cette fourrure a des poils longs et allant dans plusieurs sens, indiquez-le sur votre dessin.

Pelo largo

El pelo es largo y se mueve en varias direcciones, una característica que hay que indicar en el dibujo.

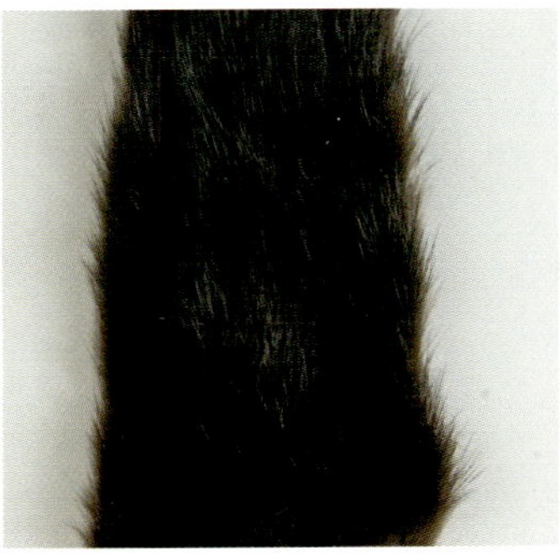

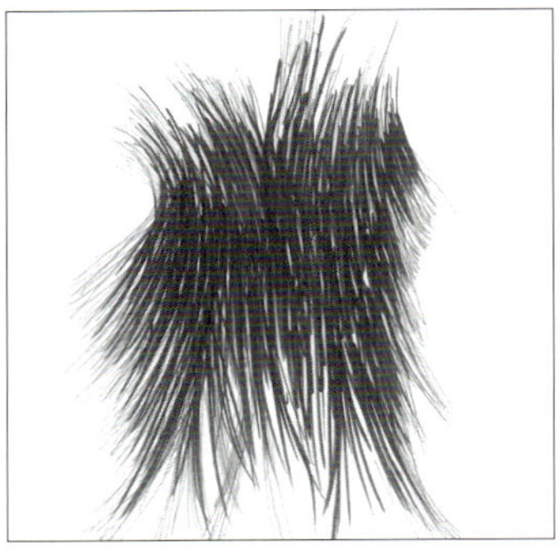

Short fur

This fur is shorter, with a pile that lies in one direction.

Fourrure à poils courts

Cette fourrure est plus rase, avec des poils disposés dans un seul sens.

Pelo corto

El pelo es más corto y se mueve en una sola dirección.

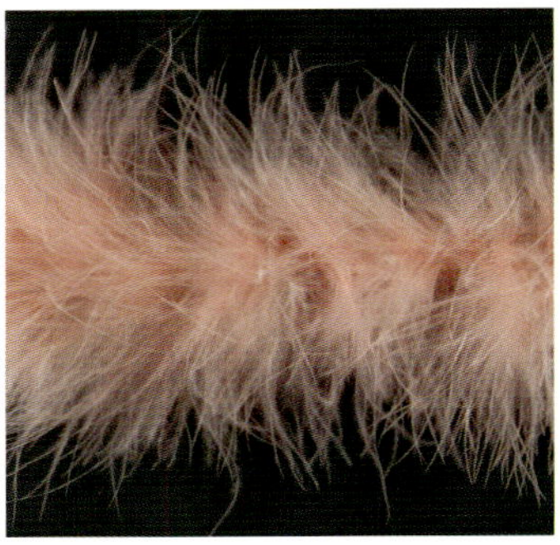

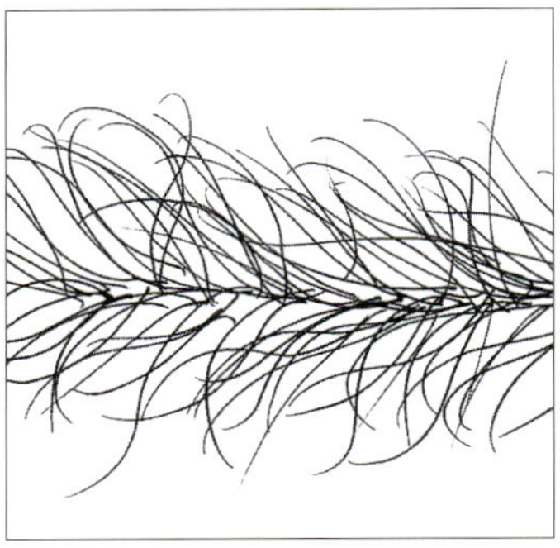

Marabou

It is important to draw light, floating lines when rendering marabou, to represent movement.

Marabout

Il est important d'effectuer un tracé léger et flottant afin de rendre l'effet de mouvement.

Marabú

Trace líneas suaves con movimiento para representar el vaivén propio del marabú.

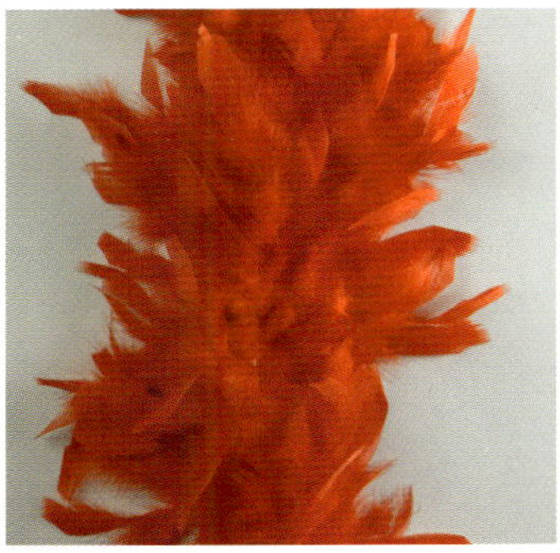

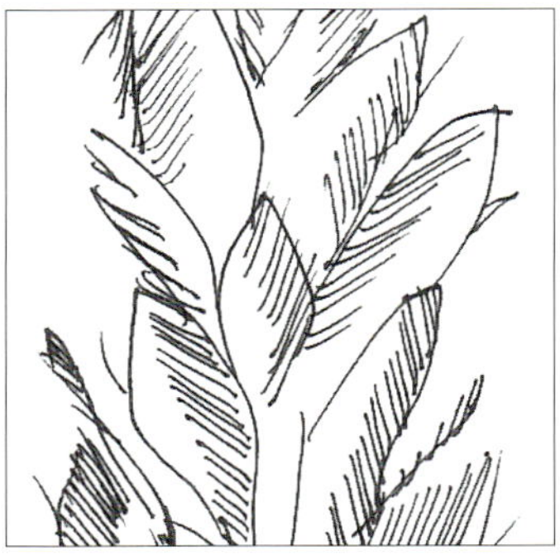

Feathers

Use line drawings to represent the shapes of the feathers, and render some of the feathers with diagonal lines.

Plumes

Utilisez un dessin au trait pour représenter la forme des plumes, et aidez-vous de hachures pour le rendu de certaines plumes.

Plumas

Represente la forma de las plumas con dibujos lineales y compleméntelas con líneas al bies.

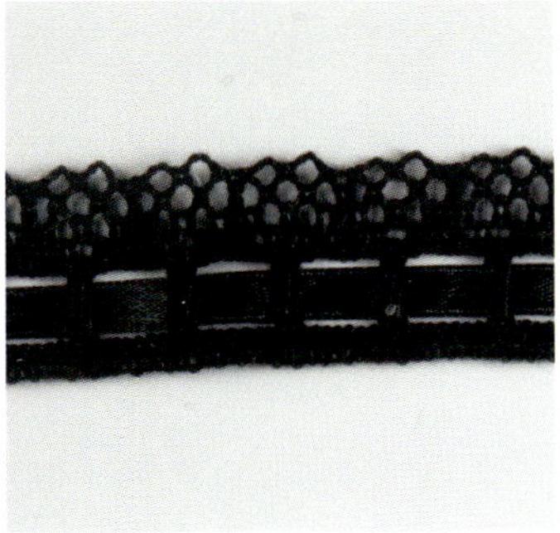

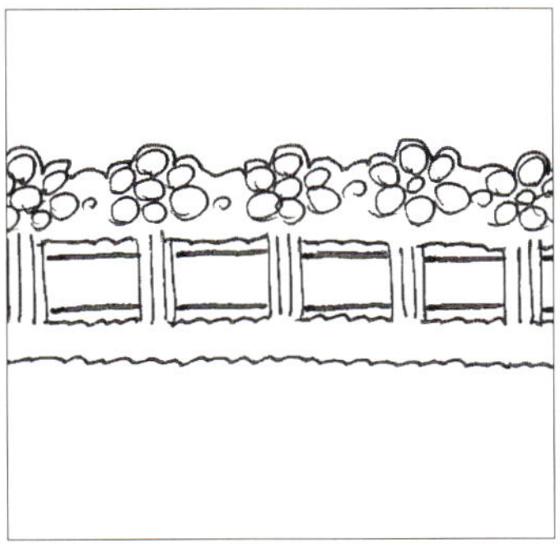

Embroidered ribbon trim

This trim involves an embroidered pattern and a ribbon passing through.

Garniture brodée avec ruban

Cette garniture comprend un motif brodé et un ruban traversant.

Bordado veteado

Este adorno consiste en un motivo bordado atravesado por una cinta.

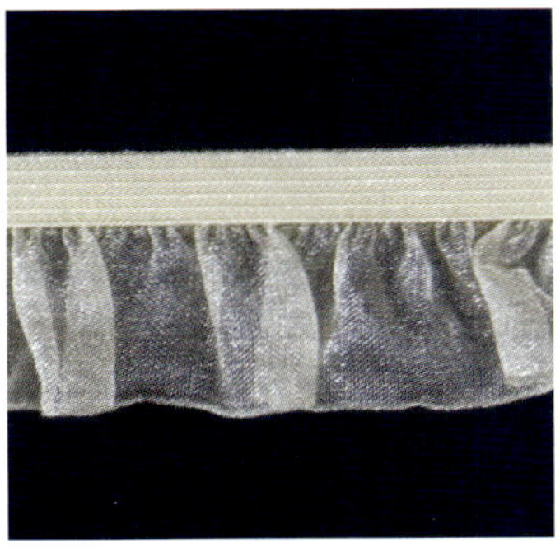

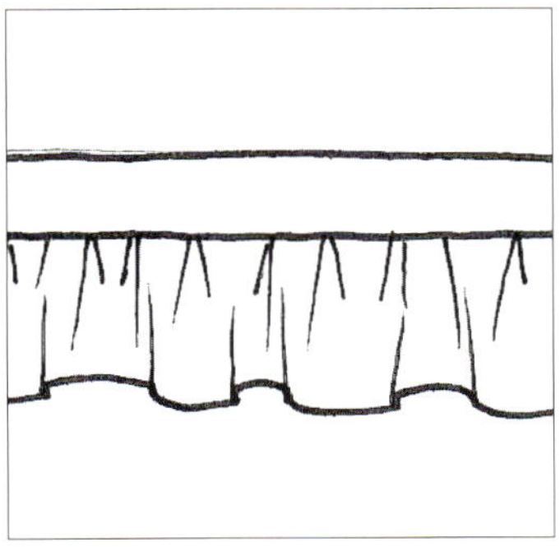

Ruffle elastic trim

The ruffle on this elastic trim is gathered.

Garniture élastique volantée

Le volant de cette garniture élastique est froncé.

Volante elástico

El volante de este adorno elástico está fruncido.

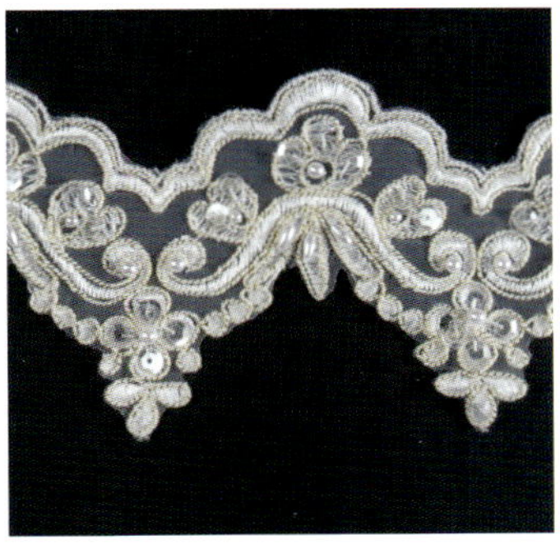

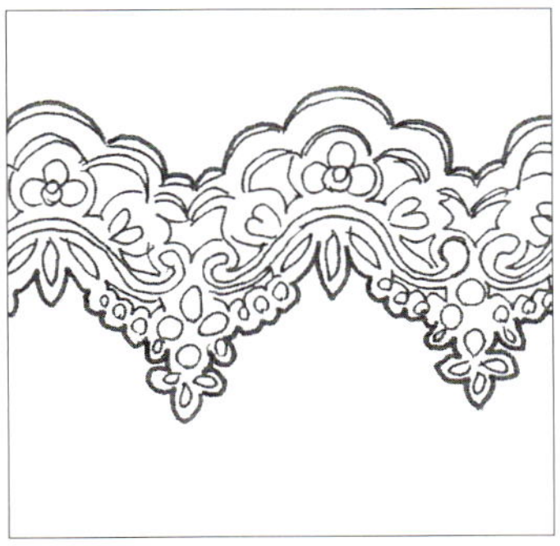

Beaded lace trim

This beaded lace trim is very detailed, so the rendering should represent the basic shapes of the trim.

Garniture en dentelle perlée

Cette garniture en dentelle perlée étant très détaillée, le rendu doit s'attacher à en représenter les principaux motifs.

Adorno de encaje con pedrería

Este adorno es muy detallado. Céntrese en reproducir las formas básicas.

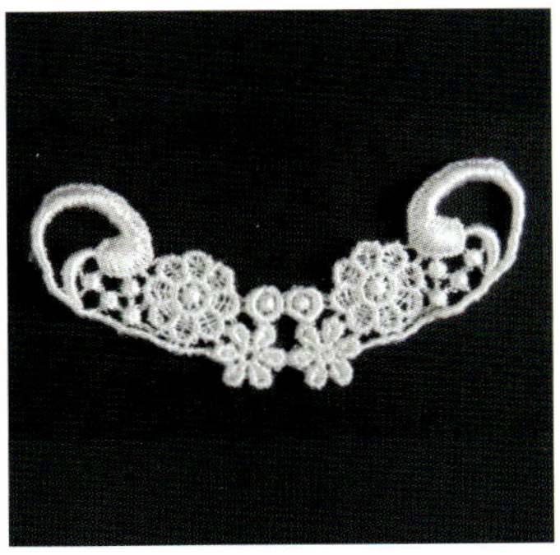

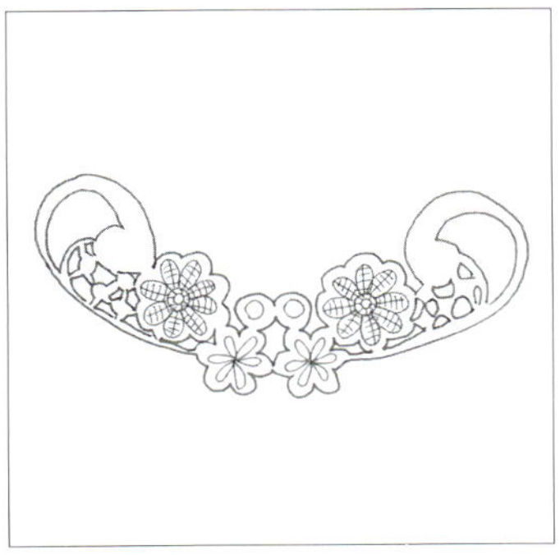

Embroidered appliqué

This is quite detailed so your rendering should aim to represent the general shape of the piece.

Appliqué en broderie

Cette forme étant assez détaillée, le rendu doit s'attacher à représenter la forme générale de la pièce.

Aplicación bordada

Esta aplicación es más bien detallada. Céntrese en reproducir el diseño general.

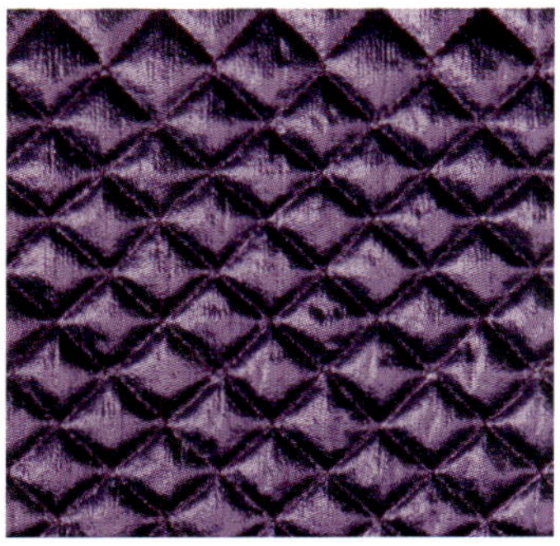

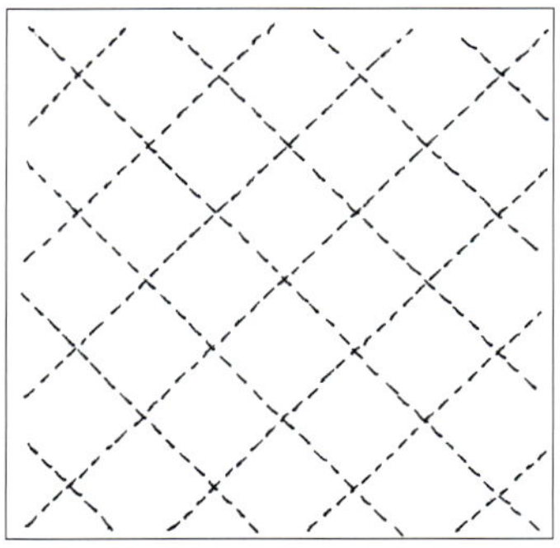

Quilted fabric
To render quilting, simply draw the quilting pattern as a broken line.

Tissu molletonné
Pour rendre le molletonné, dessinez simplement le motif molletonné comme une ligne cassée.

Tejido acolchado
Para dibujar el tejido acolchado basta representar el motivo con una línea discontinua.

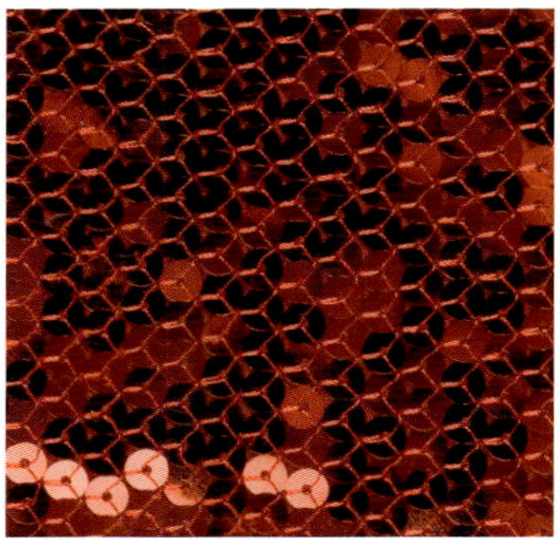

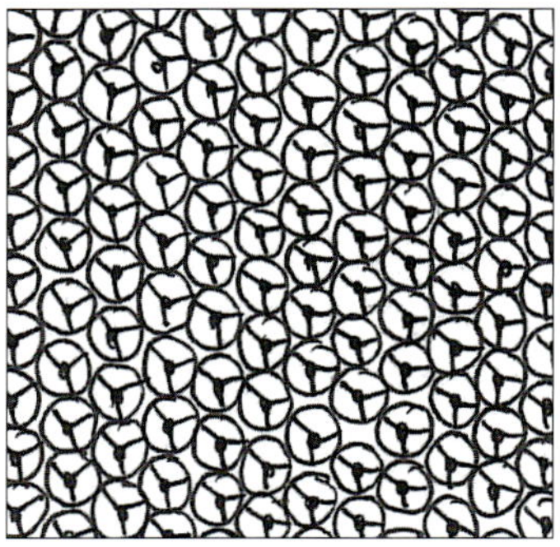

Stitched sequins
The sequins need to be drawn individually (these are not layered), and the stitch lines added in afterwards.

Paillettes cousues
Les paillettes cousues doivent être dessinées individuellement (celles-ci ne sont pas superposées) et les traits des points de couture ajoutés ensuite.

Lentejuelas cosidas
En primer lugar, dibuje las lentejuelas de una en una y, a continuación, añada las puntadas.

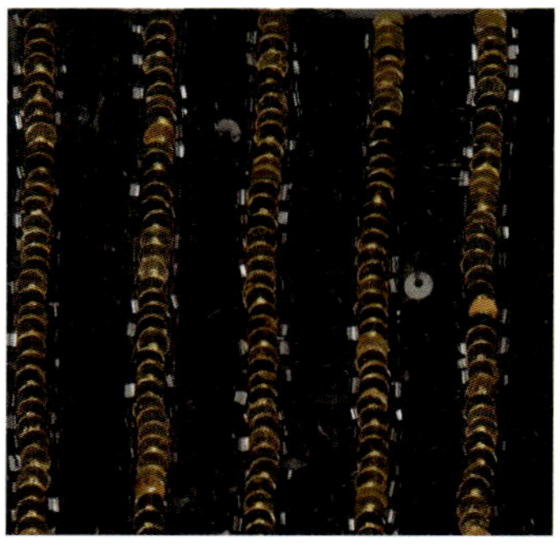

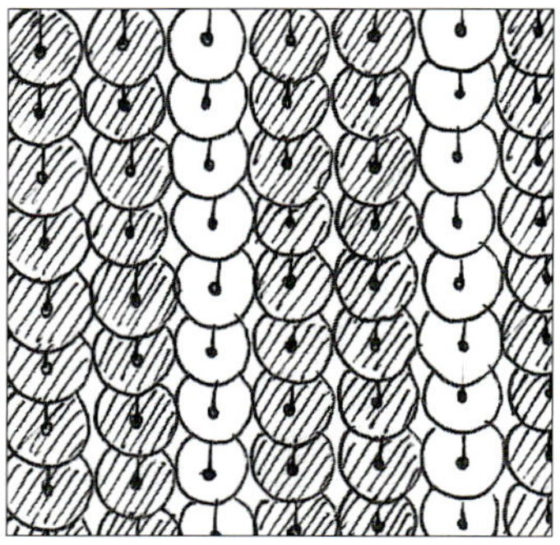

Striped stitched sequins
These sequins overlap, so this needs to be drawn into the rendering. Shade some of the sequins to represent the stripe pattern.

Paillettes rayées cousues
Ces paillettes se superposent, ce qui doit apparaître dans le rendu. Ombrez certaines paillettes pour figurer le motif de rayures.

Lentejuelas cosidas en tiras verticales
Estas lentejuelas se solapan, una característica que hay que indicar en el dibujo. Sombree algunas de ellas para representar el motivo de las tiras.

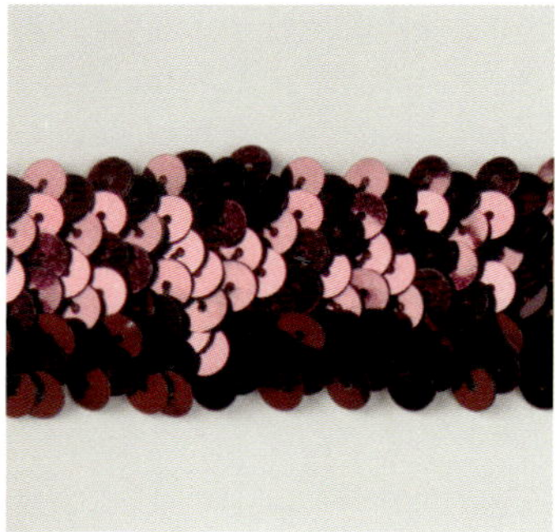

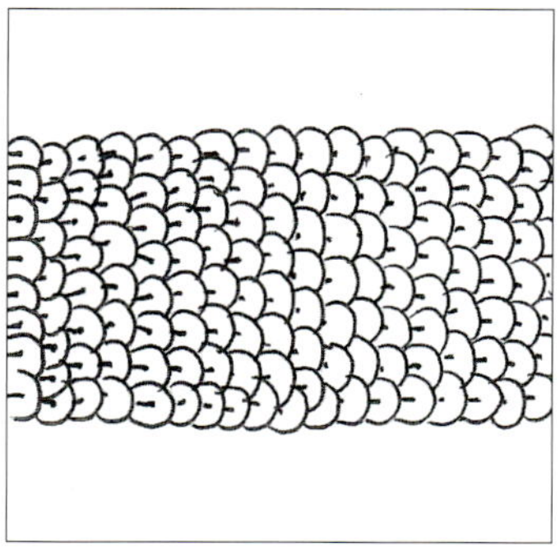

Sequined trim
The sequins on this trim are stitched, so add the stitch lines after you have drawn the overlapped sequins.

Galon pailleté
Les paillettes de ce galon étant cousues, ajouter les lignes des points de coutures après avoir dessiné les paillettes du dessous.

Adorno de lentejuelas
Las lentejuelas de este adorno están cosidas, por lo que en primer lugar deberá dibujarlas solapadas y, después, añadir las puntadas.

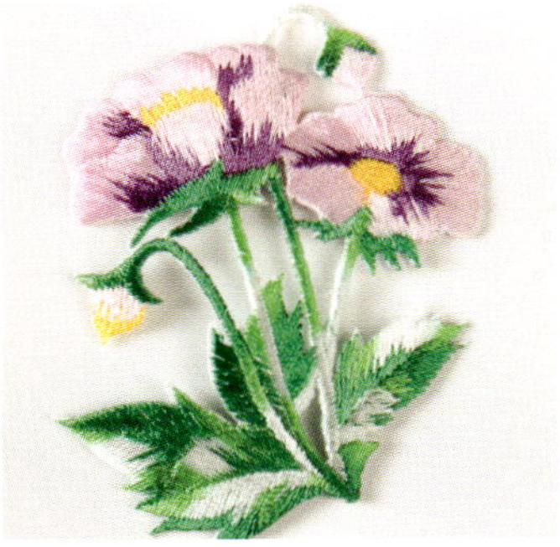

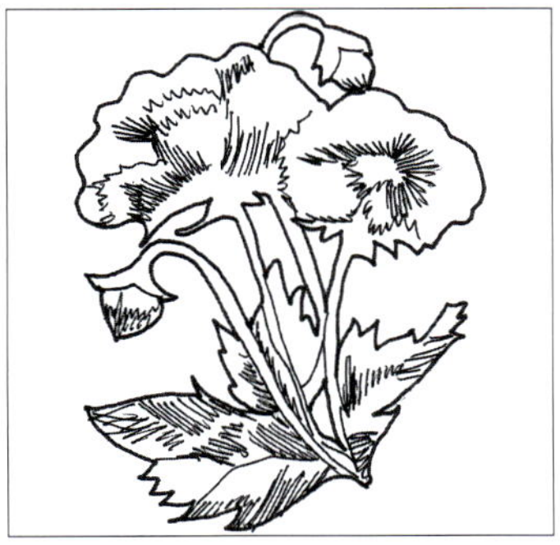

Embroidered flower appliqué
The outline of this appliqué is a solid line; draw the details with shorter lines, which represent the embroidery.

Appliqué en broderie, motif fleur
Le contour de cet appliqué est un trait continu ; dessinez les détails à l'aide de traits plus courts pour représenter la broderie.

Aplicación floral bordada
El contorno de esta aplicación es una línea sólida, mientras que los detalles se han dibujado con líneas más cortas que representan el bordado.

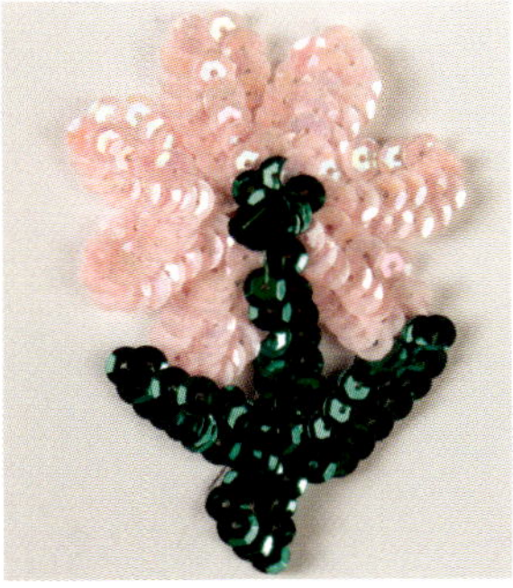

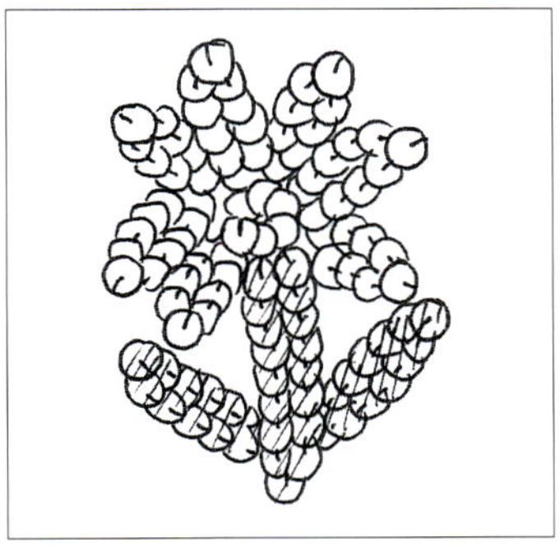

Sequined flower appliqué
This sequined flower is made from stitched sequins, so draw the stitch lines on the sequins. Use shading to represent the different colour of the stem.

Appliqué pailleté, motif fleur
Cette fleur est formée de paillettes cousues : dessinez les points de couture sur les paillettes. Utilisez des ombres pour représenter les différentes couleurs de la tige.

Aplicación floral de lentejuelas
Esta flor está confeccionada con lentejuelas cosidas. Dibuje las puntadas y sombree el tallo para distinguirlo de los pétalos.

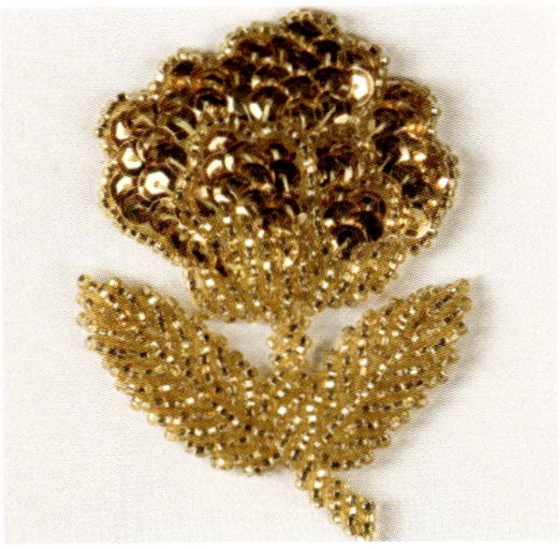

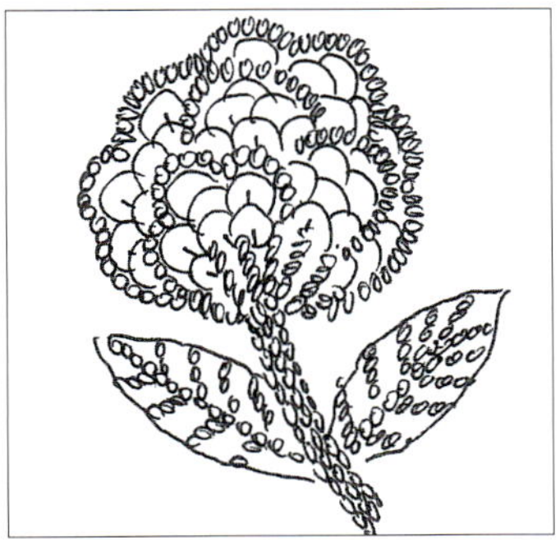

Beaded flower appliqué
This flower combines beads and sequins.

Appliqué en perles, motif fleur
Cette fleur combine des perles et des paillettes.

Aplicación floral de pedrería
Esta flor combina lentejuelas y pedrería.

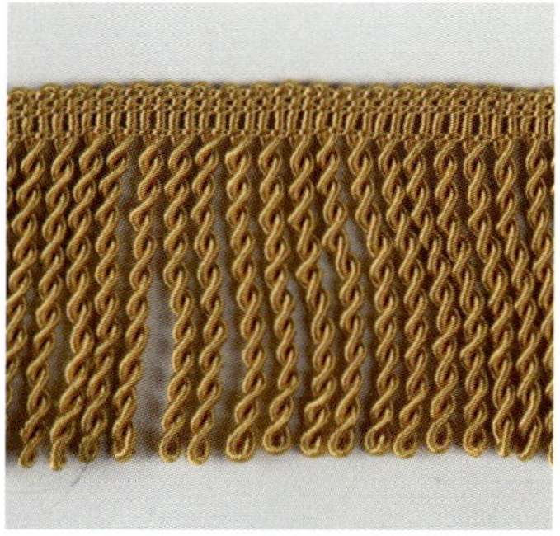

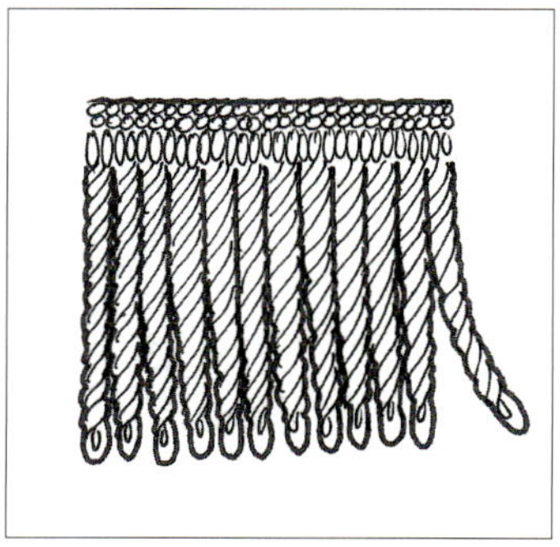

Tassel trim
Draw this tassel trim carefully so that the braid of each tassel is represented.

Franges tressées
Dessinez soigneusement les franges de manière à représenter chaque tresse.

Borla
Dibuje este adorno con suma atención para representar todos los detalles del trenzado.

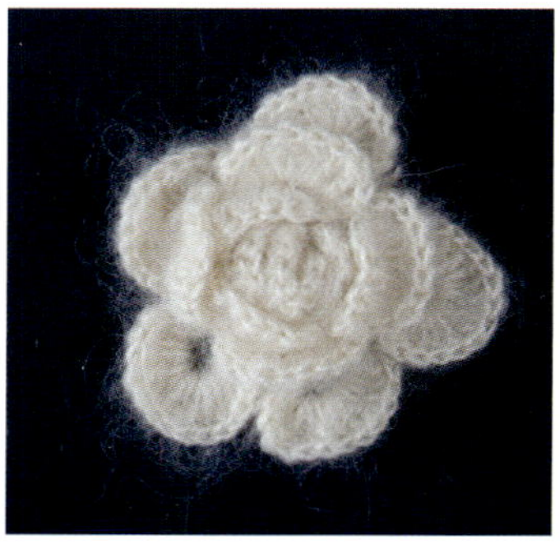

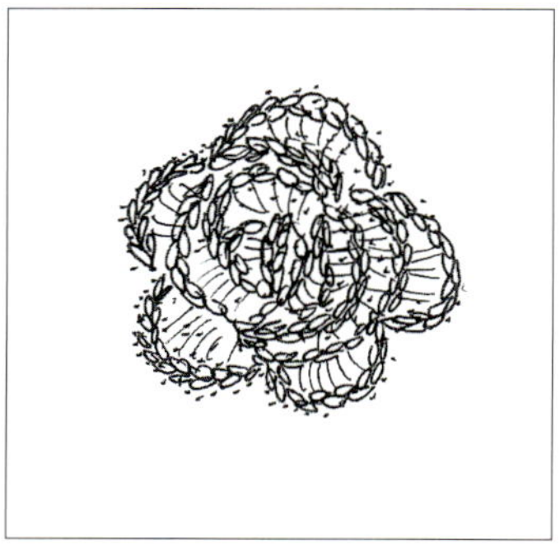

Knitted flower
This flower is knitted in a very soft yarn, so the lines of the drawings aim to represent the texture of the yarn.

Fleur tricotée
Cette fleur a été tricotée avec un fil très doux et les traits du dessin doivent essayer de représenter la texture du fil.

Flor tejida
Esta flor está tejida con un hilo muy suave, por lo que las líneas del dibujo representan esta misma textura.

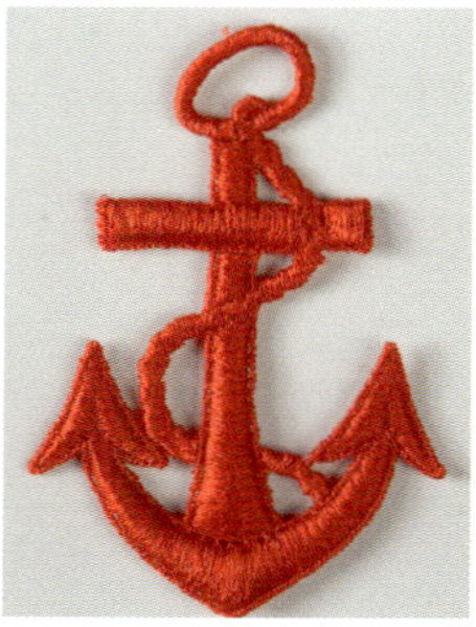

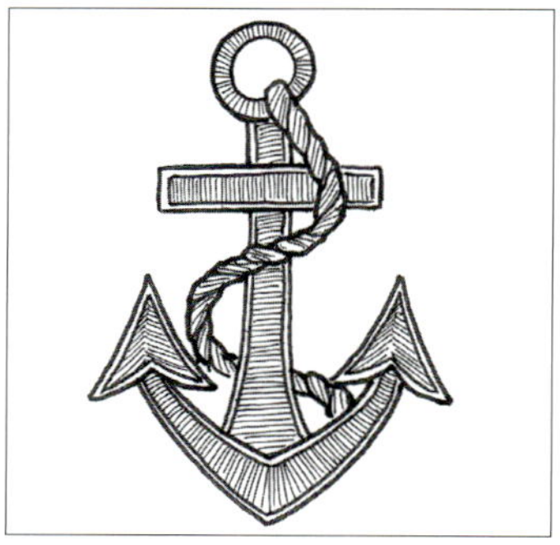

Embroidered anchor appliqué
Draw the anchor with a solid outline, and use pattern lines to represent the nature of the weave of the appliqué.

Appliqué en broderie, motif ancre
Dessinez l'ancre à l'aide d'un trait continu et utilisez les lignes du motif pour représenter la nature du tissage de l'appliqué.

Aplicación bordada en forma de ancla
Dibuje el contorno del ancla con una línea sólida y represente la textura del tejido con líneas finas.

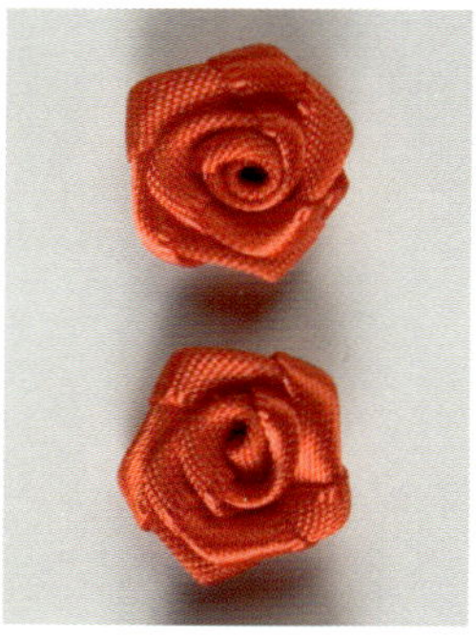

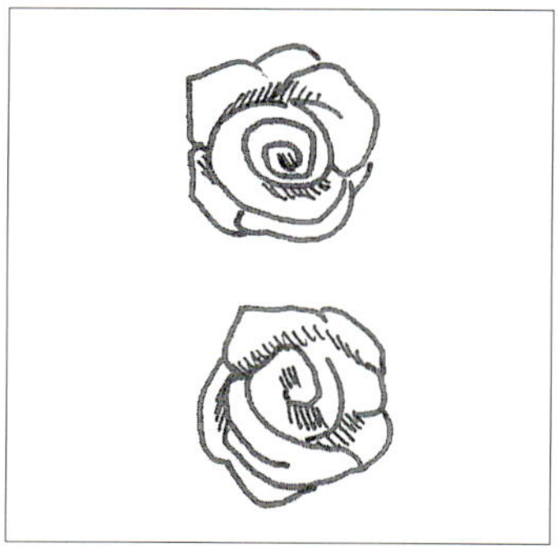

Appliqué roses
Add some shading to these roses to help show that they are not flat.

Applique, motif roses
Ajoutez des ombres à ces roses pour mieux montrer qu'elles ne sont pas plates.

Aplicación en forma de rosa
Sombree ligeramente las rosas para darles un poco de relieve.

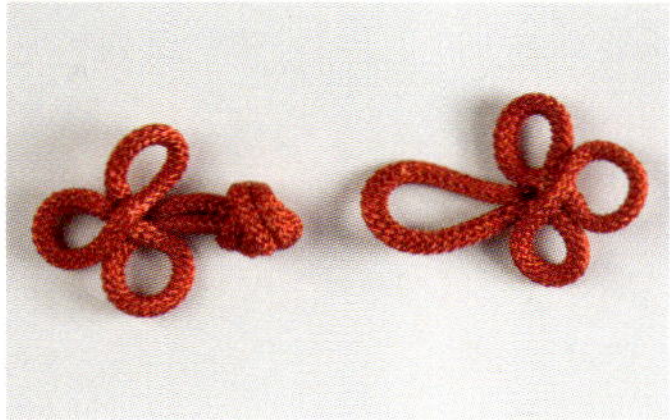

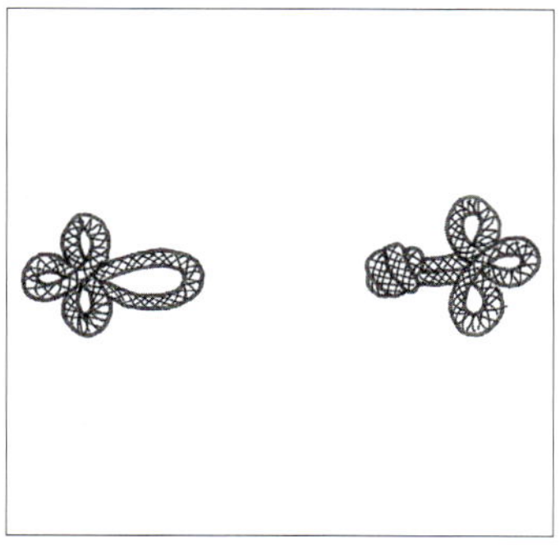

Frog closure open
The crosshatch lines on the closure represent the braid.

Brandebourg ouvert
Les hachures croisées de l'attache représentent le galon.

Cierre de cordoncillo abierto
Las líneas entrelazadas representan el trenzado del cordoncillo.

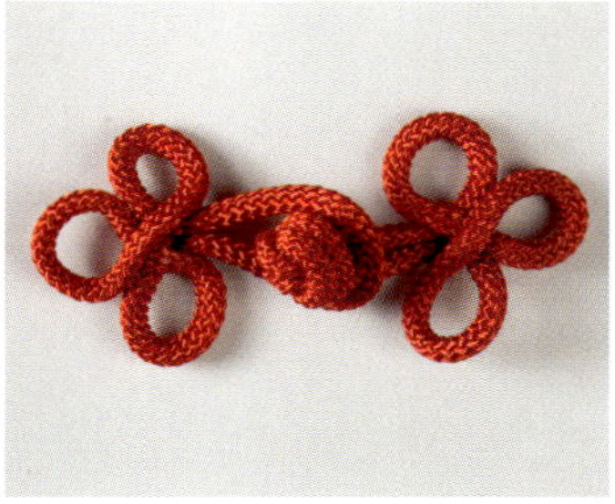

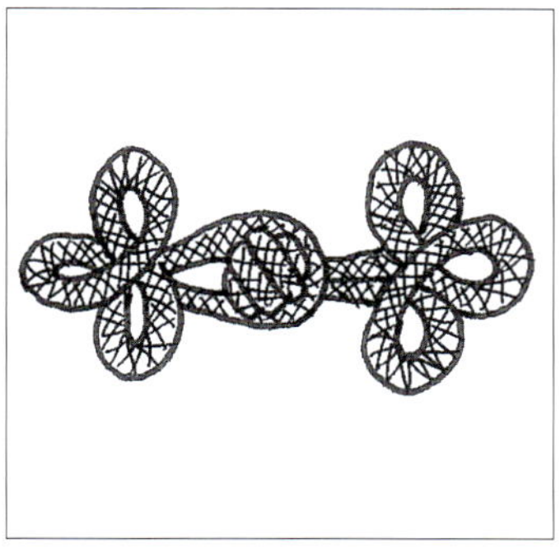

Frog closure closed

Brandebourg fermé

Cierre de cordoncillo cerrado

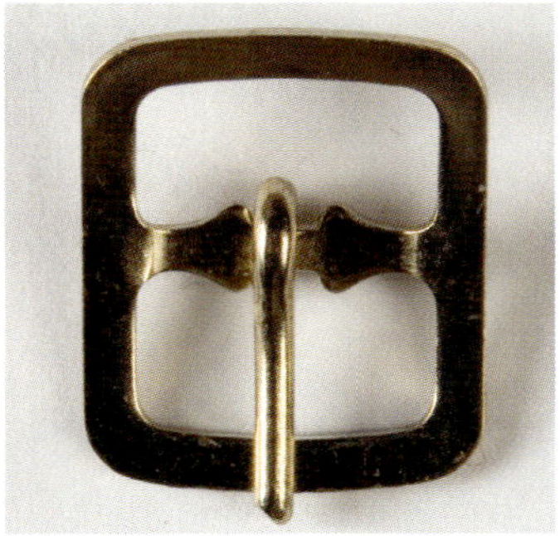

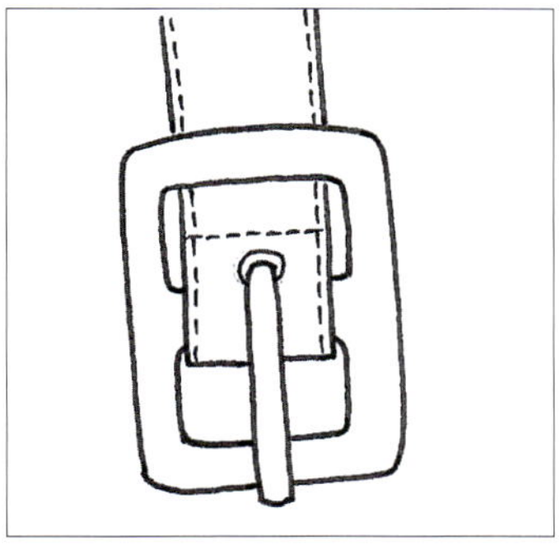

Metal belt buckle
Represent the buckle with a belt, as this is how the buckle is used in a garment.

Boucle de ceinture en métal
Représentez la boucle avec une ceinture car c'est ainsi qu'elle sera utilisée sur un vêtement.

Hebilla metálica
Represente la hebilla con un cinturón, la forma habitual de lucir este detalle en una prenda.

Buttons - Boutons - Botones

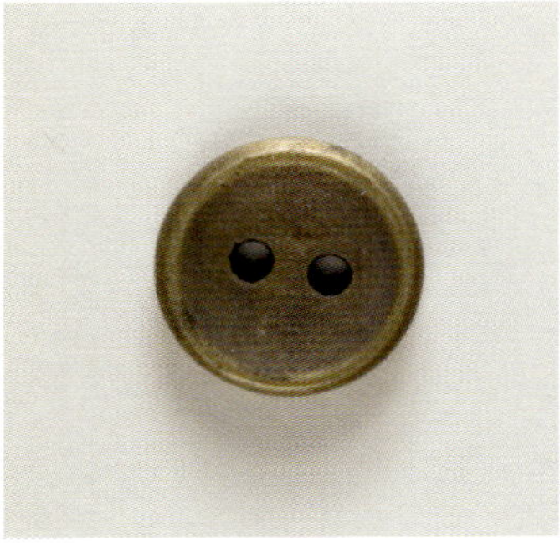

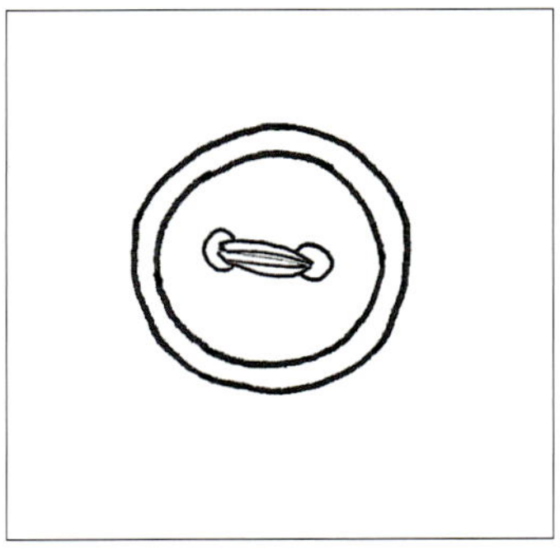

Two-hole button
Add in the thread that would hold this button in place.

Bouton à deux trous
Ajoutez le fil qui maintient le bouton en place.

Botón de dos agujeros
Dibuje el hilo que mantiene el botón en su sitio.

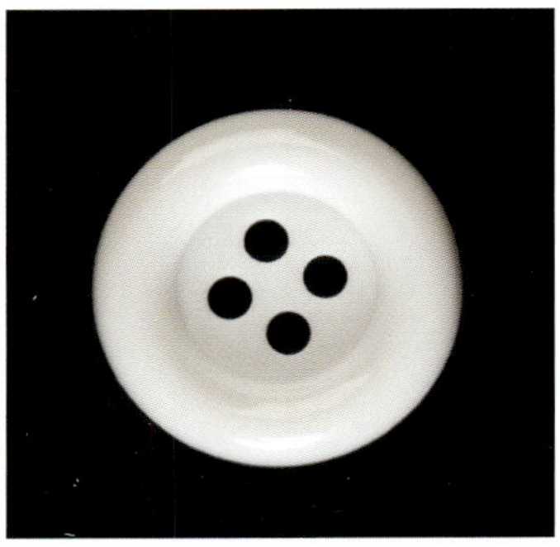

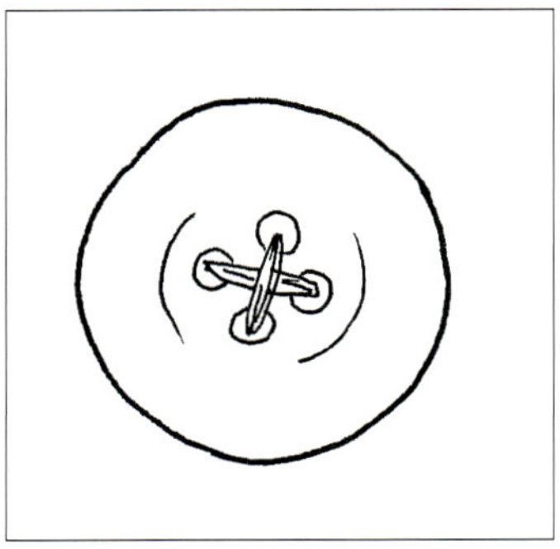

Four-hole button
Add in the thread that would hold this button in place.

Bouton à quatre trous
Ajoutez le fil qui maintient le bouton en place.

Botón de cuatro agujeros
Dibuje el hilo que mantiene el botón en su sitio.

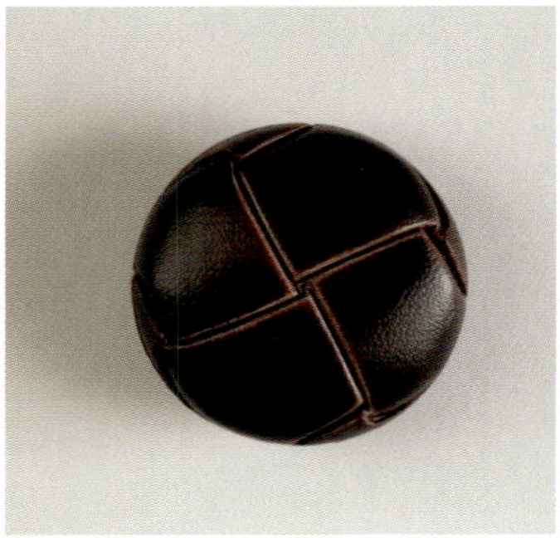

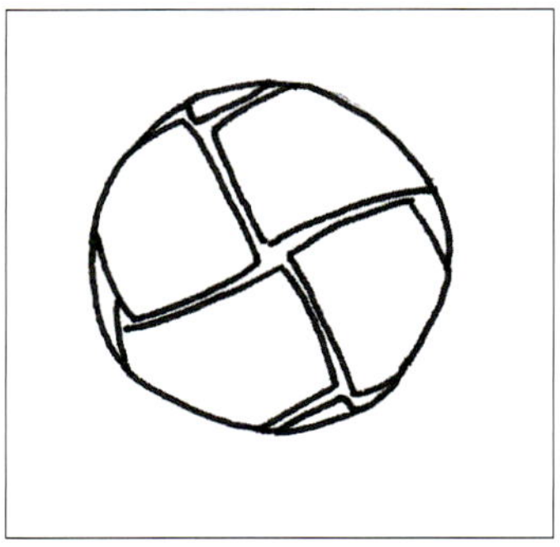

Faux leather shank button

Bouton tige en faux cuir

Botón de falsa piel con asa

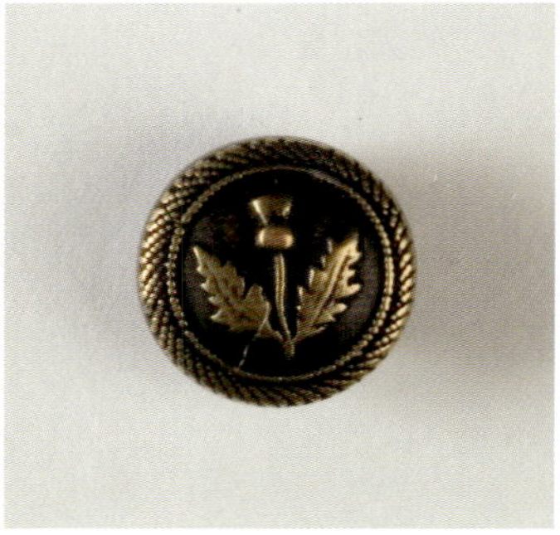

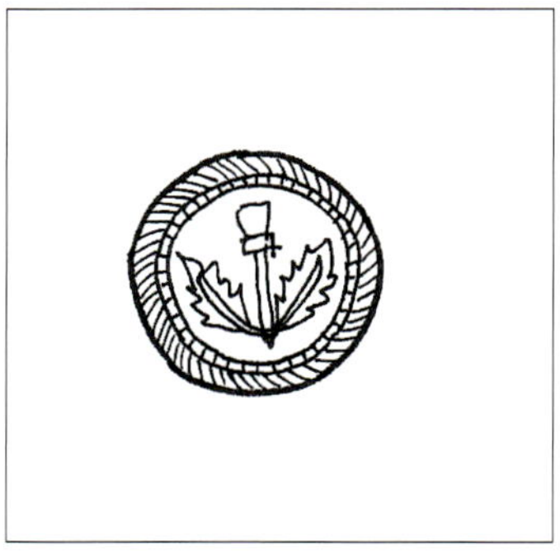

Decorative metal shank button

Bouton à tige décoratif en métal

Botón decorativo con asa

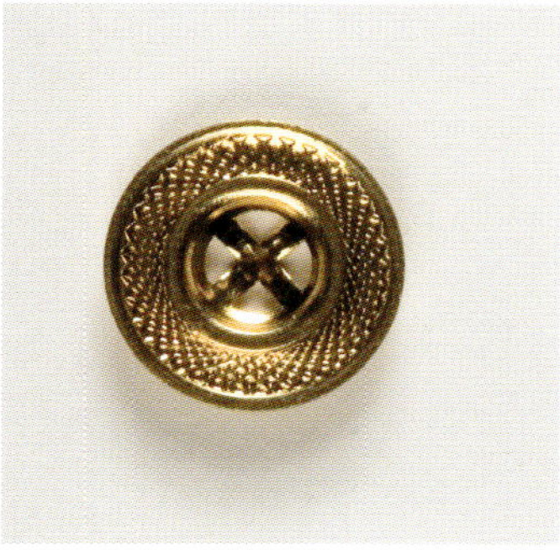
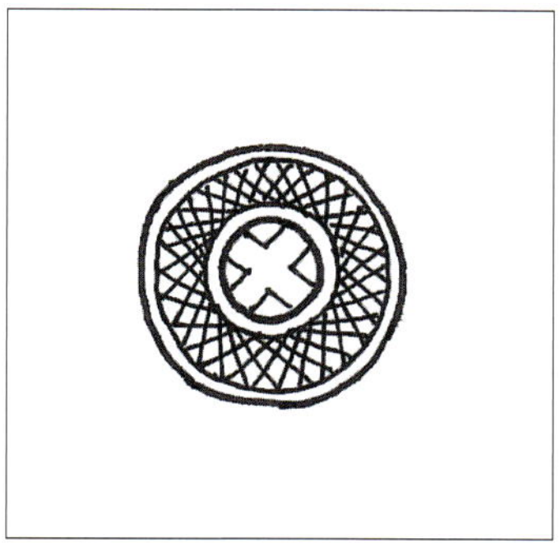

Decorative metal button

Bouton décoratif en métal

Botón metálico decorativo

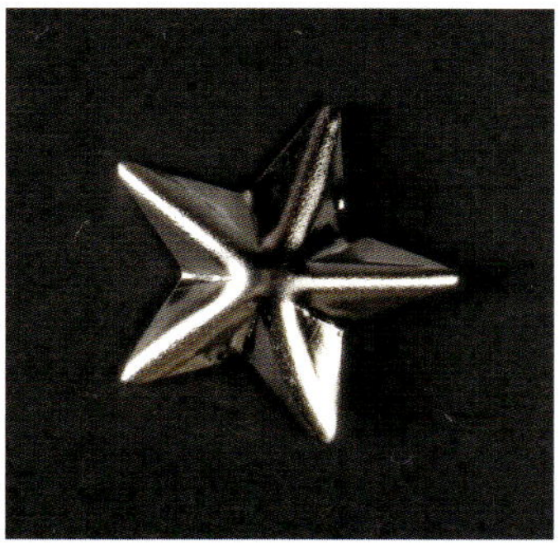
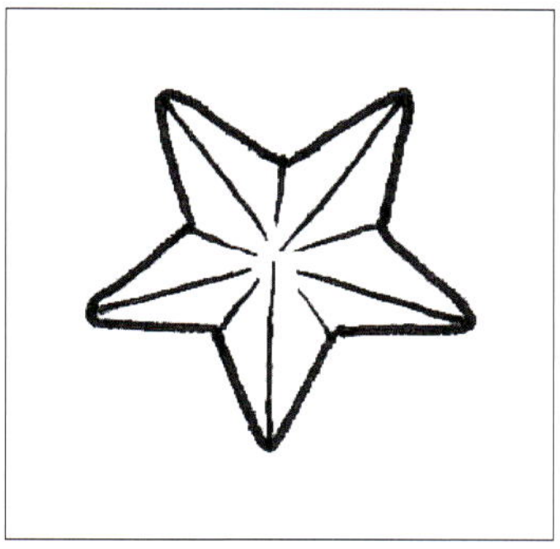

Star-shaped metal stud

Clou décoratif en métal, forme étoile

Remache metálico en forma de estrella

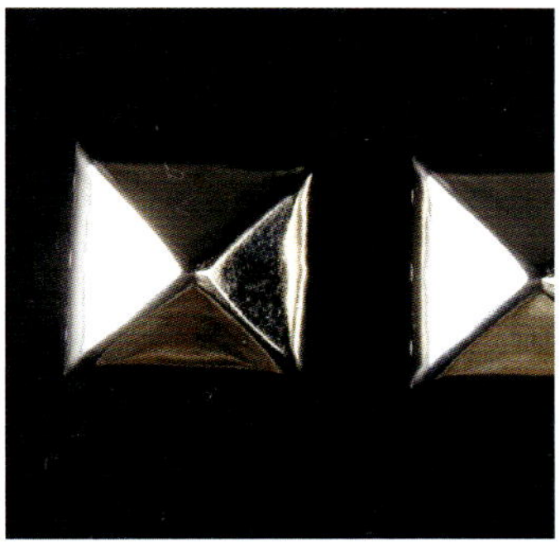
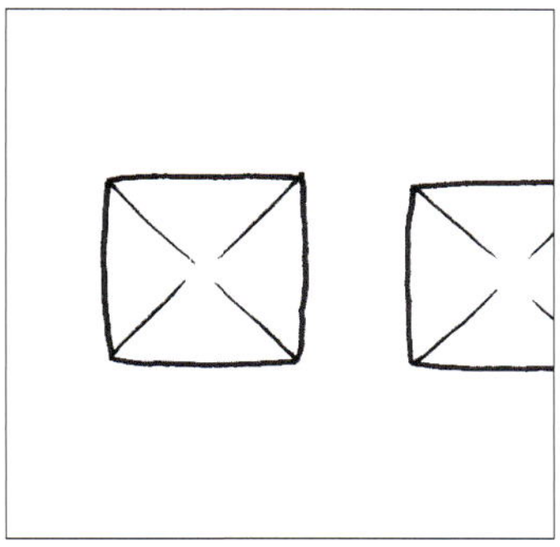

Square metal studs

Clou décoratif en métal, forme carrée

Remaches metálicos cuadrados